TEACHER'S EDITION

BOOK 2

TEACHER'S EDITION

LAUREL H. TURK DePAUW UNIVERSITY

EDITH M. ALLEN INDIANAPOLIS PUBLIC SCHOOLS

el español al día *FOURTH EDITION*

D. C. HEATH AND COMPANY
Lexington, Massachusetts   Toronto   London

FOREWORD

This Teacher's Edition serves as an aid and time-saving device for the busy Spanish teacher. It provides an answer key to the exercises in the text and includes alternate answers, when appropriate. Occasionally comments that supplement the explanations in the NOTAS precede the key. Answers are not included for the questions in English raised in the NOTAS, nor for the PREGUNTAS based on the lesson dialogues and the Lecturas. Answers are given, however, for the limited number of exercises provided for many of the LECTURAS in the text.

It is our feeling that the ground gained through the audio-lingual approach to language learning in the first year of study should not be lost in the second year. To this end we have endeavored to offer materials to facilitate the use of Spanish in the classroom during the continued study of basic grammar principles and reading materials.

LECCIÓN PRELIMINAR I

PARA REPASAR: A, *a. (In such exercises only the verb forms are given in the KEY.)*1. tomo, toma, tomamos, toman, tomas, toman 2. comprenden, comprendemos, comprendes, comprende, comprendo, comprendemos. 3. ¿Abren, ¿Abre, ¿Abro, ¿Abrimos, ¿Abren, ¿Abre

A, *b.* 1. Hablo español. Trabajamos mucho. Carlos necesita más tiempo. Esperamos el autobús. Aprendo el español. Comemos en casa. Escribo las composiciones. Abrimos los libros. 2. Compro zapatos... Miro... Llevo... Comprendemos... Vivimos... Vendemos...

B, *a.* 1. dices, digo 2. dan, da 3. estoy, está 4. ¿Quieren, queremos 5. ¿Tienen, tenemos 6. ¿Sabes, sé. 7. sales, salgo 8. ¿Conoces, conozco 9. ¿eres, soy 10. ¿Oyen, oímos 11. envía, envío 12. ¿Continúan, continuamos 13. ¿Vienes, vengo 14. pongo, pone 15. traes, traigo

B, *b.* 1. Salgo de casa a la una menos cuarto. 2. Sé que Pablo no viene hoy. 3. Vemos muchos coches en la calle. 4. ¿Pueden Uds. esperar unos minutos? 5. ¿Por qué no continúas trabajando allí? 6. María y José quieren ir al centro. 7. Los muchachos dicen que la película es muy buena. 8. Siempre traigo mi libro a clase. 9. ¿Quieres leer las frases ahora? 10. ¿Tienen Uds. que ir a la escuela en autobús?

C, *a.* 1. empieza, empiezas, empezamos, empezamos, empiezan, empiezan 2. piensas, piensa, pienso, pensamos, piensan, piensa 3. recordamos, recuerdo, recuerda, recuerdas, recuerdan, recuerdan 4. ¿Juega, ¿Juegas, ¿Juegan, ¿Jugamos, ¿Juego, ¿Juegan

C, *b.* 1. (Él) almuerza, se sienta en su cuarto y empieza a escribir una carta. *(In the KEY a subject pronoun is sometimes put in parentheses, indicating that its use depends on the degree of emphasis implied by the speaker.)* 2. (Ellos) cierran la puerta, vuelven a casa y juegan en el patio. 3. Pierdo mi cartera, la encuentro en la calle y cuento el dinero. 4. ¿Recuerdas el diálogo? ¿Piensas comer ahora? ¿Juegas al fútbol este otoño?

LECCIÓN PRELIMINAR II

PARA REPASAR: A, 1. llevaste, llevamos, llevó, llevaron, llevaron, llevaron 2. aprendí, aprendió, aprendiste, aprendió, aprendieron, aprendieron 3. volvieron, volvimos, volví, volviste, volvieron, volvieron 4. cerró, cerraste, cerramos, cerró, cerraron, cerró 5. miraba, miraba, mirábamos, miraban, mirabas, miraba 6. vivían, vivía, vivía, vivíamos, vivían, vivías

B, *a.* 1. Estuve ... 2. Les dije ... 3. Di ... 4. Vi ... 5. José hizo ... 6. Fuimos ... 7. Pudimos ... 8. Supimos ... 9. Tuvimos ... 10. Trajimos ...

B, *b.* 1. No vine ... 2. No les di ... 3. No tuve ... 4. Marta no hizo ... 5. Ellos no pusieron ... 6. No pudimos ...

B, *c.* 1. dijiste, llamó 2. hizo, encontró 3. puse, salí 4. fuimos, vimos 5. ¿Pudieron, fueron 6. tuvimos, encontramos 7. dieron, decidieron 8. Fue, volvió 9. empezaron 10. ¿Volvieron 11. perdieron 12. sentó 13. recordamos 14. comenzaron 15. ¿Cerraste

B, *d.* 1. hice 2. dijo 3. salieron 4. trajeron 5. fueron 6. quisieron 7. viste 8. fuiste 9. supo 10. vino 11. pudimos 12. dio 13. ¿Hizo 14. ¿Te pusiste 15. ¿Me trajeron 16. Fuimos

C, *a.* 1. almorcé 2. Llegué 3. acerqué 4. entregué 5. devolvió 6. Entré, me senté y empecé 7. saqué 8. leí, leyó 9. toqué 10. oyó

C, *b.* 1. Busqué 2. Toqué 3. Jugué 4. Saqué 5. Oímos 6. Creímos 7. Leímos 8. Almorzamos

C, *c.* 1. Saqué dos libros de la biblioteca. 2. Me acerqué a la casa despacio. 3. Llegué a casa a las tres. 4. Empecé (Comencé) a leer uno de los libros. 5. Después, practiqué un diálogo para mañana. 6. También toqué varios discos mexicanos. 7. Cuando mi hermana Luisa oyó la música, vino a mi cuarto. 8. Como hacía buen tiempo, dimos un paseo antes de comer.

D, 1. sabía 2. estaba 3. Queríamos 4. hacía 5. pensaba 6. Era 7. iban 8. eran 9. veíamos 10. íbamos

LECCIÓN PRELIMINAR III

PARA REPASAR: A, *b. (verb forms only)* 1. llevé, llevaba, he llevado 2. puso, ponía, ha puesto 3. ¿Fuiste, ¿Ibas, ¿Has ido 4. abrimos, abríamos, hemos abierto 5. volvieron, volvían, han vuelto 6. escribió, escribía, ha escrito 7. envolvió, envolvía, ha envuelto 8. hizo, hacía, ha hecho

A, *c.* 1. He abierto 2. He escrito 3. He leído 4. Ella ha puesto 5. Juan ha roto 6. Luisa ha vuelto 7. Hemos visto 8. Hemos hecho 9. Hemos oído 10. Hemos traído 11. Les hemos dicho 12. Hemos ido

A, *d.* 1. ¿Dónde has estado (tú)?   2. Hemos estado en casa de Roberto.
3. ¿Han oído Uds. la cinta?   4. ¿Han visto Uds. la grabadora (de cinta)?
5. Tomás ha grabado varios programas.   6. Mis padres han ido a México.
7. Bárbara no ha escrito la composición.   8. No he devuelto el libro todavía.

C, *a. (progressive form only)* 1. están mirando   2. estamos estudiando   3. está
aprendiendo   4. está comiendo   5. estoy escribiendo   6. estás leyendo   7. está
trayendo   8. están oyendo
   9. estaban llevando   10. estaba poniendo   11. ¿Estabas leyendo   12. ¿Estaban
haciendo Uds.

C, *b.* 1. Estamos escuchando un disco.   2. Los muchachos están grabando
algunas canciones.   3. Marta está trayendo su grabadora (de cinta).   4. Mi madre
(mamá) está leyendo un libro largo.   5. Juan y Pablo están tomando un
refresco.   6. Enrique está cerrando todas las ventanas.
   7. Estábamos hablando español con el profesor.   8. Mis amigos estaban
esperando el autobús.   9. Carolina estaba trabajando en el jardín.   10. Tú
estabas lavando el coche, ¿(no es) verdad?

D, 1. No, vivo en la tercera casa.   2. No, quiero el noveno cuadro.   3. No, leía
algo sobre Felipe Cuarto.   4. No, leí la séptima frase.   5. No, preparé la cuarta
lección.   6. No, tomé el segundo autobús.   7. No, bailamos el sexto baile.
8. No, abrimos la décima puerta.   9. No, pasamos por la quinta calle.   10. No,
me dieron la octava parte.

LECCIÓN PRELIMINAR IV

KEY (Pages 27-29)

PARA REPASAR: *b. (negative forms only)* 1. Anita, no tomes . . .   2. Felipe, no
aprendas . . .   3. Luisa, no leas . . .   4. Pablo, no cierres . . .   5. Inés, no vuelvas
6. Jorge, no dejes . .

c. (negative sentences only) 1. No los compres.   2. No lo aprendas.   3. No la
abras.   4. No te laves la cara.   5. No lo laves esta tarde.   6. No te quedes aquí.

EJERCICIO A: *(commands)* 1. Abra Ud. el libro. Abran Uds. el libro.
2. Salude Ud. a Pablo. Saluden Uds. a Pablo.   3. Prepare Ud. un discurso.
Preparen Uds. un discurso.   4. Aprenda Ud. la canción. Aprendan Uds. la
canción.   5. Mire Ud. los cuadros. Miren Uds. los cuadros.   6. Cierre Ud. las
ventanas. Cierren Uds. las ventanas.   7. Escriba Ud. la carta. Escriban Uds. la
carta.   8. Levántese Ud. Levántense Uds.   9. Siéntese Ud. Siéntense Uds.
10. Lávese Ud. las manos. Lávense Uds. las manos.

EJERCICIO B: 1. No les enseñe Ud. el vestido.   2. No le escriba Ud. pronto.
3. No las abra Ud. esta tarde.   4. No se siente Ud. en esta silla.   5. No se
levanten Uds. temprano.   6. No lo preparen Uds. para mañana.   7. No lo laven Uds.
hoy.   8. No la aprendan Uds. esta noche.

EJERCICIO C: 1. Sí, abra Ud. el cuaderno. No, no abra Ud. el cuaderno. 2. Sí, cierre Ud. la ventana. No, no cierre Ud. la ventana. 3. Sí, espere Ud. a las muchachas. No, no espere Ud. a las muchachas. 4. Sí, compre Ud. el lápiz. No, no compre Ud. el lápiz. 5. Sí, escuche Ud. la grabadora. No, no escuche Ud. la grabadora. 6. Sí, prepare Ud. el discurso. No, no prepare Ud. el discurso.

7. Sí, escuchen Uds. . . . No, no escuchen Uds. . . . 8. Sí, aprendan Uds. . . . No, no aprendan Uds. . . . 9. Sí, entren Uds. . . . No, no entren Uds. . . . 10. Sí, lean Uds. . . . No, no lean Uds. . . . 11. Sí, saluden Uds. . . . No, no saluden Uds. . . . 12. Sí, siéntense Uds. aquí. No, no se sienten Uds. aquí.

EJERCICIO D: 1. Abro la puerta. La abro. Ábrala Ud. No la abra Ud. todavía. 2. Lava el coche. Lo lava. Lávelo Ud. No lo lave Ud. hoy. 3. Ella aprende las canciones. (Ella) las aprende. Apréndalas Ud. No las aprenda Ud. ahora.

4. Cierran las puertas. Las cierran. Ciérrenlas Uds. No las cierren Uds. esta mañana. 5. Se sientan. Quieren sentarse. Siéntense Uds. No se sienten Uds. cerca de la ventana. 6. Dejan los libros aquí. Los dejan aquí. Déjenlos Uds. aquí. No los dejen Uds. aquí.

EJERCICIO E: 1. Con mucho gusto. 2. En este momento. 3. De veras. 4. Toda la tarde. 5. ¡Cómo no! 6. Buenas tardes. 7. ¿Está Carlos en casa de Roberto? 8. ¿Qué hay de nuevo? 9. ¿Adónde van Uds. esta noche? 10. No vamos a la escuela todavía. 11. A propósito, ¿dónde han estado Uds.? 12. Llegué a casa a tiempo. 13. Fuimos al centro en taxi. 14. Me encontré con Tomás. 15. Trató de encontrar un regalo para Juan. 16. Pablo, ¿vamos al concierto a las ocho? 17. ¡Encantado! 18. Felipe pasó por nuestra casa a eso de las siete. 19. ¿Qué hizo Carlos ayer por la tarde? 20. Ricardo, levántate a las ocho y media, por favor, y lava el coche. 21. Miguel y Elena están dando un paseo por el parque, ¿(no es) verdad? 22. Pasen Uds. 23. Pasen Uds. por aquí. 24. Permítanme (Déjenme) Uds. llamar a su madre (mamá). 25. ¿Quieren Uds. esperar un rato?

LECTURA I

KEY (Page 35)

COMPRENSIÓN: 1. . . . los países de habla española. 2. . . . el cuatro de julio. 3. . . . el diez y seis de septiembre. 4. . . . Miguel Hidalgo. 5. . . . del santo patrón. 6. . . . la capilla del santo. 7. . . . diez y siete de enero. 8. . . . Día de los Inocentes. 9. . . . del Carnaval. 10. . . . las procesiones de la Semana Santa. 11. . . . la Pascua Florida. 12. . . . ir a la iglesia.

LECCIÓN PRIMERA

KEY (Pages 40-41)

EJERCICIO A: 1. a 6. a 8. de 10. a 12. de 13. a 15. para

EJERCICIO B: 1. Deseo . . . 2. Sé . . . 3. Me gusta . . . 4. Puedo . . .
5. Queremos . . . 6. Pensamos . . . 7. Esperamos . . . 8. Debemos . . .
9. Tengo . . . 10. He tenido . . . 11. Puedo . . . 12. Los he invitado . . .
13. Empecé . . . 14. Ayudé . . . 15. Íbamos . . . 16. Trataba . . .

EJERCICIO C: 1. Es necesario esperar un rato. 2. Al llegar al centro, fueron al cine. 3. Antes de volver a casa compraron un periódico. 4. Los padres de José tuvieron que ir a California en avión. 5. Tomás ha aprendido a jugar al golf. 6. No tiene tiempo para jugar hoy. 7. Quiero ir de compras mañana. 8. Ha empezado (comenzado) a llover.

(Page 43)

EJERCICIO A: 1. qué 2. ¿Cuál (¿Cuáles) 3. ¿Qué 4. ¿Qué 5. ¿Cuáles 6. cuál 7. ¿Cuál 8. ¿Cuál 9. ¿Cuáles 10. ¿Qué

EJERCICIO C: 1. ¿Qué casa compró? 2. ¿Cuál de los coches te gusta? 3. ¿Cuántos alumnos han visto la película? 4. ¿De quién es esta cinta? 5. ¿Por qué tienen que salir (irse) ahora? 6. ¿Saben Uds. qué (*or* lo que) perdió (él)? 7. ¿Cuándo salieron para México? 8. ¿Qué es el padre de Juan? ¿Un profesor? 9. ¿Dónde piensan Uds. pasar el día? 10. No sabemos cómo se llama (él).

LECCIÓN DOS

KEY (Pages 48-49)

EJERCICIO A: *(verb forms only)* 1. volvió 2. llegué 3. dieron 4. Sonó 5. trajo 6. pudo 7. empecé 8. quisimos

EJERCICIO B: 1. era 2. estaba 3. tenían 4. Íbamos 5. Era 6. Había 7. hacía 8. vivían 9. ¿Esperabas 10. veía

EJERCICIO C: 1. dijo, iba 2. vi, quería 3. ¿Vieron, esperaba 4. quise, era 5. dijeron, necesitaban 6. escribió, podía 7. contestó, sabía 8. preguntó, tenían 9. supe, vivía 10. tuvieron, querían

EJERCICIO D: 1. ¿Hablabas, llamé 2. comencé, sonó 3. dije, quería 4. pregunté, tenía 5. contestó, podía; tuvo 6. leyó, esperó 7. dijo, estaba, era 8. miré, vi, eran 9. sabía, estaba, decidí 10. era, fui

REPASO A: 1. No esperes cerca de la puerta. 2. No escribas . . . 3. No leas . . . 4. No vuelvas . . . 5. No cierres . . . 6. No dejes . . .

REPASO B: 1. Llamen Uds. . . . 2. Contesten Uds. . . . 3. Devuelvan Uds. . . . 4. Prometan Uds. . . . 5. No los lleven Uds. . . . 6. No les enseñen Uds. . . .

LECCIÓN TRES

KEY (Page 58)

EJERCICIO A: 1. Yo traje el lápiz para ella. 2. Charlaron un rato con él. 3. ¿Quieres ir con ellos? 4. ¿Vives cerca de ellas? 5. Ella hizo el vestido para ella. 6. Estuvieron delante de ella. 7. Ella trabaja en ella. 8. Hay muchos cuadros en ellos. 9. Corrieron hasta ellos. 10. No pudieron salir sin él.

EJERCICIO B: 1. Estábamos hablando con ella. 2. ¿Puedes ir a la tienda conmigo? 3. ¿Fueron al cine contigo? 4. ¿Quién quiere escuchar las cintas con ustedes? 5. Pueden charlar un rato con nosotros. 6. Le dimos a ella las flores. 7. Le enseñamos el cuadro a Miguel, no a ella. 8. Le llevamos el regalo a Elena, pero no a él.

EJERCICIO A: 1. Ella nos escribe. Puede escribirnos. Está escribiéndonos. (Nos está escribiendo.) 2. Yo le compré un regalo. Fui a comprarle un regalo. No le compres tú un regalo., 3. ¿No quieres verlo? ¿Lo vieron Uds. anoche? ¿Lo han visto Uds.? 4. Ábrelas tú. No las abras todavía. ¿Quieren Uds. abrirlas? 5. Tú te levantas. ¿Piensas levantarte? ¿Estás levantándote? (¿Te estás levantando?)

EJERCICIO B: ¿Dónde las pasaste? 2. Los han visitado. 3. Yo no lo había oído. 4. Pablo no la leyó. 5. ¿No lo ha hecho ella? 6. Anoche la conocimos. 7. Yo los llevé al aeropuerto. 8. No le hemos visto. 9. Fueron a verla. 10. ¿Vas a pasarlo aquí? 11. Ellos pudieron escucharlo. 12. Traté de llamarlos.

EJERCICIO C: 1. Estamos escuchándola. La estamos escuchando. 2. Están escribiéndolas. Las están escribiendo. 3. ¿Estás leyéndolo? ¿Lo estás leyendo? 4. Yo estaba buscándole. Yo le estaba buscando. 5. Estábamos esperándolos. Los estábamos esperando. 6. No estás aprendiéndolos. No los estás aprendiendo.

EJERCICIO D: 1. Sí, cómpralo. No, no lo compres. 2. Sí, escríbela. No, no la escribas. 3. Sí, apréndelas. No, no las aprendas. 4. Sí, ciérralo. No, no lo cierres. 5. Sí, lávalo hoy. No, no lo laves hoy. 6. Sí, míralos. No, no los mires.

EJERCICIO E: 1. No pueden traérmelas. 2. Querían enseñárnoslo. 3. Se los llevé a ella. 4. No se la escribí a él. 5. ¿Vas a ponértelos? 6. Están lavándoselas. (Se las están lavando.) 7. Estoy llevándosela a él. (Se la estoy llevando a él.) 8. No se lo vendas a él.

(Pages 61-63)

EJERCICIO A: 1. Traje mi composición. 2. Llamé a mis amigas. 3. Roberto charló con su amiga. 4. Ellos vendieron su coche. 5. Llevamos nuestros libros a casa. 6. Esperamos a nuestros padres. 7. *(Answering the teacher)* Ud. mira su reloj; *(Answering a fellow student)* (Tú) miras tu reloj. 8. Ud. tiene sus libros, *or* (Tú) tienes tus libros.

EJERCICIO B: 1. mi amigo, mis amigos. 2. mi tía, mis tías. 3. nuestra escuela, nuestras escuelas. 4. nuestra profesora, nuestras profesoras. 5. Marta tiene su cuaderno. 6. José no tiene su lápiz. 7. ¿Miras tus mapas? 8. Estudian sus lecciones. 9. ¿Van Uds. al parque con su hermana? 10. Los muchachos escuchan su radio nuevo.

REPASO A: 1. quince meses. 2. veinte y un países. 3. cincuenta y una muchachas. 4. noventa y nueve años. 5. cien preguntas. 6. ciento diez y seis alumnos. 7. quinientas casas. 8. mil empleados. 9. un millón de dólares. 10. cinco millones de habitantes. 11. ciento cincuenta mil hombres 12. doscientos mil coches.

REPASO B: 1. el primero de enero de mil novecientos setenta y tres. 2. el dos de mayo de mil novecientos setenta y cuatro. 3. el doce de octubre de mil cuatrocientos noventa y dos. 4. el veinte y nueve de septiembre de mil quinientos cuarenta y siete. 5. el cuatro de julio de mil setecientos setenta y cinco. 6. el veinte y dos de febrero de mil setecientos ochenta y nueve. 7. el diez de diciembre de mil ochocientos diez. 8. el veinte y nueve de junio de mil novecientos tres.

LECTURA II

KEY (Page 77)

COMPRENSIÓN: *(Answers may vary slightly)* 1. los moros. 2. nación más poderosa del mundo. 3. era italiano. 4. el suroeste de España. 5. hacia el oeste

T **7**

(en busca de un camino corto y rápido a las Indias). 6. la ayuda de Fernando e Isabel. 7. la Pinta, la Niña y la Santa María. 8. dio el grito de <<¡ Tierra! ¡ Tierra! >> 9. veinte y cinco de diciembre. 10. de << indios >> a los habitantes de las islas. 11. de Puerto Rico y de Jamaica (y algunas de las pequeñas Antillas). 12. pobre y triste. 13. en la ciudad de Santo Domingo. 14. una tumba magnífica. 15. una nación, Colombia, y a dos ciudades de Panamá, Cristóbal y Colón.

LECCIÓN CUATRO

KEY (Pages 82-83)

EJERCICIO A: 1. Estoy . . . 2. Estoy . . . 3. He estado . . . 4. Estamos . . . 5. La carta está . . . 6. Hemos estado . . . 7. Vamos . . . 8. Mi hermana está . . . 9. Mi amigo estuvo . . . 10. El agua estaba . . .

EJERCICIO B: 1. No soy . . . 2. Mi padre no es . . . 3. La mamá de Luis no es . . . 4. El coche no es . . . 5. Los ejercicios no eran . . . 6. La pulsera no era . . . 7. No fue difícil . . . 8. No eran las ocho cuando llegué. 9. El joven no era . . . 10. La tía de ella no era . . .

EJERCICIO C: 1. La tía de Luis es simpática. 2. es 3. está 4. está 5. son 6. está 7. es 8. está 9. están 10. es

EJERCICIO D: 1. estás 2. eres 3. es; es 4. es, está 5. es; son 6. es; es 7. está, ¿Está 8. es, es 9. es; ¿es 10. es, está
11. era, estaban 12. estaban 13. era 14. estaba 15. estabas; estaba

EJERCICIO E: 1. Son las once ahora. 2. El señor López va a estar aquí esta tarde. 3. Es abogado, ¿(no es) verdad? 4. No, es un médico muy distinguido. 5. ¿De dónde es? 6. ¿Dónde has estado hoy? 7. Estuvimos en el centro toda la tarde. 8. Eran las cinco cuando volvimos a casa. 9. Mi madre (mamá) estaba cansada y estaba descansando en el patio. 10. Mi padre (papá) no estaba en casa; todavía estaba (estaba todavía) en su oficina.

(Page 85)

EJERCICIO A: 1. Llegué hace media hora. Hace media hora que llegué. 2. Fuimos al centro hace varios días. Hace varios días que fuimos al centro. 3. Mi hermana se casó hace cuatro meses. Hace cuatro meses que mi hermana se casó. 4. Mi padre estuvo en Texas hace un año. Hace un año que mi padre estuvo en Texas. 5. Llovió aquí hace dos semanas. Hace dos semanas que llovió aquí. 6. Ud. entró (Tú entraste) en la sala de clase hace veinte minutos. Hace veinte minutos que Ud. entró (tú entraste) en la sala de clase.

EJERCICIO B: 1. Mi padre (papá) salió (partió, se marchó) para México hace tres días. (Hace tres días que mi padre salió . . .) 2. Isabel y Roberto se casaron hace cuatro o cinco semanas. 3. Conocí a Luisa hace un mes. (Hace un mes que conocí a Luisa.) 4. Mis tíos (Mi tío y mi tía) vinieron a los Estados Unidos hace unos veinte años. 5. Tratamos de llamar a Carlos hace quince minutos. 6. Empecé a estudiar hace media hora. 7. La línea estaba ocupada hace diez minutos. 8. Esteban fue a la oficina del médico hace una semana.

LECCIÓN CINCO

KEY (Page 90)
EJERCICIO: 1. a 2. a 3. a 6 a 7. ¿A 11. a 12. a

(Pages 92-93)

EJERCICIO A: 1. Ayer compré algo. 2. Luis siempre juega en la calle. 3. Alguien nos llamó anoche. 4. Vimos a alguien en el cine. 5. Alguno de ellos nos telefoneó. 6. Alguien le llevó algo a ella. 7. Elena fue con alguien. 8. José vino también.

EJERCICIO B: 1. No tengo nada en la mano. 2. No estoy haciendo nada ahora. 3. No veo a nadie. 4. No están hablando de nadie. 5. Nunca le digo nada a nadie. 6. Nadie viene (No viene nadie) esta tarde. 7. No hay que hacer nada hoy. 8. Ningún muchacho sabe hacer eso. 9. Tú no hablaste con nadie. 10. Yo no le llevé nada a Marta. 11. Ayer no compramos nada allí. 12. Nadie buscó a la niña. 13. No invité a ninguno de los niños. 14. Ninguna de ellas ha llamado. 15. Uds. nunca han llegado a tiempo. 16. Roberto no ha salido tampoco.

EJERCICIO C: 1. Traté . . . 2. Me olvidé . . . 3. Fui . . . 4. Algún alumno cobró . . . 5. Compré . . . 6. Hay que leer . . . 7. Hay que dejar . . . 8. Siempre había . . .

EJERCICIO D: 1. ¿Tienes algo en la mano? 2. No tengo nada (Nada tengo). 3. ¿Conocen Uds. a alguien aquí? 4. No conocemos a nadie. 5. Nunca compramos nada en ese (aquel) supermercado. 6. Elena tiene más amigos que nadie. 7. Algún muchacho trajo los sobres. 8. ¿Hay algo sobre la mesa? 9. No hay nada allí. 10. Nunca le da nada a nadie.

(Pages 94-95)

EJERCICIO A: 1. hay 2. Hay 3. hay 4. Hay 5. Es 6. Tenemos 7. tenemos 8. Hemos 9. han 10. debo 11. tienen 12. han

EJERCICIO B: 1. He de ayudar a Carlos hoy. 2. Han de llamarnos. 3. Habíamos de ir al supermercado. 4. Es necesario (Hay que) tomar el autobús. 5. Era (Fue) necesario (Había que) comprar papel de escribir. 6. Teníamos (Tuvimos) que ir a la librería. 7. Juan tiene que (debe) escribirle a su hermano, que está en España. 8. Hemos tenido que trabajar mucho.

LECCIÓN SEIS

KEY (Pages 101-102)

EJERCICIO A: 1. su buen amigo. 2. nuestra buena amiga. 3. algún cuadro español. 4. otra señorita española. 5. aquella mujer mexicana. 6. este profesor joven. 7. ese mal camino. 8. alguna gran ciudad. 9. este pobre muchacho. 10. el nuevo alumno. 11. otro parque muy pequeño. 12. el primer buen día. 13. un avión inglés. 14. aquel gran libro. 15. el país extranjero. 16. alguna tarjeta postal.

EJERCICIO B: 1. Es una tarde hermosa. Son flores hermosas *or* Son unas flores hermosas. Son árboles hermosos *or* unos árboles hermosos. Es un parque hermoso. 2. La mujer es española. Mis amigos son españoles. Las señoritas son españolas. El profesor es español.

EJERCICIO C: 1. Sí, es una camisa nueva. 2. Sí, es un almacén grande. 3. Sí, es un parque hermoso. 4. Sí, es una señorita española. 5. Sí, es una casa amarilla. 6. Sí, son ejercicios fáciles. 7. Sí, son paquetes pequeños. 8. Sí, son mujeres mexicanas. 9. Sí, son libros interesantes. 10. Sí, son alumnos extranjeros.

EJERCICIO D: 1. este parque grande. 2. estos árboles hermosos. 3. varias ciudades españolas. 4. algunos (unos) zapatos negros. 5. muchos profesores muy buenos. 6. algunos precios especiales. 7. dos cestas grandes. 8. nuestro coche rojo. 9. mis discos españoles. 10. estos sellos de correo aéreo. 11. todos los sábados. 12. esta buena oportunidad.

(Page 103)

EJERCICIO A: 1. En México se habla español. 2. Se habla portugués en el Brasil. 3. No se abre la oficina del señor Díaz hasta las diez. 4. Se cierran las oficinas a las cinco. 5. Se ve un avión grande allí. 6. Se ven muchos coches en la calle. 7. No se venden libros en la biblioteca. 8. Se escriben muchos artículos buenos para esta revista.

EJERCICIO B: 1. Se cree que es médico. 2. Se sabe que ella está en España. 3. Se sale por esta puerta. 4. ¿Cómo se dice eso en español? 5. ¿Cómo se hace eso en México? 6. No se puede aprender eso en un día.

EJERCICIO: 1. la 3. El 5. las 6. las 8. el 9. la 10. la 11. El 14. la 15. los 16. la 17. el 18. las

REPASO A: 1. Juan la abre. 2. Ciérrenlos Uds. 3. No lo dejes allí. 4. ¿Los has visto? 5. Van a lavárselas. 6. Me lo trajeron. 7. Se la llevé a ella. 8. Están leyéndolo. (Lo están leyendo.) 9. Ella no las ha escrito. 10. Quieren ponérselos. 11. Este regalo es para ella. 12. Van a jugar con él.

REPASO B: 1. Ella no tiene nada en la mano. 2. Nadie me ha telefoneado. 3. No van a mirar ninguna de las casas. 4. Ningún niño puede hacer eso. 5. ¿No has estado nunca (¿Nunca has estado) en México? 6. Nunca nos traen nada. 7. Nunca le dice nada a nadie. 8. Ella no va al parque tampoco.

REPASO C: 1. eres 2. estar 3. estuvo 4. está 5. era 6. Eran 7. estaba 8. eran 9. estaba 10. está 11. es; es 12. es

REPASO D: 1. Hemos de trabajar en el jardín mañana. 2. Se dice (Dicen) que el señor Sierra había de volver de España la semana pasada. 3. Hay que practicar mucho. 4. Me olvidé de llamar a Miguel. 5. Todo el mundo lee los anuncios en nuestros periódicos. 6. Tienen mucha suerte. 7. Vimos a tu hermana hace media hora. 8. ¿Adónde piensas ir este fin de semana? 9. Se dice que es abogado. 10. Juanita echó la carta al correo (Juanita echó al correo la carta) 11. ¿La envió por correo aéreo? 12. Creo que sí, porque (ella) ya le ha escrito a María varias veces. 13. Tardé dos horas en terminar el trabajo. 14. Nunca nos envían nada. 15. El hermano de Jorge se casó el mes pasado. 16. Se ven muchos coches en los caminos en estos días.

LECTURA III

COMPRENSIÓN: 1. No, los españoles no hallaron . . . 2. Sí, . . . 3. Sí, . . . 4. No, Ponce de León no acompañó . . . 5. Sí, . . . 6. No, nunca halló . . . 7. Sí, . . . 8. Sí, . . . 9. Sí, . . . 10. No, el rey no . . . 11. Sí, . . . 12. No, en la Florida de Soto no halló . . . 13. No, tardó dos años en . . . 14. Sí, . . . 15. Sí, . . .

LECCIÓN SIETE

EJERCICIO ORAL A: 1. tomará, tomaremos, tomaremos, tomará, tomarán, tomarás 2. aprenderá, aprenderás, aprenderá, aprenderé, aprenderemos, aprenderán. 3. saldrán, saldremos, saldré, saldrás, saldrá, saldrán. 4. harás, hará, harán, haré, haremos, harán. 5. escribiría, escribiríamos, escribirías, escribirían, escribirían, escribiría. 6. podríamos, podría, podrías, podrían, podrían, podría.

EJERCICIO ORAL B: 1. Compraré 2. Leeré 3. Comeré 4. Podré 5. Estaré 6. Saldré 7. Querré 8. Les diré 9. Iremos 10. Vendremos 11. Juan hará 12. Ellos tendrán

13. José dijo que vendría... 14. Podríamos... 15. Me gustaría... 16. Tendríamos...

EJERCICIO ORAL C: 1. iremos 2. estarán 3. habrá 4. ¿Podrás 5. tendrá 6. saldremos 7. tomaremos 8. querrá 9. vendrán 10. Será 11. ¿Irás 12. ¿Le dirás

EJERCICIO ORAL D: 1. iría 2. llevaría 3. podrían 4. gustaría 5. sería 6. llegaría 7. tendría 8. haría

EJERCICIO ESCRITO A: 1. malo 2. mejor 3. mejores 4. mayor 5. menores 6. más 7. mucho 8. pequeño

EJERCICIO ESCRITO B: 1. Estaremos en casa de Pablo esta noche. 2. Nos enseñará algunas fotos que ha sacado. 3. No tendremos tiempo para terminar este trabajo. 4. Será necesario comer temprano. 5. Podremos pasar la noche allí. 6. También, habrá otros alumnos en su casa. 7. Sé que se alegrarán de ver las fotos. 8. ¿Llamarás (¿Quieres llamar) a Felipe antes de salir de la casa?

9. Dije que no podría ir al café. 10. Me gustaría oír la conferencia esta tarde. 11. Juan sabía que no vendríamos a su casa esta noche. 12. María dijo que no tendría que salir antes de cenar.

13. ¿Es buena esta cinta? Sí, es la mejor de todas. 14. ¿Está malo el café? Sí, está peor que nunca. 15. ¿Es María mayor que Carlos? No, (ella) es su hermana menor. 16. Juan baila bien, pero Felipe baila mejor. 17. Marta estudia mucho; Juanita estudia menos. 18. (Ellos) hablan más rápidamente que yo.

LECCIÓN OCHO

Stem-changing verbs, Class II and Class III, should not present any difficulty in the present indicative tense if you again review the changes in —ar and —er verbs of Class I in Appendix F, pages 426-427. Emphasis on the changes in the third person forms of the preterit, particularly the third person plural, will help to avoid difficulties in the study of the imperfect subjunctive later. Students must memorize which verbs are Class II, with the **ie,i** and **ue,u** changes, and which ones are Class III, with the **e** to **i** changes throughout, since both classes end in —**ir**.

When you explain **preguntar** and **pedir,** be sure to indicate that the person to whom a question or a request is directed is the *indirect object.* The *thing* requested is the direct object of **pedir.**

KEY (Pages 140-142)

EJERCICIO ORAL A: 1. duermo, duermes, dormimos, duerme, duermen, duermen. 2. nos divertimos, me divierto, se divierte, te diviertes, se divierten, se divierten. 3. se siente, te sientes, se sienten, nos sentimos, me siento, se siente. 4. pide, pido, piden, pides, pedimos, pide. 5. pidieron, pedí, pedimos, pediste, pidió, pidieron. 6. durmieron, dormiste, dormí, durmieron, dormimos, durmió. 7. se divirtió, se divirtió, se divirtieron, te divertiste, se divirtió, se divirtieron.

EJERCICIO ORAL B: 1. Se acostaron 2. Durmieron 3. Se despertaron 4. sonó 5. se levantó y se vistió 6. sirvió 7. pidió 8. preguntaron 9. pediste 10. enamoró 11. pidieron 12. durmió

EJERCICIO ORAL C: 1. este reloj suyo. 2. esos discos suyos. 3. esas cintas suyas. 4. varias fotos suyas. 5. aquel radio suyo. 6. aquellos amigos suyos. 7. algunas amigas suyas. 8. dos tías suyas.

EJERCICIO ORAL D: 1. Conozco... 2. Les digo... 3. Hago... 4. Oigo... 5. Pongo... 6. Salgo... 7. Tengo... 8. Traigo mi libro... 9. Siempre vengo... 10. Veo... 11. Cierro... 12. Vuelvo... 13. Puedo... 14. Quiero... 15. Pido... 16. Generalmente me visto...

EJERCICIO ESCRITO A: 1. Sí, es vecino mío. 2. Sí, es amiga mía. 3. Sí, es profesora mía. 4. Sí, son amigas mías. 5. Sí, son primos míos. 6. Sí, son vecinos míos.
   7. Sí, es suyo; es de ella. 8. Sí, es suya; es de él. 9. Sí, es suyo; es de él. 10. Sí, son suyos; son de ella. 11. Sí, son suyos; son de ellos. 12. Sí, son suyos; son de ellos.

EJERCICIO ESCRITO B: 1. ¿Es amigo tuyo? Sí, es amigo mío. 2. ¿Son amigos tuyos? Sí, son amigos míos. 3. ¿Es prima suya? Sí, es prima nuestra. 4. ¿Son primos suyos? Sí, son primos nuestros. 5. ¿Es de Marta este paquete? Sí, es suyo. 6. ¿Es suyo este sombrero? Sí, es mío. 7. ¿Es suyo este coche? Sí, es nuestro. 8. ¿Es suya *or* de ellos esta casa? Sí, es suya.

EJERCICIO ESCRITO C: 1. ¿No se siente Ud. bien? 2. Me siento mucho mejor hoy. 3. Lo sienten mucho. 4. Tengo muchas ganas de verla. 5. La mayor parte de los niños quieren dormir. 6. Mi hermano menor durmió la siesta. 7. Se divirtieron mucho anoche. 8. ¿Te diviertes? (¿Estás divirtiéndote?) 9. Miguel se enamoró de la hermana mayor de Juanita. 10. ¿Por qué no le pides a Enrique el cuaderno? (*or* ... el cuaderno a Enrique?) 11. Marta se durmió en la silla. 12. Ella vendrá a eso de las seis y yo se lo diré.

LECCIÓN NUEVE

If you point out that the negative familiar command and the formal commands, singular and plural, affirmative and negative, are really present subjunctives, the other forms of the tense should not be too formidable. Tell students that the first person singular present indicative is really the key to the present subjunctive forms (**tengo, tenga; hago, haga; pongo, ponga,** etc.), and that there are only six verbs which do not follow this rule: **dar, estar, ir, saber, ser,** and **haber,** to be given later. Also point out that the changes which occur in the present indicative of —**ar** and —**er** stem-changing verbs also occur in the same forms in the present subjunctive.

KEY (Pages 148-150)

EJERCICIO ORAL A: 1. Lea Ud. ... 2. Abra Ud. ... 3. Cierre Ud. ... 4. Escriba Ud. ... 5. Haga Ud. ... 6. Vaya Ud. ... 7. Venga Ud. ... 8. Esté Ud. ... 9. Envuelva Ud. ... 10. Salga Ud. ...

EJERCICIO ORAL B: 1. No los ponga Ud. en la mesa. 2. No se ponga Ud. el abrigo. 3. No les enseñe Ud. la chaqueta. 4. No se los lleve Ud. a ella. 5. No se sienten Uds. aquí. 6. No se las laven Uds. allí. 7. No nos lo traigan Uds. hoy. 8. No me lo den Uds. esta tarde.

EJERCICIO ORAL C: 1. No cierres el libro. 2. No compres la camisa. 3. No dejes los ejercicios sobre la mesa. 4. No entres en el cuarto. 5. No traigas el café. 6. No aprendas la canción. 7. No escribas la carta. 8. No devuelvas los sellos esta noche.

EJERCICIO ORAL D: *All pronouns will have a written accent on the stressed syllable, but in pronunciation there is no difference in the sounds of the letters accented.*

EJERCICIO ORAL E: 1. No, no me gusta ésa. 2. No, no me gusta ése. 3. No, no puedo llevarles ésos. 4. No, no quiero ponerme éste. 5. No, no voy a comprarme ésta. 6. No, no me gustan ésas.

EJERCICIO ESCRITO A: 1. Sí, tráigaselos Ud. a él. No, no se los traiga Ud. a él. 2. Sí, lléveselos Ud. a ellos. No, no se los lleve Ud. a ellos. 3. Sí, déselo Ud. a ella. No, no se lo dé Ud. a ella. 4. Sí, envíeselo a él. No, no se lo envíe Ud. a él. 5. Sí, póngaselo Ud. No, no se lo ponga Ud. 6. Sí, dígasela Ud. a ellos. No, no se la diga Ud. a ellos.

EJERCICIO ESCRITO B: 1. No lo prepares. 2. No la llames. 3. No lo devuelvas. 4. No la invites a cenar. 5. No lo aceptes. 6. No lo limpies. 7. No las traigas. 8. No lo dejes aquí.

EJERCICIO ESCRITO C: 1. Cuando el señor. Gómez ve a Pablo, dice: <<¡Cuánto me alegro de verte! Pasa y siéntate.>> 2. Pablo contesta: <<¡Qué gran sorpresa! ¿Por qué no me escribió Ud. que venía? >> 3. Su amigo mexicano dijo que un compañero suyo se enfermó el lunes. 4. Por eso, tuvo que hacer el viaje de negocios en su lugar. 5. Dijo que no podría pasar el fin de semana con Pablo. 6. Había de darle un informe al presidente de su compañía al día siguiente. 7. Pablo le invitó a almorzar, pero primero tenía que hacer su maleta. 8. Esa mañana había comprado un traje, un abrigo, una chaqueta y dos pares de pantalones. 9. Ha de hacer un viaje a Chile pronto y necesita la ropa. 10. Pablo piensa llevarle a un restaurante donde se come muy bien.

EJERCICIO ESCRITO D: 1. de pronto. 2. de ninguna manera. 3. todo el día. 4. la mayor parte de los muchachos. 5. mientras tanto. 6. a las dos de la tarde. 7. buenas tardes. 8. el martes por la noche. 9. ¡Dios mío! 10. Lo sentimos mucho. 11. Ella durmió la siesta. 12. No se preocupen Uds. 13. ¡Qué gran sorpresa! 14. (Él) se divirtió mucho. 15. Les pedí permiso para usar el coche. 16. ¿Hizo ella su maleta? 17. ¿Cuánto tiempo puedes quedarte aquí? 18. (Él) hará un viaje de negocios. 19. Pablo se enamoró de Juanita. 20. Marta, ¿me permites sentarme aquí? 21. Asisten a esta escuela. 22. Saqué miles de fotos (muchas fotos). 23. Me gustaría salir ahora. 24. Estamos seguros de que el señor Sierra vendrá. 25. Tengo muchas ganas (muchos deseos) de verle.

LECTURA IV

(Page 158)

COMPRENSIÓN: *(There can be some variation in the answers.)* 1. la Española (y a Cuba). 2. Jerónimo de Aguilar y (una joven indígena llamada) Marina. 3. Veracruz. 4. mandó a España. 5. Tenochtitlán, la capital de los aztecas. 6. regalos muy valiosos. 7. tomaron prisionero a Moctezuma. 8. se rebelaron contra los invasores. 9. una piedra a la cabeza. 10. del 30 de junio de 1520. 11. la Noche Triste. 12. emprender de nuevo la conquista de Tenochtitlán. 13. emblema nacional de México. 14. el Perú. 15. Atahualpa, emperador de los incas. 16. atacaron a los indios. 17. llenar de oro el cuarto donde le tenían prisionero. 18. marcharon al Cuzco, la capital del imperio. 19. seis de enero de 1535. 20. la catedral (de la antigua capital del Perú).

LECCIÓN DIEZ

To emphasize the contrast between the uses of the indicative and subjunctive moods, and to clarify the various points discussed on pages 164 and 165 of the text, the following examples may prove helpful:

	Main Clause			**Dependent Clause**		
	Subject	Verb		Subject	Verb	
(1)	*Yo*	*sé*	*que*	*él*	*está*	*aquí*
	I	know	that	he	is	here.
	Él	*cree*	*que*	*ella*	*tiene*	*el libro.*
	He	believes	that	she	has	the book.
	Uds.	*dicen*	*que*	*ellos*	*van*	*hoy.*
	You	say	that	they	are going	today.
(2)	*Yo*	*deseo*	*que*	*él*	*esté*	*aquí.*
	I	desire	that	he	be	here.
	Él	*prefiere*	*que*	*ella*	*tenga*	*el libro.*
	He	prefers	that	she	have	the book.
	Uds.	*quieren*	*que*	*ellos*	*vayan*	*hoy.*
	You	wish	that	they	go	today.

The sentences in the first group express facts and the indicative mood is used in both clauses. In the second group the dependent clauses follow verbs of desiring, preferring, and wishing (wanting); they have subjects which are different from those of the main verbs; the action referred to in the clause may or may not take place; thus the verbs in the dependent clauses are in the subjunctive mood.

Try some simple sentences such as:

Van hoy.	They are going today.
Salen ahora.	They're leaving now.
Vuelven (Volverán mañana).	They're returning (will return) tomorrow.

Now put **Prefiero que, Quiero que, Deseo que** before each of these sentences:

Prefiero que	vayan hoy.
Quiero que	salgan ahora.
Deseo que	vuelvan mañana.

For practice in change of subject try exercises like these:

(1) Ud. quiere comprarlo. ¿Y su amigo? Mi amigo quiere que yo lo compre.
(2) Juan prefiere vivir allí. ¿Y su madre? Ella (Su madre) prefiere que él viva aquí.
(3) Mi hermano desea visitarlos. ¿Y su hermana? Ella (Mi hermana) quiere que él los visite.

Do not try to go too rapidly as you begin the study of the uses of the subjunctive. Go slowly, be thorough, and emphasize that the indicative mood expresses facts and that the subjunctive expresses uncertainty.

KEY (Pages 167-169)

EJERCICIO ORAL B: 1. busquemos, busques, busquen, busque, busquemos. 2. salga, salgamos, salgas, salgan, salga. 3. llegues, llegue, lleguemos, lleguen, llegue. 4. empiece, empecemos, empiecen, empiece, empiecen. 5. traiga, traigas, traigamos, traigan, traiga. 6. nos sentemos, se siente, te sientes, se sienten, se siente.

EJERCICIO ORAL C: 1. Yo quiero que Uds. vayan a la tienda. 2. Queremos que Carlos oiga el programa. 3. Ella desea que tú conozcas a María López. 4. ¿Quieres que ellos busquen un radio de onda corta? 5. Uds. no quieren que los muchachos vuelvan temprano. 6. ¿Deseas que yo haga una excursión pronto? 7. ¿Cuándo prefieren Uds. que nosotros salgamos de casa? 8. ¿Prefieres que ella y yo pasemos todo el día allí?

EJERCICIO ORAL D: 1. Ellos quieren que yo haga la maleta. 2. Ella desea que Uds. preparen el café. 3. ¿Quieres tú que yo busque un regalo? 4. Juan prefiere que ella esté lista a las siete. 5. Yo no quiero que Ud. ponga ese radio. 6. Ella desea que Uds. vengan a verla. 7. Queremos que ellos comiencen a leer. 8. Yo prefiero que Pablo se lo lleve a él.

EJERCICIO ORAL E: 1. ... este pequeño? 2. ... ese azul? 3. ... la otra. 4. ... una más grande. 5. ... varios nuevos. 6. Este último ... 7. ... los verdes. 8. ... muchas altas.

EJERCICIO ESCRITO A: 1. Ella nos la dice. Ella nos la ha dicʔ o. ¿Quiere ella decírnosla? Ella estaba diciéndonosla. (Ella nos la estaba diciendo). Díganosla Ud. No nos la diga Ud. Prefieren que ella nos la diga.
2. Uds. me lo trajeron. Uds. me lo habían traído. Uds. quieren traérmelo. Uds. estaban trayéndomelo. (Uds. me lo estaban trayendo.) Tráiganmelo Uds. No me lo traigan Uds. ¿Quieren Uds. que José me lo traiga?
3. Tú te las lavas. Tú no te las has lavado. Tú no estás lavándotelas. (Tú no te las estás lavando) Lávatelas tú. No te las laves tú. Enrique quiere lavárselas. Enrique quiere que tú te las laves.

EJERCICIO ESCRITO B: 1. Sí, él quiere que ella vaya al cine. 2. Sí, él quiere que ella le traiga algo. 3. Sí, él quiere que ella venga a verle. 4. Sí, él prefiere que ella le busque algo. 5. Sí, él prefiere que ella los divierta. 6. Sí, él prefiere que ella lo ponga ahora.

EJERCICIO ESCRITO C: 1. Tráiganme Uds. los lápices rojos, no los amarillos. 2. Tienen una casa blanca, pero quieren una verde. 3. Tenemos dos árboles grandes y varios pequeños. 4. ¿Te gusta el primer sombrero o el último? 5. Cuando los muchachos entran, un dependiente se acerca y pregunta << ¿En qué puedo servirles? >> 6. Ricardo quiere (desea) que le enseñe un radio de onda corta. 7. ¿Quieren Uds. que yo ponga este grande o ése (aquél)? 8. Él trata de sintonizar una emisora mexicana. 9. ¿Qué les parece a Uds. éste? ¿Les gusta tanto como el otro? 10. Éste cuesta noventa y nueve dólares, y a ese precio es una ganga.

LECCIÓN ONCE

KEY (Page 176-177)

EJERCICIO ORAL B: 1. Nos alegramos de que Marta pueda ir contigo. 2. ¿Temen Uds. que nosotros lleguemos tarde? 3. ¿Tienes miedo de que yo aprenda los pasos? 4. ¿Sienten ellos que tú no conozcas a Carlos? 5. Es lástima que ellos no sepan la canción. 6. Esperamos que Uds. no toquen más discos.

EJERCICIO ORAL C: 1. Quiero que ellos busquen una casa grande. 2. Nos alegramos de que tú estés de acuerdo. 3. Me sorprende que Juan no llegue hoy. 4. Es lástima que ella no sepa ese paso. 5. Sentimos que Pablo apague el tocadiscos. 6. ¿Tienes miedo de que María no ponga más discos? 7. Carolina teme que tengamos que esperar un rato. 8. Uds. desean que todos vuelvan pronto.

EJERCICIO ORAL D: 1. Sí, es muy guapo; es guapísimo. 2. Sí, es muy mala; es malísima. 3. Sí, está muy contenta; está contentísima. 4. Sí, es muy caro; es carísimo. 5. Sí, son muy altos; son altísimos. 6. Sí, son muy hermosas; son hermosísimas. 7. Sí, son muy bonitos; son bonitísimos. 8. Sí, es grande; es grandísimo.

EJERCICIO ESCRITO A: 1. se mude 2. me mude 3. nos mudemos 4. sepa 5. practiquemos 6. esté 7. conozcas 8. apague

EJERCICIO ESCRITO B: 1. Sí, vayan Uds. al centro hoy. Quiero que Uds. vayan . . . 2. Sí, vuelvan Uds. en autobús. Quiero que Uds. vuelvan . . . 3. Sí, toquen Uds. los discos. Quiero que Uds. toquen . . . 4. Sí, apaguen Uds. el radio. Quiero que Uds. apaguen . . . 5. Sí, empiecen Uds. a leer. Quiero que Uds. empiecen . . . 6. Sí, siéntense Uds. a la derecha. Quiero que Uds. se sienten . . . 7. Sí, traigan Uds. los refrescos. Quiero que Uds. traigan . . . 8. Sí, jueguen Uds. al tenis. Quiero que Uds. jueguen . . .

EJERCICIO ESCRITO C: 1. Me acerqué a la casa y toqué el timbre. 2. Luisa dijo: <<¡ Cuánto me alegro de que estés de vuelta de Nueva York! >> 3. Siento estar (llegar) tarde, pero tuve que bañarme y mudarme de ropa. 4. Lo interesante es que el cumpleaños de Bárbara también es (es también) su día de santo. 5. Después de tocar unos (algunos) discos de música popular, Luisa pone unos (algunos) discos latinoamericanos. 6. Luisa quiere que Carlos les enseñe a bailar el tango. 7. Le sorprende que no sepan bailarlo. 8. Dice que es lástima que no conozcamos mejor sus bailes (no conozcamos sus bailes mejor). 9. A las once Luisa apaga el tocadiscos y les sirve refrescos. 10. A la medianoche todos se despiden (se despiden todos), diciendo que han pasado una noche muy agradable.

LECCIÓN DOCE

KEY (Pages 186-188)

EJERCICIO ORAL A: *(1-5 substitution of expressions)* 6. duerman, durmamos, duerma, duerman. 7. sienta, sientas, sintamos, sientan.

EJERCICIO ORAL B: 1. conozca 2. van 3. vean 4. tengan 5. se dé 6. comprender 7. decirle 8. sepa 9. sea 10. es 11. reconozcan 12. llegue 13. estar 14. estar 15. saludar

EJERCICIO ORAL C: 1. Es preciso marcar el número en el teléfono. 2. Importa aprender el diálogo esta noche. 3. Será mejor llevar el paraguas esta mañana. 4. No es necesario mudarse de ropa. 5. No es fácil terminar el trabajo esta tarde. 6. Es posible dormir toda la tarde. 7. Es lástima no poder hacer la excursión. 8. Es importante estar seguro de eso.

EJERCICIO ORAL D: 1. Es cierto que él estará listo a las seis. 2. No es posible que mis amigos vuelvan mañana por la mañana. 3. Importa que Juan venga a buscarnos todos los días. 4. Será mejor que nosotros lleguemos a tiempo. 5. Es evidente que le gusta a ella la música popular. 6. Es probable que el concierto empiece a las tres. 7. Es extraño que Carolina tenga que esperar un rato. 8. Es verdad que ella está de acuerdo conmigo. 9. Puede ser que tú te diviertas en el baile. 10. Es imposible que Marta marque el número.

EJERCICIO ESCRITO A: 1. se divierta 2. juegue 3. comience 4. busquen 5. toque 6. reconozca 7. prefiera 8. nos despidamos 9. apague 10. duerman 11. digan 12. sepa

EJERCICIO ESCRITO B: 1. No, no la saques. 2. No, no lo empieces. 3. No, no los entregues. 4. No, no lo devuelvas. 5. No, no las expliques. 6. No, no se lo des a él. 7. No, no se lo traigas a ellos. 8. No, no te los pongas.

EJERCICIO ESCRITO C: 1. Elena levanta el auricular y marca el número de Marta en el teléfono. 2. Llama para preguntar si Marta va al concierto con ella y con sus padres. 3. La madre (mamá) de Marta le ha dado permiso para ir. 4. Las muchachas no están seguras, pero dudan que Anita pueda ir esa tarde. 5. Será necesario (preciso) que ella se quede con Carlitos., 6. Ella siente no poder ir al concierto porque le gusta la música. 7. La orquesta tocará obras de varios compositores españoles. 8. El padre (papá) de Elena quiere que lleguen temprano. 9. Está nublado y es posible que llueva. 10. Una de las muchachas decide llevar un paraguas, y la otra, su impermeable.

REPASO: 1. a la derecha. 2. por ejemplo. 3. un aparato de radio. 4. el modelo de este año. 5. al poco rato. 6. a la medianoche. 7. Díganlo Uds. otra vez. 8. Esperamos que sí. 9. Están de acuerdo conmigo. 10. ¿Está de vuelta María? 11. Se mudó de ropa. 12. ¿Tienes mucho interés por la música popular? 13. Escuchen Uds. (Oigan Uds.) 14. Los veo a las ocho. 15. ¿En qué puedo servirles? 16. Están esperando en la esquina. 17. No doblen Uds. a la izquierda. 18. Me sorprende verlos aquí. 19. Tenemos miedo de (Tememos) volver a casa ahora. 20. ¿Qué te parece este vestido?

LECTURA V

(Pages 202-203)

COMPRENSIÓN: 1. Cabeza de Vaca and Pánfilo de Narváez. 2. Juan Rodríguez Cabrillo. 3. Bartolomé de las Casas. 4. Cabeza de Vaca. 5. Junípero Serra. 6. Menéndez de Avilés. 7. Juan de Oñate. 8. Eusebio Kino. 9. Fray Marcos de Niza. 10. Francisco Vázquez de Coronado.

LECCIÓN TRECE

KEY (Pages 208-209)

EJERCICIO ORAL A: 1. pida, pidas, pidamos, pidan, pida. 2. hayan comido, haya comido, hayan comido, hayas comido, hayamos comido. 3. vuelva, vuelva, vuelvas, volvamos, vuelvan. 4. haya visto, haya visto, hayamos visto, haya visto, hayan visto. 5-7. *(Substitution of phrases.)* 8. condujo, condujeron, condujiste, conduje, condujimos.

EJERCICIO ORAL B: 1. hayan llegado. 2. hayan abierto. 3. les hayan traído. 4. me haya devuelto. 5. te hayas puesto. 6. nos haya visto. 7. haya ido. 8. hayas escrito. 9. haya hecho. 10. les haya dado.

EJERCICIO ORAL C: 1. han pensado. 2. hayan invitado. 3. han comprado. 4. hayan salido. 5. han hablado. 6. haya ido. 7. hayan pedido. 8. hayan decidido. 9. se haya olvidado. 10. has tenido. 11. han podido. 12. haya visto. 13. hayan aprendido. 14. han tenido.

EJERCICIO ORAL D: 1. Es posible que hayan vuelto de España. 2. Espero que ella le haya escrito a Carmen. 3. Dudan que hayamos hecho una excursión. 4. No creen que hayas comprado un par de patines. 5. Siento mucho que no hayan traído los esquíes. 6. Nos alegramos de que Uds. hayan visto al señor Díaz. 7. Tengo miedo de que ellos no hayan dicho nada. 8. Temen que tú no te hayas puesto el abrigo. 9. No estoy seguro de que Uds. se lo hayan llevado. 10. Es extraño que Elena no me haya devuelto la revista.

EJERCICIO ESCRITO A: 1. Yo siento que Uds. no puedan buscarlos. 2. Es mejor que tú te pongas estos zapatos. 3. Juan prefiere que su hermano busque otro par de esquíes. 4. Ellos quieren que yo conduzca el coche. 5. No es posible que nosotros les entreguemos el paquete. 6. Ella insiste en que su mamá haga el vestido. 7. Es lástima que ella no les dé las gracias por el regalo. 8. Es importante que Margarita no los envuelva todavía.

EJERCICIO ESCRITO B: 1. Ricardo le dice a Roberto que lleve solamente (que no lleve más que) una maleta. 2. Le pide que no se olvide de sus patines. 3. Le dice que habrá nieve y hielo. 4. Ricardo también quiere que su amigo lleve sus esquíes. 5. Sus padres (Los padres de ellos) están seguros de que se divertirán en la excursión. 6. Dudan que Tomás haya traído bastante ropa gruesa. 7. El padre (papá) de Ricardo les pide que estén listos temprano. 8. Ricardo prefiere que su padre conduzca cuando hace mal tiempo. 9. Vendrán a buscar a los dos muchachos a las seis. 10. Los muchachos no creen que haya dificultad en salir para las montañas a esa hora.

LECCIÓN CATORCE

KEY (Page 217-218)

EJERCICIO ORAL A: 1. siga, sigas, sigamos, siga, sigan. 2. tenga, tengan, tengamos, tenga, tengan. 3. encuentres, encuentre, encuentre, encontremos, encuentren. 4. seguí, seguimos, seguiste, siguieron, siguieron. 5. se paseaba, nos paseábamos, te paseabas, se paseaban, se paseaba.

EJERCICIO ORAL B: 1. No me lo traigan Uds. 2. No lo busquen Uds. 3. No se las entreguen Uds. a ellos. 4. No se los prueben Uds. 5. No la cerremos. 6. No los envolvamos. 7. No nos levantemos. 8. No nos los probemos. 9. No nos despidamos de ellos. 10. No nos mudemos de ropa.

EJERCICIO ORAL C: 1. Sí, llevémoslos. No, no los llevemos. 2. Sí, envolvámoslo. No, no lo envolvamos. 3. Sí, cerrémoslos. No, no los cerremos. 4. Sí, busquémosle. No, no le busquemos. 5. Sí, sigámoslo. No, no lo sigamos. 6. Sí, entreguémoslo. No, no lo entreguemos.

7. Sí, sentémonos a la derecha. No, no nos sentemos a la derecha. 8. Sí, levantémonos ahora. No, no nos levantemos ahora. 9. Sí, bañémonos. No, no nos bañemos. 10. Sí, vámonos. No, no nos vayamos.

*(Repetition with **Vamos a** in the answer)* 1. Sí, vamos a llevarlos. 2. Sí, vamos a envolverlo. 3. Sí, vamos a cerrarlos. 4. Sí, vamos a buscarle. 5. Sí, vamos a seguirlo. 6. Sí, vamos a entregarlo. 7. Sí, vamos a sentarnos a la derecha. 8. Sí, vamos a levantarnos ahora.

EJERCICIO ORAL D: 1. ..., que los cierren ellos. 2. ..., que los traigan ellos. 3. ..., que les escriban ellos. 4. ..., que lo envuelvan ellos. 5. ..., que se los entreguen ellos. 6. ..., que lo apaguen ellos. 7. ..., que se sienten ellos. 8. ..., que se acuesten ellos. 9. ..., que se bañen ellos. 10. ..., que se acerquen ellos.

EJERCICIO ORAL E: 1. Vamos a escribirla. 2. Vamos a sacarlas. 3. Vamos a pagarlo. 4. Vamos a sentarnos. 5. Vamos a levantarnos. 6. Vamos a detenernos. 7. Vamos a ponérnoslos. 8. Vamos a lavárnoslas.

EJERCICIO ESCRITO A: 1. ..., que lo envíe él. 2. ..., que lo conduzca él. 3. ..., que lo siga él. 4. ..., que los entregue él. 5. ..., que los busque él. 6. ..., que los sirva él. 7. ..., que lo envuelva él. 8. ..., que se siente él. 9. ..., que se vista él., 10. ..., que se acerque él.

EJERCICIO ESCRITO B: 1. Que los compre Jorge. 2. Que los siga mirando Carlos. 3. Que se lo pruebe Enrique. 4. Que los envuelva el dependiente. 5. Que se siente un rato Marta. 6. Que se acerquen todos despacio. 7. Que se lo ponga Anita. 8. Que se vistan ellos pronto.

EJERCICIO ESCRITO C: 1. José va de compras y espera encontrarse con su amigo Jaime en el centro. 2. El padre (papá) de José quiere que busque varias cosas. 3. Le pide a su padre que le dé bastante dinero para comprar un traje. 4. Su padre no quiere que compre uno todavía. 5. Es extraño que haya tanta gente en la tienda. 6. Jaime tiene miedo de (teme) que tengan que esperar un rato. 7. Espera que el dependiente no tarde en venir. 8. Por fin cuando el dependiente ve a José, éste le pide que le enseñe un par de zapatos. 9. Los zapatos número nueve que trae no le sientan bien a José. 10. Le dice al dependiente: <<Hágame Ud. el favor de enseñarme otro par.>> 11. Después de probárselos, José dice: <<Los tomo. Envuélvalos, por favor.>> 12. José le da (entrega) al dependiente dos billetes de veinte dólares, y recibe diez dólares de vuelta. 13. Entregándole a José el paquete (Entregándole el paquete a José), el dependiente dice: <<Adiós, señor. Que vuelva pronto.>> 14. Jaime le dice a José que tiene que ir a buscar a Elena.

LECCIÓN QUINCE

EJERCICIO ORAL A: 1. que 2. que 3. la cual (la que) 4. quien (que) 5. que
6. que 7. quien (que) 8. el que (el cual) 9. que 10. la que (la cual) 11. el que
(el cual) 12. la que (la cual) 13. los que (los cuales) 14. que

EJERCICIO ORAL B: 1. La mujer que viene ahora es mi tía. 2. Este telegràma
que llegó ayer es del señor López. 3. Los refrescos que ella sirvió eran muy
buenos. 4. El joven que está visitándolos es de Colombia. 5. La casa que tiene
un patio es de estilo español. 6. La carta que José recibió esta mañana es de
su hermano mayor.

7. Él conoce a aquella muchacha, quien es alumna de esta escuela superior. *Or*
Aquella muchacha a quien él conoce es alumna de esta escuela superior. 8. Yo
saludé a aquellas señoritas, quienes son profesoras de español. *Or* Aquellas
señoritas a quienes yo saludé son profesoras de español. 9. Ella llamó a los
niños, quienes están jugando. *Or* Los niños a quienes ella llamó están jugando.
10. Él telefoneó a la mujer, quien está enferma hoy. *Or* La mujer a quien llamó
está enferma hoy. 11. Ayudamos a aquel señor, quien es gerente de esta
compañía. *Or* Aquel señor a quien ayudamos es gerente de esta compañía.
12. Vimos a la profesora, quien enseña el francés. *Or* La profesora a quien
vimos enseña el francés.

13. El tío de Carlos, el cual (el que) tiene una casa comercial, vive en
México. 14. Aquellos edificios, detrás de los cuales (los que) dejamos el coche,
son muy altos. 15. Las costumbres del país, acerca de las cuales (las que) Inés
me escribió, son muy interesantes. 16. La hermana de Jaime, la cual (la que) le
envió una tarjeta postal, viaja por México.

EJERCICIO ORAL C: 1. Buscamos un empleado que *a)* hable español; *b)* sea
joven; *c)* conozca las costumbres del país; *d)* haya vivido en México.
2. ¿Conocen Uds. a alguien que *a)* haya sido gerente de una compañía? *b)*
haya trabajado en la América del Sur? *c)* quiera vivir allí? *d)* pueda irse tan
pronto? 3. No hay nadie aquí que *a)* busque un puesto. *b)* sea tan trabajador
como él. *c)* sepa hablar español. *d)* pueda acompañarme. 4. Ella necesita a
alguien que *a)* la ayude. *b)* trabaje todos los sábados. *c)* haya tenido experiencia.
d) escriba bien el español.

EJERCICIO ORAL D: 1. Busca un puesto que le guste. 2. Necesitan una casa
que tenga ocho cuartos. 3. ¿Conoces a alguien que sea muy trabajador? 4. No
hay nada en este artículo que sea interesante. 5. Prefieren un hombre que haya
tenido más experiencia. 6. ¿Hay alguien allí que pueda recomendar a Juan?
7. Quiero ver una señorita que haya vivido en Chile. 8. Esperan ver a alguien
que haya visto la película.

EJERCICIO ESCRITO A: 1. No, no veo a nadie que le conozca. 2. No, no busco ninguna casa que tenga un jardín. 3. No, no hay ningún hombre que nos ayude. 4. No, no hay nadie que sepa escribir en español. 5. No, no estudio con nadie que pronuncie mejor. 6. No, no conocemos a nadie que haya viajado por la Argentina. 7. No, no veo a nadie que yo pueda invitar. 8. No, no hay nada aquí que me guste.

EJERCICIO ESCRITO B: 1. Que nos entregue el dinero. Le diré a él que nos entregue el dinero. 2. Que sigan buscando a Luis. Les pediré que sigan buscando a Luis. 3. Que ella no mire los vestidos. Prefiero que ella no mire los vestidos. 4. Que no esperen mucho tiempo. Les aconsejaré a ellos que no esperen mucho tiempo. 5. Que se sienten a la izquierda. Esperamos que ellos se sienten a la izquierda. 6. Que venga al mediodía. Me alegro de que ella venga al mediodía. 7. Que ella les sirve refrescos. Siento que ella no les sirva refrescos. 8. Que recomiende a Carlos. Temo que él no recomiende a Carlos.

EJERCICIO ESCRITO C: 1. El señor Martín acaba de recibir una carta de un amigo suyo. 2. Es un mexicano joven que estudiaba (estaba estudiando) en la universidad cuando Roberto le conoció. 3. Es el gerente de una casa comercial en ese (aquel) país. 4. Espera encontrar un empleado que hable español. 5. También necesita a alguien que conozca bien el país. 6. Es importante que entienda mucho acerca de las costumbres mexicanas. 7. Su amigo quiere encontrar a alguien que haya trabajado tres o cuatro años. 8. El señor Martín no puede recomendar a nadie que sea más trabajador que Roberto. 9. Duda que Roberto pueda empezar (comenzar) a trabajar antes del quince de marzo. 10. Le pide a Roberto que venga a verle esa (aquella) tarde. 11. Si el puesto le interesa a Roberto, el señor Martín le enviará un telegrama al gerente. 12. Si quiere, también puede llamar al gerente por teléfono, dándole todos los informes acerca de Roberto.

EJERCICIO ESCRITO D: 1. un día de primavera. 2. una casa de campo. 3. un billete de diez dólares. 4. tal vez *or* quizá(s). 5. sin embargo. 6. de vez en cuando. 7. de esta manera. 8. ¡Cómo no! (¡Claro! ¡Por supuesto! ¡Ya lo creo!) 9. Puso un telegrama. 10. Me parece que el traje es muy caro (carísimo). 11. Estos zapatos no me sientan bien; son muy estrechos. 12. ¿Qué precio tienen? (¿Cuál es el precio de ellos?) — Veinte dólares el par. 13. Hágame Ud. el favor de envolverlos. 14. Aquí tienen Uds. los paquetes. 15. ¿Vives lejos de aquí? 16. Ha hecho mucho frío. 17. Habrá nieve en las montañas. 18. No dejes de traer tus patines. 19. ¿Te gustan los deportes de invierno? 20. Juan tiene miedo de patinar sobre el hielo. 21. Les he dado las gracias por la invitación. 22. Este parque es tan grande como ése (aquél). 23. Se pueden ver (Uno puede ver) las montañas de día. 24. Los buscará a las siete. 25. No hay de qué (De nada).

LECTURA VI

(Page 236)

COMPRENSIÓN: 1. mil setecientos setenta y cinco. 2. mil ochocientos ocho. 3. mil ochocientos diez. 4. Simón Bolívar, José de San Martín y el padre Miguel Hidalgo. 5. Jorge Washington de la América del Sur ... Venezuela. 6. Venezuela, Colombia, el Ecuador, el Perú y Bolivia. 7. primer Congreso Panamericano. 8. Organización de los Estados Americanos. 9. José de San Martín. 10. la Argentina ... España. 11. mil ochocientos doce. 12. los Andes. 13. Bernardo O'Higgins . . . Chile (la batalla de Chacabuco). 14. Lima ... "Protector del Perú." 15. Guayaquil . . . Bolívar. 16. San Martín . . . Bolívar. 17. el padre Hidalgo. 18. cura. 19. hombres nacidos en el país. 20. palos, navajas y machetes. 21. imagen de la Virgen de Guadalupe. 22. el padre de la independencia mexicana. 23. diez y seis de septiembre. 24. Hidalgo y Diez y seis de Septiembre.

LECCIÓN DIEZ Y SEIS

KEY (Pages 243-245)

EJERCICIO ORAL B: 1. Sí, aunque Elena venga temprano también. 2. Sí, aunque Elena salga esta noche también. 3. Sí, aunque Elena lo busque también. 4. Sí, aunque Elena los traiga también. 5. Sí, aunque Elena la ponga aquí también. 6. Sí, aunque Elena empiece a leer también. 7. Sí, aunque Elena siga leyendo también. 8. Sí, aunque Elena le felicite también.

EJERCICIO ORAL C: 1. veas 2. tengas 3. examines 4. vendas 5. conozcas 6. mires

EJERCICIO ORAL E: 1. Hace media hora que ella mira la televisión. 2. Hace cinco años que ellos viven en México. 3. Hace veinte minutos que Juan está esperando en el aeropuerto. 4. Hace mucho tiempo que yo conozco al señor Gómez. 5. Hace tres días que Carlos está en Los Ángeles. 6. Hace varios años que José juega al golf. 7. Hace cuatro semanas que mi tío está en España. 8. Hace una hora y media que Carlitos escucha discos.

EJERCICIO ORAL F: 1. Hace un año y medio que estudio el español. Estudio el español desde hace un año y medio. 2. Hace dos años que juego al golf. Juego al golf desde hace dos años. 3. Hace una semana que él está en San Luis. Él está en San Luis desde hace una semana. 4. Hace quince minutos que ella está escribiendo. Ella está escribiendo desde hace quince minutos.

EJERCICIO ESCRITO A: 1. Voy a charlar con Juan cuando esté aquí. 2. Volverán en cuanto los llame yo. 3. Tendremos que salir aunque llueva. 4. Hablaré despacio de modo que él me entienda. 5. Les daré el dinero después que terminen el trabajo. 6. Ella no podrá ir allá aunque consiga el puesto. 7. Iremos a verlos en cuanto sea posible. 8. Espero quedarme allí hasta que se vayan.

9. Permítanle Uds. a Felipe que vaya a la sierra. 10. Le pediré a Carolina que se vista pronto. 11. No creo que Luis haya traído sus palos de golf. 12. Nos alegramos de que ella no duerma la siesta.

EJERCICIO ESCRITO B: 1. Ella busca una blusa que le guste. 2. Pablo necesita una maleta que sea ligera. 3. No veo a nadie que lleve el equipaje. 4. ¿Conoces un joven que sepa escribir bien?

EJERCICIO ESCRITO C: 1. Me alegro de que hayas conseguido el puesto. 2. Acabas de venir de la línea aérea, ¿(no es) verdad? 3. Sí, he reservado un asiento y he pagado mi boleto (billete). 4. Necesito maletas y estoy buscando dos que sean muy ligeras. 5. ¿Tendrás que llevar mucho equipaje? 6. Además de tres maletas, llevaré mi máquina de escribir y mis palos de golf. 7. Aunque tenga que viajar mucho en avión, quiero jugar al golf cada semana. 8. Sabré si eso es posible en cuanto llegue a la Ciudad de México. 9. ¿Cuánto tiempo hace que esperas trabajar en México? 10. Busco (Estoy buscando) un puesto como éste desde hace tres o cuatro años *Or* Hace tres o cuatro años que busco (estoy buscando) un puesto como éste.

LECCIÓN DIEZ Y SIETE

KEY (Pages 252-255)

EJERCICIO ORAL A: 1. escoja, escojas, escoja, escojan, escojamos. 2. pruebe, pruebes, prueben, probemos, prueben. 3. compráramos, compraran, comprara, compraras, compraran. 4. escogiesen, escogieses, escogiese, escogiesen, escogiese. 5. escribiese, escribieses, escribiésemos, escribiese, escribiesen.

EJERCICIO ORAL B: 1. trabaje. 2. trabajara (trabajase). 3. regrese. 4. regresara (regresase). 5. compre. 6. comprara (comprase). 7. escoja. 8. escogiera (escogiese). 9. encuentren. 10. encontraran (encontrasen). 11. guste. 12. gustara (gustase).

EJERCICIO ORAL C: 1. Yo no creía que ellos vendieran (vendiesen) la casa. 2. Yo le pediría a ella que comprara (comprase)... 3. Fue preciso que ella metiera (metiese)... 4. Sería mejor que esperáramos (esperásemos)... 5. No vimos a nadie que conociera (conociese)... 6. Te traje el cheque para que lo cobraras (cobrases). 7. Él quería que nosotros limpiáramos (limpiásemos)... 18. Me alegraba de que ella no se marchara (marchase).

EJERCICIO ORAL D: 1. buscaba... trabajara. 2. conocía... viviera. 3. quería... buscara. 4. esperaba... encontrara. 5. Era... escogiera. 6. alegraba... probaras. 7. Dudábamos... ahorraran. 8. ¿Había... comprendiera...?

EJERCICIO ORAL E: 1. Sí, aunque Carlos la probase también. 2. Sí, aunque Carlos la buscase también. 3. Sí, aunque Carlos lo reservase también 4. Sí, aunque Carlos las mirase también. 5. Sí, aunque Carlos lo comprase también. 6. Sí, aunque Carlos la escogiese también.

EJERCICIO ESCRITO A: 1. Sí, quieren que tú lo escojas. Sí, querían que tú lo escogieses. 2. Sí, él desea que tú lo compres. Sí, él deseaba que tú lo comprases. 3. Sí, me alegro de que tú la pruebes hoy. Sí, me alegraba de que tú la probases hoy. 4. Sí, es preciso que tú las mires. Sí, fue preciso que tú las mirases. 5. Será mejor que tú lo reserves. Sería mejor que tú lo reservases.

EJERCICIO ESCRITO B: 1. vendieras (vendieses). probaras (probases). metieras (metieses). 2. escogieran (escogiesen). examinaran (examinasen). pagaran (pagasen). 3. cerrara (cerrase). abriera (abriese). dejara (dejase) cerrado.

EJERCICIO ESCRITO C: 1. El padre de Roberto le dio (regaló) una cámara de cine. 2. La escogió ayer por la tarde. 3. Hace dos años que ahorra su dinero *or* Ahorra su dinero desde hace dos años. 4. Su tío le dio (regaló) doce rollos de película. 5. Su padre (papá) no quería que llevara (llevase) el proyector a México. 6. Prefería que Roberto le enviara (enviase) cada rollo de película. 7. Después de recibir la película, dijo que la revelaría. 8. Supongo que (tú) irás a la Ciudad de México con él. 9. ¡Dios mío, Tomás! ¿Dónde podría conseguir (obtener) el dinero? 10. Habrá otras oportunidades para visitar a México. 11. Me dará mucho gusto ver las transparencias que nos envíe. 12. Pues, ¿puedes ir a la tintorería ahora?

LECCIÓN DIEZ Y OCHO

KEY (Pages 261-265)

EJERCICIO ORAL A: 1. trajeras, trajera, trajéramos, trajeran, trajera. 2. fuera, fueras, fuéramos, fuera, fueran. 3. leyera, leyeras, leyeran, leyéramos, leyera. 4. hayan vuelto, haya vuelto, hayas vuelto, haya vuelto, hayan vuelto. 5. hubiésemos llegado, hubiese llegado, hubieses llegado, hubiese llegado, hubiesen llegado. 6. haya hecho, hayan hecho, hayas hecho, haya hecho, hayamos hecho. 7. durmiera, durmiera, durmieran, durmiéramos, durmieras. 8. sirviera, sirvieras, sirviera, sirviéramos, sirvieran.

EJERCICIO ORAL B: 1. condujera. 2. pidiera. 3. anduviéramos. 4. hiciera. 5. dijera. 6. pusiera. 7. tuviera. 8. volvieran.

9. pudiese. 10. quisiese. 11. trajese. 12. supiese.

13. hubieran devuelto. 14. hubieran visto. 15. hubiera tenido. 16. hubieras dicho.

EJERCICIO ORAL D: 1. estuviera (estuviese)... haría. 2. vinieran (viniesen)... darían. 3. pudieran (pudiesen)... dirían. 4. viéramos (viésemos)... daríamos. 5. fuera (fuese)... enviaría. 6. sonara (sonase)... se despertaría. 7. estarían... descansaran (descansasen). 8. estaríamos... diéramos (diésemos).

9. hubiera (hubiese) ido... habría comprado. 10. hubiera (hubiese) escrito... habría echado. 11. habría enviado... hubiera (hubiese) envuelto. 12. habría ido... hubiera (hubiese) terminado.

EJERCICIO ESCRITO A: 1. habrán salido. habrían salido. 2. Habrá sido. Habría sido. 3. Habremos podido. Habríamos podido. 4. habrá ido. habría ido. 5. habrás leído. habrías leído. 6. habré hecho. habría hecho.

EJERCICIO ESCRITO B: 1. volviese (volviera)... llamaría. 2. fuésemos (fuéramos)... sacaríamos. 3. fuese (fuera)... podría. 4. siguiesen (siguieran)... ahorrarían. 5. Veríamos... trajesen (trajeran). 6. ofreciesen (ofrecieran)... iría. 7. hubiese (hubiera) metido... habría podido. 8. hubiese (hubiera)... habría enviado.

EJERCICIO ESCRITO C: 1. Si está en su cuarto, está escribiendo una carta. 2. Si estuviera (estuviese) en su cuarto, escribiría una carta. 3. Si hubiera (hubiese) estado en su cuarto, habría escrito una carta. 4. Si vienen mañana, me traerán el boleto (billete). 5. Si vinieran (viniesen) mañana, me traerían el boleto. 6. Si hubieran (hubiesen) venido ayer, me habrían traído el boleto. 7. Si yo hubiera (hubiese) visto un buen proyector, lo habría comprado. 8. Ese (Aquel) muchacho habla como si fuera (fuese) de España.

EJERCICIO ESCRITO D: 1. Si yo quisiera (quisiese) hacer un viaje a España, mi tío me daría mil dólares. 2. Si yo estuviera (estuviese) en tu lugar, iría a la América del Sur. 3. Yo quisiera (Me gustaría) ir allá si pudiera (pudiese) trabajar en el Perú. 4. Tú podrías visitar todos los países sudamericanos si tuvieras (tuvieses) más tiempo. 5. Si yo pudiera (pudiese) hablar español, un amigo mío me daría un puesto en la Argentina. 6. Quiero trabajar con una compañía que tenga muchas sucursales. 7. Sería más fácil conseguir (obtener) un puesto si yo hubiera (hubiese) estudiado economía. 8. Si les escribieras (escribieses) a los gerentes de varias compañías, estoy seguro de que encontrarías algo. 9. No, creo que sería mejor tener una entrevista personal con cada gerente. 10. Tienes razón; vamos a hacer (hagamos) una lista de compañías que tengan (*if there is uncertainty as to which companies have* *branches)* or tienen *(if the companies which have branches are known)* sucursales en la América del Sur.

EJERCICIO ESCRITO E: 1. de hoy en ocho días. 2. pasado mañana. 3. una cámara de cine. 4. una cámara de treinta y cinco milímetros. 5. la cámara de comercio. 6. al mismo tiempo. 7. la máquina de escribir. 8. una licencia para manejar. 9. Prueba la cámara, por favor. 10. Mete un rollo de película en ella. 11. Yo quisiera (me gustaría) probar el proyector. 12. Tenemos muchas ganas (muchos deseos) de visitar la América del Sur. 13. Escojan Uds. algunas (unas) transparencias. 14. Ahorró bastante dinero para comprar el coche. 15. Han vuelto de Los Ángeles. 16. Ofrezco cinco dólares por el libro. 17. Eso basta. 18. ¿Has oído decir que Juan está en la Ciudad de México?

LECTURA VII

(Page 279)

COMPRENSIÓN: 1. El Greco. 2. *El entierro del Conde de Orgaz.* 3. Diego Velázquez. 4. el Museo del Prado *or* el Prado. 5. Francisco de Goya. 6. Joaquín Sorolla. 7. Ignacio Zuloaga. 8. Pablo Picasso. 9. Albéniz, Granados, *or* Manuel de Falla. 10. *la Argentina.* 11. Pablo Casals. 12. Andrés Segovia.

(Page 285)

COMPRENSIÓN: 1. las bellas artes. 2. por la música. 3. México. 4. Carlos Chávez. 5. Diego Rivera, José Clemente Orozco y David Alfaro Siqueiros. 6. la Revolución de mil novecientos diez. 7. un medio de propaganda (para educar al pueblo). 8. (José Clemente) Orozco. 9. (David Alfaro) Siqueiros. 10. Smith College y en varios edificios públicos del estado de Texas. 11. el Perú. 12. los ojos del indio. 13. cerámica y orfebrería. 14. Puebla . . . Oaxaca. 15. Taxco y Lima.

LECCIÓN SUPLEMENTARIA I

KEY (Pages 292-294)

EJERCICIO ORAL A: 1. Estas flores y las de mi mamá . . . 2. Aquel jardín y el de mi tía . . . 3. Esta joven y la del vestido rojo . . . 4. Aquella casa y la del . . . 5. Este cuadro y el que está . . . 6. Estos lápices y los que él tiene . . . 7. . . . esta blusa y la que ella tiene. 8. Estas maletas y la que compraste . . . 9. Este coche y los que están . . . 10. Estos discos y el que acabas de tocar . . .

EJERCICIO ORAL B: 1. Las ventanas fueron cerradas por Ricardo. 2. Los libros fueron abiertos por los alumnos. 3. Las cartas fueron escritas por Bárbara. 4. Las rosas fueron traídas por mi mamá. 5. Estas fotos fueron sacadas por José. 6. Las flores fueron puestas sobre la mesa por Marta. 7. El vestido fue hecho por la madre de Luisa. 8. Juan fue nombrado presidente por ellos.

EJERCICIO ORAL C: 1. Se cierra este edificio a las cinco. 2. ¿Cómo se dice eso en España? 3. En México se oye música popular *or* Se oye música popular en México. 4. ¿Cómo se puede pasar tanto tiempo aquí? 5. ¿A qué hora se abren estas puertas? 6. No se venden libros en la biblioteca. 7. En España no se llevan paquetes en la mano *or* No se llevan paquetes en la mano en España. 8. Allí se ven árboles bonitos.

EJERCICIO ORAL D: 1. Sí, está escrita. 2. Sí, están escritas. 3. Sí, está abierto. 4. Sí, estaban puestas allí. 5. Sí, estaba hecha. 6. Sí, estaba preparada.

EJERCICIO ORAL E: 1. para 2. por 3. por 4. para 5. por 6. para 7. para 8. por 9. por 10. para 11. por 12. para 13. por 14. (*by*) por (*for*) para 15. para 16. para 17. por 18. por 19. para 20. por

EJERCICIO ESCRITO A: 1. Sí, es la que vino. 2. Sí, son los que vinieron. 3. Sí, son los que compré. 4. Sí, son las que miré. 5. Sí, es la que me gusta. 6. Sí, son las que me gustan. 7. Sí, es el que me gustó. 8. Sí, son los que me gustaron.

EJERCICIO ESCRITO B: 1. Sí, fue escrita por Juan. 2. Sí, fue abierta por Felipe. 3. Sí, fueron hechos por Marta. 4. Sí, fueron puestas allí por Elena. 5. Sí, fueron traídas por Eduardo. 6. Sí, fue nombrado vicepresidente por ellos. 7. Sí, fueron felicitadas por las muchachas. 8. Sí, fue recomendada por nosotros.

EJERCICIO ESCRITO C: 1. Abrió la puerta. 2. Se abrió la puerta a las ocho. 3. La puerta fue abierta por el profesor. 4. La puerta no está abierta en este momento. 5. Este coche y el que está en la calle son nuevos. 6. ¿Crees lo que dijeron? 7. Quien (El que) mucho lee, mucho aprende (lee mucho, aprende mucho). 8. Aquella muchacha alta y las que están cerca de ella son amigas mías.

EJERCICIO ESCRITO D: 1. Roberto llegó a la oficina del señor Ortiz a las once. 2. El señor Ortiz le dio varias cartas de presentación. 3. No fueron escritas por el vicepresidente de la compañía. 4. El señor Ortiz espera estar en México para el diez y seis de septiembre. 5. Ha enviado por Roberto para felicitarle. 6. Roberto le da las gracias por cuanto (todo lo que) ha hecho por él. 7. Él quiere que Roberto pregunte por algunos (unos) amigos suyos. 8. Roberto se alegrará de hablar español con ellos. 9. El señor Ortiz está seguro de que Roberto será un verdadero buen vecino mientras se quede en México. 10. Dice que los que hablan español pueden hacer mucho para estrechar las relaciones entre los dos países.

LECCIÓN SUPLEMENTARIA II

EJERCICIO ORAL A: 1. No vengas conmigo. 2. No vayas al comedor. 3. No salgas con ellos. 4. No nos digas la verdad. 5. No te des prisa. 6. No te pongas el abrigo. 7. No te vayas ahora. 8. No te bañes.

EJERCICIO ORAL B: 1. Despiértate ahora mismo. 2. Levántate de prisa. 3. Siéntate a la izquierda. 4. Póntelo pronto. 5. Vete con ella. 6. Vístete en seguida. 7. Dímelo, por favor. 8. Hazme el favor de venir.

EJERCICIO ORAL C: 1. Quisiera dormir... 2. Le gustaría a ella usar... 3. Debiéramos despertar... 4. Yo debiera descansar... 5. Tal vez no vengan... 6. ¡Qué noche tan agradable! 7. ¡Qué amables son ellas! 8. ¡Cuánto siento no haber estado allí! 9. ¡Ojalá que tú lo cogieses! 10. ¡Cuánto temo que ellos no salgan todavía!

EJERCICIO ORAL D: 1. ¿Quién será? 2. Ella tendrá quince años. 3. Ellas estarán en el café. 4. ¿Dónde estará mi bolsa? 5. ¿Cuáles de ellos irán al cine? 6. Ella no tendrá nada que hacer hoy.
7. Las muchachas habrán salido. 8. Juan se habrá despertado. 9. Carlos ya habrá vendido el coche. 10. ¿Dónde habrán puesto las fotos?
11. Serían las diez. 12. Llegarían al mediodía. 13. Ella llamaría un taxi. 14. ¿Adónde irían los dos?

EJERCICIO ORAL E: 1. Me puse el saco. 2. Ella se puso el vestido nuevo. 3. Nos lavamos la cara. 4. Me desayuné de prisa. 5. Me cepillé el traje. 6. Puedo despertarme sin despertador. 7. Nos limpiamos los dientes. 8. Ella tiene el pelo rubio. 9. Me visto rápidamente. 10. Me peino cada mañana.

EJERCICIO ESCRITO A: 1. Vuelva Ud. temprano. No vuelva Ud. temprano. Vuelve temprano. No vuelvas temprano. 2. Vaya Ud. a la tienda. No vaya Ud. a la tienda. Ve a la tienda. No vayas a la tienda. 3. Díganos Ud. el precio. No nos diga Ud. el precio. Dinos el precio. No nos digas el precio. 4. Siéntese Ud. aquí. No se siente Ud. aquí. Siéntate aquí. No te sientes aquí. 5. Póngase Ud. los guantes. No se ponga Ud. los guantes. Ponte los guantes. No te pongas los guantes. 6. Hágalo Ud. todos los días. No lo haga Ud. todos los días. Hazlo todos los días. No lo hagas todos los días.

EJERCICIO ESCRITO B: 1. Ven con Bárbara. No vengas... 2. Hazlo antes de mañana. No lo hagas... 3. Levántate antes del mediodía. No te levantes... 4. Siéntate cerca de ella. No te sientes... 5. Vete en seguida. No te vayas... 6. Ponte el sombrero. No te pongas... 7. Límpiate los zapatos. No te limpies... 8. Cepíllate el saco. No te cepilles...

EJERCICIO ESCRITO C: 1. Mamá, Roberto todavía está durmiendo; no oyó el despertador. 2. Pues (Entonces) tendrás que despertarle. 3. ¿Está mi chaqueta en la tintorería ahora? 4. Sí, la envié (mandé) ayer por la mañana. 5. Si la necesitas, les pediré que lo traigan hoy. 6. ¿Se levantó Roberto? ¿Se ha vestido todavía? 7. No, está afeitándose (se está afeitando) ahora. 8. Estará listo para desayunarse (tomar el desayuno) ahora mismo. 9. Los dos muchachos comen muy despacio. 10. Por fin su madre (mamá) les dice que les quedan cinco minutos. 11. (Ella) les dice que no sigan (continúen) hablando como si no tuviesen nada que hacer. 12. Se ponen el saco en seguida. 13. ¿Dónde estará la libreta de cheques de Roberto? 14. ¡Qué buen tiempo hace! Tiene mil cosas que hacer. 15. Si cogen el autobús, tal vez lleguen al centro antes de las diez. 16. ¡ Ojalá (que) él tuviera otra semana en que podría buscar las cosas que necesita!

LECCIÓN SUPLEMENTARIA III

KEY (Pages 310-313)

EJERCICIO ORAL A: 1. Nos hizo ir ... 2. Él se hizo abogado. 3. Le mandé estacionar ... 4. La oímos cantar algunas ... 5. ¿Los has visto salir ...? 6. Le permitimos jugar ... 7. Permíteme decirte ... 8. Permítanme Uds. ayudarlos. 9. No me dejaron ir ... 10. Le permití a Juan que fuera ...

EJERCICIO ORAL B: 1. Quieren la mía. 2. Les gustan las mías. 3. ¿Tiene Juan el suyo? 4. ¿Tienen los dos los suyos? 5. ¿Llevas el tuyo? 6. La nuestra es de piedra. 7. Los nuestros son bonitos. 8. No estaciones el suyo. 9. Pónganse Uds. los suyos. 10. Dame los tuyos. 11. Fui por las mías. 12. Deja aquí las nuestras. 13. Señor, traiga Ud. los suyos. 14. El nuestro es amable. 15. Las nuestras son simpáticas. 16. El suyo es de oro.

EJERCICIO ORAL C: 1. Yo le tomé la temperatura. 2. Su papá le compró un reloj. 3. Su mamá le puso la ropa. 4. Yo no le corté la mano. 15. Anita le sirvió café. 6. Ella le vendó el brazo.

EJERCICIO ORAL D: 1. ¿Qué ocurrirá en casa de Tomás? 2. Su hermanito estará enfermo. 3. Tendrá una llanta desinflada. 4. Juan estará estacionando el coche. 5. Ellos estarían nerviosos. 6. ¿Adónde irían los jóvenes? 7. ¿De dónde volverían ellos? 8. Serían las cinco de la tarde.

EJERCICIO ORAL F: 1. traiga 2. tuviera (tuviese) 3. hubieran (hubiesen) 4. fuera (fuese) 5. escoja 6. fueran (fuesen) 7. se pongan 8. se vistan 9. llovió 10. tuviéramos (tuviésemos) 11. pueda 12. volví 13. tenga 14. me desayunara (me desayunase) 15. hiciera (hiciese) 16. fuera (fuese) 17. estén 18. gustara (gustase) 19. limpiáramos (limpiásemos) 20. sea

EJERCICIO ESCRITO A: 1. llegó 2. se hizo 3. ¿Se puso 4. se volvió 5. se hicieron 6. oyeron 7. puso 8. me puse

EJERCICIO ESCRITO B: 1. Los niños se lavaron las manos. 2. Su madre (mamá) les lavó las manos. 3. Le tomé a Juanita la temperatura (*or* la temperatura a Juanita). 4. ¿Se tomó ella la temperatura? 5. Le duele la cabeza. Tiene dolor de cabeza. 6. Carlitos se cortó la mano. 7. ¿Cuándo se puso enfermo (se enfermó)? 8. ¡Que se hagan ricos pronto! 9. Hice (Mandé) estacionar el coche. 10. Oímos gritar a los muchachos.

EJERCICIO ESCRITO C: 1. ¿Por qué no pasaste por la casa de Roberto? 2. Él quería despedirse de ti. 3. Déjame explicar. Por desgracia mi madre (mamá) se puso muy enferma (se enfermó mucho) y tuve que llamar al médico. 4. No pudo venir hasta las nueve. 5. Fue necesario (preciso) quedarme en casa hasta que llegara (llegase). 6. Además, no quería dejar sola a mi madre (mamá). 7. Miguel me llamó antes (de) que yo saliera de casa. 8. Su coche tenía una llanta desinflada y él quería que yo los llevara (llevase) al aeropuerto. 9. Nos quedaba poco tiempo y tuvimos que darnos prisa. 10. Temían que perdiéramos (perdiésemos) el avión. 11. Anunciaron el vuelo en cuanto llegamos. 12. En ese momento Roberto abrazó a su padre (papá) y a su hermano. 13. Cuando les dio un beso a Elena y a su madre (mamá), ésta empezó (comenzó) a llorar. 14. Gritábamos (Estábamos gritando): <<¡Buen viaje! ¡No dejes de escribirnos de vez en cuando! ¡Que lo pases bien! (¡Adiós!)>>

EJERCICIO ESCRITO D: 1. de prisa. 2. de repente. 3. la libreta de cheques. 4. ¡Buen viaje! 5. Tengo mucho gusto en conocerle a Ud. 6. Le estamos muy agradecidos (a Ud.) por todo. 7. Aquí tienes (tiene Ud.) dos cartas de presentación. 8. Le dolía (a él) el brazo. 9. Tiene dolor de cabeza (Le duele la cabeza). 10. Ella se puso enferma (Ella se enfermó). 11. Se pondrá a su disposición. 12. Estamos aquí desde hace una hora, más o menos (Hace una hora, más o menos, que estamos aquí). 13. ¡Qué lo pase(s) bien! (¡Adiós!) 14. ¿Tienes algo que hacer? 15. Es un gran favor que me hace Ud. 16. No hay de qué (De nada). 17. ¡Claro que iré a verlos! 18. ¡Ojalá (que) me llamaran (llamasen)! 19. Los niños subieron al coche. 20. Juan se cortó un dedo.

LECTURA VIII

KEY (Page 320)

COMPRENSIÓN: *(Answers may vary.)* 1. No, las repúblicas hispanoamericanas no estaban bien preparadas para gobernarse. 2. Sí, ... 3. Sí, ... 4. No, el representativo del intelecto sudamericano fue (Domingo Faustino) Sarmiento. 5. Sí, ... 6. Sí, ... 7. Sí, ... 8. No, Sarmiento no llegó a ser presidente de Chile. 9. Sí, ... 10. Sí, ... 11. No, en *Facundo* Sarmiento analiza la vida y las costumbres de los argentinos. 12. No, el gaucho representa la barbarie. 13. Sí, ... 14. No, el gaucho maneja bien el cuchillo y las boleadoras. 15. Sí, ... 16. Sí, ... 17. No, Santos Vega es el símbolo del gaucho vencido por la civilización. 18. No, Sarmiento pasó por los Estados Unidos antes de regresar a Chile. 19. Sí, ... 20. Sí, ...

CARTAS ESPAÑOLAS

EJERCICIO A:

1. Sr. D. Juan Medina
   Avenida de la Universidad, 137
   Santiago, Chile

2. Profesor Carlos Martín
   Apartado 562
   Bogotá, Colombia

3. Srta. Bárbara Moreno
   Paseo de la Reforma, 516
   México 2, D.F., Mexico

4. Sra. (Dª.) María de Ortiz
   Plaza de la Independencia, 8
   Madrid, España

EJERCICIO B:

1. Buenos Aires, 10 de diciembre de 1972; (Muy) estimado señor Aguilar:
2. Bogotá, 1° de enero de 1973: (Muy) distinguida señora Rivas:
3. Montevideo, 12 de octubre de 1969; Distinguida Srta. Ortega:
4. México, D.F., 14 de julio de 1971; Querida mamá:
5. Sevilla, 20 de abril de 1968; Querido Vicente:
6. Caracas, 15 de agosto de 1970; (Mi) querida hija:

EJERCICIO C: 1. Muy señor mío: 2. Muy señor nuestro: 3. Muy señora mía: 4. Muy señorita mía (nuestra): 5. Muy señores míos: 6. Muy señores nuestros:

EJERCICIO F: 1. acusar recibo de. 2. a vuelta de correo. 3. por separado. 4. por avión (correo aéreo) 5. (por) paquete postal. 6. al recibir el telegrama. 7. me es grato (me place) avisarles (a Uds.). 8. hacer un pedido. 9. dirigir una carta. 10. al echar el paquete al correo. 11. en pago de la factura. 12. agradeciéndoles (dándoles las gracias por *or* muy agradecidos por) su atención.

EJERCICIO G:

1.   21 de mayo de 1973

(Muy) estimado señor Moreno:

Acusamos recibo de su atenta (carta) del presente (actual, 17 de mayo) y por separado le enviamos la lista de precios que nos pidió. Al recibir su pedido, mandaremos el envío a vuelta de correo.

Anticipándole las gracias, quedamos de Ud., sus atentos y seguros servidores,

2.   25 de septiembre de 1973

(Muy) distinguida señorita Ortega:

En contestación a su favor (carta, atenta) del actual (presente, del 23 de septiembre) me es grato enviarle por avión (correo aéreo) los informes que necesita (que le faltan a Ud.)...

Sírvase Ud. (Tenga Ud. la bondad de) darle a toda su familia mis mejores recuerdos. Quedo (Queda) su atento amigo y seguro servidor,

LECTURAS

QUIEN NO TE CONOZCA QUE TE COMPRE

(Pages 332-333)

EJERCICIO A: 1. era 2. conocían, llamaban, era 3. Era, quería 4. tenía, estaba, vivía 5. Solía, poseía 6. era, pesaba, quería, gustaba 7. conocía, sabía, era 8. era, jugaba

EJERCICIO B: 1. hicieran (hiciesen) 2. debieras 3. fuera (fuese) 4. guardara (guardase) 5. supiera (supiese), llegara (llegase) 6. viera (viese)
  Uses of the subjunctive: 1. After verb meaning *propose,* uncertain outcome. 2. Softened statement (—**ra** form only). 3. After **decir** used as a command. 4. After verb of request. 5. In a **si**-clause, referring to a condition which may not be fulfilled in the future.. After verb meaning *to prevent.* 6. In a purpose clause.

EL GEMELO

(Page 336)

EJERCICIO A: 1. hizo 2. Tocó, vino 3. pasó, tomó 4. dirigió, abrió 5. empezó 6. dominó 7. escribió, puso 8. apareció, entregó 9. volvió 10. buscó, encontró 11. abrió, extendió, comprendió 12. cayó

LA LECCIÓN DE MÚSICA

(Pages 340-341)

EJERCICIO A: **(By columns)** rico, bueno, alto; delgado, lejos, negro; mucho, vendedor, comprar; triste, viejos, izquierda.

EJERCICIO B: 1. el tío Samuel; rico, bajo, gordo, rubio, codicioso. 2. pálido, alto y delgado; unos ornamentos de iglesia. 3. dejar allí su violín. 4. mil duros; el violín. 5. el tío Samuel; ochocientos duros. 6. famoso violinista; dar algunos conciertos. 7. ¿Qué le parece a Ud. este violín? 8. el violín no valía más que cinco duros. 9. casi se cayó al suelo. 10. le había costado ochocientos duros.

LAS NOCHES LARGAS DE CÓRDOBA

(Pages 347-348)

EJERCICIO A: 1. . . . dejó su mulo . . . 2. . . . se presentó en casa de su amigo. 3. . . . llegó . . . 4. . . . sacó . . . 5. . . . se limpió . . . 6. . . . empezó a preguntarle a su amigo . . . 7. . . . se acostó . . . 8. . . . le dio . . . 9. . . . se metió . . . 10. . . . se durmió . . .

EJERCICIO B: 1. muy a propósito para 2. acababa de 3. perdiera cuidado; saliera el sol 4. serían 5. me falta; Ha de 6. para convencerle

EJERCICIO D: 1. Sí 2. No 3. Sí 4. Sí 5. No 6. Sí 7. No 8. Sí

TEMPRANO Y CON SOL

(Page 353)

EJERCICIO A: los ojos, el pelo, la mano, los hombros, el brazo, el dedo, los labios, el oído, la cabeza.

EJERCICIO B: *(By columns.)* 1. comenzar (echar a), responder, bonito (hermoso); suficiente, rogar, mostrar; mandar, volvió a sonreír, ambos.

EJERCICIO C: 1. Él quería comprárselo (quería comprarlo para ella). 2. Él se los entregó a él. 3. La pasaron mirándolos. 4. Ella se lo puso sobre ellos. 5. Él se los escribía a ella.

EJERCICIO D: *(Negative answers will vary.)* 1. No, compraron billetes para Ávila. 2. No, ambos vivían en la misma casa. 3. Sí. 4. No, los dos tenían doce o trece años de edad, más o menos. 5. No, se interesaban mucho por los sellos de correo. 6. Sí. 7. No, después de una semana eran novios. 8. Sí. 9. No, pasaron muy poco tiempo en Ávila. 10. Sí.

EL BUEN EJEMPLO

(Page 365)

EJERCICIO A: 1. se parecía 2. había, se estudiaba 3. volvían 4. se llamaba, tomaba, partía 5. se entendían 6. llegó 7. cortaba, ponía 8. salió, voló 9. sabía, estaba 10. tuvo 11. Montó, salió 12. Eran, derramaba 13. creyó 14. Se detuvo, vio, cantaban 15. dijo, tenía

EJERCICIO B: *(Answers will vary.)* 1. No, no me voy lentamente (Si se sale corriendo, se va rápidamente *or* de prisa). 2. Si un pájaro tiene un cobertizo de hojas, está debajo de ellas. 3. El amigo que usa mi coche sin darme las gracias es ingrato. 4. Le ponemos una cadena a un animal o a un pájaro para que no se escape. 5. No, no es fácil (No, es difícil) distinguir a un loro de otros.

EJERCICIO C: 1. abajo, ligero; imposible, lentamente; desaparecer, alejarse; al principio, olvidar; temprano, fuera de.

EL ALACRÁN DE FRAY GÓMEZ

(Page 369)

EJERCICIO A: 1. d 2. b 3. b 4. d 5. a 6. a 7. d 8. c 9. d 10. c

EJERCICIO B: 1. Sí 2. No 3. Sí 4. No 5. Sí 6. Sí 7. No 8. No 9. Sí 10. Sí

EL ESPAÑOL AL DÍA

el españ

D. C. HEATH AND COMPANY

Lexington, Massachusetts   Toronto   London

BOOK 2

fourth edition

ol al día

LAUREL HERBERT TURK   DePAUW UNIVERSITY

EDITH MARION ALLEN   INDIANAPOLIS PUBLIC SCHOOLS

DRAWINGS BY DAVID ZERBE
MAPS BY JAMES LEWICKI

International Standard Book Number: 0–669–82867–X

Library of Congress Catalog Card Number: 72–000051

PREFACE

El español al día, Book 2, Fourth Edition, is the second in a series of three texts for secondary-school students. Because verb forms must be mastered to understand, speak, read, and write Spanish, the four preliminary lessons review verb tenses and forms presented in Book 1. In addition, the pluperfect tense is included here before the student begins to read the *Lecturas.* In this fourth edition, dialogues have been rewritten and shortened and drill exercises restructured so that most can be done orally. The short dialogues, the listing of new words and of idioms and useful phrases (whether new or used in Book 1), the pronunciation review, and the oral drills make possible the continuation of the audio-lingual work begun in Book 1. Individual words introduced in Book 1 are not included in the lesson vocabularies of Book 2, but idioms and expressions are listed. A special feature of the preliminary lessons is the "Do you remember?" section which calls attention to previously studied structural items which occur constantly in the use of Spanish.

The first six regular lessons provide review of most of the basic materials presented in Book 1. Each lesson includes: (1) a dialogue, with a list of new words and useful expressions; (2) *Preguntas,* based on the first part of the dialogue, and *Preguntas generales,* with suggestions for further oral application of lesson material; (3) *Pronunciación;* and (4) a *Notas* section which provides brief explanations of the structural items reviewed and includes exercises, most of which are oral. Beginning in *Lección 6* and at three-lesson intervals thereafter, the last written exercise is based on the verbs, idioms, and expressions used in that lesson and in the two which precede.

Beginning in *Lección preliminar IV,* the dialogues are divided into two parts to offer flexibility in treatment. For example, the first part may be taken up in detail and the remainder handled as reading material, or the teacher may devise *Preguntas* for the second part similar to those for the first.

The grammar review in *Lecciones 1–6* is given in summaries whenever possible. Many of the exercises may be used for rapid class drill without outside study. The device of placing the exercises immediately after the grammatical summary enables the student to center his attention on a particular point and to review a maximum number of points in a relatively short time. This method of presentation also permits easy division of each lesson into assignments. The sentences in the exercises are short to facilitate rapid drill work.

Since reading for pleasure is one of the goals in learning a foreign language and because variety in reading materials is essential to attain this goal, a *Lectura* section appears first after *Lección preliminar IV* and thereafter at three-lesson intervals. These sections deal with fiestas; Christopher Columbus and other leaders in the Spanish exploration and conquest of the Americas; the establishment of the early missions; the liberation of the colonies from Spain; and the arts of Spain and Spanish America. Also included are folk tales and short stories. The *Estudio de palabras* at the beginning of each *Lectura* will help the student to recognize the meaning of new Spanish words and to relate them to English words or to Spanish words previously learned. After the *Estudio de palabras* is a list of the idioms and expressions in the *Lectura*, some of which may have appeared in preceding lessons. Words and phrases used first in a *Lectura* are listed in the vocabularies of the individual lessons if used later in the dialogues. Thus, a teacher may assign all or part of the *Lecturas* as outside reading, use them later in the year, or omit them. Beginning in *Lectura IV*, a *Notas* section takes up a number of additional grammatical points which occur in the reading material.

Beginning in *Lección 7*, each lesson, with few exceptions, is organized as follows: (1) a dialogue, followed by *Preguntas, Preguntas generales*, and suggestions for original conversations; (2) *Notas*, dealing with new grammar points and, on occasion, with the review of items in Book 1; an *Aplicación* appears after a few grammar explanations; (3) *Ejercicios orales* and *Ejercicios escritos;* (4) *Práctica*, a section providing additional conversations and exercises, which may be used or omitted as the teacher desires; and (5) *Palabras y expresiones*.

The basic forms and uses of the subjunctive mood are presented from *Lección 9* through *Lección suplementaria II*. Since the length of class periods and the amount of time devoted to language instruction varies from one secondary school to another, the three supplementary lessons can be omitted if necessary. A number of the grammar points discussed in these last three lessons are mentioned in the *Notas* which accompany the *Lecturas*.

As in Book 1, explanations of the fundamentals of Spanish usage are concise, and the number of exceptions to general rules is minimal. Questions are frequently raised in the explanations to encourage the student to deduce certain "rules" necessary for command of the language.

Variety in the exercises and their coordination with the dialogues, the importance of structural points chosen for consideration, and the practical nature of the vocabulary are features of the series. More attention has been given to spoken Spanish and less emphasis has been placed on English-to-Spanish translation. Further drill in the use of Spanish occurs in the *Práctica* found toward the end of most lessons. Imitation, repetition, and individual expression have been emphasized throughout. Each set of exercises attempts not only to cover fully the new points in the lesson but also to review the most important points of previous lessons.

A separate section called *Cartas españolas* deals with the fundamentals of personal and business letters in Spanish and includes phrases and formulas most commonly used in Spanish correspondence.

The second part of the text contains seven reading selections from the third edition of this book. The selections were originally chosen for their interest, variety, and suitability for use in the classroom. While certain adaptations have been made to keep the selections within range of second-year reading, care has been taken to preserve the content and flavor of the original texts, most of the adaptation consisting in the elimination of difficult phrases and sentences and, in some cases, paragraphs not vital to the text.

The idioms and useful phrases of sufficiently high frequency to require attention occur ahead of each selection and are followed by a *Notas* section with reference to the structural points used. Asterisks in the reading selections refer to examples explained in the *Notas*. The student should check the list of idioms and useful phrases and read the *Notas* carefully before preparing a reading assignment. With the help of the footnotes, he should then be able to read with relative ease and understanding. The series of questions in Spanish should serve as guides for oral work, while the exercises also encourage comprehension and original expression.

Appendix A contains six songs.* Appendix B contains a summary treatment of pronunciation. Appendix C includes lists of classroom expressions, words and expressions for the laboratory, grammatical terms, punctuation marks, and abbreviations used in the text. Appendix D contains the cardinal and ordinal numerals, days of the week, months, seasons, dates, and time of day. Appendix E summarizes the definite and indefinite articles; and Appendix F contains the verb forms used in the text, as well as a few additional verbs which may be encountered in later study of Spanish.

The illustrations provide a wide range of background and information concerning the Spanish-speaking world.

A valuable aid to both the teacher and the student is the tape program that accompanies the text. It includes the dialogues, pronunciation, many of the oral exercises, and certain sections of the *Lecturas*.

The Spanish-English end vocabulary is intended to be complete, except for an occasional geographic name whose meaning is clear and for a few past participles whose infinitives are given. Irregular forms of nouns and adjectives have been included only for those whose forms are plural in the text. The English-Spanish vocabulary contains only those English words used in the English-to-Spanish exercises. In both vocabularies, idioms have been listed not only under the most important word in the phrase but also in frequent cross-listings.

It is impossible to suggest the amount of time or number of class periods which a teacher should spend on each lesson or *Lectura*. Factors influencing time allotments include the number of class periods per week, the length of the period, the emphasis placed on pronunciation, the use of exercises, the choice of exercises assigned for homework, the amount of time spent in the laboratory and/or listening to tapes in the classroom, the amount of

---

*These six songs together with the six songs in Book 1 are recorded on a single twelve-inch record entitled *Canciones populares*. This record was prepared especially for the series under the direction of Mrs. Elena Paz Travesí and is available separately.

time devoted to illustrative and supplementary materials, and, of course, class interruptions.

The authors wish to express their sincere appreciation for the valuable suggestions offered by many teachers who have used Books 1 and 2 of *El español al día*. Special thanks are extended to members of the Modern Language Department of D. C. Heath and Company whose constructive criticism and sound observations have been most helpful at every stage in the preparation of this edition.

L.H.T.
E.M.A.

CONTENTS

xii Contents

Recordings for Turk and Allen:
EL ESPAÑOL AL DÍA, Book 2
Fourth Edition
Tapes
Number of reels: 42
Speed: 3¾ i.p.s.
Running time: Approx. 21 hrs.
Record (Canciones populares)
Speed: 33⅓ rpm

EL ESPAÑOL AL DÍA

En la escuela

María. ¡Hola, José!
José. ¡Hola, María! ¿Cómo estás?
María. Muy bien, gracias. ¿Y tú?
José. Como siempre, gracias. ¿Qué hay de nuevo?
María. Nada en particular. ¿Sabes si la señorita Flores está en su oficina?
José. Todavía no. Llega a las ocho.
María. Pues, voy a esperarla unos minutos. Tengo que hablar con ella.
José. ¿Quieres ir al cine esta noche?
María. Sí, con mucho gusto. Dan una película muy buena. ¿Vamos a las siete?
José. Sí, esa hora me parece bien. Pues, allí viene la señorita Flores. Hasta luego.
María. Adiós. Hasta la vista.

como siempre as usual, as always
con mucho gusto gladly, with much (great) pleasure
dar una película to show (present) a film
en la escuela at (in) school
esta noche tonight
hasta la vista I'll see you later, until I see you
hasta luego see you later, until later, so long
ir al cine to go to the movie(s)
me parece bien (it) is all right with me, (it) is OK with me
nada en particular nothing special (in particular)
la oficina office
¿qué hay de nuevo? what's new? what do you know?
tener que (hablar) to have to (talk)
todavía no not yet
unos minutos a few (some) minutes
¿vamos a las siete? shall we go at seven?

Study the dialogue until you can repeat it with your teacher or with one of your classmates.

Review the following words and expressions so that you can substitute some of them in the preceding dialogue or make up a new dialogue based on it:

así, así so-so
bastante bien quite well
buenas noches good night (evening)
buenas tardes good afternoon
buenos días good morning (day)
(estar) en casa (to be) at home
perfectamente bien fine, very well
¿qué tal? how are you? how goes it? how's everything?
regular fair, not bad

Study the following conversation until you can repeat it with a classmate. Then, after reviewing the expressions listed below the conversation, use them in new conversations based on the model:

Carlos. Roberto, ¿adónde vas ahora?
Roberto. Voy a casa de Tomás.
Carlos. ¿Qué vas a hacer a esta hora?
Roberto. Vamos a escuchar discos. Y tú, ¿adónde vas?
Carlos. Voy al café a tomar un refresco.

a esta hora at this time (*of day*)
ir a almorzar (ue) to go to (have) lunch
ir a casa to go home
ir a casa de María to go to Mary's
ir a clase to go to class
ir a la escuela to go to school
ir al centro to go downtown

ir de compras to go shopping
ir en coche (autobús, avión) to go by *or* in a car (bus, plane)
jugar (ue) al (fútbol) to play (football)
vámonos let's be going, let's be on our way

Pronunciación (*Pronunciation*)

American-Spanish pronunciation. There are a few differences in pronunciation between American Spanish and Castilian, the dialect most widely used in Spain. Since Spanish is spoken in so many different areas, it is natural that variations exist from country to country. In general, however, the pronunciation of educated persons differs in only two important respects:

a. In American Spanish (and also in southern Spain) **c** before **e** or **i,** and **z,** are pronounced somewhat like English *s* in *sent,* while in Castilian Spanish (in northern and central Spain) they are pronounced like English *th* in *thin.*

b. In some parts of Spain, and generally in Spanish America, **ll** is pronounced like English *y* in *yes;* in other parts of Spain the sound is somewhat like English *lli* in *million.*

In both cases the two sounds are accepted as standard forms of pronunciation. Since our country is situated in the Western Hemisphere, it seems natural to use the so-called American-Spanish pronunciation of these sounds in this course.

c. In Appendix B, review the vowel sounds (pages 393–394), the sounds of **c** (pages 395 , and that of **ll** (page 396), then pronounce after your teacher:

1. casa	gracias	hasta	bastante	hablan
2. llega	ella	calle	cena	hacer
3. María	cine	así	escribes	¿y él?
4. centro	almorzar	oficina	zapato	discos
5. gusto	mucho	unos	minuto	película

Para repasar (*For review*)

To help you to understand and to use the language more readily, you will need to review some of the verbs and expressions used in your earlier study of Spanish.

A. Present indicative tense of regular verbs

In Appendix F, page 414, review the forms of the present indicative tense of regular verbs. The subject pronoun **vosotros, -as** (familiar plural for *you*) is not ordinarily used in Spanish America; it is replaced by **ustedes,** which then has both a formal and familiar plural meaning. The verb form to accompany **vosotros, -as** was not given in *El español al día, Book I*, but it is included in this book for recognition since it may be found in reading. This second person plural form will not be used in drill exercises.

Some common regular verbs are:

comprar to buy	**mirar** to look (at)
esperar to wait (for); to hope	**necesitar** to need
hablar to speak, talk	**tomar** to take, drink, eat
llevar to take, carry	**trabajar** to work
aprender to learn	**comprender** to understand
comer to eat	**vender** to sell
abrir to open	**recibir** to receive
escribir to write	**vivir** to live

a. Say after your teacher; when you hear a new subject, substitute it in the sentence, making the verb form agree:

1. *Los alumnos* toman refrescos.
   (Yo, Tomás, María y yo, Ustedes, Tú, Ellos)
2. *José* no comprende la pregunta.
   (Los muchachos, Nosotros, Tú, La alumna, Yo, Ella y yo)
3. ¿Abres *tú* las ventanas?
   (ustedes, Carolina, yo, tú y yo, ellos, Roberto)

b. Answer in the affirmative in Spanish:

1. ¿Hablas español?   ¿Aprendes el español?
   ¿Trabajan ustedes mucho?   ¿Comen ustedes en casa?
   ¿Necesita Carlos más tiempo?   ¿Escribes las composiciones?
   ¿Esperan ustedes el autobús?   ¿Abren ustedes los libros?

2. ¿Compras zapatos en el centro?   ¿Comprenden ustedes las frases?
   ¿Miras las fotografías ahora?   ¿Viven ustedes en el campo?
   ¿Llevas los libros a casa?   ¿Venden ustedes papel en la escuela?

B. Common verbs which have irregular forms in the present indicative

decir to say, tell	**digo dices dice** decimos decís **dicen**
estar to be	**estoy estás está** estamos estáis **están**
haber to have (*auxiliary*)	**he has ha hemos** habéis **han**
ir to go	**voy vas va vamos vais van**
oír[1] to hear	**oigo oyes oye** oímos oís **oyen**
poder to be able, can	**puedo puedes puede** podemos podéis **pueden**
querer to wish, want	**quiero quieres quiere** queremos queréis **quieren**
ser to be	**soy eres es** somos sois **son**
tener to have, possess	**tengo tienes tiene** tenemos tenéis **tienen**
venir to come	**vengo vienes viene** venimos venís **vienen**

A number of irregular verbs have regular forms in the present indicative tense, except in the first person singular: **dar**, *to give* (**doy**); **hacer**, *to do, make* (**hago**); **poner**, *to put, place* (**pongo**); **saber**, *to know, know how* (**sé**); **salir**, *to go out, leave* (**salgo**); **traer**, *to bring* (**traigo**); **ver**, *to see* (**veo**). Also irregular in the first person singular is **conocer**, *to know, be acquainted with* (**conozco**).

See Appendix F, page 426, for accented forms in the present indicative tense of **enviar**, *to send*, and of **continuar**, *to continue;* also see page 425 for forms of verbs ending in **-uir: construir**, *to construct, build.*

a. Read, supplying the correct form of the present indicative tense of the verb in parentheses:

1. (decir) ¿Qué le ＿＿ tú a Marta? Yo no le ＿＿ nada. 2. (dar) ¿Quiénes les ＿＿ a ustedes el dinero? Nuestro padre nos ＿＿ el dinero. 3. (estar) ¿Dónde ＿＿ yo ahora? Usted ＿＿ cerca de la mesa. 4. (querer) ¿＿＿ ustedes ir al café conmigo? No, nosotros no ＿＿ ir esta tarde. 5. (tener) ¿＿＿ ustedes bastante tiempo para terminar la lección? Sí, nosotros ＿＿ bastante tiempo. 6. (saber) ¿＿＿ tú si Bárbara está en casa? Sí, yo ＿＿ que ella está allí. 7. (salir) ¿A qué hora ＿＿ tú de casa todos los días? Yo ＿＿ a las ocho y cuarto. 8. (conocer) ¿＿＿ tú a aquella muchacha? Sí, yo la ＿＿ bien. 9. (ser) Bárbara, ¿＿＿ tú alumna de esta escuela? Sí, yo ＿＿ alumna de aquí. 10. (oír) ¿＿＿ ustedes la música? Sí, nosotros la ＿＿ bien. 11. (enviar) ¿Le ＿＿ usted algo a Carolina? Sí, yo le ＿＿ un regalo a veces. 12. (continuar) ¿＿＿ ustedes trabajando allí? Sí, nosotros ＿＿ trabajando allí todos los días. 13. (venir) ¿＿＿ tú a clase los sábados? No, yo no ＿＿ a clase los sábados. 14. (poner) ¿Dónde ＿＿ yo el lápiz? Usted lo ＿＿ sobre la mesa. 15. (traer) ¿Siempre ＿＿ tú el libro a clase? Sí, yo lo ＿＿ casi siempre.

b. Give in Spanish:

1. I leave home at a quarter to one. 2. I know that Paul is not coming today. 3. We see many cars in the street. 4. Can you (*pl.*) wait a few minutes? 5. Why

---

[1] Note the present indicative forms of **oír**, which are not used in exercises of *El español al día, Book I.* Other irregular forms will be given later.

don't you (*fam. sing.*) continue working there? 6. Mary and Joe want to go downtown. 7. The boys say that the film is very good. 8. I always bring my book to class. 9. Do you (*fam. sing.*) want to read the sentences now? 10. Do you (*pl.*) have to go to school by bus?

C. Stem-changing verbs, Class I

almorzar (ue) to eat (have) lunch
cerrar (ie) to close
comenzar (ie) to commence, begin
contar (ue) to count; to relate
empezar (ie) to begin
encontrar (ue) to encounter, find

jugar (ue) to play (*a game*)
pensar (ie) to think; + *inf.* to intend
perder (ie) to lose; to miss
recordar (ue) to recall, remember
sentarse (ie) to sit down
volver (ue) to return, come back

cerrar: **cierro cierras cierra** cerramos cerráis **cierran**
volver: **vuelvo vuelves vuelve** volvemos volvéis **vuelven**
jugar: **juego juegas juega** jugamos jugáis **juegan**

a. Say after your teacher; when you hear a new subject, substitute it in the sentence, making the verb form agree:

1. *Yo* empiezo a leer.
   (Ella, Tú, Nosotros, Juan y yo, Ustedes, Los alumnos)
2. *Los muchachos* piensan ir al café.
   (Tú, Pablo, Yo, Felipe y yo, Ustedes, Ella)
3. *Carlos* no recuerda bien el diálogo.
   (Carlos y yo, Yo, Jorge, Tú, Ustedes, Marta y Elena)
4. ¿Juegan *ustedes* al fútbol?
   (usted, tú, Ramón y Luis, nosotros, yo, los alumnos)

b. Give in Spanish:

1. He has lunch, sits down in his room, and begins to write a letter. 2. They close the door, return home, and play in the patio. 3. I lose my billfold, find it in the street, and count the money. 4. Do you (*fam. sing.*) remember the dialogue? Do you intend to eat now? Do you play football this fall?

Do you remember?

Before continuing the review of verbs and certain grammatical points, from your earlier study of Spanish you should remember that:

1. *a.* Most nouns ending in **-o** are masculine and those ending in **-a** are feminine. *b.* You must learn the gender of nouns with other endings. *c.* The four forms of the definite article are **el** (*pl.* **los**), **la** (*pl.* **las**). Examples: **el minuto, la oficina, el cine, la noche, la tarde, el coche, el avión,** but **el día, el programa, el mapa; la mano.**

2. *a.* To form the plural of nouns and adjectives, **-s** is added to those ending in a vowel and **-es** to those ending in a consonant. *b.* Nouns ending in **-z** change the **z** to **c** before **-es,** and those ending in **-ión** drop the accent mark in the plural. Examples: **el minuto, los minutos; la película, las películas; el lápiz, los lápices; la lección, las lecciones.**
c. Nouns ending in unaccented **-as, -es, -is,** or **-os** do not change in the plural. Examples: **el (los) lunes,** *Monday(s);* **el (los) tocadiscos,** *record player(s).*

3. Adjectives must have the same gender and number as the nouns they modify. Examples: **este coche nuevo,** *this new car;* **esta película mexicana,** *this Mexican film;* **estos zapatos blancos,** *these white shoes;* **La casa es amarilla,** *The house is yellow;* **Los árboles son altos,** *The trees are tall.*

4. In general, limiting adjectives precede the noun and descriptive adjectives follow it. Examples: **dos lecciones fáciles,** *two easy lessons;* **muchas calles largas,** *many long streets.*

5. The verb must agree with the subject in person and number. Examples: **yo tengo, él tiene, ellos tienen, nosotros tenemos, él y yo tenemos, tú tienes, ustedes tienen; El muchacho va; Los muchachos van.**

6. To make a sentence negative, **no** or some other negative word is placed before the verb, with only an object pronoun permitted between the negative and the verb. Examples: **Juan no viene,** *John is not coming;* **Yo no los veo,** *I do not see them;* **Él nunca nos da nada,** *He never gives us anything.*

7. Object pronouns normally come immediately before the verb, except when used as the object of an infinitive, present participle, or affirmative command. Examples: **Carlos les habla en español,** *Charles talks to them in Spanish;* **Va a hablarles ahora,** *He is going to talk to them now;* **Está hablándoles,** *He is talking to them;* **Carlos, háblales en seguida,** *Charles, talk to them at once;* **No les hables todavía,** *Don't talk to them yet.*

8. The familiar singular **tú,** *you,* is used in speaking to persons who call one another by their first names, and the formal **usted** and **ustedes** should normally

be used in other instances to show courtesy. In this text, as in Book I, **ustedes** will be used for the plural *you*, both familiar and formal. Examples: **Marta, ¿sales tú ahora?** *Martha, are you (fam. sing.) leaving now?* **Señor Gómez, ¿es usted de Chile?** *Mr. Gómez, are you (formal) from Chile?* **Ustedes pueden sentarse aquí,** *You* (pl.) *can (may) sit down here.*

9. The word **a,** often called the personal **a,** is used when the direct object of the verb is a definite person. Examples: **Buscan a Marta,** *They are looking for Martha;* **Vimos al muchacho,** *We saw the boy.*

10. *a.* **Se** is used to substitute for the passive voice if the subject is a thing and the agent is not expressed. *b.* The verb is in the third person singular or plural, depending on whether the subject is singular or plural. Examples: **Allí se habla español,** *Spanish is spoken there;* **No se cierran las puertas temprano,** *The doors are not closed early.*

¿Cómo pasaste la tarde?

(Teresa pasa despacio por la calle. Pronto se encuentra con Marta.)

Teresa. Marta, ¿qué hiciste ayer por la tarde? No estabas en casa.

Marta. Fui al centro. ¿Pasaste por mi casa?

Teresa. No, pero traté de llamarte por teléfono. ¿Fuiste al centro en coche?

Marta. No, fui en autobús, y tuve que volver en taxi. Almorcé en el centro antes de volver a casa.

Teresa. ¿Compraste muchas cosas?

Marta. Solamente una blusa y unos guantes. Pero, ¿cómo pasaste tú la tarde?

Teresa. Pues, Elena y yo fuimos a la biblioteca, luego tomamos un refresco en el Café Madrid. Carlos y Vicente fueron allá a eso de las tres y media y como hacía buen tiempo, dimos un paseo por el parque.

Marta. ¿Vuelves a casa ahora?

Teresa. Sí, porque en este momento me espera mi mamá.

a eso de at about (*time*)
ayer por la tarde yesterday afternoon
la biblioteca library
dar un paseo to take a walk
despacio slowly
en este momento at this moment
en taxi by (in a) taxi
encontrarse (ue) con to meet, run across (into)

hacer buen tiempo to be good (nice) weather
llamar por teléfono to telephone, call by telephone
pasar por to pass (come) by, pass (go) along
el taxi taxi
tratar de + *inf.* to try to
unos (guantes) some *or* a pair of (gloves)

Study the dialogue so that you can repeat it with your teacher or with one of your classmates.

Review the following words and expressions and those of Lección preliminar I, then substitute some of them in the preceding dialogue or make up a new dialogue based on it:

a propósito by the way
a tiempo on time
anoche last night
ayer por la mañana yesterday morning
¡cómo no! of course! certainly!
el mes pasado last month

(estar) en el centro (to be) downtown
¿(no es) verdad? isn't it true? isn't he? aren't they? *etc.*
salir a la calle to go (come) out into the street

Pronunciación

a. Spanish **b, v,** and **d.**   Each of these consonants (**b** and **v** are pronounced exactly alike) has two different sounds.

At the beginning of a breath-group,[1] and after **m** or **n** (also pronounced **m** in this case), whether within a word or between words, Spanish **b** and **v** are pronounced like English *b* in *boy*, but somewhat weaker.   In other cases the lips do not close completely and they allow air to pass between them through a narrow passage.   When between vowels the sound is quite weak.   Avoid the English *v* sound.

Pronounce after your teacher:

1. buenos	Bárbara	vamos	vino	también
2. saber	muy bien	autobús	no veo	tuvieron

3. Bárbara baila bien, pero no va a bailar con Vicente.

At the beginning of a breath-group and after **n** or **l,** Spanish **d** is like a weak English *d*, pronounced with the tip of the tongue touching the back of the upper teeth (rather than the ridge above the teeth, as in English).   In all other cases the tongue drops even lower against the upper teeth, and the **d** is pronounced like a weak English *th* in *this*.   The sound is especially weak in the ending **-ado** and when final before a pause.

4. donde	el día	el dinero	aprender	disco
5. Madrid	usted	tardes	pasado	verdad

6. La verdad es que Dorotea ha estudiado con Eduardo.

b. In Appendix B, page 394, review the division of words into syllables and word stress, then copy the last three speeches of the dialogue in this lesson, dividing them into syllables and underlining the stressed syllable in words of more than one syllable.

Para repasar

A.   Preterit and imperfect indicative tenses of regular verbs

In Appendix F, pages 414–415, review the forms of the preterit and imperfect indicative tenses of regular verbs.   Stem-changing verbs, Class I, are regular in the preterit.

---

[1] In speaking or reading Spanish, words are linked together, as in English, so that two or more may sound like one long word.   These groups of words are called breath-groups.

Say after your teacher; when you hear a new subject, substitute it in the sentence, making the verb form agree:

1. *Yo* los llevé allá en taxi.
   (Tú, Carlos y yo, Felipe, Mis padres, Ellos, Uds.[1])
2. *Elena y yo* aprendimos bien la canción.
   (Yo, Elena, Tú, Ud., Uds., Luis y Pablo)
3. *Carlota* volvió a casa ayer.
   (Las muchachas, Ella y yo, Yo, Tú, Uds., Luis y Pablo)
4. *Yo* cerré las puertas anoche.
   (La profesora, Tú, Nosotros, Ud., Uds., Carlos)
5. *Los alumnos* miraban los mapas.
   (El profesor, Yo, Anita y yo, Uds., Tú, Ella)
6. *Mi amigo* vivía en Venezuela.
   (Mis amigos, El señor Díaz, Yo, Él y yo, Uds., Tú)

B. Common verbs which have irregular forms in the preterit

decir: **dije dijiste dijo dijimos dijisteis dijeron**
hacer: **hice hiciste hizo hicimos hicisteis hicieron**
querer: **quise quisiste quiso quisimos quisisteis quisieron**
venir: **vine viniste vino vinimos vinisteis vinieron**

estar: **estuve estuviste estuvo estuvimos estuvisteis estuvieron**
poder: **pude pudiste pudo pudimos pudisteis pudieron**
poner: **puse pusiste puso pusimos pusisteis pusieron**
saber: **supe supiste supo supimos supisteis supieron**
tener: **tuve tuviste tuvo tuvimos tuvisteis tuvieron**

traer: **traje trajiste trajo trajimos trajisteis trajeron**

dar: **di diste dio dimos disteis dieron**
ir, ser: **fui fuiste fue fuimos fuisteis fueron**
ver: **vi** viste **vio** vimos visteis vieron

In the forms listed note that four verbs have **i**-stems and five have **u**-stems. There are no written accents on any of the forms, and in the first ten verbs the first person singular ends in **-e** and the third person singular ends in **-o**.

Also note that the third person singular of **hacer** is **hizo** and the third person plural ending of **decir** and **traer** is **-eron**.

A few verbs have special meanings in the preterit tense. In the preterit **saber** usually means *learned, found out:* **Anoche supimos eso,** *Last night we learned that;* **tener** often means *got, received:* **Yo tuve dos cartas,** *I got (received) two letters;*

---

[1] Remember that, in writing, the words **usted** and **ustedes** may be abbreviated to **Ud.** and **Uds.** (which are used in this text), or to **Vd.** and **Vds.**

querer often means *tried:* **Carlos quiso hacer eso pero no pudo,** *Charles tried to do that but he couldn't;* and **querer** used with a negative often means *refused to, would not:* **Ella no quiso esperar aquí,** *She refused to (would not) wait here.*

a. Answer in the affirmative in Spanish:

1. ¿Estuviste en el centro?
2. ¿Les dijiste la verdad?
3. ¿Diste un paseo ayer?
4. ¿Viste la película mexicana?
5. ¿Hizo José un viaje a México?
6. ¿Fueron Uds. de compras?
7. ¿Pudieron Uds. llegar a tiempo?
8. ¿Supieron Uds. lo que pasó allí?
9. ¿Tuvieron Uds. que ir en taxi?
10. ¿Trajeron Uds. las revistas?

b. Answer in the negative in Spanish:

1. ¿Viniste a clase el sábado?
2. ¿Les diste los periódicos?
3. ¿Tuviste que volver a casa?
4. ¿Hizo Marta un vestido nuevo?
5. ¿Pusieron ellos las cosas en el coche?
6. ¿Pudieron Uds. estudiar mucho?

c. Read, supplying the correct form of the preterit tense of the verb in parentheses:

1. ¿Qué (decir) tú cuando Roberto te (llamar)? 2. ¿Qué (hacer) Ud. con el dinero cuando lo (encontrar)? 3. Yo me (poner) el sombrero cuando (salir) de casa. 4. Luisa y yo (ir) al centro donde (ver) a nuestra profesora. 5. ¿(Poder) Uds. encontrar un regalo para su mamá cuando (ir) a aquella tienda? 6. Nosotros (tener) que ir a otra tienda donde (encontrar) una pulsera. 7. ¿Se la (dar) Uds. a ella ayer o (decidir) esperar hasta hoy? 8. (Ser) necesario esperar porque anoche ella no (volver) a casa hasta muy tarde. 9. Los alumnos (empezar) a examinar las revistas. 10. ¿(Volver) Uds. antes de las cinco? 11. Ellos (perder) el autobús de las ocho. 12. ¿Se (sentar) Carlos en la sala? 13. Carlos y yo no (recordar) bien la canción. 14. ¿Por qué no (comenzar) los muchachos a jugar? 15. ¿(Cerrar) tú las ventanas?

d. Say after your teacher, then repeat, changing the present tense of the verb to the preterit:

1. Yo no hago nada.
2. Juan me dice eso.
3. Mis amigos salen temprano.
4. Me traen muchos regalos.
5. Ellos van a Europa en avión.
6. Ellos no quieren volver pronto.
7. ¿Qué ves en el parque?
8. ¿Adónde vas con los muchachos?
9. María sabe eso.
10. ¿Quién viene contigo?
11. Nunca podemos hacer nada.
12. Mi papá no me da mucho dinero.
13. ¿Hace Juan muchos viajes?
14. ¿Te pones el sombrero?
15. ¿Me traen Uds. algo?
16. Vamos a ver la película.

"Avenida Juárez y Paseo de la Reforma," Mexico City.

C. Other types of verbs which have irregular forms in the preterit

Certain **-ar** verbs have changes in the first person singular preterit:

buscar to look for	**busqué** buscaste buscó, *etc.*
llegar to arrive	**llegué** llegaste llegó, *etc.*
empezar (**ie**) to begin	**empecé** empezaste empezó, *etc.*

Verbs ending in **-car** change **c** to **qu,** those ending in **-gar** change **g** to **gu,** and those ending in **-zar** change **z** to **c** before the ending **-e** (**-é**). **Empezar** is also a stem-changing verb, Class I, as are three of the following verbs of these types:

acercarse to approach	**pagar** to pay (for)
almorzar (**ue**) to eat lunch	**practicar** to practice
comenzar (**ie**) to commence	**sacar** to take (out)
entregar to hand (over)	**tocar** to play (*music*)
jugar (**ue**) to play (*a game*)	

Certain verbs ending in **-er** and **-ir** preceded by a vowel replace the unaccented **i** with **y** in the third person singular and plural of the preterit. Accents must be written on the other four forms. **Caer,** *to fall,* and **leer,** *to read,* have the same changes as **creer,** *to believe,* and **oír,** *to hear:*

creer: creí **creíste creyó creímos creísteis creyeron**
oír: oí **oíste oyó oímos oísteis oyeron**

a. Write each sentence, changing the present tense of the verb to the preterit; then read aloud:

1. Yo no almuerzo hasta la una. 2. Llego tarde al cine. 3. Me acerco despacio. 4. Le entrego dos dólares al empleado. 5. Él me devuelve el cambio. 6. Entro, me siento y empiezo a mirar la película. 7. Antes de volver a casa, saco unos libros de la biblioteca central. 8. Yo leo uno de ellos y más tarde mi hermana lo lee también. 9. Yo no toco muchos discos para mis amigos. 10. Juan no me oye.

b. Answer in the affirmative in Spanish:

1. ¿Buscaste el libro de español?
2. ¿Tocaste bien el número?
3. ¿Jugaste al fútbol el sábado?
4. ¿Sacaste algunas fotografías?
5. ¿Oyeron Uds. la orquesta?
6. ¿Creyeron Uds. lo que dijo él?
7. ¿Leyeron Uds. el libro?
8. ¿Almorzaron Uds. temprano?

c. Give in Spanish:

1. I took two books from the library. 2. I approached the house slowly. 3. I arrived home at three o'clock. 4. I began to read one of the books. 5. Afterwards, I practiced a dialogue for tomorrow. 6. I also played several Mexican records.

7. When my sister Louise heard the music, she came to my room.   8. Since it was (*use imperfect*) good weather, we took a walk before eating.

D. Verbs which have irregular forms in the imperfect

All verbs in Spanish have regular forms in the imperfect indicative tense except **ir, ser,** and **ver.** Their forms are:

ir: **iba   ibas   iba   íbamos   ibais   iban**
ser: **era   eras   era   éramos   erais   eran**
ver: **veía   veías   veía   veíamos   veíais   veían**

Read, then repeat, changing the present tense of the verb to the imperfect:

1. Yo no sé nada en particular.
2. Ramón no está en su cuarto.
3. Queremos llegar a tiempo.
4. A veces hace mal tiempo.
5. Juan piensa ir a España.
6. Es un día muy hermoso.
7. Ellos van al parque todos los días.
8. Las flores son bonitas.
9. Nosotros los vemos a menudo.
10. Nosotros siempre vamos despacio.

La grabadora de Roberto

Tomás. Ricardo, ¿dónde has estado esta tarde? He pasado por tu casa tres veces y nadie estaba allí.

Ricardo. He estado en casa de Roberto. Su papá le ha regalado una grabadora de cinta.

Tomás. ¿De veras? ¡Roberto no me ha dicho nada de eso!

Ricardo. Hemos escuchado varias cintas de diálogos en español. Esta noche pensamos grabar las piezas de música mexicana que nuestra orquesta va a presentar en el concierto. ¿Puedes ir con nosotros?

Tomás. ¡Encantado! Yo he leído un artículo sobre el concierto en el periódico. Van a tocar dos piezas mexicanas. Eso va a ser muy interesante, ¿verdad? ¿A qué hora vamos?

Ricardo. Roberto ha dicho que quiere salir temprano—a las siete o a las siete y diez.

Tomás. Muy bien. Puedo pasar por tu casa a las siete menos cuarto. Hasta la vista.

Ricardo. Hasta la vista, Tomás.

a las siete menos (cuarto) at (a quarter) to seven
a las siete (y diez) at (ten minutes after) seven
¿a qué hora? at what time?
el artículo article
la cinta tape
el concierto concert
de veras really, truly
¡encantado, -a! (I'll be) delighted (to)!
(estar) en casa de (Roberto) (to be) at (Robert's)
la grabadora (de cinta) (tape) recorder
grabar to tape, record
la pieza piece, selection
presentar to present, give
regalar to give (*as a gift*)
sobre about, on, concerning

Study the dialogue so that you can repeat it with your teacher or with one of your classmates.

Review the words and expressions in Lección preliminar I and Lección preliminar II and use some of them in an original conversation consisting of six or eight speeches. Use the present perfect tense as much as possible.

Pronunciación

a. Diphthongs. In Appendix B, page 397, review the sounds of the diphthongs. Remember that when the weak vowels **i** (**y**) and **u** combine with the strong vowels **a, e,** and **o** or with each other, they form diphthongs and are part of the same syllable. As the first letter of a diphthong, unstressed **i** is pronounced like a weak English *y* in *yes* and unstressed **u** is pronounced like *w* in *wet*. See page 397 for a review of sounds when unstressed **i** or **u** appears as the second letter of a diphthong.

Also recall that two adjacent strong vowels occur in separate syllables and do not form diphthongs: **le-o;** if a weak vowel adjacent to a strong vowel has a written accent, separate syllables result: **dí-a.** An accent on a strong vowel merely indicates stress: **lec-ción.**

Pronounce after your teacher:

1. gracias	viaje	siempre	nuevo	escuela
guantes	cuarto	mi amigo	Luisa	muy
adiós	también	diálogo	habláis	coméis
2. traigo	seis	autobús	¿ve usted?	hay
oigo	soy	Europa	¿lo usamos?	baile
3. paseo	cree	caen	Dorotea	oímos
María	hacía	leído	todavía	país

b. Review linking in Appendix B, pages 397–398, then pronounce as one breath-group:

a las siete y diez	¿Dónde has estado?	No me ha dicho nada.
las piezas de música	He pasado por tu casa.	Puedo pasar por allí.
varias cintas de diálogos	Nadie estaba aquí.	Hasta la vista.

Para repasar

A. The present perfect indicative tense

The present perfect indicative tense is formed by the present indicative tense of the auxiliary verb **haber,** *to have,* plus the past participle. See Appendix F, page 417, for forms of the present perfect tense. The past participle of most **-ar** verbs ends in **-ado,** while that of most **-er** and **-ir** verbs ends in **-ido.**

The following verbs have irregular past participles:

abrir:	**abierto**	opened	hacer:	**hecho**	made, done
decir:	**dicho**	said	ir:	**ido**	gone
descubrir:	**descubierto**	discovered	poner:	**puesto**	put, placed
devolver:	**devuelto**	given back	romper:	**roto**	broken
envolver:	**envuelto**	wrapped up	ver:	**visto**	seen
escribir:	**escrito**	written	volver:	**vuelto**	returned

There is a written accent on the following past participles:

caer:	**caído**	fallen	oír:	**oído**	heard
creer:	**creído**	believed	traer:	**traído**	brought
leer:	**leído**	read			

a. Say after your teacher, observing the position of the pronoun used as object of the verb and keeping in mind the meaning of the sentence:

1. Ellos lo han devuelto.
2. Yo los he envuelto bien.
3. ¿Los has visto hoy?
4. Ella nos ha dicho eso.
5. ¿Quién lo ha hecho?
6. Yo no los he escrito.
7. ¿No las ha puesto ella allí?
8. ¿No la has abierto tú?
9. No les hemos traído nada a Uds.
10. Él no la ha leído todavía.

b. Read, then repeat each sentence three times, changing the verb to the preterit, then to the imperfect, and finally to the present perfect:

1. Yo lo llevo a casa. 2. Ella pone las cosas sobre la mesa. 3. ¿Vas tú al concierto? 4. Él y yo abrimos las ventanas. 5. Uds. vuelven temprano, ¿verdad? 6. Marta escribe una carta en español. 7. La empleada envuelve las compras. 8. Mi mamá hace un vestido.

c. Answer in the affirmative in Spanish:

1. ¿Has abierto la puerta?
2. ¿Has escrito la composición?
3. ¿Has leído todas las frases?
4. ¿Ha puesto ella el libro aquí?
5. ¿Ha roto Juan el lápiz?
6. ¿Ha vuelto Luisa del centro?
7. ¿Han visto Uds. la película?
8. ¿Han hecho Uds. el viaje?
9. ¿Han oído Uds. la orquesta?
10. ¿Han traído Uds. los periódicos?
11. ¿Les han dicho Uds. la verdad?
12. ¿Han ido Uds. al cine?

d. Give in Spanish:

1. Where have you (*fam. sing.*) been? 2. We have been at Robert's. 3. Have you (*pl.*) heard the tape? 4. Have you (*pl.*) seen the tape recorder? 5. Tom has recorded several programs. 6. My parents have gone to Mexico. 7. Barbara has not written the composition. 8. I have not returned the book yet.

B. The pluperfect indicative tense

The pluperfect indicative tense, which was not given in *El español al día, Book I*, will soon be needed for reading. This tense is formed by the imperfect indicative tense of **haber** plus the past participle.

SINGULAR

había		I had	taken
habías	**tomado**	you (*fam.*) had	eaten
había	**comido**	he, she had	lived
Ud. **había**	**vivido**	you (*formal*) had	

PLURAL

habíamos		we had	taken
habíais	**tomado**	you (*fam.*) had	eaten
habían	**comido**	they had	lived
Uds. **habían**	**vivido**	you had	

Carlos lo había escrito.   Charles had written it.
¿No los habías visto tú?   Hadn't you seen them?

For practice in the use of this tense: (1) substitute the correct form of the imperfect tense of **haber** for the present tense of **haber** in Exercise *a*, page 21, thus forming the pluperfect tense; (2) change each verb in Exercise *b*, page 21, to the pluperfect tense; (3) change *have* and *has* to *had* in Exercise *d*, page 21, then give in Spanish.

C. Forms of the present participle

Remember that the present participle of **-ar** verbs ends in **-ando** and that of most **-er** and **-ir** verbs ends in **-iendo:** tomar, **tomando,** *taking;* comer, **comiendo,** *eating;* vivir, **viviendo,** *living.*
A few verbs have irregular present participles:

caer:	**cayendo**	falling		oír:	**oyendo**	hearing
creer:	**creyendo**	believing		poder:	**pudiendo**	being able
decir:	**diciendo**	saying, telling		traer:	**trayendo**	bringing
ir:	**yendo**	going		venir:	**viniendo**	coming
leer:	**leyendo**	reading				

a. Read, then repeat, changing the present tense of the verb to the present progressive form (**estar** plus the present participle).

MODEL: Comemos demasiado.   Comemos demasiado.
                                               Estamos comiendo demasiado.

1. Los alumnos miran el mapa. 2. Nosotros estudiamos la lección. 3. Ricardo aprende el diálogo. 4. Elena come con sus amigas. 5. Yo escribo una carta en

español. 6. Tú lees las frases, ¿verdad? 7. Marta trae un regalo para su mamá.
8. Ustedes oyen los discos.

Change the imperfect tense of the verb to the imperfect progressive form.

MODEL: Hablábamos con él.   Hablábamos con él.
                                Estábamos hablando con él.

9. Ellos llevaban algo a casa. 10. Inés ponía flores sobre la mesa. 11. ¿Leías
tú el libro? 12. ¿Hacían Uds. planes para la fiesta?

b. Give in Spanish, using the progressive form of the present and imperfect
tenses:

1. We are listening to a record. 2. The boys are taping some songs. 3. Martha
is bringing her (tape) recorder. 4. My mother is reading a long book. 5. John
and Paul are having a cold drink. 6. Henry is closing all the windows.
7. We were speaking Spanish with the teacher (*m.*). 8. My friends were waiting
for the bus. 9. Caroline was working in the garden. 10. You (*fam. sing.*) were
washing the car, weren't you?

D. Ordinal numerals

Review the ordinal numerals in Appendix D, page 406. Remember that they
agree in gender and number with the nouns they modify. **Primero** and **tercero**
drop final **-o** and become **primer** and **tercer** before a masculine singular noun;
otherwise, their regular forms are used:

> **el primer (tercer) viaje**   the first (third) trip
> **la cuarta (segunda) frase**   the fourth (second) sentence
> **las primeras cintas**   the first tapes

Ordinal numerals are normally used only through *tenth;* beyond *tenth* the cardinal numerals replace the ordinals, always following the noun:

> **Carlos Quinto**   Charles V (the Fifth)
> **Alfonso Trece**   Alfonso XIII (the Thirteenth)

Answer in the negative, using the next higher ordinal numeral in your reply.

MODEL: ¿Miras el primer mapa?   No, miro el segundo mapa.

1. ¿Vives en la segunda casa?
2. ¿Quieres el octavo cuadro?
3. ¿Leías algo sobre Felipe Tercero?
4. ¿Leíste la sexta frase?
5. ¿Preparaste la tercera lección?

6. ¿Tomaste el primer autobús?
7. ¿Bailaron Uds. el quinto baile?
8. ¿Abrieron Uds. la novena puerta?
9. ¿Pasaron Uds. por la cuarta calle?
10. ¿Te dieron la séptima parte?

(Es sábado. Inés y Luisa llaman a la puerta y la señora Martín la abre. Luego saluda a las dos muchachas.)

Luisa.	¿Está Carlota?
Sra. Martín.	Sí, está en su cuarto. Creo que está preparando un discurso. Pasen ustedes y siéntense. Voy a llamarla.
Luisa.	¡Oh, no, señora! No la llame usted. Podemos venir otro día.
Inés.	No la moleste, por favor. Ella no sabía que veníamos.
Sra. Martín.	Pues, permítanme[1] ustedes preguntarle si va a terminar pronto. Pasen por aquí hasta la sala . . . Con permiso. *(Saliendo del cuarto.)*
Inés.	¡Cómo no, señora!
Sra. Martín.	*(Volviendo pronto.)* Carlota dice que puede venir dentro de unos pocos minutos y que ustedes deben esperar.
Luisa.	Muchas gracias, señora Martín. Podemos esperar.
Sra. Martín.	*(Sentándose.)* Pues, yo necesito descansar un rato. Luisa, ¿qué puedes decirme de tu mamá? ¿Todavía está en Texas?
Luisa.	Sí, señora, pero piensa volver el lunes.
Sra. Martín.	Me alegro mucho de saber eso. Quiero hablar con ella pronto. Y tú, Inés, ¿cómo está tu mamá?
Inés.	Está muy bien, gracias.
Carlota.	*(Entrando en la sala.)* ¡Hola! ¡Cuánto me alegro de verlas! He pasado toda la tarde aprendiendo el discurso y ahora . . .

alegrarse (mucho) de + *inf.* to be (very) glad to

con permiso excuse me, with your permission

¡cuánto me alegro de . . .! how glad I am to . . .!

dejar to let, allow, permit; to leave (*behind*)

dentro de *prep.* within, in

el discurso speech, talk

¿está (ella)? = **¿está (ella) en casa?** is (she) at home?

¡oh! oh! ah!

los (las) dos the two, both

llamar a to knock on (at)

pasen ustedes come in (*pl.*)

pasen (ustedes) por aquí pass (come) this way (around here)

permítanme *or* **déjenme (ustedes)** + *inf.* permit (let, allow) me + *verb*

permitir to permit, let, allow

por favor please (*used at end of a request*)

toda la tarde all afternoon, the whole (entire) afternoon

unos, -as pocos, -as a few, some

Study the first part of the dialogue so that you can repeat it with your teacher or with one of your classmates.

Read the second part of the dialogue, keeping the meaning in mind. Close your books and answer in Spanish the following questions on this part of the dialogue:

1. ¿Qué necesita hacer la señora Martín? 2. ¿Dónde está la mamá de Luisa?

---

[1] **Déjenme** may also be used with the same meaning.

3. ¿Cuándo piensa volver ella? 4. ¿Se alegra mucho de saber eso la señora Martín?
5. ¿Cómo está la mamá de Inés? 6. ¿Quién entra en la sala? 7. ¿Qué dice Carlota
cuando entra? 8. ¿Cómo ha pasado ella toda la tarde?

Pronunciación

a. The sounds of Spanish **ch** and **ñ**. Spanish **ch** is pronounced like English *ch*
in *church*.

Pronounce after your teacher:

coche	mucho	noche	dicho	hecho
Chile	charlar	muchacho	chocolate	chico

Spanish **ñ** is pronounced like English *ny* in *canyon:*

señor	señora	señorita	España	español

b. Spanish **y** as a consonant (see Appendix B, page 396) is pronounced like a
strong English *y* in *you.* The conjunction **y,** *and,* when combined with the initial
vowel of a following word, is similarly pronounced:

ya	yo	mayo	desayuno
Carlos y ella	Juan y Anita	blanco y azul	¿y usted?

c. Pronounce as one breath-group, paying special attention to the sounds of
the diphthongs:

muchas gracias	a las siete y cuarto	Piensa volver pronto.
su lección de español	una composición corta	Está muy bien.
Elena y ella	Está en su cuarto.	Siéntense ustedes.

Para repasar

Familiar singular commands

Remember that the affirmative familiar singular command, often called the
singular imperative, of regular and stem-changing verbs, Class I, has the same
form as the third person singular of the present indicative tense. Exceptions will
be given later.

Also recall that the negative familiar singular command of **-ar** verbs ends in
-es and that of **-er** and **-ir** verbs ends in **-as**. The subject pronoun **tú** is omitted
in both affirmative and negative commands, except for emphasis.

INFINITIVE	AFFIRMATIVE		NEGATIVE	
tomar	**toma** (tú)	take	**no tomes** (tú)	don't take
comer	**come** (tú)	eat	**no comas** (tú)	don't eat
abrir	**abre** (tú)	open	**no abras** (tú)	don't open
cerrar (ie)	**cierra** (tú)	close	**no cierres** (tú)	don't close
volver (ue)	**vuelve** (tú)	return	**no vuelvas** (tú)	don't return

Object pronouns (direct, indirect, or reflexive) are attached to the verb in affirmative commands and precede the verb in negative commands. When an object pronoun is attached to an affirmative command in writing, an accent mark must be placed over the syllable of the verb which is stressed when the form stands alone:

Tómalo (tú).	Take it.	**No lo tomes** (tú).	Don't take it.
Cómelo (tú).	Eat it.	**No lo comas** (tú).	Don't eat it.
Ciérralos (tú).	Close them.	**No los cierres** (tú).	Don't close them.
Lávate (tú).	Wash (yourself).	**No te laves** (tú).	Don't wash (yourself).
Siéntate (tú).	Sit down.	**No te sientes** (tú).	Don't sit down.

a. Read aloud, keeping the meaning in mind:

1. Deja[1] tú abierta la ventana. Déjala abierta. No la dejes abierta. 2. Cierra tú el libro. Ciérralo. No lo cierres. 3. ¿Me acuesto ahora? Sí, acuéstate ahora. No, no te acuestes todavía. 4. Tú escribes la carta. Escríbela tú. No la escribas aquí. 5. ¿Quieres llamarlos? Llámalos. No los llames en este momento.

b. Say after your teacher, then change to an affirmative familiar singular command, following the model.

MODEL: Juan abre el libro.   Juan abre el libro.
 Juan, abre el libro, por favor.

1. Anita toma el cuaderno. 4. Pablo cierra la puerta.
2. Felipe aprende la canción. 5. Inés vuelve a la tienda.
3. Luisa lee los artículos. 6. Jorge deja la revista allí.

When you hear the sentences again, make each one negative.

MODEL: Juan abre el libro.   Juan, no abras el libro.

c. Say after your teacher, then repeat, making each sentence negative.

MODEL: Escríbelo tú.   Escríbelo tú. No lo escribas.

1. Cómpralos tú. 4. Lávate tú la cara.
2. Apréndelo tú. 5. Lávalo tú esta tarde.
3. Ábrela tú. 6. Quédate tú aquí.

Nota (*Note*)

Commands with **usted** and **ustedes**

To the stem of **-ar** verbs add the ending **-e** for the affirmative formal singular command, used with **usted,** and add **-en** for familiar and formal plural commands,

---

[1] Used with a direct object, **dejar** means *to leave* (behind); with a personal object (usually plus a verb), it means *to let, allow, permit* (see footnote, page 25).

used with **ustedes.** For **-er** and **-ir** verbs the endings are **-a,** singular, and **-an,** plural. To the stem of the third person singular present indicative of stem-changing verbs, Class I, the respective endings are added. The command forms of some irregular verbs will be given later.

Usted and **ustedes** are usually expressed in commands and are placed after the verb; in a series of commands, however, it is not necessary to repeat **Ud.** or **Uds.** with each one. **Ustedes** is used in this text for all plural commands, affirmative and negative.

INFINITIVE	STEM	SINGULAR	PLURAL	
tomar	tom-	**tome** Ud.	**tomen** Uds.	take
comer	com-	**coma** Ud.	**coman** Uds.	eat
abrir	abr-	**abra** Ud.	**abran** Uds.	open
cerrar (ie)	cierr-	**cierre** Ud.	**cierren** Uds.	close
volver (ue)	vuelv-	**vuelva** Ud.	**vuelvan** Uds.	return

Note the position of the object pronoun in each of the following examples:

Ciérrelo Ud.   Close it.   **No lo cierre Ud.**   Don't close it.
Ábranlos Uds.   Open them.   **No los abran Uds.**   Don't open them.
Siéntese Ud.   Sit down.   **No se siente Ud.**   Don't sit down.
Levántense Uds.   Get up.   **No se levanten Uds.**   Don't get up.

Ejercicios (*Exercises*)

A. Say after your teacher, then change to singular and plural commands with **Ud.** and **Uds.**

MODEL: Carlos toma el papel.   Carlos toma el papel.
                                   Tome Ud. el papel. Tomen Uds. el papel.

1. Felipe abre el libro.   6. Carlos cierra las ventanas.
2. Marta saluda a Pablo.   7. Ricardo escribe la carta.
3. José prepara un discurso.   8. Él se levanta.
4. Ella aprende la canción.   9. Carmen se sienta.
5. Él mira los cuadros.   10. Inés se lava las manos.

B. Say after your teacher, then repeat, making each command negative.

MODEL: Déjelo Ud. aquí.   Déjelo Ud. aquí. No lo deje Ud. aquí.

1. Enséñeles Ud. el vestido.   5. Levántense Uds. temprano.
2. Escríbale Ud. pronto.   6. Prepárenlo Uds. para mañana.
3. Ábralas Ud. esta tarde.   7. Lávenlo Uds. hoy.
4. Siéntese Ud. en esta silla.   8. Apréndanla Uds. esta noche.

C. Listen to each question, then give formal singular affirmative and negative commands.

MODEL: ¿Tomo el libro?   Sí, tome Ud. el libro.
                              No, no tome Ud. el libro.

1. ¿Abro el cuaderno?   4. ¿Compro el lápiz?
2. ¿Cierro la ventana?   5. ¿Escucho la grabadora?
3. ¿Espero a las muchachas?   6. ¿Preparo el discurso?

Listen to each question, then give formal plural affirmative and negative commands.

MODEL: ¿Tomamos el papel?   Sí, tomen Uds. el papel.
                                 No, no tomen Uds. el papel.

7. ¿Escuchamos la cinta?   10. ¿Leemos las frases?
8. ¿Aprendemos el diálogo?   11. ¿Saludamos al señor Gómez?
9. ¿Entramos en la sala?   12. ¿Nos sentamos aquí?

D. Give in Spanish, using the singular command forms with **Ud.** in sentence groups 1–3 and the plural with **Uds.** in sentence groups 4–6:

1. I open the door. I open it. Open it. Don't open it yet. 2. He washes the car. He washes it. Wash it. Don't wash it today. 3. She learns the songs. She learns them. Learn them. Don't learn them now.

4. They close the doors. They close them. Close them. Don't close them this morning. 5. They sit down. They want to sit down. Sit down. Don't sit down near the window. 6. They leave the books here. They leave them here. Leave them here. Don't leave them here.

E. Review the expressions listed in this lesson and in the three preceding lessons, then give in Spanish:

1. Gladly. 2. At this moment. 3. Really. 4. All afternoon. 5. Of course! 6. Good afternoon. 7. Is Charles at Robert's? 8. What's new? 9. Where are you (*pl.*) going tonight? 10. We are not going to school yet. 11. By the way, where have you (*pl.*) been? 12. I arrived home on time. 13. We went downtown by taxi. 14. I ran across Tom. 15. He tried to find a gift for John. 16. Paul, shall we go to the concert at eight? 17. Delighted (to)! 18. Philip came by our house at about seven o'clock. 19. What did Charles do yesterday afternoon? 20. Richard, get up at half past eight, please, and wash the car. 21. Mike and Helen are taking (*progressive form*) a walk through the park, aren't they? 22. Come in (*pl.*). 23. Come (Pass) (*pl.*) this way. 24. Permit (*pl.*) me to call your mother. 25. Will you (Do you want to) (*pl.*) wait a while?

ESPAÑA

FRANCIA

ÁFRICA

PORTUGAL

Mar Cantábrico

Océano Atlántico

Mar Mediterráneo

GALICIA
ASTURIAS
LEÓN
VASCONGADAS
NAVARRA
CATALUÑA
CASTILLA LA VIEJA
ARAGÓN
VALENCIA
CASTILLA LA NUEVA
EXTREMADURA
MURCIA
ANDALUCÍA

ISLAS BALEARES

MENORCA
MALLORCA
IBIZA

PIRINEOS
MONTES CANTÁBRICOS
SIERRA DE GUADARRAMA
SIERRA MORENA
SIERRA NEVADA

R. Ebro
R. Duero
R. Tajo
R. Guadiana
R. Júcar
R. Guadalquivir
Estrecho de Gibraltar

La Coruña
Santiago
Padrón
Vigo
Oviedo
Bilbao
Vitoria
Pamplona
Lérida
Gerona
Olot
Sitges
Castellón
Sagunto
Valencia
Vinaroz
Teruel
Zaragoza
Burgos
Lerma
Palencia
Valladolid
Zamora
Salamanca
León
Segovia
Ávila
El Escorial
★Madrid
Toledo
Cuenca
Mora
Albacete
Jijona
Alcoy
Alicante
Murcia
Almería
Granada
Jaén
Córdoba
Valdepeñas
Socuéllamos
Ciudad Real
Cáceres
Mérida
Badajoz
Málaga
Sevilla
Jerez
Cádiz
Algeciras
Ceuta
Gibraltar
Polos
Huelva
Faro
Lisboa
Coimbra

ISLAS CANARIAS

PALMA
GOMERA
HIERRO
TENERIFE
Sta. Cruz de Tenerife
GRAN CANARIA
Palmas
FUERTEVENTURA
LANZAROTE

ESPAÑA África

Túnez
Argelia
Níger
Nigeria
Malí
Alto Volta
Ghana
Costa del Marfil
Camerún
Gabón
Río Muni
Fernando Póo
Annobón
Togo
Dahomey
Guinea
Guinea port.
Sierra Leona
Liberia
Gambia
Senegal
Mauritania
Sahara español
Ifni
Marruecos
Español

LECTURA I

Fiestas

Estudio de palabras (*Word study*)

Spanish cognates are words whose forms are alike in Spanish and in English. The ability to recognize cognates is of enormous value in learning to read a foreign language. Only a few suggestions for recognizing cognates can be given here; others will be given in this section of subsequent Lecturas. The examples listed below are taken from the reading selection of Lectura I.

1. Exact cognates. Many Spanish and English words are identical in form and meaning, although the pronunciation is different: altar, animal, burro.

2. Approximate cognates. Many Spanish and English words are similar in form.

a. Many Spanish words have a written accent and/or lack a double consonant: excursión, patrón, procesión.

b. Many Spanish words have a final **-a, -e,** or **-o** (and sometimes a written accent) which is lacking in English: elegante, elemento, forma, héroe, importante, mexicano, república, solemne.

c. Certain Spanish nouns ending in **-(an)cia** or **-(en)cia** end in -(*an*)*ce* or -(*en*)*ce* in English: independencia.

d. Certain nouns ending in **-ia (ía)** or **-io** end in *y* in English: aniversario, ceremonia, julio.

e. Most Spanish nouns ending in **-(c)ión** are feminine and end in -(*t*)*ion* in English (sometimes the Spanish word lacks a double consonant found in the English word): pasión, procesión.

f. Certain Spanish nouns ending in **-dad** end in -*ty* in English: sociedad.

3. Other words with miscellaneous differences which should be recognized easily, especially in context or when pronounced in Spanish, are: carnaval, *carnival;* católico, *Catholic;* confeti, *confetti;* Cristo, *Christ;* ejemplo, *example;* espléndido, *splendid;* gobierno, *government;* grotesco, *grotesque;* hispanoamericano, *Spanish-American;* manera, *manner;* máscara, *mask;* movimiento, *movement;* mula, *mule;* nacional, *national;* religioso, *religious;* revolucionario (*adj.*), *revolutionary;* santo, *saint;* serpentina, *serpentine;* típico, *typical.*

4. Comments concerning recognition of Spanish verbs will be given in Lectura II, page 73. *Pronounce and observe the meanings of certain verbs used in the following Lectura:* adornar, *to adorn, decorate;* bautizar, *to baptize;* celebrar, *to celebrate, hold;*

"Feria de abril," Seville, Spain.

combinar, *to combine;* conmemorar, *to commemorate;* considerar, *to consider;* dedicar, *to dedicate;* formar, *to form;* honrar, *to honor;* iniciar, *to initiate, start;* marcar, *to mark;* observar, *to observe;* reinar, *to reign.*

Modismos y frases útiles[1] *(Idioms and useful phrases)*

a veces   at times
al día siguiente   (on) the following (next) day
consistir en   to consist of
después de   after
(ir) a la iglesia   (to go) to church
lejos de   far from
muchas veces   often, many times
parecerse a   to resemble

por ejemplo   for example
por la noche   in the evening
por la tarde   in the afternoon
por todas partes   everywhere
salir a la calle   to go (come) out into the street
todo el mundo   everybody, the whole (entire) world
tratar de + *inf.*   to try to + *verb*

Se celebran muchas fiestas en los países de habla española. Algunas son nacionales; otras son religiosas. En los Estados Unidos celebramos el aniversario de nuestra independencia el cuatro de julio; los mexicanos celebran el suyo[2] el diez y seis de septiembre. En México esa fecha no conmemora el fin de la guerra de la independencia, sino el principio[3] de una larga lucha[4] contra lo que muchos mexicanos consideraban el mal gobierno español en su país. Honran a Miguel Hidalgo, un sacerdote[5] católico que el día quince de septiembre de 1810 pronunció las palabras que al día siguiente iniciaron el movimiento revolucionario. Todas las repúblicas hispanoamericanas honran a sus héroes nacionales y celebran el aniversario de su independencia. Muchas veces estas fiestas duran dos o tres días.

El mundo católico dedica cada día del año a uno o a varios santos. Cuando bautizan a un niño, éste[6] recibe el nombre de un santo y cada año celebra ese día más bien que[7] el aniversario de su nacimiento. Es un día de mucha alegría[8] en que hay regalos, tertulias y comidas.

En España hay muchas fiestas típicas que combinan elementos religiosos y festivos. Por ejemplo, la verbena, que se celebra la víspera[9] del santo patrón, generalmente en verano, es una feria semejante a los carnavales de nuestro país. La romería, que honra también a algún santo, consiste en una excursión a la capilla del santo, que a veces está lejos del pueblo. Después de las ceremonias religiosas en la capilla, se celebra una fiesta que se parece a un *picnic.* Todos comen y cantan y bailan hasta la hora de volver al pueblo.

El día de San Antón es interesante porque este santo es el patrón de los burros, de las mulas y de los caballos. El diez y siete de enero adornan a los animales y los llevan a recibir la bendición[10] de San Antón.

---

[1] The new idioms and phrases used in each Lectura will be listed in this section here and in subsequent Lecturas, even though some of them have been used in the dialogues or exercises of preceding lessons.
[2] **el suyo,** *theirs.* [3] **principio,** *beginning.* [4] **lucha,** *struggle.* [5] **sacerdote,** *priest.* [6] **éste,** *the latter.* [7] **más bien que,** *rather than.* [8] **alegría,** *joy, gaiety.* [9] **víspera,** *eve.* [10] **bendición,** *blessing.*

El veinte y ocho de diciembre, Día de los Inocentes,[1] es para los españoles lo que el primero de abril es para nosotros. Todos tratan de hacerles bromas a sus amigos[2] y se divierten mucho.[3]

Otras fiestas importantes son el Carnaval y la Pascua Florida.[4] El Miércoles de Ceniza[5] marca el fin del Carnaval y el principio de los cuarenta días de la Cuaresma.[6] El Carnaval se parece a la fiesta de *Mardi Gras*, que en este país se celebra en la ciudad de Nueva Orleáns. En las fiestas de Carnaval casi todo el mundo se pone una máscara y un traje grotesco y sale a la calle para tirar[7] confeti y serpentinas. Por la noche hay bailes, y reina la alegría por todas partes.

Durante la Cuaresma se celebran las procesiones de la Semana Santa, que empieza el Domingo de Ramos[8] y termina el Domingo de Resurrección.[9] En Sevilla, España, se observa esta semana de[10] una manera solemne y espléndida. Muchas sociedades religiosas forman procesiones que pasan por las calles llevando grandes pasos[11] que representan la Pasión de Cristo en forma impresionante y hermosa.[12] Las procesiones terminan el Viernes Santo. Con el Sábado de Gloria[13] vuelve la alegría. Por la noche se tocan las campanas[14] de todas las iglesias. El Domingo de Resurrección se llama la Pascua Florida porque en todas las iglesias adornan los altares de flores. Igual que[15] en nuestro país, la gente se pone la ropa más elegante para ir a la iglesia. Por la tarde generalmente hay corridas de toros.[16]

Preguntas (*Questions*)

1. ¿En qué día celebramos el aniversario de nuestra independencia? 2. ¿Cuándo lo celebran en México? 3. ¿A quién honran los mexicanos? 4. ¿Quién fue Hidalgo?

5. ¿A quién dedica el mundo católico cada día? 6. Cuando bautizan a un niño español, ¿qué recibe? 7. ¿Qué celebran cada año? 8. ¿Qué hay en ese día?

9. ¿Cuándo se celebra una verbena? 10. ¿A quién honra la romería? 11. ¿En qué consiste la romería? 12. ¿Qué hacen todos después de las ceremonias religiosas?

13. ¿De qué es patrón San Antón? 14. ¿Cuál es el día de San Antón? 15. ¿Qué día es el veinte y ocho de diciembre? 16. ¿Qué tratan de hacer todos?

17. ¿Qué marca el Miércoles de Ceniza? 18. ¿Qué hace casi todo el mundo en las fiestas de Carnaval? 19. ¿Qué hay por la noche? 20. ¿Cuándo empieza la Semana Santa? 21. ¿Cuándo termina? 22. ¿Qué llevan en las procesiones de Sevilla? 23. ¿Qué se toca el Sábado de Gloria por la noche? 24. ¿Qué hace todo el mundo el Domingo de Resurrección?

---

[1] **Día de los Inocentes** = *April Fool's Day*. (An **inocente** is a gullible person or one easily duped.) [2] **hacerles . . . amigos,** *to play tricks on their friends.* [3] **se divierten mucho,** *they have a very good time.* [4] **Pascua Florida,** *Easter.* [5] **Miércoles de Ceniza,** *Ash Wednesday.* [6] **Cuaresma,** *Lent.* [7] **tirar,** *to throw.* [8] **Domingo de Ramos,** *Palm Sunday.* [9] **Domingo de Resurrección,** *Easter Sunday.* [10] **de,** *in.* [11] **pasos,** *floats.* (**Pasos** are the heavy platforms on which life-sized figures representing Christ, the Virgin, and other persons who figured in the Passion of Christ are carried through the streets of Seville during Holy Week by members of the churches and religious societies.) [12] **en forma impresionante y hermosa,** *in an impressive and beautiful form.* [13] **Sábado de Gloria,** *Holy Saturday.* [14] **campanas,** *bells.* [15] **Igual que,** *The same as.* [16] **corridas de toros,** *bullfights.*

Comprensión (*Comprehension*)

Listen carefully to each partial sentence. Repeat what you hear, then add in Spanish what is needed to complete each one accurately:

1. Se celebran muchas fiestas en ____.
2. En los Estados Unidos celebramos el aniversario de nuestra independencia ____.
3. Los mexicanos celebran el suyo ____.
4. Los mexicanos honran a ____.
5. En España la verbena se celebra la víspera ____.
6. La romería consiste en una excursión a ____.
7. La fecha del día de San Antón es el ____.
8. El veinte y ocho de diciembre es el ____.
9. El Miércoles de Ceniza marca el fin ____.
10. Durante la Cuaresma se celebran ____.
11. El Domingo de Resurrección se llama ____.
12. Ese día la gente se pone la ropa más elegante para ____.

LECCIÓN PRIMERA

¿Dónde pasaron ustedes sus vacaciones?

(*Al entrar en la sala de clase la señorita Valles empieza a hablar en español.*)

Srta. Valles. Buenos días.

Alumnos. Buenos días, señorita.

Srta. Valles. Me alegro mucho de verlos a Uds. Eduardo, ¿cómo pasaste el verano?

Eduardo. Trabajé en la tienda de mi tío y espero comprar un coche con el dinero que he ganado.

Srta. Valles. Está bien. ¿Y tú, Margarita? ¿Dónde pasaste tus vacaciones?

Margarita. Hice un viaje a California con mis padres y con mis hermanos.

Srta. Valles. ¿Fueron Uds. en avión?

Margarita. No, señorita, en coche. Este año mi papá tuvo cuatro semanas de vacaciones; así es que tuvimos tiempo para visitar muchos sitios de interés. ¡Cuántos nombres españoles se encuentran en California! Ríos, montañas, pueblos, ciudades, calles . . . Me dio mucho gusto poder pronunciarlos.

Srta. Valles. ¡Qué bien! Tú has aprendido mucho.

Srta. Valles. Dorotea, ¿te quedaste aquí todo el verano?

Dorotea. En julio y agosto, sí, pero en junio mis abuelos me invitaron a visitarlos en la Florida. Allí se oye mucho el español, como sabe Ud., y yo tuve la oportunidad de hablarlo con muchas personas.

Srta. Valles. Muy bien. Pues, ahora nos queda poco tiempo . . . solamente una persona más puede hablar. (*Bárbara levanta la mano.*) ¿Bárbara?

Bárbara. Yo no pude hacer una excursión, pero pasé un verano agradable. Además de ayudar a mi mamá a limpiar la casa y a preparar las comidas, leí varios libros, periódicos y revistas en español. También pasé mucho tiempo jugando al golf, nadando y dando paseos. De noche pude leer más, mirar la televisión o ir al cine con mis amigos.

Srta. Valles. ¡Magnífico! ¡Es evidente que has practicado mucho el español!

Palabras y expresiones (*Words and expressions*)

además de *prep.* besides, in addition to

al + *inf.* on (upon) + *pres. part.*

así es que so (that), thus, and so

¡cuántos nombres . . . se encuentran! how many names . . . are found!

de noche at night, in the evening

está bien that's fine, very well, all right

evidente evident, clear

hacer una excursión to make (take) an excursion (a trip)

el interés interest

¡magnífico! magnificent (fine)!

el nombre name

nos queda (poco tiempo) we have (little time) left

el pueblo town, village

¡qué bien! how fine (nice, wonderful)!

se oye mucho el español Spanish is heard a great deal

tener la oportunidad de to have the opportunity to

todo el (verano) the whole *or* entire (summer), all (summer)

las vacaciones vacation(s)

Preguntas

Answer in Spanish these questions based on the first part of the dialogue:

1. ¿Quién entra en la sala de clase? 2. Al entrar, ¿qué dice ella? 3. ¿Dónde trabajó Eduardo? 4. ¿Qué espera comprar Eduardo? 5. ¿Qué hizo Margarita? 6. ¿Fue a California en avión? 7. ¿Cuántas semanas de vacaciones tuvo el papá de Margarita? 8. ¿Se encuentran muchos nombres españoles en California?

Preguntas generales (*General questions*)

1. ¿Cómo pasaste tú las vacaciones? 2. ¿Pasaste un verano agradable? 3. ¿Te quedaste en casa? 4. ¿Trabajaste en la ciudad? 5. ¿Visitaste un parque nacional? 6. ¿Tuviste la oportunidad de hablar español? 7. ¿Hiciste un viaje a México? Si no, ¿adónde fuiste? 8. ¿Qué hiciste los sábados? ¿Los domingos?

Study the first part of the dialogue so that you can repeat it with your teacher or with one of your classmates.

Prepare an original conversation of six to eight speeches for presentation in class, telling what you did during your vacation. Start with one of the questions used by Srta. Valles in the dialogue of this lesson. (See the five-line conversation in Lección preliminar I, page 4, for a model.)

Pronunciación

a. Spanish **c** (**k** and **qu**) and **z**. In Lección preliminar I, page 4, you found that Spanish **c** before **e** and **i**, and **z** always, are pronounced like the English hissed *s* in *sent* in Spanish America and in southern Spain. In northern and central Spain this sound is like *th* in *thin*.

Spanish **c** before other letters, **k** (used only in words of foreign origin), and **qu** are like English *c* in *cat*, but without the *h* sound that often follows the *c* in English (*c^hat*).

Pronounce after your teacher:

1. centro   ciudad   cine   hacer   hizo
   cinta   vez   zapato   almorzar   empieza

2. con   comprar   cuarto   vacaciones   encuentran
   calle   comida   cuatro   practicar   periódico
   que   quedaste   aquí   parque   porque
   busqué   comencé   lección   conferencia   kilómetro

b. Review the sound of Spanish **ll** in Lección preliminar I, page 4, then pronounce after your teacher:

calle   allí   llamar   Valles   Sevilla
silla   ella   millón   llevar   llegar

c. Pronounce after your teacher:

me alegro mucho   con mis hermanos   además de ayudarla
hice un viaje   en julio y agosto   ¿Te quedaste aquí?
me invitaron ayer   pasé el verano   Nos queda poco tiempo.

Notas

I.   Uses of the infinitive

A.   Verbs which do not require a preposition before an infinitive

A few of the many verbs which do not require a preposition before an infinitive are: **deber, decidir, desear, esperar, necesitar, pensar (ie)** (*to intend, plan*), **poder, querer, saber.**

> **Espero (Pienso) comprar un coche.**   I hope (intend) to buy a car.
> **Quiero poder pronunciarlos.**   I want to be able to pronounce them.
> **Yo no pude hacer una excursión.**   I couldn't make an excursion.

An infinitive may be used as the subject of a verb or after an impersonal expression, in which case it is also actually the subject.

> **Nos gusta viajar.**   We like to travel (To travel pleases us).
> **Es necesario hacer esto.**   It is necessary to do this (To do *or* Doing this is necessary).

B. Verbs which require a preposition before an infinitive

1. All verbs expressing motion or movement toward a place, such as **ir, llegar,** and **venir,** the verbs **empezar (ie)** and **comenzar (ie),** *to begin,* and certain others such as **aprender,** *to learn,* **ayudar,** *to help, aid,* **enseñar,** *to teach, show,* and **invitar,** *to invite,* require the preposition **a** before an infinitive.

Carlos ha venido a verme. Charles has come to see me.
Ella empieza a hablar en español. She begins to talk in Spanish.
Él va (aprende) a cantar la canción. He is going (learning) to sing the song.
Yo la ayudé a limpiar la casa. I helped her to clean the house.
Me han invitado a visitarlos. They have invited me to visit them.

2. Certain verbs and expressions are followed by other prepositions before an infinitive. Among them are **alegrarse de,** *to be glad to,* **tener la oportunidad de,** *to have the opportunity to,* and **tener tiempo para,** *to have time to.*

Me alegro de verlos a Uds. I am glad to see you.
Yo tuve la oportunidad de hablar español. I had the opportunity to speak Spanish.
Tenemos tiempo para visitarlos. We have time to visit them.

C. The infinitive after prepositions and other expressions

In Spanish the infinitive is the verb form used after a preposition; in English the present participle is often used. **Al** plus an infinitive is the Spanish equivalent of the English *On* (*Upon*) plus the present participle; the construction may also replace a *when*-clause.

Antes de (Después de) salir . . . Before (After) leaving . . .
Al entrar, la señorita Valles empieza a hablar. On (Upon) entering *or* When she enters, Miss Valles begins to talk.

Ejercicios

A. Read, supplying the correct preposition wherever necessary:

1. Vamos ____ salir ahora. 2. Yo necesito ____ comprar un par de zapatos. 3. ¿Quieres ____ ir con nosotros? 4. Esperamos ____ volver a casa antes de las cuatro. 5. Pensamos ____ tomar un autobús. 6. Ayer yo ayudé a mi padre ____ limpiar el coche. 7. Va a ser fácil ____ hacer esto. 8. Juan y Carlos han tratado ____ encontrar a Tomás. 9. Debemos ____ esperar aquí un rato. 10. Carolina aprendió ____ escribir cartas en español. 11. Me gusta ____ tocar discos. 12. Nos alegramos ____ ir al parque. 13. ¿Te han invitado ____ comer? 14. ¿Sabes ____ jugar al tenis? 15. ¿Tienen Uds. tiempo ____ escribir las composiciones?

B. Answer in the affirmative in Spanish:

1. ¿Deseas dar un paseo hoy?
2. ¿Sabes pronunciar bien?
3. ¿Te gusta viajar en avión?
4. ¿Puedes practicar mucho?

5. ¿Quieren Uds. ir a México?
6. ¿Piensan Uds. estudiar esta noche?
7. ¿Esperan Uds. ver la película?
8. ¿Deben Uds. llegar a tiempo?

9. ¿Tienes tiempo para hacer eso?
10. ¿Has tenido la oportunidad de ir al parque?
11. ¿Puedes quedarte aquí?
12. ¿Los has invitado a ir al café?

13. ¿Empezaste a escribir la carta?
14. ¿Ayudaste a tu mamá a preparar la cena?
15. ¿Iban Uds. a tomar el avión?
16. ¿Tratabas de llamar a Juan?

C. Give in Spanish:

1. It is necessary to wait a while. 2. Upon arriving downtown, they went to the movies. 3. Before returning home they bought a newspaper. 4. Joe's parents had to go to California by plane. 5. Tom has learned to play golf. 6. He does not have time to play today. 7. I want to go shopping tomorrow. 8. It has begun to rain.

Spanish style house in San Francisco, California.

II. Interrogatives

A. **¿Quién?** (*pl.* **¿quiénes?**) *Who? Whom?* refers only to persons and requires the personal **a** when used as the object of a verb.

> **¿Quién llamó?** Who called?
> **¿A quiénes viste anoche?** Whom (*pl.*) did you see last night?

Whose? can only be expressed by **¿De quién(es)?** and the verb **ser.**

> **¿De quién es esta casa?** Whose house is this?
> **¿De quiénes eran esos dos coches?** Whose two cars were those?

All interrogative words bear the written accent in both direct and indirect questions.

> **No sé quién trajo la revista.** I don't know who brought the magazine.

B. **¿Qué?** *What? Which?* is both a pronoun and an adjective; as an adjective it may mean *Which?* In asking for a definition, **¿Qué?** is used with **ser.**

> **¿Qué libro tienes?** What (Which) book do you have?
> **¿Qué parque te gusta?** What (Which) park do you like?
> **¿Qué compró Marta en aquella tienda?** What did Martha buy in that store?
> **¿Qué es el señor López? —Es profesor.** What is Mr. López? —He is a teacher.
> **¿Qué es una grabadora?** What is a (tape) recorder?

C. **¿Cuál?** (*pl.* **¿Cuáles?**) *Which (one, ones)? What?* asks for a choice of one or more things or persons from among several and is normally used only as a pronoun. (In Spanish America **¿Cuál?** is sometimes used as an adjective, but not in this text.) With **ser,** use **¿Cuál(es)?** for *What?* unless a definition or identification is asked for.

> **¿Cuál de los libros tienes?** Which (one) of the books do you have?
> **¿Cuál de las muchachas es tu hermana?** Which (one) of the girls is your sister?
> **¿Cuál es la fecha de hoy?** What is the date today?
> **¿Cuál es la capital de la Argentina?** What (*i.e.,* Which city) is the capital of Argentina?
> **¿Cuáles quieres vender?** Which ones do you want to sell?

D. Other interrogative words are:

¿cuánto, -a? how much?   ¿cómo? how? (in what way?)
¿cuántos, -as? how many?   ¿cuándo? when?
¿dónde? where?   ¿por qué? why? (for what reason?)
¿adónde? where? (*with verbs of* ¿para qué? why? (for what purpose?)
   motion)

Ejercicios

A. Read, supplying ¿qué? or ¿cuál(es)?:

1. ¿A ___ hora volvió Anita?
2. ¿___ de los libros has leído tú?
3. ¿___ cuadro te gusta?
4. ¿___ clases tienes esta tarde?
5. ¿___ de tus amigos mexicanos pasaron por aquí?
6. ¿A ___ de los cafés quieres ir?
7. Allí vienen dos jóvenes. ¿___ es Carlos Sierra?
8. ¿___ de ellos encontró el dinero?
9. ¿___ de Uds. han estado en México?
10. ¿___ es él, mexicano o español?

B. When you hear the command, ask a direct question, following the model.

MODEL: Pablo, pregúntale a Luis dónde vive.   Luis, ¿dónde vives?

1. (Pablo), pregúntale a (Marta) adónde va.
2.   cuántos hermanos tiene.
3.   por qué no habla más.
4.   de quién es este cuaderno.
5.   cuál de las revistas quiere.
6.   a quién vio en el centro.
7.   qué compró ayer por la tarde.
8.   cuánto tiempo pasó en el parque.
9.   con quién hablaba esta mañana.
10.   cuándo dio un paseo.
11.   a quién invitó a comer.
12.   con quién fue al baile.

C. Give in Spanish:

1. What (Which) house did he buy? 2. Which one of the cars do you (*fam. sing.*) like? 3. How many students have seen the film? 4. Whose tape is this? 5. Why (For what reason) do they have to leave now? 6. Do you (*pl.*) know what he lost? 7. When did they leave for (**para**) Mexico? 8. What is John's father? A teacher? 9. Where do you (*pl.*) intend to spend the day? 10. We do not know what (**cómo**) his name is.

Más vale tarde que nunca[1]

(Eran las ocho y cuarto de la mañana. Dorotea y Carolina ya habían llegado a la escuela. Estaban charlando a la puerta mientras esperaban a sus amigos Carlos y Felipe. Poco después llegó Carlos y le saludaron las dos muchachas.)

Dorotea. Carlos, ¿sabes dónde está Felipe? Anoche me dijo que iba a llegar temprano esta mañana.

Carlos. No sé. Al salir de casa, no le vi. Como yo no quería llegar tarde, decidí no esperarle.

Carolina. Ya es hora de entrar, ¿verdad?

Carlos. Podemos esperar dos o tres minutos más . . . Allí viene Felipe corriendo.

Dorotea. ¡Hola, Felipe! ¿Qué pasó? ¿Por qué has llegado tan tarde?

Felipe. Un momento—puedo explicar. Mi mamá ha ido a visitar a mi abuela, que está enferma, y mi papá se levantó muy temprano para tomar el avión a las siete. Nadie me llamó y eran las ocho menos cuarto cuando me desperté. Por eso, tuve que darme mucha prisa para llegar a esta hora.

Carolina. Pero, Felipe, ¿no tienes despertador?

Felipe. Sí, tengo uno, pero no funciona bien y no sonó. Aunque me levanté en seguida, no tuve tiempo para tomar el desayuno. No tomé más que un vaso de jugo de naranja.

Carlos. Bueno, como se dice en español «Más vale tarde que nunca.»

Dorotea. Según mi reloj nos queda solamente un minuto más si queremos entrar en la sala de clase a tiempo.

Felipe. Tienes razón. Vámonos. Podemos charlar más al mediodía.

Palabras y expresiones

la abuela grandmother

al mediodía at noon

aunque *conj.* although, even though

darse (mucha) prisa to hurry (a great deal)

el despertador alarm clock

en seguida at once, immediately

funcionar to function, work, run (*said of something mechanical*)

el jugo de naranja orange juice

llegar tarde to be (arrive) late

más vale *or* **vale más** (it) is better

mientras (que) *conj.* while, as long as

no . . . más que only, no(t) . . . more than

poco después a little later, shortly afterward(s)

por eso therefore, because of that, for that reason

¿qué pasó? what happened? what was the matter?

ser hora de + *inf.* to be time to

sonar (ue) to sound, ring

tener razón to be right

tomar el desayuno to have (eat) breakfast

valer[2] to be worth

---

[1] This proverb means *Better late than never.* [2] See Appendix F, page 422, for the forms of **valer.**

Preguntas

Answer in Spanish these questions based on the first part of the dialogue:

1. ¿Qué hora era? 2. ¿Dónde estaban Dorotea y Carolina? 3. ¿A quiénes esperaban? 4. ¿Cuál de los muchachos llegó primero? 5. ¿Qué le preguntó Dorotea? 6. ¿Cómo venía Felipe? 7. ¿Adónde había ido la mamá de Felipe? 8. ¿Qué hora era cuando se despertó Felipe?

Preguntas generales

1. ¿Tienes despertador? ¿Lo usas mucho? 2. ¿A qué hora suena tu despertador? 3. ¿Siempre te levantas en seguida? 4. Generalmente, ¿a qué hora te levantas? 5. ¿Tomas jugo de naranja en el desayuno? 6. ¿Siempre llegas a la escuela a tiempo? 7. ¿Llegas tarde a veces? 8. ¿Cómo se dice en español "Better late than never"?

Study the first part of the dialogue so that you can repeat it with your teacher or with one of your classmates.

Prepare an original conversation of six to eight speeches for presentation in class, giving different reasons for not arriving home, at a café, or at some other place at a time you had promised to be there.

Pronunciación

a. The sounds of **r** and **rr**. Single **r**, except at the beginning of a word or after **l, n,** or **s,** is pronounced with a single trill with the tip of the tongue against the gums and close to the upper teeth. Initial single **r** (also **r** after **l, n,** or **s**) and **rr** are strongly trilled in a series of rapid vibrations.

Pronounce after your teacher:

1. carta   Dorotea   charlar   Carlos   fueron
   enferma   verdad   puerta   tarde   para

2. razón   rato   Roberto   rico   Ricardo
   reloj   río   pizarra   correr   cerrar

3. El perro de San Roque   4. Erre con erre cigarro,
   no tiene rabo   erre con erre barril,
   porque Ramón Ramírez   rápidos corren los carros
   se lo ha cortado.   del ferrocarril.

b. The teacher will select some lines from the second part of the dialogue as an exercise in dictation. When you are writing, remember the meaning of these punctuation marks (for others, see Appendix C, page 404):

,	**coma**	¿ ?	**signo(s) de interrogación**
.	**punto**	′	**acento escrito**
« »	**comillas**		

Notas

I.   Use of the preterit tense

The preterit indicative tense indicates that an action began or ended or that a past action or state was completed within a definite period of time:

Me levanté a las siete.   I got up at seven o'clock.
¿Qué pasó anoche?   What happened last night?
Yo empecé a correr.   I began to run.
Él no tuvo tiempo para tomar el desayuno.   He didn't have time to eat breakfast.
Ellos pasaron cinco años en Chile.   They spent five years in Chile.

II.   Uses of the imperfect tense

The imperfect indicative tense describes past actions, situations, or conditions which were continuing for an indefinite time in the past without reference to the beginning or the end of the action or situation described.   Review carefully the following sentences in which the imperfect is used:

A.   To describe past actions and conditions or what was happening at a certain time:

Era un día hermoso.   It was a beautiful day.
El agua estaba fría.   The water was cold.
Trabajábamos en el jardín.   We were working in the garden.
Charlaban (Estaban charlando) mientras esperaban a sus amigos.   They were chatting while they waited (were waiting) for their friends.

B.   To indicate that an action was customary, habitual, or indefinitely repeated, equivalent to English *used to* plus the infinitive and *was* (*were*) plus the present participle:

Ella llegaba a tiempo todos los días.   She arrived (used to arrive) on time every day.
Ellos siempre daban un paseo cuando tenían tiempo.   They always took a walk when they had time.

C.   To describe the background or setting in which an action took place or to indicate that an action was going on when something happened (the preterit indicates what happened):

Ella leía cuando yo entré.   She was reading when I entered.
Llovía cuando yo volví a casa.   It was raining when I returned home.

D. To describe a mental or physical state in the past; thus, such Spanish verbs as **creer, desear, querer, poder, saber,** etc., are usually in the imperfect:

Como yo no quería llegar tarde, decidí no esperarle. Since I didn't want (wasn't wishing) to be late, I decided not to wait for him.
Sabíamos (Creíamos) que él estaba enfermo. We knew (believed) that he was ill.
Juan me preguntó si yo podía ir al cine. John asked me if (whether) I could (was able to) go to the movies.

E. To express time of day in the past:

¿Qué hora era? What time was it?
Eran las ocho cuando me desperté. It was eight o'clock when I woke up.

III. Verbs with special meanings in the preterit

Certain verbs have special meanings in the preterit tense. In addition to **saber, tener,** and **querer** (see Lección preliminar II, page 13), the verbs **conocer,** *to meet* (a person for the first time) and **poder,** *to be able, can,* also often have special meanings when used in the preterit. In general, the use of the imperfect tense indicates existing desire, ability, etc., while the preterit indicates that the act was or was not accomplished. Note the differences in the uses of the imperfect and preterit tenses in the following sentences:

Ramón conocía bien a Elena. Raymond knew Helen well.
Él la conoció el año pasado. He met her (made her acquaintance) last year.
José dijo que podía buscar el libro más tarde. Joe said that he could look for the book later. (*i.e.,* Joe was able to look for, was capable of looking for, the book).
José lo buscó pero no pudo encontrarlo. Joe looked for it but he couldn't find it. (*i.e.,* Joe did not succeed in finding it.)

Ejercicios

A. Say after your teacher, then repeat, changing the present tense of the verb to the preterit:

1. Jorge vuelve en seguida.
2. Yo no llego tarde.
3. Ellos se dan prisa.
4. Suena el despertador.
5. ¿Quién te trae regalos?
6. Miguel no puede encontrar a Inés.
7. Yo empiezo a correr despacio.
8. No queremos charlar con él.

B. Say after your teacher, then repeat, changing the present tense of the verb to the imperfect:

1. La casa es hermosa.
2. El café está caliente.
3. Las muchachas tienen razón.
4. Vamos allá todos los veranos.
5. Es la una de la tarde.
6. Hay mucha gente en la calle.
7. ¿Qué tiempo hace?
8. Ellos viven en el campo.
9. ¿Esperas a Ricardo?
10. Yo los veo a menudo.

C. Read, then repeat, changing the first verb in the present tense to the preterit and the second to the imperfect:

1. Roberto dice que va a hablar con María. 2. Yo veo al muchacho que quiere un coche nuevo. 3. ¿Ven Uds. al señor que espera venderlo? 4. Yo no quiero comprarlo porque es demasiado caro. 5. Mis amigos no me dicen que necesitan más dinero. 6. Mi primo nos escribe que puede venir a visitarnos. 7. Luisa contesta que no sabe bien la lección. 8. La profesora les pregunta si tienen tiempo para practicar. 9. Yo sé que la amiga de Carolina no vive aquí. 10. Ellos tienen que salir aunque no quieren hacerlo.

D. Read, using the correct preterit or imperfect form of the verb in parentheses, as required:

1. ¿(Hablar) tú por teléfono cuando yo (llamar) a la puerta? 2. Sí, yo (comenzar) a estudiar pero (sonar) el teléfono. 3. Yo le (decir) a Arturo que (querer) enseñarle una composición que había escrito. 4. También yo le (preguntar) a él si (tener) tiempo para leerla. 5. Él (contestar) que (poder) leerla; él también (tener) que escribir una composición anoche. 6. Arturo la (leer) y (esperar) un momento. 7. Luego él (decir) que (estar) bien escrita y que (ser) muy interesante. 8. Poco después yo (mirar) mi reloj y (ver) que ya (ser) las ocho. 9. Como yo (saber) que Arturo (estar) ocupado, (decidir) no molestarle más. 10. Aunque (ser) una noche muy hermosa, yo (ir) directamente a casa.

IV. Word order

Contrary to the common order of subject, verb, object, or predicate in a declarative sentence in Spanish, the subject frequently follows the verb. This reversed order often occurs: (a) after a direct quotation; (b) in clauses introduced by a relative pronoun or conjunction in which the verb does not have a noun object; (c) when the subject is long or is modified by a phrase or clause; (d) when an adverbial expression begins the sentence; and (e) when the speaker wants to stress the meaning of the verb rather than the subject. Note the following corresponding examples:

(a) **—Buenos días —contesta Carlos.**   "Good morning," Charles answers.
(b) **Vimos la casa donde vive Miguel.**   We saw the house where Mike lives.
(c) **En el parque se encuentran personas de muchos países.**   In the park people from many countries are found.
(d) **Allí viene Felipe corriendo.**   There comes Philip running.
　　Poco después llegó Carlos.   A little later Charles arrived.
(e) **Llamó el hermano de Tomás.**   Tom's brother called.
　　Le saludaron las dos muchachas.   The two girls greeted (spoke to) him.

Watch for variations in word order as you read, particularly in the Lecturas.

Ejercicio

Read, giving particular attention to the position of the subject:

1. Cantó la señorita Molina. 2. La señorita Molina cantó. 3. Llegaron los dos muchachos. 4. Los dos muchachos llegaron. 5. No funciona bien el despertador. 6. El despertador no funciona bien. 7. Sonó el teléfono. 8. Si no conocen Uds. el tango, puedo enseñárselo. 9. De veras son simpáticas las jóvenes. 10. —¿A qué hora salieron? —preguntó Eduardo. 11. Como saben Uds., no debemos esperar aquí. 12. —Hemos pasado una noche muy agradable —dicen todos los muchachos.

Repaso (*Review*)

Review the forms used for commands in Lección preliminar IV, pages 26–28.

A. Say after your teacher, then repeat, making each command negative:

1. Espera (tú) cerca de la puerta.
2. Escribe (tú) el ejercicio.
3. Lee (tú) la segunda frase.
4. Vuelve (tú) a tu asiento.
5. Cierra (tú) el cuaderno.
6. Deja (tú) el periódico aquí.

B. Say after your teacher, then change to a plural command.

    MODEL: Uds. leen el artículo.   Uds. leen el artículo.
                                               Lean Uds. el artículo.

1. Uds. llaman a sus amigos.
2. Uds. contestan en español.
3. Uds. devuelven el dinero.
4. Uds. prometen trabajar mucho.
5. Uds. no los llevan a casa.
6. Uds. no les enseñan las cosas.

En casa de Jorge

(Miguel se detiene delante de la casa de Jorge. Espera un momento, luego llama a la puerta. Al abrirla, Jorge saluda a Miguel y le invita a entrar.)

Jorge. ¡Hola, Miguel! Pasa y siéntate. No sabía que venías. Me alegro mucho de verte.

Miguel. Muchas gracias. ¿Qué tal? El lunes te vi en la escuela; estabas charlando con una señorita extranjera, pero no pude hablar contigo.

Jorge. Yo estaba hablando con la señorita Smith, que es la nueva[1] profesora de francés. ¿No la conoces?

Miguel. Todavía no, pero espero tener la oportunidad de conocerla pronto. No la había visto antes.

Jorge. Pues, ella es muy simpática, y sabe hablar español también.

Miguel. A propósito, Jorge, me han dicho que tienes un radio nuevo. ¿Puedes enseñármelo?

Jorge. ¡Por supuesto! Me lo han regalado mis padres. Es un radio portátil y es muy bueno. ¿No quieres oírlo también?

Miguel. Sí, con mucho gusto, si no estás ocupado.

Jorge. ¡Claro que no! Está en mi cuarto. Vamos allá ahora mismo. Yo estaba escuchándolo cuando llamaste.

Miguel. ¿Recibes muchos programas mexicanos?

Jorge. Sí, especialmente programas de música mexicana. También me gusta escuchar otros programas en español para ver si puedo entender lo que dicen. Muchas veces entiendo bastante bien si no hablan rápidamente. *(Entran en el cuarto de Jorge y se sientan.)* Voy a ponerlo ahora . . .

Palabras y expresiones

ahora mismo right now, right away
antes *adv.* before, formerly
¡claro que no! certainly not!
delante de *prep.* in front of
extranjero, -a strange, foreign
muchas veces often, many times
poner (el radio) to turn on (the radio)
¡por supuesto! of course! certainly!
portátil portable
rápidamente rapidly, fast
vamos let's go

---

[1] Before a noun the adjective **nuevo, -a** means *new* in the sense of *another, different,* and after the noun, *new, brand-new.*

Preguntas

Answer in Spanish these questions based on the first part of the dialogue:

1. ¿Dónde se detiene Miguel? 2. ¿Qué pasa cuando Miguel llama a la puerta? 3. ¿Qué le dice Jorge a Miguel? 4. ¿Se alegra Jorge de ver a su amigo? 5. ¿Con quién hablaba Jorge en la escuela el lunes? 6. ¿Qué es la señorita Smith? 7. ¿La conoce Miguel? 8. ¿Cómo es la señorita Smith?

Preguntas generales

1. ¿Escuchas tu radio a menudo? 2. ¿Te gusta escuchar el radio? 3. ¿Lo escuchas más por la tarde o por la noche? 4. ¿Recibes programas en español? 5. ¿Recibes programas mexicanos muchas veces? 6. ¿Recibes programas de otros países extranjeros? 7. ¿Entiendes bien cuando hablan en español? 8. ¿Te gusta escuchar programas de música?

Study the second part of the dialogue so that you can take part in a similar conversation with your teacher or with one of your classmates.

Write the italicized introduction to the dialogue and one additional speech as your teacher reads them. He/She will give you time to make your own corrections.

Pronunciación

The sounds of Spanish **g (gu)** and **j (x).** At the beginning of a breath-group or after **n**, Spanish **g** (written **gu** before **e** or **i**) is pronounced like a weak English *g* in *go*. In all other cases, except before **e** or **i** (in the groups **ge, gi**), Spanish **g** is much weaker; that is, the breath continues to pass between the back of the tongue and the palate.

Spanish **g** before **e** and **i**, and **j** in all positions, have no English equivalent but are pronounced approximately like a strongly exaggerated *h* in *halt*.

The letter **x** in the words **México, mexicano,** and **Texas,** spelled **Méjico, mejicano,** and **Tejas** in Spain, is pronounced like Spanish **j.** (Note also that **j** is silent in **reloj** but pronounced in the plural **relojes.**)

Pronounce after your teacher:

1. gusto	tengo	grande	ganar	gracias
2. Miguel	luego	contigo	regalar	alegro
diálogo	amigo	traigo	me gusta	mucho gusto
3. gente	general	original	origen	la Argentina
José	Jorge	junio	jugo	trabajo
4. muchos programas mexicanos		Viajan por Texas.		
Miguel juega en México.		Generalmente trabajan poco.		

At left is Alfonso Sánchez, Spanish film critic, during interview
on Televisión española, Madrid.

Notas

I. Forms of personal pronouns

Personal Pronouns

SINGULAR

Subject of Verb	*Object of Preposition*	*Direct Object of Verb*
yo I	**mí** me	**me** me
tú you	**ti** you	**te** you
él he	**él** him, it (*m.*)	{ **le, lo**[1] him { **lo** it (*m.*)
ella she	**ella** her, it (*f.*)	**la** her, it (*f.*)
usted you	**usted** you	{ **le** you (*m.*) { **la** you (*f.*)
		lo it (*neuter*)

PLURAL

nosotros, -as we	**nosotros, -as** us	**nos** us
vosotros, -as you	**vosotros, -as** you	**os** you
{ **ellos** they	**ellos** them	**los** them
{ **ellas** they (*f.*)	**ellas** them (*f.*)	**las** them (*f.*)
{ **ustedes** you	**ustedes** you	{ **los** you { **las** you (*f.*)

II. Subject pronouns

Recall that the subject pronouns, except for the formal forms for *you* (**usted** and **ustedes,** abbreviated to **Ud.** and **Uds.,** or **Vd.** and **Vds.),** are omitted unless they are needed for clearness or emphasis, or when two are combined as the subject. **Usted** and **ustedes** require the third person of the verb and are usually expressed, although excessive repetition should be avoided. The English subjects *it* and *they*, referring to things, are rarely expressed in Spanish, and the impersonal subject *it* is always omitted.

In general, the familiar singular form **tú** is used when the given name is used in English (in speaking to children, relatives, or close friends). In most of Spanish America **ustedes** is used for both the familiar and formal plural of *you*. This practice is followed in the dialogues and exercises of this text.

In Spain the plural of **tú** is **vosotros, -as,** used with the second person plural form of the verb. See Lección preliminar I, page 5, for comments concerning this form of address.

> **Abrí la puerta.**   I opened the door.
> **Ella hablaba y él leía.**   She was talking and he was reading.
> **Jorge y yo nos detuvimos.**   George and I stopped.
> **Yo (Él) estaba escuchándolo.**   I (He) was listening to it.

[1] In Spanish America **lo** is more frequently used than **le,** meaning *him*.

Personal Pronouns		Possessive Adjectives

SINGULAR

Indirect Object of Verb	*Reflexive Object of Verb*	
me (to) me	**me** (to) myself	**mi, mis** my
te (to) you	**te** (to) yourself	**tu, tus** your

le (se) {(to) him, it / (to) her, it / (to) you	**se** {(to) himself, itself / (to) herself, itself / (to) yourself	**su, sus** {his, its / her, its / your

PLURAL

nos (to) us	**nos** (to) ourselves	**nuestro, -a, -os, -as** our
os (to) you	**os** (to) yourselves	**vuestro, -a, -os, -as** your

les (se) {(to) them / (to) you	**se** {(to) themselves / (to) yourselves	**su, sus** {their / your

III. Pronouns used as objects of prepositions

The pronouns used as objects of prepositions are the same as the subject pronouns, except for **mí** and **ti.** Note the difference in meanings.

Used with **con,** the first and second persons singular have the special forms **conmigo** and **contigo.**

La cinta no es para mí.   The tape is not for me.
Ella no va conmigo (contigo).   She is not going with me (with you, *fam.*).

The prepositional forms are often used with the preposition **a** in addition to the direct and indirect object pronouns for emphasis and, in the third person, for clearness. In the case of **usted(es)** it is more polite to use the prepositional form in addition to the object pronoun.

Él me enseñó a mí su radio.   He showed <u>me</u> his radio.
Yo les di a ellas los regalos.   I gave them (*f.*) the gifts.
Señor Díaz, ¿le trajeron a Ud. el dinero?   Mr. Díaz, did they bring you the money?
A él le gusta el libro. Y a mí también.   He likes the book. And I (do), too.
Le di el disco a Marta, no a él.   I gave the record to Martha, not to him.

When the verb is not expressed, the prepositional form of the pronoun is used alone (last two examples).

The prepositional forms are also used with **de** to clarify the meaning of **su(s),** *his, her, your* (formal sing.), *their, your* (pl.).

Sr. López, vi a su hija y al amigo de ella.   Mr. López, I saw your daughter and her (boy)friend.

Ejercicios

A. Say after your teacher, then repeat, substituting the correct object pronoun for the words following the preposition.

> MODEL: Anita habla con *Juan.*   Anita habla con Juan.
> Anita habla con él.

1. Yo traje el lápiz para *Juanita.*
2. Charlaron un rato con *José.*
3. ¿Quieres ir con *los hombres?*
4. ¿Vives cerca de *mis primas?*
5. Ella hizo el vestido para *Luisa.*
6. Estuvieron delante de *la casa.*
7. Ella trabaja en *aquella tienda.*
8. Hay muchos cuadros en *estos cuartos.*
9. Corrieron hasta *los árboles.*
10. No pudieron salir sin *el dinero.*

B. Give in Spanish:

1. We were talking (*progressive form*) with her. 2. Can you (*fam. sing.*) go to the store with me? 3. Did they go to the movies with you (*fam. sing.*)? 4. Who wants to listen to the tapes with you (*pl.*)? 5. They can chat a while with us. 6. We gave her the flowers. 7. We showed the picture to Mike, not to her. 8. We took the gift to Helen, but not to him.

IV. Position of pronouns used as objects of the verb

A. Object pronouns (direct, indirect, and reflexive) are usually placed immediately before the verb, including the auxiliary **haber** in the compound tenses.

When two object pronouns are used together, the indirect pronoun always precedes the direct. When both are in the third person, the indirect (**le, les**) becomes **se.** Since **se** may then mean *to him, to her, to you* (formal), *to it,* or *to them,* the prepositional forms are often required in addition to **se** for clarity.

A reflexive pronoun precedes any other object pronoun.

> **Él nos lo vendió.**   He sold it to us.
> **Ella no me llamó.**   She did not call me.
> **Carlos se los ha llevado a ella.**   Charles has taken them to her.
> **Bárbara se lo puso.**   Barbara put it on.

B. Object pronouns are placed after, and are attached to, affirmative commands. An accent mark must be written on the stressed syllable of a verb of more than one syllable when a pronoun is added.

In negative commands, object pronouns precede the verb and are placed between the negative and the verb.

Tómalo (tú). Take it.	**No lo tomes.** Don't take it.
Escríbales Ud. Write to them.	**No les escriba Ud.** Don't write to them.
Siéntense Uds. Sit down.	**No se sienten Uds.** Don't sit down.
Lávenselas Uds. Wash them (*f.*).	**No se las laven Uds.** Don't wash them.

C. Object pronouns are usually attached to an infinitive. An accent mark must be written over the last syllable of an infinitive if two pronouns are added.

Yo empecé a escucharlo. I began to listen to it.
Vamos a sentarnos. We are going to (Let's) sit down.
Ella puede leérselo a Uds. She can read it to you (*pl.*).

However, object pronouns may precede conjugated forms of certain verbs and verbal expressions, such as **ir a, querer, poder,** and **saber,** followed by an infinitive, but in the exercises of this text they will be attached to the infinitive.

Voy a leerlo *or* **Lo voy a leer.** I am going to read it.
Ud. puede sentarse *or* **Ud. se puede sentar.** You may (can) sit down.

D. Object pronouns are usually attached to the present participle, except in the progressive forms of the tenses, when they may be placed before **estar** (or other auxiliaries). An accent mark must be written when one or two pronouns are attached to the present participle.

Estoy mirándolo *or* **Lo estoy mirando.** I am looking at it.
Juan no está cantándola *or* **Juan no la está cantando.** John is not singing it.
Dándomelos, Felipe salió. Giving them to me, Philip left.

E. When a noun is expressed as the indirect object of the verb in Spanish, the corresponding indirect object pronoun is normally added. With forms of **gustar,** the prepositional form must be added.

Le dimos a Miguel la corbata. We gave Mike the necktie.
A Carlos le gusta (Le gusta a Carlos) el radio. Charles likes the radio.

Ejercicios

A. Read, placing the object pronoun in the proper position:

1. (nos) Ella escribe. Puede escribir. Está escribiendo. 2. (le) Yo compré un regalo. Fui a comprar un regalo. No compres tú un regalo. 3. (lo) ¿No quieres ver? ¿Vieron Uds. anoche? ¿Han visto Uds.? 4. (las) Abre tú. No abras todavía. ¿Quieren Uds. abrir? 5. (te) Tú levantas. ¿Piensas levantar? ¿Estás levantando?

B. Say after your teacher, then repeat, substituting the correct object pronoun for the noun object.

MODEL: Carlos trajo *el libro.*   Carlos trajo el libro. Carlos lo trajo.

1. ¿Dónde pasaste *las vacaciones?*
2. Han visitado *a sus abuelos.*
3. Yo no había oído *el programa.*
4. Pablo no leyó *la revista.*
5. ¿No ha hecho ella *el vestido?*
6. Anoche conocimos *a Luisa.*
7. Yo llevé *a mis padres* al aeropuerto.
8. No hemos visto *al señor Díaz.*

MODEL: Voy a hacer *el viaje.*   Voy a hacer el viaje. Voy a hacerlo.

9. Fueron a ver *la película.*
10. ¿Vas a pasar *el otoño* aquí?
11. Ellos pudieron escuchar *el radio.*
12. Traté de llamar *a mis primos.*

C. Listen to each sentence, then repeat it twice, following the model.

MODEL: Estoy mirando *el mapa.*   Estoy mirándolo. Lo estoy mirando.

1. Estamos escuchando *la cinta.*
2. Están escribiendo *las frases.*
3. ¿Estás leyendo *el artículo?*
4. Yo estaba buscando *a Carlos.*
5. Estábamos esperando *a los niños.*
6. No estás aprendiendo *los diálogos.*

D. Answer, using both affirmative and negative familiar singular command forms of the verb and substituting the correct object pronoun for the article and noun.

MODEL: ¿Leo *la frase?*   Sí, léela. No, no la leas.

1. ¿Compro *el lápiz?*
2. ¿Escribo *la composición?*
3. ¿Aprendo *las canciones?*
4. ¿Cierro *el libro?*
5. ¿Lavo *el coche* hoy?
6. ¿Miro *los mapas?*

E. Read, then repeat, substituting the correct object pronouns for the words in italics and placing them in the proper position.

MODELS: Yo le di *el libro a Marta.*   Yo le di el libro a Marta.
        Yo se lo di a ella.

        Él va a ponerse *los guantes.*   Él va a ponerse los guantes.
        Él va a ponérselos.

1. No pueden traerme *las cosas.*
2. Querían enseñarnos *el radio.*
3. Le llevé *los discos a Marta.*
4. No le escribí *la carta a Luis.*

5. ¿Vas a ponerte *los zapatos?*
6. Están lavándose *las manos.*
7. Estoy llevándole *la cinta a José.*
8. No le vendas *el libro a tu amigo.*

V. Possessive adjectives

A possessive adjective has the same gender and number as the noun it modifies. The short (unstressed) forms precede the noun, and they are repeated before each noun in a series.

mi abuela y mi tío   my grandmother and uncle
nuestra prima y sus amigos   our cousin and her friends
Él trajo sus cuadernos.   He brought his notebooks.
Ella dejó sus ejercicios en casa.   She left her exercises at home.

Ejercicios

A. Answer in the affirmative in Spanish:

1. ¿Trajiste tu composición?
2. ¿Llamaste a tus amigas?
3. ¿Charló Roberto con su amiga?
4. ¿Vendieron ellos su coche?

5. ¿Llevaron Uds. sus libros a casa?
6. ¿Esperaron Uds. a sus padres?
7. ¿Miro yo mi reloj?
8. ¿Tengo yo mis libros?

B. Give in Spanish:

1. my friend (*m.*), my friends. 2. my aunt, my aunts. 3. our school, our schools. 4. our teacher (*f.*), our teachers. 5. Martha has her notebook. 6. Joe doesn't have his pencil. 7. Do you (*fam. sing.*) look at your maps? 8. They study their lessons. 9. Are you (*pl.*) going to the park with your sister? 10. The boys listen to their new radio.

Park in Seville, Spain.

Repaso

In preparation for Lectura II and subsequent lessons and Lecturas in this book, review in Appendix D, pages 405–407, the cardinal numerals and their uses, the names of the months, and how to express dates.

A. Read in Spanish:

1. 15 meses. 2. 21 países. 3. 51 muchachas. 4. 99 años. 5. 100 preguntas.
6. 116 alumnos. 7. 500 casas. 8. 1,000 empleados. 9. 1,000,000 de dólares.
10. 5,000,000 de habitantes. 11. 150,000 hombres. 12. 200,000 coches.

B. Give in Spanish:

1. January 1, 1973. 2. May 2, 1974. 3. October 12, 1492. 4. September 29, 1547. 5. July 4, 1775. 6. February 22, 1789. 7. December 10, 1810. 8. June 29, 1903.

Facing page

(Top) Reproduction of the "Carabela Santa María" used by Colón in his first trip. Barcelona, Spain.

(Bottom) Both Spain and the Dominican Republic claim to have the remains of Colón in the magnificient funeral monuments built for that purpose in Santo Domingo, Dominican Republic (left), and Seville, Spain (right).

(Top) University students arriving at their school. Guanajuato, Mexico.

(Bottom) View of Milá apartment building, constructed by the famous catalan architect Gaudí, Barcelona, Spain.

Laboratory class at the "Instituto Tecnológico de Monterrey," Mexico.

"Facultad de Farmacia," Ciudad universitaria, Madrid, Spain.

Students leaving their high school for the day, Barcelona, Spain.

View of the campus of the University of Panama.

(Right) View of the "Plaza de la Independencia," Quito, Ecuador.
(Left) Newstand in Madrid, Spain.
(Bottom) Subway station, Mexico City.

(Left) Bulls running free on the streets during the famous "Fiestas" in Pamplona, Spain.
(Right) "Feria de abril," Seville, Spain.
(Bottom) Charro performance at a typical Mexican festival.

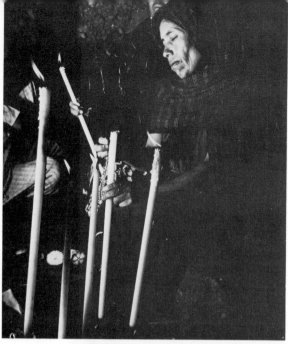

(Top) Celebrations of the Day of the Dead, Janitzio, Lake Patzcuaro, Mexico. (Bottom) Holy week celebrations, Seville, Spain.

Facing page

Celebration of the Corpus Christi at Andahuaylillas. This Catholic festivity has a great significance for the Peruvian Indians because it concurs with the ancient Inca festival "Inti Raymi" or "Sun Feast," Peru.

MÉXICO, LA AMÉRICA CENTRAL Y EL CARIBE

Océano Atlántico

PUERTO RICO
San Juan

REP. DOMINICANA
Santo Domingo

HAITÍ
Port au Prince

Mar Caribe

Santiago
JAMAICA
Kingston

CUBA
La Habana

Golfo de México

Mérida
YUCATÁN
Sisal
Campeche

Belice
HONDURAS BR.

HONDURAS
Tegucigalpa

NICARAGUA
Managua

Canal de Panamá
Panamá
PANAMÁ

San José
COSTA RICA

GUATEMALA
Guatemala

San Salvador
EL SALVADOR

Veracruz
Tampico

Puebla
Cholula
Cuernavaca
Pachuca
Oaxaca

México
Querétaro
Tmiquilpan

Laredo
Nuevo Laredo

SIERRA MADRE ORIENTAL

Monterrey
Saltillo
MÉXICO
Durango
San Luis Potosí
Zacatecas
Acapulco

El Paso
Ciudad Juárez

Río Grande

Guadalajara

Chihuahua

SIERRA MADRE OCCIDENTAL

La Paz

Nogales

San Diego

Golfo de California

Océano Pacífico

LECTURA II

Cristóbal Colón

Estudio de palabras

1. Verb cognates

a. The ending of the Spanish infinitive is lacking in the English infinitive (and sometimes there is an additional slight change in spelling): aceptar, lamentar, pasar, presentar.

b. The ending of the Spanish infinitive is replaced by *-e* in English: continuar, explorar, invadir, organizar, realizar, *to realize, carry out.*

c. Certain infinitives ending in **-ar** in Spanish end in *-ate* in English: celebrar, iniciar, navegar, *to navigate, sail,* necesitar, *to necessitate, need.*

d. Infinitives which are similar but not identical to the English are: acompañar, *to accompany;* contener, *to contain;* descubrir, *to discover;* desembarcar, *to disembark;* establecer, *to establish, settle;* obtener, *to obtain;* ofrecer, *to offer;* prometer, *to promise;* recibir, *to receive.*

2. Spanish nouns ending in **-ador, -edor,** and **-idor.** The Spanish endings **-ador, -edor,** and **-idor** applied to the stem of a Spanish infinitive often indicate one who performs or participates in an action. *Compare:* descubrir, *to discover,* and descubridor, *discoverer;* explorar, *to explore,* and explorador, *explorer.*

Also note the relation to these words of descubrimiento, *discovery,* and exploración, *exploration.*

3. Spanish words in this Lectura with miscellaneous differences which should be recognized easily, especially in context or when pronounced in Spanish, are: agricultor, *agriculturist, farmer;* Antillas, *Antilles;* aventurero, *adventurer;* catedral, *cathedral;* confesor, *confessor;* conquista, *conquest;* corte, *court;* costa, *coast;* duque, *duke;* enemigo, *enemy;* enérgico, *energetic;* entusiasmo, *enthusiasm;* época, *epoch, era;* esfuerzo, *effort;* espiritual, *spiritual;* frutal, *fruit;* Génova, *Genoa;* hospitalidad, *hospitality;* importancia, *importance;* influencia, *influence;* isla, *island;* leyenda, *legend;* Mediterráneo, *Mediterranean;* moro, *Moor;* oeste, *west;* posesión, *possession;* proyecto, *project;* puerto, *port;* suroeste, *southwest;* título, *title;* tumba, *tomb;* unidad, *unity;* valiente, *valiant, brave.*

4. Keeping in mind that many Spanish words ending in **-ia** and **-io** = English words ending in *-y*, that those ending in **-ción** in Spanish = English words ending in *-tion*, and that many English words lack Spanish final **-a, -e,** or **-o,** *give the English for:* colonia, gloria, historia, matrimonio, monasterio, necesario; atención, civilización, expedición, exploración, nación, presentación; franciscano, hispánico, italiano, mayo, permanente, planta, producto, rápido.

Modismos y frases útiles

a causa de because of
a pesar de in spite of
al mismo tiempo at the same time
carta de presentación letter of introduction
con el tiempo in (in the course of) time
en aquel tiempo at that time
en busca de in search of
en nombre de in the name of
en realidad in reality, in fact
es decir that is (to say)
interesarse en to be (become) interested in, be concerned with

llegar a ser to come to be, become
mandar llamar (a) to send for
mientras tanto meanwhile, in the meantime
por fin finally, at last
por tercera (segunda, última) vez for the third (second, last) time
por último ultimately, finally
referirse (ie, i) a to refer to
sin embargo nevertheless, however
tener lugar to take place
toda clase de all kinds of
volver (ue) a (explicar) (to explain) again

El año 1492 representó para España el fin de la larga guerra contra los moros, que habían invadido a[1] España casi ocho siglos antes. Al mismo tiempo aquel año representó el principio de una época de gloria y de gran poderío[2] para el país.

Con el matrimonio de Fernando de Aragón con Isabel de Castilla, en 1469, España logró[3] la unidad política bajo un gobierno central. Con el tiempo, a causa de sus esfuerzos por la fe católica, Fernando e[4] Isabel recibieron del Papa[5] el título de «Reyes Católicos.»[6] Realizaron la unidad espiritual de la península con la conquista de Granada en 1492. Poco después, comenzaron a interesarse en la expansión de la influencia del país. Fue natural la idea de la expansión hispánica, primero en el Mediterráneo y en Europa, y más tarde en el Nuevo Mundo. En el siglo XVI España llegó a ser la nación más poderosa[7] del mundo.

En el mismo año de la conquista de Granada tuvo lugar uno de los acontecimientos[8] de más importancia en la historia del mundo. Nos referimos al descubrimiento de América por Cristóbal Colón y unos navegantes[9] españoles.

Poco se sabe de la juventud de Colón, pero generalmente se cree que era italiano, de la ciudad de Génova. Hacia el año 1485, después de pasar unos años en Portugal, llegó al puerto de Palos, en el suroeste de España. Allí fue al Monasterio de la Rábida, donde los frailes franciscanos le ofrecieron pan y hospitalidad. Creyendo que la tierra era redonda y no llana,[10] Colón les explicó a los frailes que esperaba navegar hacia el oeste en busca de un camino corto y rápido a las Indias. También les explicó que había venido a España para buscar la ayuda de Fernando e Isabel. Entre los frailes se encontraba Fray Antonio de Marchena, quien le dio a Colón cartas de presentación para algunas personas de la corte de los Reyes Católicos.

---

[1] The personal **a** is often used before unmodified place names. [2] **poderío,** *power, dominion.* [3] **logró,** *attained.*
[4] **e,** *and* (used for **y** before words beginning with **i-** and **hi-**, but not **hie-**). [5] **Papa,** *Pope.* [6] **Reyes Católicos,** *Catholic King and Queen.* [7] **poderosa,** *powerful.* [8] **acontecimientos,** *events.* [9] **navegantes,** *sailors.* [10] **redonda y no llana,** *round and not flat.*

Gracias a estas cartas y a otras del duque de Medinaceli, Fernando e Isabel recibieron a Colón en Córdoba. Le escucharon con mucha atención, pero en aquel tiempo estaban tan ocupados con la guerra contra los moros que no podían ayudarle.

Durante los próximos cinco años Colón fue de un sitio a otro sin hallar la ayuda que necesitaba para realizar su proyecto, a pesar de los esfuerzos del fraile Juan Pérez, el antiguo confesor de la reina Isabel. En 1491 Colón visitó a los Reyes Católicos en Santa Fe, cerca de Granada, y volvió a explicarles sus planes, pero por segunda vez no los aceptaron. Por último la reina mandó llamar a Colón y prometió ayudarle. Hay una leyenda que dice que la reina vendió sus alhajas[1] para obtener dinero, pero parece dudoso.

Colón volvió inmediatamente a Palos a organizar su expedición. Después de esperar siete largos años, partió de aquel puerto con sus tres pequeñas naves,[2] la Pinta, la Niña y la Santa María, el tres de agosto de 1492. Navegaron dos meses y, como no se descubría nada, algunos de los navegantes querían volver a España. Sin embargo, Colón pudo apaciguarlos[3] y continuaron hacia el oeste. Por fin, el día doce de octubre uno de los hombres dio el grito de «¡Tierra! ¡Tierra!» Desembarcaron en la isla de Guanahaní y tomaron posesión de ella en nombre de los reyes de España. La llamaron San Salvador. La llegada de Colón todavía se celebra en el Nuevo Mundo. En los países de habla española esa fecha se llama el Día de la Hispanidad[4] y en los Estados Unidos, *Columbus Day*.

Antes de volver a España Colón exploró otras islas, entre ellas Cuba y la Española.[5] Estableció en la Española el primer pueblo español del Nuevo Mundo el veinte y cinco de diciembre, por lo cual[6] dio al pueblo el nombre de la Navidad.[7] Como Colón creía que había llegado a la India, les dio el nombre de «indios» a los habitantes de las islas. Unos días después el explorador partió para España, llevando unos catorce «indios» y toda clase de productos y plantas de la isla. Al llegar a España en el mes de mayo de 1493, los Reyes Católicos le recibieron con gran entusiasmo y prometieron ayudarle en otras expediciones.

En el otoño del mismo año Colón emprendió[8] su segundo viaje a América. Le acompañaron unas 1500 personas que representaban todas las clases sociales de España: frailes católicos, obreros, agricultores, médicos, aventureros, es decir personas que podían llevar al Nuevo Mundo la civilización de España. Trajeron semillas,[9] plantas, árboles frutales, caballos, vacas,[10] cerdos,[11] en realidad todo lo necesario[12] para iniciar la gran obra de la exploración y la colonización del Nuevo Mundo. En este viaje Colón descubrió las islas de Puerto Rico y de Jamaica y algunas de las pequeñas Antillas. Antes de volver a España para enterar[13] a los reyes de sus nuevos descubrimientos, estableció otro pueblo, Isabela, que llegó a ser la primera colonia permanente de América.

---

[1] **alhajas**, *jewels*. [2] **naves**, *boats*. [3] **apaciguarlos**, *to pacify them*. [4] The **Día de la Hispanidad**, *Day of Hispanic Solidarity* or *Union* (of Spain with the Americas), until recently was called the **Día de la Raza**, *Day of the Race*. [5] **la Española**, *Hispaniola* (the name given to the island on which Haiti and the Dominican Republic are now situated). [6] **por lo cual**, *as a result of which*. [7] **Navidad**, *Christmas, Nativity*. [8] **emprendió**, *undertook*. [9] **semillas**, *seeds*. [10] **vacas**, *cows*. [11] **cerdos**, *pigs*. [12] **todo lo necesario**, *everything necessary*. [13] **enterar**, *to inform*.

En su tercer viaje, en 1498, Colón descubrió la isla de Trinidad y la boca del Orinoco en la costa de Venezuela. Mientras tanto algunos enemigos suyos[1] fueron a España para presentar quejas[2] ante los reyes, y éstos, creyendo las mentiras,[3] enviaron a Bobadilla a América. Inmediatamente Bobadilla encadenó[4] a Colón y a sus dos hermanos y los mandó a España. Fernando e Isabel recibieron al descubridor por tercera vez y, al saber la verdad, lamentaron mucho lo que había hecho Bobadilla.

En su cuarto viaje Colón navegó por las costas de la América Central y de Yucatán. Por última vez volvió a España en 1504 y dos años más tarde murió[5] allí, pobre y triste.

No se sabe dónde están los restos del gran descubridor. Algunas personas creen que están en la ciudad de Santo Domingo, y otras que están en España. En la catedral de Sevilla hay una tumba magnífica que le honra y en el patio de la misma catedral se encuentra la Biblioteca Colombina, fundada por el hijo de Colón. Esta biblioteca contiene algunos libros que usó el descubridor.

La América española ha dado el nombre del gran descubridor a una nación, Colombia, y a dos ciudades de Panamá, Cristóbal y Colón. En los Estados Unidos también hay ciudades que llevan el nombre de *Columbia* o *Columbus*. El mundo le debe mucho a Cristóbal Colón. Este hombre fuerte, enérgico y valiente sentó[6] un buen ejemplo para los hombres que vinieron a América durante las épocas siguientes.

Preguntas

1. ¿Qué representó el año 1492 para España? 2. ¿Qué logró España en 1469? 3. ¿Qué título recibieron Fernando e Isabel del Papa? 4. ¿Qué llegó a ser España en el siglo XVI? 5. ¿Qué acontecimiento tuvo lugar en 1492?

6. ¿De dónde era Colón? 7. ¿Adónde llegó hacia 1485? 8. ¿Qué les explicó Colón a los frailes franciscanos? 9. ¿Dónde recibieron a Colón los Reyes Católicos? 10. ¿Por qué no le ayudaron en aquel tiempo? 11. ¿Cuántos años tuvo que esperar Colón antes de recibir la ayuda de los reyes? 12. ¿Cómo se llamaban las tres naves de Colón? 13. ¿En qué fecha partieron los españoles de Palos? 14. ¿En qué fecha descubrieron la isla de Guanahaní? 15. ¿Qué nombre le dieron a la isla? 16. ¿Cómo se llama la fecha del doce de octubre hoy?

17. ¿En qué día estableció Colón el primer pueblo español en el Nuevo Mundo? 18. ¿Qué nombre les dio Colón a los habitantes de las islas? 19. ¿Quiénes acompañaron a Colón en su segundo viaje? 20. ¿Qué trajeron ellos?

21. ¿Qué descubrió Colón en su tercer viaje? 22. Mientras tanto, ¿qué hicieron algunos enemigos de Colón? 23. Más tarde, ¿quién encadenó a Colón y a sus dos hermanos? 24. ¿Por dónde navegó Colón en su cuarto viaje?

25. ¿Se sabe dónde están los restos de Colón? 26. ¿Qué hay en la catedral de Sevilla? 27. ¿A qué ha dado la América española el nombre de Cristóbal Colón? 28. ¿Le debe mucho el mundo a Colón?

[1] **suyos,** *of his.* [2] **quejas,** *complaints.* [3] **mentiras,** *lies.* [4] **encadenó,** *chained, put in chains.* [5] **murió,** *he died.* [6] **sentó,** *set.*

Comprensión

Listen carefully to each partial sentence. Repeat what you hear, then add in Spanish what is needed to complete each one accurately:

1. El año 1492 representó para España el fin de la larga guerra contra ____.
2. En el siglo XVI España llegó a ser la ____.
3. Poco se sabe de la juventud de Colón, pero generalmente se cree que ____.
4. Hacia el año 1485, Colón llegó al puerto de Palos, en ____.
5. En el Monasterio de la Rábida, Colón les explicó a los frailes que esperaba navegar ____.
6. Colón también les explicó que había venido a España para buscar ____.
7. Después de esperar siete largos años, Colón partió de Palos con sus tres pequeñas naves, ____.
8. Por fin, el día doce de octubre uno de los hombres ____.
9. Colón estableció en la Española el primer pueblo español del Nuevo Mundo el ____.
10. Como Colón creía que había llegado a la India, les dio el nombre de ____.
11. En su segundo viaje Colón descubrió las islas de ____.
12. Después de su cuarto viaje volvió a España, donde dos años más tarde murió ____.
13. Algunas personas creen que los restos de Colón están ____.
14. En la catedral de Sevilla hay ____.
15. La América española ha dado el nombre del gran descubridor a ____.

Un nuevo alumno extranjero

(Es el sábado por la tarde. Esteban se encuentra con Ricardo en la calle.)

Esteban. Ricardo, ¿dónde has estado hoy? No viniste al parque esta mañana como habías prometido y yo no sabía qué pensar.

Ricardo. Tú conoces al nuevo alumno extranjero, Carlos Rojas, ¿verdad?

Esteban. Sí, le conocí hace dos o tres días, pero fue solamente de paso. No tuve tiempo para hablar con él.

Ricardo. Pues, esto es lo que pasó. Yo tuve que llevarle a la oficina del señor Fernández, que es abogado y buen amigo de su padre.

Esteban. ¿Por qué tuviste tú que hacer eso? Él no vive con tu familia.

Ricardo. Es verdad. Vive con mis tíos, pero ellos no están en casa este fin de semana. Mi tía todavía está en San Antonio y ayer mi tío salió para San Francisco. Carlos pasó la noche conmigo y al levantarnos esta mañana me preguntó si podía llevarle a ver al señor Fernández. Yo traté de llamarte por teléfono, pero la línea estaba ocupada.

Esteban. Ricardo, ¿de dónde es Carlos?

Ricardo. Es colombiano. Es de Bogotá, la capital del país.

Esteban. ¿Qué es su padre?

Ricardo. Es un médico muy distinguido. La madre de Carlos es norteamericana. Se casaron hace unos veinte años cuando los dos estaban estudiando en Nueva York.

Esteban. Sin duda Carlos habla inglés, además de español.

Ricardo. Tienes razón; lo habla perfectamente. Su madre es escritora y él me ha enseñado algunos artículos sobre Colombia que ella ha escrito. Son muy interesantes y están escritos en inglés y en español.

Esteban. Debemos leer algunos de ellos en nuestra clase.

Palabras y expresiones

el abogado lawyer
casarse to marry, get (be) married
colombiano, -a Colombian, from Colombia
de paso in passing
distinguido, -a distinguished, famous

la duda doubt
la escritora writer (*woman*)
el fin de semana weekend
hace (dos días) (two days) ago
la línea line
el médico doctor, physician
sin duda doubtless, without a doubt

Preguntas

Answer in Spanish these questions based on the first part of the dialogue:

1. ¿Qué día de la semana es? 2. ¿Quiénes están hablando? 3. ¿Adónde había prometido ir Ricardo? 4. Pero, ¿qué tuvo que hacer? 5. ¿Quién es el señor Fernández? 6. ¿Dónde está la tía de Ricardo? 7. ¿Para dónde salió el tío de Ricardo? 8. ¿Por qué no habló Ricardo por teléfono con Esteban?

Preguntas generales

1. ¿De dónde es un colombiano? 2. ¿Cuál es la capital de Colombia? 3. ¿De dónde es un norteamericano? 4. ¿Qué eres tú? 5. ¿Qué soy yo? 6. ¿Dónde está San Francisco? 7. ¿Cuál es otra ciudad grande de California? 8. ¿Dónde está San Antonio?

Study the first part of the dialogue so that you can take part in a similar conversation with your teacher or with one of your classmates.

Prepare an original conversation of six to eight short speeches, assuming that you have recently met someone from a Spanish-speaking country. You may use the second part of the dialogue as a general pattern.

Pronunciación

a. The sounds of Spanish **s.** Spanish **s** is pronounced somewhat like the English *s* in *sent*. Before **b, d, g, l, ll, m, n, ñ, r, v,** and **y,** however, the sound is like English *s* in *rose*.

Pronounce after your teacher:

1. sábado	semana	Esteban	mis tíos	está escrito

2. mismo	es verdad	buenos días	las noches	es grande
los dos	es bueno	las líneas	los llama	muchos libros

b. Review the sounds of diphthongs in Appendix B, page 397, then pronounce after your teacher:

1. nuevo	tiempo	familia	Antonio	cuatro
ciudad	Luisa	veinte	hay	fraile

Remember that an accent mark on a weak vowel in combinations of a strong and a weak vowel divides the two vowels into separate syllables but that an accent on a strong vowel in such combinations merely indicates stress.

2. días	país	tío	todavía	frío

3. lección	salió	también	después	diálogo

Notas

I. Uses of **estar** and **ser**

A. **Estar** is used:

1. To express location (*i.e.*, where the subject is), whether temporary or permanent:

> **Ellos están en casa.**   They are at home.
> **¿Dónde has estado?**   Where have you been?
> **Madrid está en España.**   Madrid is in Spain.

2. With an adjective to indicate a state or condition of the subject, when the state or condition is relatively temporary, accidental, or variable:

La línea estaba ocupada.   The line was busy.
Felipe está enfermo.   Philip is ill.
Las puertas estaban cerradas.   The doors were closed.
Los artículos están escritos en español.   The articles are written in Spanish.

SPECIAL NOTE: As indicated in the last two examples, a past participle may be used as an adjective, agreeing with the noun or pronoun modified in gender and number. Other examples are:

> **Ellos están sentados.**   They are seated.
> **La ventana está abierta.**   The window is open.

3. With the present participle to express an action in progress:

¿Qué estás haciendo?   What are you doing?
Los dos estaban leyendo el artículo.   Both were reading the article.

B. **Ser** is used:

1. With a predicate noun, pronoun, or adjective used as a noun:

> **Su padre es abogado (médico).**   His father is a lawyer (doctor).
> **Ella es norteamericana.**   She is an American (*of the U.S.A.*).

SPECIAL NOTE: Remember that the indefinite article is omitted with an unmodified predicate noun, as in the two examples above, but it is normally used when the noun is modified: **Es un abogado distinguido,** *He is a famous lawyer.*

2. With an adjective to express an essential quality or characteristic of the subject that is relatively permanent. Adjectives of color, size, shape, nationality,

and the like are included in this category, as well as adjectives which describe personal qualities, including **joven, viejo, rico, pobre,** and **feliz,** *happy:*

Los artículos son interesantes.   The articles are interesting.
Estas casas son blancas (grandes).   These houses are white (large).
Carlos es colombiano.   Charles is a Colombian.
Aquellas personas no eran ricas (pobres).   Those persons were not rich (poor).

3. With the preposition **de** to show origin, ownership, or material, and with the preposition **para** to indicate for whom or for what a thing is intended:

¿De dónde es Carlos?   Where is Charles from?
Este coche es de Esteban.   This car is Steve's.
La pulsera no era de oro.   The bracelet was not (of) gold.
Este reloj es para mi madre.   This watch is for my mother.

4. In impersonal expressions (*it* + verb + adjective):

Es fácil (necesario) comprender eso.   It is easy (necessary) to understand that.

5. To express time of day:

¿Qué hora es? —Es la una.   What time is it? —It's one o'clock.
Eran las diez menos cuarto.   It was a quarter to ten.

SPECIAL NOTE: The verb is always plural in expressing time of day, except when followed by the Spanish for *one o'clock.*

Ejercicios

A. Answer in the affirmative in Spanish:

1. ¿Estás en la escuela hoy?
2. ¿Estás en la sala de clase?
3. ¿Has estado en California?
4. ¿Están Uds. sentados ahora?
5. ¿Está escrita en inglés la carta?
6. ¿Han estado Uds. escuchando bien?
7. ¿Van a estar Uds. en casa esta noche?
8. ¿Está enferma tu hermana?
9. ¿Estuvo tu amigo en México?
10. ¿Estaba caliente el agua?

B. Answer in the negative in Spanish:

1. ¿Eres abogado?
2. ¿Es médico tu padre?
3. ¿Es profesora la mamá de Luis?
4. ¿Es de Esteban el coche?
5. ¿Eran fáciles los ejercicios?
6. ¿Era para Marta la pulsera?
7. ¿Fue difícil aprender el diálogo?
8. ¿Eran las ocho cuando llegaste?
9. ¿Era colombiano el joven?
10. ¿Era escritora la tía de ella?

C. After hearing two groups of words, combine them into a single sentence by using the correct form of **estar** or **ser** in the present indicative tense.

MODEL: mi padre—abogado   Mi padre es abogado.

1. la tía de Luis—simpática
2. el nuevo alumno—mexicano
3. el padre de Marta—en México
4. la puerta no—cerrada ahora
5. de dónde—las dos muchachas
6. el artículo—escrito en inglés
7. el señor Díaz—de la Argentina
8. este café no—muy caliente
9. Uds. no—hablando en español
10. este reloj no—de oro

D. Read, completing with the correct form of **estar** or **ser.** Use the present tense in sentences 1–10 and the preterit or imperfect, as required, in sentences 11–15:

1. ¿Cómo ___ tú hoy? 2. ¿De dónde ___ tú? 3. Enrique ___ de Colombia; ___ colombiano. 4. Buenos Aires, que ___ una ciudad grande, ___ en la Argentina. 5. ¿Qué hora ___? — Creo que ___ las diez y cinco. 6. La amiga de Ricardo ___ rubia; dicen que también ___ muy simpática. 7. ¿Dónde ___ tu papá? ¿___ muy cansado? 8. No ___ difícil aprender el diálogo porque ___ muy corto. 9. ¿Cuál ___ la fecha de hoy? Y, ¿___ jueves o viernes? 10. ¿Para quién ___ esta carta que ___ escrita en español?

11. Ayer ___ un día hermoso y muchos muchachos ___ jugando en el parque. 12. Mis padres dijeron que ___ muy cansados. 13. El señor López vivía en Chile cuando ___ joven. 14. Yo ___ en San Antonio cuando conocí a Carlos. 15. ¿Qué ___ haciendo tú cuando te llamé? — Yo ___ escuchando una cinta.

E. Give in Spanish:

1. It's eleven o'clock now. 2. Mr. López is going to be here this afternoon. 3. He is a lawyer, isn't he? 4. No, he is a very distinguished doctor. 5. Where is he from? 6. Where have you (*fam. sing.*) been today? 7. We were downtown all afternoon. 8. It was five o'clock when we returned home. 9. My mother was tired and she was resting (*progressive form*) in the patio. 10. My father was not at home; he was still at (in) his office.

II. Some uses of **para**

Para is used:

1. To express the purpose, use, person, or place for which someone or something is intended or destined:

Las flores son para Luisa. The flowers are for Louise.
Salió para San Francisco. He left for San Francisco.
¿Tienes planes para las vacaciones? Do you have plans for vacation?

2. To express a point or farthest limit of time in the future, often meaning *by*, as well as *for:*

Esta lección es para mañana.   This lesson is for tomorrow.
¿Van a estar aquí para las cinco?   Are they going to be here by five o'clock?

3. With an infinitive to express purpose, meaning *to, in order to:*

Me dio el dinero para hacer el viaje.   He gave me the money (in order) to take the trip.

Ejercicio

Your teacher will read each sentence. When you hear the question based on the sentence, answer in Spanish, omitting any noun subject.

MODEL: El libro es para Luis. ¿Para quién es el libro?   Es para Luis.

1. Comemos para vivir. ¿Para qué comemos?
2. El señor Gómez sale mañana para España. ¿Para dónde sale mañana el señor Gómez?
3. Juan compró una camisa para su hermano. ¿Para quién compró Juan una camisa?
4. La falda era para Dorotea. ¿Para quién era la falda?
5. Todas las revistas eran para ella. ¿Para quién eran todas las revistas?
6. Ellos van a volver para las cuatro. ¿Para qué hora van a volver ellos?
7. Esteban salió para San Francisco. ¿Para dónde salió Esteban?
8. Ella hizo un vestido para su hija. ¿Para quién hizo ella un vestido?

View of the University stadium during a soccer game.
This stadium seats more than 100,000 spectators. Mexico City.

III. **Hace,** meaning *ago, since*

When **hace** is used with an expression of time in a sentence which is in the past tense, it normally means *ago* or *since*. If the **hace-**clause comes first in the sentence, **que** usually (not always) introduces the main clause, but **que** is omitted if **hace** and the time expression follow the verb:

Hace dos días que le conocí *or* **Le conocí hace dos días.**   It is two days since I met him (I met him two days ago).
Se casaron hace unos veinte años *or* **Hace unos veinte años que se casaron.**   They were married about twenty years ago (It is about twenty years since they were married).

Ejercicios

A. After hearing a question, you will hear an expression of time; use it to answer the question in two ways, following the model.

MODEL: ¿Cuándo salió él?   Él salió hace una hora.
            (hace una hora)   Hace una hora que él salió.

1. ¿Cuándo llegaste a la escuela?   (hace media hora)
2. ¿Cuándo fueron Uds. al centro?   (hace varios días)
3. ¿Cuándo se casó tu hermana?   (hace cuatro meses)
4. ¿Cuándo estuvo tu padre en Texas?   (hace un año)
5. ¿Cuándo llovió aquí?   (hace dos semanas)
6. ¿Cuándo entré yo en la sala de clase?   (hace veinte minutos)

B.   Give in Spanish:

1. My father left for Mexico three days ago. 2. Betty and Robert were married four or five weeks ago. 3. I met Louise a month ago. 4. My uncle and aunt came to the United States about twenty years ago. 5. We tried to call Charles fifteen minutes ago. 6. I began to study a half hour ago. 7. The line was busy ten minutes ago. 8. Steve went to the doctor's office a week ago.

Una conversación entre Isabel y Carmen

(*En casa de Isabel*.)

Isabel. Pasa, Carmen, y siéntate. ¿Qué hay de nuevo?

Carmen. Nada en particular, como siempre. ¿Qué estás haciendo tú?

Isabel. No estoy haciendo nada en este momento. He estado trabajando en el jardín y estoy cansada. Más tarde he de ir a casa de Carolina.

Carmen. ¿Qué hiciste esta mañana? Traté de telefonearte a eso de las diez y no contestó nadie.

Isabel. A las nueve fui al banco con mi mamá. Ella tuvo que cobrar un cheque antes de comprar algunas cosas en el supermercado.

Carmen. ¿Había mucha gente allí?

Isabel. Nunca he visto tanta gente a esa hora. Parecía que todo el mundo había visto que los anuncios tenían algo sobre precios especiales hoy.

Carmen. A mí no me gusta ir de compras cuando hay mucha gente.

Isabel. Ni a mí tampoco, pero a veces hay que hacerlo . . .

Isabel. Carmen, ¿adónde fuiste tú ayer después de las clases?

Carmen. Acompañé a Margarita a la librería. Ella necesitaba papel, lápices y un bolígrafo. Yo compré papel también; estoy usando mucho en estos días.

Isabel. Tienes razón. Yo me olvidé de ir allá ayer, y tengo que hacerlo el lunes. Además de papel de escribir y sobres, necesito una cesta. Alguien dice que tienen algunas nuevas con diseños muy bonitos.

Carmen. Sí, las vi y son muy bonitas . . . Bueno, es hora de volver a casa. Debo escribirle a mi prima Carlota, que está en el Perú. En su última carta dijo que iba a visitar a Chile pronto.

Isabel. Carlota tiene mucha suerte. Algún día yo espero visitar la América del Sur.

Carmen. Y yo también.

Palabras y expresiones

algunas nuevas some new ones (*f.*)

la América del Sur South America

el anuncio ad(vertisement)

el banco bank

el bolígrafo ballpoint pen

cobrar to cash

el diseño design

en estos días these days

haber de + *inf.* to be (be supposed) to

hay que + *inf.* one must, it is necessary (to)

la librería bookstore

ni (a mí) tampoco neither do (I)

olvidarse de + *obj.* to forget (to, about)

el papel de escribir writing paper

el sobre envelope

la suerte luck

el supermercado supermarket

telefonear to telephone

tener (mucha) suerte to be (very) lucky *or* fortunate

todo el mundo everybody, the whole (entire) world

último, -a last (*in a series*)

Preguntas

Answer in Spanish these questions based on the first part of the dialogue:

1. ¿Qué dice Isabel primero cuando llega Carmen? 2. ¿Qué contesta Carmen cuando Isabel le pregunta qué hay de nuevo? 3. ¿Qué está haciendo Isabel en ese momento? 4. ¿Qué ha estado haciendo ella? 5. ¿Adónde fue Isabel esa mañana? 6. ¿Por qué tuvo que cobrar un cheque su mamá? 7. ¿Había mucha gente en el supermercado? 8. ¿Por qué había mucha gente allí?

Preguntas generales

1. ¿Adónde vamos para comprar papel y libros? 2. ¿Qué otras cosas se venden allí? 3. ¿Usas tú mucho papel en estos días? 4. ¿Escribes muchas cartas? 5. ¿Qué clase de (*What kind of*) papel usas cuando escribes una carta? 6. ¿En qué se pone una carta? 7. ¿Qué usas para escribir? 8. ¿Debes escribir una carta a un primo o a una prima?

Study the first part of the dialogue so that you can repeat the major portion of it with your teacher or with one of your classmates.

Prepare an original conversation of six to eight short speeches concerning the necessity of your going to a local store or bookstore to buy two or three items.

Pronunciación

a. Review the sounds of **b** and **v** in Lección preliminar II, page 12, then pronounce after your teacher:

1. venir	también	ver	banco	volver
viene	viaje	blanco	buscar	Bárbara
2. deben	yo veo	sobre	favor	saber
Roberto	grabar	cobrar	Pablo	vivir
yo vengo	tú ves	ella ve	la blusa	la bolsa

b. Spanish **m** is pronounced like English *m*. Spanish **n** is usually pronounced like English *n*, except before **b, v, m,** and **p,** whether in the same word or in a following word, in which case it is pronounced like **m.**

Pronounce after your teacher:

1. minuto	molestar	permiso	terminar	mamá
2. nota	aprendo	nuevo	tienen	deben
3. un poco	un primo	un mapa	Juan vive	tan bien

c. Pronounce after your teacher as one breath-group, paying special attention to the linking of vowels between words (see Appendix B, pages 397–398):

1. la casa de Isabel	¿Qué estás haciendo?	¿Qué hiciste?
a la Argentina	He estado trabajando.	Fui al banco.
Compré unos sobres.	Escribe una carta.	Ni a mí tampoco.

2. a eso de las diez   ¿Qué hay de nuevo?   Hay que escribir.
   todo el mundo   Nada en particular.   Me olvidé de ir.
   No estoy haciendo nada.   Acompañó a Margarita.   Hemos de hacerlo.

Window display at a Peruvian department store, Lima.

Notas

I. Personal **a**

Remember that when the direct object of a verb is a definite person (or persons), the personal **a** (not translated in English) normally precedes the object, except after **tener.** It is not used with direct object pronouns.

> **Esperaron a Luis.**   They waited for Louis.
> **Busqué al señor López.**   I looked for Mr. López.
> **Tengo un buen amigo mexicano.**   I have a good Mexican friend.

The personal **a** is also used when the direct object is **¿quién(es)?** *whom?* **alguien, nadie, alguno, -a,** or **ninguno, -a,** when the latter two refer to persons (see section II).

> **¿A quién saludaste?**   Whom did you greet?
> **¿Has visto a alguien?**   Have you seen anyone?
> **No he llamado a ninguno de ellos.**   I have not called any (one) of them.

The personal **a** may also be used before geographical names, unless the name is preceded by the definite article, although in current usage **a** is being omitted more and more in such constructions. (Also see footnote 1, page 74.)

> **Visitaron (a) España.**   They visited Spain.
> **¿Quieres visitar la Argentina?**   Do you want to visit Argentina?

Ejercicio

Read, supplying the personal **a** wherever necessary:

1. Luis acompañó ___ Pablo. 2. Las muchachas ven ___ los dos jóvenes. 3. Bárbara ha llamado ___ la hermana de Carlos. 4. Ella se llama ___ Elena. 5. Mi padre es ___ profesor. 6. Anoche yo conocí ___ la señorita Molina. 7. ¿___ quién están buscando ellas? 8. Carlos conoce bien ___ el Perú. 9. ¿Has mirado ___ el mapa de la América del Sur? 10. Carlos tiene ___ muchos amigos. 11. ¿Has visto ___ alguien en el banco? 12. Él no ha telefoneado ___ ninguno de ellos.

II.   Indefinite and negative words

PRONOUNS

algo something, anything	**nada** nothing, (not) . . . anything
alguien someone, somebody, anyone, anybody	**nadie** no one, nobody, (not) . . . anyone (anybody)

PRONOUN OR ADJECTIVE

alguno some(one), any; (*pl.*) some	**ninguno** no, no one, none, (not) . . . any (anybody)

ADVERBS

siempre	always	**nunca** ⎫		
		jamás ⎰	never, (not) . . . ever	
también	also, too	**tampoco**	neither, (nor *or* not) . . . either	

CONJUNCTIONS

o   or   **ni**   neither, nor, (not) . . . or
ni . . . ni   neither . . . nor, (not) . . . either . . . or

A. Simple negation is expressed by placing **no** immediately before the verb (or before the auxiliary in compound tenses and in progressive forms of the tenses).

If a negative word such as **nada, nadie,** etc., follows the verb, **no** or another negative must precede the verb; if it comes before the verb or stands alone, **no** is not used. If a negative precedes the verb, all the expressions in the Spanish sentence are negative. After **que,** *than,* the negatives are used.

Roberto tiene algo.   Robert has something.
No tiene nada *or* **Nada tiene.**   He has nothing (He doesn't have anything).
Ella nunca (jamás) dijo nada.   She never said anything.
No lo he hecho tampoco *or* **Tampoco lo he hecho.**   I haven't done it either.
¿Qué sabes? —Nada (en particular).   What do you know? —Nothing (special).
No veo ni a Anita ni a Marta.   I don't see either Ann or Martha.
Carmen lee más que nadie (nunca).   Carmen reads more than anyone (ever).

If the verb is not expressed, **no** follows nouns, pronouns, and adverbs: **Yo no,** *Not I;* **todavía no,** *not yet.*

B. The pronouns **alguien** and **nadie** refer only to persons, unknown or not mentioned before, and the personal **a** is required when they are used as objects of the verb.

¿Vieron Uds. a alguien?   Did you see anyone?
No vimos a nadie.   We did not see anyone (We saw nobody).

C. **Alguno** and **ninguno,** used as adjectives or pronouns, refer to persons or things already thought of or mentioned. The plural **algunos, -as,** means *some, any, several.* Before a masculine singular noun **alguno** is shortened to **algún** and **ninguno** to **ningún. Ninguno, -a,** is used only in the singular.

Alguno de los niños llamó.   Some one of the children called.
¿Conoces a algunas de las muchachas?   Do you know any of the girls?
Eduardo va a pasar por aquí algún día.   Edward is going to pass (come) by here some day.
Ningún hombre puede hacer eso.   No man can do that.

D. Both **nunca** and **jamás** mean *never*, but in a question **jamás** means *ever* and a negative answer is expected.   When neither an affirmative nor negative answer is implied, **alguna vez,** *ever, sometimes, (at) any time,* is used.

Carlota nunca (jamás) nos llama.   Charlotte never calls us.
¿Has visto jamás tal cosa?   —No, nunca.   Have you ever seen such a thing?
   —No, never.
¿Has estado alguna vez en México?   Have you ever (at any time) been in Mexico?

E. The plural **algunos, -as,** means *some, several, a few;* **unos, -as,** has the same meanings but is more indefinite and expresses indifference as to the exact number. In some instances **unos, -as,** means *a pair of, two;* **algunos, -as** replaces it when followed by a **de-**phrase.

Ella compró algunas cosas aquí.   She bought some things here.
Unos niños están en el patio.   Some (A few) children are in the patio.
Algunos de ellos están jugando allí.   Some of them are playing there.
Mi mamá me dio unos guantes.   My mother gave me some (a pair of) gloves.

Remember that unemphatic *some* and *any* are not usually translated in Spanish.

   ¿Tienes dinero hoy?   Do you have any money today?
   Ella necesitaba papel y lápices.   She needed some paper and pencils.

Ejercicios

A. Say after your teacher, then repeat, making each sentence affirmative.

MODELS: Nadie lo toca ahora.   Nadie lo toca ahora.
                                     Alguien lo toca ahora.

          Nunca me dan nada.   Nunca me dan nada.
                                     Siempre me dan algo.

1. Ayer no compré nada.
2. Luis nunca juega en la calle.
3. Nadie nos llamó anoche.
4. No vimos a nadie en el cine.
5. Ninguno de ellos nos telefoneó.
6. Nadie le llevó nada a ella.
7. Elena no fue con nadie.
8. José no vino tampoco.

B. Say after your teacher, then repeat, making each sentence negative.

MODELS: Veo algo. Veo algo. No veo nada.
Alguien viene. Alguien viene. Nadie viene.
Hay alguien allí. Hay alguien allí. No hay nadie allí.

1. Tengo algo en la mano.
2. Estoy haciendo algo ahora.
3. Veo a alguien.
4. Están hablando de alguien.
5. Siempre le digo algo a alguien.
6. Alguien viene esta tarde.
7. Hay que hacer algo hoy.
8. Algún muchacho sabe hacer eso.
9. Tú hablaste con alguien.
10. Yo le llevé algo a Marta.
11. Ayer compramos algo allí.
12. Alguien buscó a la niña.
13. Invité a algunos de los niños.
14. Alguna de ellas ha llamado.
15. Uds. siempre han llegado a tiempo.
16. Roberto ha salido también.

C. Answer in the affirmative in Spanish:

1. ¿Trataste de llamar a alguien?
2. ¿Te olvidaste de buscar algo en la librería?
3. ¿Fuiste al banco con alguien?
4. ¿Cobró un cheque algún alumno?
5. ¿Compraste algo en el supermercado?
6. ¿Hay que leer alguno de los anuncios esta tarde?
7. ¿Hay que dejar algo aquí?
8. ¿Siempre había mucha gente allí?

D. Give in Spanish:

1. Do you (*fam. sing.*) have anything in your hand? 2. I haven't anything (I have nothing). 3. Do you (*pl.*) know anyone here? 4. We do not know anyone. 5. We never buy anything in that supermarket. 6. Helen has more friends than anyone. 7. Some boy brought the envelopes. 8. Is there anything on the table? 9. There is nothing there. 10. He never gives anything to anyone.

III. Uses of **haber**

A. Remember that in addition to its use as an auxiliary to form the compound or perfect tenses (see Appendix F, pages 416–417) **haber** is used impersonally (*i.e.*, without a definite person as subject): **hay,** *there is (are);* **había,** *there was (were);* **ha habido,** *there has (have) been.*

>   **Hay (Había, Ha habido) mucha gente allí.**   There are (were, have been) many people there.

B. The expression **hay que** plus an infinitive means *it is necessary to* or the indefinite subject *one, we, you, people, etc., must;* **había que** plus an infinitive means *it was necessary to.* **Es (Era, Fue) necesario** also means *It is (was) necessary (to).*

>   **Hay que mirarlos.**   It is necessary to (One must) look at them.
>   **Había que leerlo.**   It was necessary to read it.

C. **Haber de** (with a definite personal subject) plus an infinitive is sometimes used to express commitment or mild obligation and means *to be to, be supposed to.* (This expression is more common in literary Spanish than in everyday speech. Watch for its use in the Lecturas.)

>   **He de ir a casa de Carolina.**   I am to (am supposed to) go to Caroline's.
>   **Habíamos de aprender el diálogo.**   We were (supposed) to learn the dialogue.

When the subject is a definite person, **tener que** plus an infinitive is used to express a strong obligation or necessity and **deber** is used to express a moral obligation, duty, or customary action.

>   **Ella tuvo que cobrar un cheque.**   She had to cash a check.
>   **Debo ayudar a mi mamá.**   I must (should, ought to) help my mother.

Ejercicios

A. Read, then repeat, changing the imperfect or preterit tense of the verb to the present:

1. No había nada en la mesa.   2. Había mucha gente en el supermercado. 3. A veces había que esperar el autobús.   4. Había que leer mucho en español. 5. Fue necesario esperar media hora.   6. Tuvimos que escribir una composición. 7. Siempre teníamos que practicar mucho.   8. Habíamos de aprender la canción para mañana.   9. Ellos habían de venir temprano.   10. Yo debía ayudar a mis padres todos los días.   11. Ellos tenían que levantarse temprano.   12. Uds. habían de pronunciar las frases varias veces.

B. Give in Spanish:

1. I am to help Charles today. 2. They are to call us. 3. We were to go to the supermarket. 4. It is necessary to (*two ways*) take the bus. 5. It was necessary to buy some writing paper. 6. We had to go to the bookstore. 7. John has to (must) write to his brother, who is in Spain. 8. We have had to work hard.

¿Qué haces en el centro?

Miguel. (*Saliendo de un almacén y viendo a Felipe.*) ¡Hola, Felipe! ¿Qué haces aquí en el centro? Yo no sabía que venías esta mañana.

Felipe. Yo no lo sabía tampoco hasta esta mañana. Había de trabajar en el jardín del señor Sierra, pero como llovió tanto anoche, no pude hacerlo. Así es que decidí venir a buscar algunas cosas.

Miguel. ¿Qué has encontrado? ¿Qué tienes en el paquete?

Felipe. Una camisa amarilla y una corbata roja. Ahora voy a buscar un par de zapatos.

Miguel. ¿A cuál de las zapaterías vas?

Felipe. A la Zapatería Moderna, donde se habla español. Se dice que es una buena tienda.

Miguel. Yo creo que sí. Estuve allí hace dos semanas. Tienen muchos estilos nuevos y las marcas de zapatos que se venden allí son de buena calidad.

Felipe. Miguel, no me has dicho tú por qué has venido acá hoy.

Miguel. Primero, tuve que ir a la casa de correos para comprar unos sellos[1] porque tenía que echar al correo una carta y algunas tarjetas postales. Necesitaba un sello de correo aéreo para echarle[2] una carta a mi primo Guillermo, que está estudiando en Madrid. Hay que enviar[3] cartas por correo aéreo o tardarán mucho en llegar a los países extranjeros.

Felipe. Eso es verdad. Una vez que envié una carta a la Argentina me olvidé de ponerle un sello de correo aéreo en el sobre y tardó tres o cuatro semanas en llegar.

Miguel. Pues, tengo que ir a otra tienda porque no pude encontrar aquí lo que quería.

Felipe. Y yo debo ir a la librería para buscar un libro sobre la cultura española. Adiós.

Miguel. Adiós. Hasta la vista.

---

[1] In Spanish America **la estampilla** and **el timbre** are also used for (*postage*) *stamp*. [2] Note the indirect object pronoun **le** (**echarle**), which is normally added in Spanish when a noun is expressed as the indirect object of a verb; also note its use in line 21 (**ponerle**). For the explanation see Lección 3, section E, page 59. [3] For forms of **enviar**, see Appendix F, page 426.

Palabras y expresiones

acá   here (*used with verbs of motion*)

el almacén (*pl.* **almacenes**)   department store

la calidad   quality

la casa de correos   post office

el correo aéreo   airmail

creer que sí (no)   to believe so (not)

la cultura   culture

echar (al correo)   to mail

enviar   to send

el paquete   package

por correo aéreo   by airmail

el sello   (postage) stamp

el sello de correo aéreo   airmail stamp

tanto *adv.*   as (so) much

tardar (mucho) en + *inf.*   to delay (much) in, be (very) long in, take (very) long to

la tarjeta (postal)   (postal) card

una vez (que)   once *or* one time (when)

Preguntas

Answer in Spanish these questions based on the first part of the dialogue:

1. ¿De dónde sale Miguel? 2. ¿A quién ve? 3. Al verle, ¿qué dice Miguel? 4. ¿Dónde había de trabajar Felipe aquel día? 5. ¿Por qué no pudo hacerlo? 6. ¿Qué ha encontrado Felipe? 7. ¿Por qué va a la Zapatería Moderna? 8. ¿Cómo son las marcas de zapatos que se venden allí?

Preguntas generales

1. ¿Adónde vamos para comprar sellos? 2. Generalmente, ¿qué echamos al correo? 3. Antes de echar una carta, ¿qué hay que ponerle en el sobre? 4. Cuando enviamos una carta a un país extranjero, ¿qué clase de sello ponemos? 5. ¿Escribes muchas tarjetas postales? 6. ¿Envías cartas o tarjetas postales a países extranjeros? 7. ¿Has enviado alguna vez una carta a España? 8. ¿Envías cartas por correo aéreo en este país?

Study the first part of the dialogue so that you can repeat the major portion of it with your teacher or with one of your classmates. The girls in the class may discuss other articles of clothing, such as a sweater, blouse, skirt, etc.

Prepare an original conversation of six to eight speeches telling why you went, or need to go, to the post office for stamps.

Bookshop, Concepción, Chile.

Pronunciación

a. Review once more the sounds of **c, z,** and **qu** (see Lección primera, page 38), then pronounce after your teacher:

1. tampoco   calidad   buscar   encontrar   correo
   aquí   que   paquete   busqué   aquel

2. centro   hacer   almacén   lección   cerca
   zapato   zapatería   lápiz   pizarra   luz

b. Review the sounds of **g** before **e** and **i, g** in other positions, including **gue** and **gui,** and **j** (see Lección 3, page 54). In the combinations **gua** and **guo** the **u** is pronounced like *w* in English *wet:* **agua, lengua, antiguo.**

1. gente   generalmente   trabajo   tarjeta   jardín
   Argentina   región   Jorge   extranjero   Juanita

2. Miguel   algunas   alegro   gracias   grande
   Guillermo   pagar   alguien   seguida   llegué

c. Sound of Spanish **x.** Before a consonant, the letter **x** is pronounced like English *s* in *sent:* **extranjero, expresión, excursión, explorar.** Between vowels, it is pronounced like a weak English *gs:* **examen, examinar.** However, in **México, mexicano,** and **Texas,** it is pronounced like Spanish **j.**

Notas

I. Adjectives

A. Forms and agreement of adjectives

An adjective must agree with the noun it modifies in gender and number, whether it modifies the noun directly or is in the predicate.

Adjectives ending in **-o** in the masculine singular change the **-o** to **-a** in the feminine singular, while adjectives of nationality which end in a consonant add **-a** for the feminine. Most other adjectives have the same form for the masculine and feminine.

In general, to form the plural of adjectives add **-s** to those ending in an unaccented vowel and **-es** to those ending in a consonant, just as in forming the plural of nouns.

SINGULAR		PLURAL	
Masculine	*Feminine*	*Masculine*	*Feminine*
rojo	**roja**	**rojos**	**rojas**
grande	**grande**	**grandes**	**grandes**
joven	**joven**	**jóvenes**	**jóvenes**
mexicano	**mexicana**	**mexicanos**	**mexicanas**
inglés	**inglesa**	**ingleses**	**inglesas**
español	**española**	**españoles**	**españolas**

Note the addition of the written accent: **joven—jóvenes;** and the dropping of the accent: **inglés—inglesa, ingleses, inglesas.**

B. Position of adjectives

Limiting adjectives (articles, numerals, possessives, demonstratives, indefinites, and other adjectives which show quantity) usually precede the noun.

Adjectives which describe a noun or differentiate it from others of the same class (adjectives of color, size, shape, nationality, and the like) usually follow the noun.

> **una (la) camisa amarilla**   a (the) yellow shirt
> **varios (cuatro) alumnos mexicanos**   several (four) Mexican students
> **muchas (pocas) cosas interesantes**   many (few) interesting things

Certain common adjectives (**bueno, malo,** and others to be given later) often precede the noun, but they may follow it to place more emphasis on the adjective than on the noun.

> **una buena muchacha** *or* **una muchacha buena**   a good girl

A few adjectives have different meanings depending on whether they precede or follow a noun. For **nuevo, -a,** see the footnote on page 53; for **grande,** see the next section. Another example is: **el hombre pobre,** *the poor man* (not rich); **el pobre hombre,** *the poor man* (a man to be pitied).

C. Shortened forms of adjectives

A few adjectives drop the final **-o** when they precede a masculine singular noun: **bueno, malo, uno, primero, tercero, alguno, ninguno. Alguno** and **ninguno** become **algún** and **ningún,** respectively.

el primer año	the first year	**ningún muchacho**	no boy
algún alumno	some student	**un buen coche**	a good car

But: **los primeros días**   the first days
una buena escuela   a good school

Three common adjectives drop the last syllable under certain conditions:
(1) **Grande,** which means *large* when it follows a noun, becomes **gran** before either a masculine or feminine singular noun and usually means *great:*

un gran hombre   a great man   **una gran mujer**   a great woman

But: **dos grandes países (ciudades)**   two great countries (cities)

(2) **Santo,** not **Santa,** becomes **San** before all names of masculine saints, except those beginning with **Do-** or **To-:**

San Luis   St. Louis   **San Pablo**   St. Paul

But: **Santo Tomás**   St. Thomas   **Santa María**   St. Mary

(3) **Ciento** becomes **cien** before all nouns, including **millones,** and before the adjective **mil,** but it is not shortened before numerals less than one hundred:

cien muchachas   100 girls

But: **ciento cincuenta alumnos**   150 students

Ejercicios

A. Read, then repeat, making each phrase singular:

1. sus buenos amigos. 2. nuestras buenas amigas. 3. algunos cuadros españoles. 4. otras señoritas españolas. 5. aquellas mujeres mexicanas. 6. estos profesores jóvenes. 7. esos malos caminos. 8. algunas grandes ciudades. 9. estos pobres muchachos. 10. los nuevos alumnos. 11. otros parques muy pequeños. 12. los primeros buenos días. 13. unos aviones ingleses. 14. aquellos grandes libros. 15. los países extranjeros. 16. algunas tarjetas postales.

B. Say after your teacher; then, upon hearing a new noun, form a new sentence, making any necessary changes in agreement.

MODEL: Es un coche rojo.　　　Es un coche rojo.
　　　　　cestas　　　　　　　Son cestas (*or* unas cestas) rojas.

1. Es un día hermoso.　　　　2. El hombre es español.
　　tarde　　　　　　　　　　　La mujer
　　flores　　　　　　　　　　　Mis amigos
　　árboles　　　　　　　　　　　Las señoritas
　　parque　　　　　　　　　　　El profesor

C. Answer in the affirmative, following the models.

MODELS: ¿Es larga la calle?　　　　Sí, es una calle larga.
　　　　　¿Son buenos los caminos?　Sí, son caminos buenos.

1. ¿Es nueva la camisa?　　　　　6. ¿Son fáciles los ejercicios?
2. ¿Es grande el almacén?　　　　7. ¿Son pequeños los paquetes?
3. ¿Es hermoso el parque?　　　　8. ¿Son mexicanas las mujeres?
4. ¿Es española la señorita?　　　9. ¿Son interesantes los libros?
5. ¿Es amarilla la casa?　　　　　10. ¿Son extranjeros los alumnos?

D. Give in Spanish:

1. this large park. 2. these pretty trees. 3. several Spanish cities. 4. some black shoes. 5. many very good teachers (*m.*). 6. some special prices. 7. two large wastebaskets. 8. our red car. 9. my Spanish records. 10. these airmail stamps. 11. every Saturday. 12. this good opportunity.

II. Uses of se

A. To express an indefinite subject (*one, people, we, you,* etc.) **se** is used with the third person singular of the verb. Occasionally **uno** is used, particularly with reflexive verbs.

Se dice que es una buena tienda. They say (People say, We say, It is said) that it is a good store.
No se (Uno no) puede entrar. One (People, You) cannot enter.
Uno se levanta tarde los domingos. One gets up late on Sundays.

As in English, the third person plural may also be used to indicate an indefinite subject.

Dicen que Juan está en el Perú. They say that John is in Peru.

B. In the active voice the subject acts upon an object: *The man opens the doors at nine*, **El hombre abre las puertas a las nueve.** In the passive voice the subject is acted upon: *The doors are opened at nine*, **Se abren las puertas a las nueve.**

If the subject of a passive sentence is a thing and the agent (person or thing) is not expressed, **se** is used to substitute for the passive voice. In this case the verb is in the third person singular or plural, depending on whether the subject is singular or plural. The reflexive verb normally precedes the subject in this construction.

> **Allí se habla español.**   Spanish is spoken there.
> **Se escribieron los artículos ayer.**   The articles were written yesterday.

When the subject is singular, as in **Allí se habla español,** the construction may be considered as a sentence containing an indefinite subject or as a passive sentence: *People (They) speak Spanish there* or *Spanish is spoken there.*

Ejercicios

A. Read, then repeat, changing the verb to the reflexive construction.

> MODELS: Cierran la puerta a las seis.   Se cierra la puerta a las seis.
> Aquí no venden zapatos.   Aquí no se venden zapatos.

1. En México hablan español.
2. Hablan portugués en el Brasil.
3. No abren la oficina del señor Díaz hasta las diez.
4. Cierran las oficinas a las cinco.
5. Ven un avión grande allí.
6. Ven muchos coches en la calle.
7. No venden libros en la biblioteca.
8. Escriben muchos artículos buenos para esta revista.

B. Give in Spanish, using **se** as an indefinite subject:

1. They believe that he is a doctor. 2. People know that she is in Spain. 3. One leaves through this door. 4. How do you (does one) say that in Spanish? 5. How do they do that in Mexico? 6. One cannot learn that in one day.

III. Summary of uses of the definite article

In Appendix E, pages 409–412, review the uses of the definite article in Spanish. (Some of these uses have occurred in this text, and others will be taken up later.)

Ejercicio

Read, supplying the definite article wherever necessary:

1. Nos gusta ____ música mexicana. 2. El artículo está escrito en ____ español. 3. ____ español es una lengua interesante. 4. Generalmente hablamos ____ español en nuestra clase. 5. Los niños se lavan ____ manos. 6. Eran ____ siete de la mañana.

7. Buenos días, ⎯ señora Pidal. 8. Mis amigos salieron ⎯ domingo. 9. Vivían en ⎯ Argentina. 10. Mi tía volvió ⎯ semana pasada. 11. ⎯ señor López ya ha entrado. 12. Hoy es ⎯ miércoles. 13. Bogotá, ⎯ capital de Colombia, es una ciudad interesante. 14. Ellos no están en ⎯ iglesia. 15. La niña se puso ⎯ zapatos. 16. ¿No vas a ⎯ escuela hoy? 17. Voy a llegar tarde para ⎯ almuerzo. 18. A mí me gustan ⎯ rosas.

Postman, Nerja, Spain.

Repaso

A. Say after your teacher, then repeat, substituting the correct object pronoun for the noun object:

1. Juan abre *la puerta*.
2. Cierren Uds. *los libros*.
3. No dejes *el cuaderno* allí.
4. ¿Has visto *a tus amigos?*
5. Van a lavarse *las manos*.
6. Me trajeron *el paquete*.
7. Le llevé a ella *la revista*.
8. Están leyendo *el artículo*.
9. Ella no ha escrito *las frases*.
10. Quieren ponerse *los zapatos*.
11. Este regalo es para *mi hermana*.
12. Van a jugar con *Luis*.

B. Say after your teacher, then repeat, making each sentence negative:

1. Ella tiene algo en la mano.
2. Alguien me ha telefoneado.
3. Van a mirar alguna de las casas.
4. Algún niño puede hacer eso.
5. ¿Has estado alguna vez en México?
6. Siempre nos traen algo.
7. Siempre le dice algo a alguien.
8. Ella va al parque también.

C. Read, supplying the correct form of **estar** or **ser**, as required:

1. ¿De dónde ____ tú? 2. Mañana vamos a ____ en la Florida. 3. Ayer José ____ aquí dos horas. 4. Hoy mi mamá ____ visitando a su hermana. 5. Mi padre vivía en California cuando ____ joven. 6. ____ las ocho cuando llegué a la escuela. 7. Marta dijo que ____ muy cansada. 8. Yo sabía que las dos muchachas ____ muy simpáticas. 9. Cuando salimos, ____ lloviendo mucho. 10. Bárbara ____ sentada lejos de la mesa ahora. 11. La pulsera que tienes ____ de oro; ¿para quién ____? 12. La profesora de esta clase no ____ española.

D. Review the idioms and expressions used in Lecciones 4–6, then write in Spanish:

1. We are to work in the garden tomorrow. 2. They say that Mr. Sierra was to return from Spain last week. 3. One must practice a great deal. 4. I forgot to call Mike. 5. Everybody reads the advertisements in our newspapers. 6. They are very fortunate. 7. We saw your (*fam. sing.*) sister a half hour ago. 8. Where do you (*fam. sing.*) plan to go this weekend? 9. People say that he is a lawyer. 10. Jane mailed the letter. 11. Did she send it by airmail? 12. I believe so, because she has already written to Mary several times. 13. It took me (I took) two hours (*use* **tardar en**) to finish the work. 14. They never send us anything. 15. George's brother was married last month. 16. Many cars are seen on the roads these days.

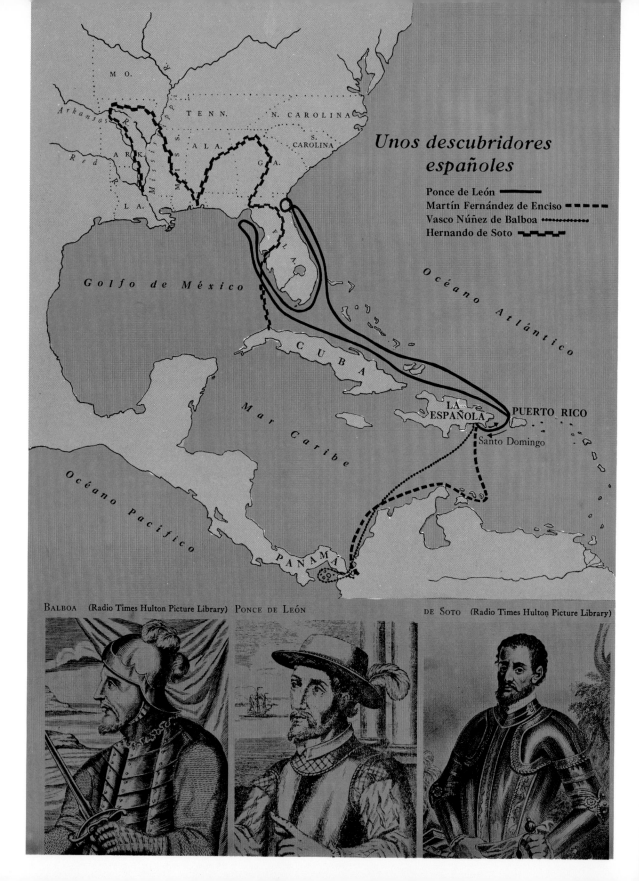

Unos descubridores
españoles

Ponce de León ———
Martín Fernández de Enciso – – – –
Vasco Núñez de Balboa ••••••••••
Hernando de Soto ▄▄▄▄▄

M O.

Arkansas R.

Red R.

TENN.

N. CAROLINA

S.
CAROLINA

ARK.

A L A.

G A.

L A.

Mississippi R.

F L A.

Golfo de México

Océano Atlántico

C U B A

Mar Caribe

LA
ESPAÑOLA

PUERTO RICO

Santo Domingo

Océano Pacífico

PANAMÁ

BALBOA (Radio Times Hulton Picture Library) PONCE DE LEÓN DE SOTO (Radio Times Hulton Picture Library)

LECTURA III

1. Unos descubridores y exploradores españoles

Estudio de palabras

1. Keeping in mind the principles given in the Estudio de palabras sections of Lecturas I and II concerning the recognition of cognates, *give the English for:* abundancia, hostilidad, universidad; noticia, palacio; acusación, misión, tradición.

2. *Compare the meanings of:* busca (*noun*) and buscar; colonia, colono, and colonizar; conquista and conquistar; nombre and nombrar.

Also compare the meanings of: lucha, *struggle,* and luchar, *to struggle;* muerte, *death,* and morir, *to die;* rico, *rich,* and riquezas, *riches, wealth;* verdadero, *real, true,* and verdad, *truth.*

3. *Pronounce and give the English for:* abandonar, desaparecer, detener, limitar, protestar.

4. Words in this Lectura with miscellaneous differences which should be recognized easily, especially in context or when pronounced in Spanish, are: bahía, *bay;* desilusionado, *disillusioned;* enorme, *enormous, huge;* espíritu, *spirit;* imperio, *empire;* indígena, *indigenous, native, Indian;* istmo, *isthmus;* maravilla, *marvel;* público, *public;* salvaje, *savage, wild;* tribu, *tribe;* virtud, *virtue.*

Modismos y frases útiles

al otro lado de   on the other side of
al poco tiempo   in (after) a short time
al tiempo que   at the (same) time that, while, when
dar permiso para   to give permission to
dedicarse a   to dedicate (devote) oneself to
en su mayoría   for the most part

en todas partes   everywhere
hoy día   nowadays, today
limitarse a   to be limited (limit oneself) to
marcharse a   to leave for, go to
oír decir que   to hear that
ponerse en marcha   to start, set out
prepararse para   to prepare oneself for

Durante la primera mitad del siglo XVI los españoles descubrieron, exploraron y conquistaron una gran parte del Nuevo Mundo. Muchos españoles vinieron a la Española o a Cuba y a otras islas en busca de oro y como no lo hallaron, algunos se dedicaron a la agricultura; otros se marcharon a la Tierra Firme,[1] hoy la costa de Venezuela y Colombia. Al tiempo que conquistaban a los aztecas de la América del Norte, a los incas de la América del Sur y a otras tribus de los dos continentes, establecían ciudades y construían casas, palacios, iglesias, misiones, escuelas, universidades, caminos y muchas obras públicas. España trajo a América su lengua, su religión, su literatura, sus costumbres, sus leyes y sus tradiciones. La raza indígena no desapareció; en realidad, con la mezcla de la cultura indígena y la[2] de los españoles se formó una nueva civilización.

Las primeras expediciones se limitaron, en su mayoría, a las islas del Mar de las Antillas, llamado hoy día el Mar Caribe. Las Antillas Mayores[3] son Cuba, Santo Domingo, Puerto Rico y Jamaica. Santo Domingo, la antigua Española o *Hispaniola*, comprende[4] ahora la República Dominicana y la república de Haití. Puerto Rico es una parte de los Estados Unidos. Las Antillas Menores[5] comprenden un gran número de islas pequeñas, entre ellas Trinidad, Martinica y las Islas Vírgenes.

La verdadera exploración y conquista de América comenzó en la Española. Ponce de León, que acompañó a Colón en su segundo viaje, fue uno de los primeros exploradores. En 1508 conquistó la isla de Puerto Rico, de la que[6] al poco tiempo fue nombrado[7] gobernador. Unos años después algunos indios ancianos[8] le dijeron que en una tierra remota, situada al norte, se encontraba una región en que había una fuente cuyas aguas tenían la virtud de rejuvenecer a los que[9] se bañaban en ellas. Recordando todas las maravillas que había visto en el Nuevo Mundo, Ponce de León se puso en marcha hacia la isla de Biminí, donde, según la leyenda, estaba situada la fuente de la juventud.

Navegó primero hacia el oeste y luego, hacia el norte. Por fin, el domingo, 27 de marzo de 1513, descubrió una región cubierta de[10] flores y árboles. Le dio el nombre de la Florida, según unos, por haber llegado[11] el Domingo de Resurrección, o la Pascua Florida, y, según otros, por la gran abundancia de flores que se encontraban en todas partes. Ponce de León tomó posesión de la tierra en nombre del rey Fernando de España y buscó en vano la fuente de la juventud. Por último, desilusionado, el pobre explorador tuvo que volver a Puerto Rico. Ocho años después trató de conquistar y colonizar la Florida, pero a causa de la hostilidad de los indios no pudo hacerlo.

En el año 1510 cuando Martín Fernández de Enciso navegaba de la Española hacia la Tierra Firme, un día saltó[12] de uno de los barriles de provisiones un hombre a quien no le habían permitido[13] formar parte de la expedición. Era éste un pobre hidalgo[14] español, llamado Vasco Núñez de Balboa, que había pasado unos diez años en la colonia. Le acompañaba su perro Leoncico, que más tarde había de ayudarle mucho en las luchas contra los indios salvajes.

Enciso iba a abandonar a Balboa en una isla desierta, pero éste protestó, diciendo que conocía bien las tierras adonde iban. Al saber esto, Enciso le permitió

---

[1] **Tierra Firme,** *Mainland.* [2] **la,** *that.* [3] **Mayores,** *Greater.* [4] **comprende,** *comprises, includes.* [5] **Menores,** *Lesser.* [6] **de la que,** *of which.* [7] **fue nombrado,** *he was named.* [8] **ancianos,** *old, elderly.* [9] **rejuvenecer a los que,** *rejuvenating (making young) those who.* [10] **cubierta de,** *covered with.* [11] **por haber llegado,** *because of (for) having arrived.* [12] **saltó,** *there jumped.* [13] **un hombre . . . permitido,** *a man whom they had not permitted.* [14] **hidalgo,** *nobleman.*

continuar con la expedición. En realidad, Balboa guió a Enciso hasta el Golfo de Darién en la costa del istmo de Panamá.

Después de conquistar a los indios de Panamá, los españoles establecieron un pueblo. Al poco tiempo Balboa ganó la confianza[1] de los colonos y al estallar una rebelión,[2] llegó a ser el jefe de la nueva colonia. Hablando con los indios, los españoles oyeron decir que al otro lado de las montañas había un mar enorme, el Mar del Sur,[3] en el cual navegaban los barcos de una nación poderosa, y que en esa nación podrían[4] encontrar oro en abundancia. Ésta fue la primera noticia que los españoles tuvieron del Océano Pacífico y del imperio de los incas.

En el mes de septiembre de 1513 Balboa, con 150 hombres, salió en busca del Mar del Sur. Como tuvieron que atravesar[5] una región de vegetación tropical, tardaron diez y nueve días en llegar a la cumbre[6] de las montañas, desde la cual Balboa vio por primera vez el gran océano. En ese lugar construyeron una cruz de madera,[7] con los brazos extendidos hacia los dos océanos. Continuando hacia la costa, el veinte y nueve de septiembre Balboa entró en el agua y, en nombre del rey de España, tomó posesión del Mar Pacífico y de todas sus costas y sus islas.

Al volver a la colonia, Balboa encontró que sus enemigos habían lanzado[8] acusaciones falsas contra él y que el rey había nombrado a Pedrarias Dávila, hombre cruel y codicioso,[9] gobernador de la colonia. Balboa estaba preparándose para un viaje de exploración al Perú cuando fue detenido por Pedrarias, que le condenó a muerte[10] en 1517. La república de Panamá ha honrado al descubridor dando su nombre a una ciudad y también a la moneda del país, que se llama *el balboa*.

Hernando de Soto (1497–1542) había sido compañero de Pedrarias en Panamá y de Pizarro[11] en el Perú antes de conseguir,[12] en 1536, el título de gobernador de Cuba y de la Florida. En 1539 partió de Cuba, con unos 600 hombres, para la Florida, donde esperaba hallar otra tierra tan rica como el Perú. En el mes de mayo llegó a la bahía del Espíritu Santo, llamada ahora Tampa Bay.

Durante dos años de Soto exploró los bosques hacia el norte y hacia el oeste, sin hallar las riquezas que buscaba. Tuvo que luchar contra los indios salvajes, el desaliento[13] de sus hombres, los insectos y el hambre. La marcha le llevó por las tierras que hoy día forman parte de los estados de la Florida, Georgia, las Carolinas, Alabama y Misisipí. En la primavera de 1541 descubrió el río Misisipí. Durante el año siguiente de Soto y sus compañeros continuaron sus exploraciones hacia el oeste, pasando por el territorio que forma los estados de Misurí, Arkansas y Oklahoma. Enfermo y desalentado,[14] de Soto murió el veinte y uno de mayo de 1542. Para ocultarles a los indios[15] la muerte de su valiente jefe, sus compañeros envolvieron su cuerpo en una manta, lo llevaron al río y lo arrojaron[16] en sus aguas.

---

[1] **confianza,** *confidence.*   [2] **al estallar una rebelión,** *when a rebellion broke out.*   [3] **Mar del Sur,** *Southern Sea.*
[4] **podrían,** *they could, would be able to.*   [5] **atravesar,** *to cross.*   [6] **cumbre,** *summit.*   [7] **cruz de madera,** *wooden cross (cross of wood).*   [8] **habían lanzado,** *had hurled, made.*   [9] **codicioso,** *greedy, covetous.*   [10] **le condenó a muerte,** *condemned him to death.*   [11] See Lectura IV for comments on Pizarro and the conquest of Peru.
[12] **conseguir,** *obtaining, getting.*   [13] **desaliento,** *discouragement.*   [14] **desalentado,** *discouraged.*   [15] **Para ocultarles a los indios,** *In order to hide from the Indians.*   [16] **arrojaron,** *(they) threw.*

View of Panama Canal.

Cristo Street, Old San Juan, Puerto Rico.
View of El Morro fortress, built by the Spaniards
during colonial times, San Juan, Puerto Rico.

Preguntas

1. ¿En qué siglo exploraron los españoles una gran parte del Nuevo Mundo?
2. ¿Adónde vinieron los españoles? 3. ¿Qué trajeron los españoles a América?
4. ¿Cuáles son las Antillas Mayores? 5. ¿Quién fue uno de los primeros exploradores? 6. ¿Qué isla conquistó? 7. Según algunos indios ancianos, ¿dónde estaba
la fuente de la juventud? 8. ¿Hacia dónde navegó Ponce de León? 9. ¿Qué
nombre le dio a la tierra que descubrió? 10. ¿Pudo hallar la fuente de la juventud?

11. ¿Quién guió la expedición de Enciso hasta la costa del istmo de Panamá?
12. ¿Cuántos años había pasado él en la colonia? 13. ¿Qué llegó a ser Balboa?
14. ¿Qué oyeron decir los españoles en Panamá? 15. ¿Cuándo salió Balboa en
busca del Mar del Sur? 16. ¿Cuántos días tardaron en llegar a la cumbre de las
montañas? 17. ¿Qué vio Balboa desde allí? 18. ¿Qué hizo Balboa al llegar a la
costa? 19. Mientras tanto, ¿qué habían hecho los enemigos de Balboa? 20. ¿Cómo
murió él? 21. ¿Qué ha hecho Panamá para honrar al descubridor?

22. ¿Quién recibió el título de gobernador de Cuba y de la Florida en 1536?
23. ¿Qué esperaba hallar de Soto en la Florida? 24. ¿Por cuántos años exploró
los bosques hacia el norte y hacia el oeste? 25. ¿Por dónde le llevó la marcha?
26. ¿Qué descubrió en el año 1541? 27. ¿Qué territorio exploraron durante el
año siguiente? 28. A la muerte de Hernando de Soto, ¿qué hicieron sus compañeros?

Comprensión

Listen carefully to each sentence. Repeat the sentence, beginning your answer
with **Sí** or **No.** If the answer is **No,** make slight changes so that the statement will
be correct:

1. Los españoles hallaron mucho oro en la Española y en Cuba.
2. Los incas vivían en la América del Sur.
3. Las Antillas Mayores se encuentran en el Mar Caribe.
4. Ponce de León acompañó a Colón en su primer viaje.
5. Ponce de León estaba buscando la isla de Biminí cuando descubrió la Florida.
6. Pronto halló la fuente de la juventud.
7. Balboa guió a Enciso hasta el Golfo de México.
8. Con el tiempo Balboa llegó a ser el jefe de la colonia en el istmo de Panamá.
9. Balboa tomó posesión del Mar Pacífico en nombre del rey de España.
10. El rey nombró a Balboa gobernador de la colonia.
11. Hernando de Soto había tomado parte en la conquista del Perú con Pizarro.
12. En la Florida de Soto halló otra tierra tan rica como el Perú.
13. Tardó solamente dos meses en descubrir el río Misisipí.
14. Durante el año siguiente los españoles continuaron sus exploraciones hacia
el oeste.
15. A la muerte de Hernando de Soto sus compañeros arrojaron su cuerpo en las
aguas del río.

The University of Salamanca, built around 1230, is one of the oldest universities in Europe.

"Puerta del Cambrón," Toledo, Spain.

Grape harvest, Spain.

2. Lazarillo y el ciego[1]

The anonymous and immensely popular work La vida de Lazarillo de Tormes *(1554) is the first, and perhaps the greatest, of the picaresque novels in Spain. The realistic picaresque novel (sometimes called romance of roguery), which developed in Spain in the sixteenth and seventeenth centuries, presents the experiences of a rogue, or* pícaro, *in the service of a series of masters, whose trades and professions are satirized. This selection is an adaptation of a segment of the first chapter of the work.*

A mí me llaman Lazarillo de Tormes. Tengo ocho años de edad. Después de la muerte de mi padre, mi pobre madre vino a la ciudad de Salamanca para ganarse la vida. Allí se ganaba la vida preparándoles la comida a[2] unos estudiantes y lavándoles la ropa a otros. Más tarde ella fue a servir en una posada.[3]

En aquel tiempo vino a la posada un ciego que le preguntó a mi madre si yo podría[4] servir para guiarle, y ella contestó que sí. Como pasamos varios días en Salamanca sin ganar mucho dinero, el ciego decidió irse de allí.

Para mostrar bien la inteligencia de este astuto ciego, voy a relatar algo que me ocurrió con él. Llegando a un pueblo al tiempo que cogían las uvas,[5] un hombre le dio a mi amo un racimo[6] de ellas. Estaban tan maduras que se caían del racimo. Por eso, nos sentamos y él dijo:

—Yo quiero ser liberal contigo. Vamos a comer estas uvas y podemos dividirlas de esta manera: tú puedes tomar una uva y yo otra, pero tienes que prometerme no tomar más de una uva cada vez.

Comenzamos a comer, pero el traidor empezó a tomar dos uvas a la vez, pensando sin duda que yo hacía lo mismo. Pero yo, viendo que él no hacía lo que había prometido, tomaba tres a la vez. Cuando ya no quedaban uvas, el ciego dijo:

—Lazarillo, me has engañado.[7] Sé que tú has comido tres uvas a la vez.

—No, señor —dije yo. —¿Por qué sospecha usted eso?

El ciego respondió:

—¿No sabes cómo sé que las comiste tres a la vez? Pues, porque yo comía dos y tú no decías nada.

Modismos y frases útiles

a la vez at a (the same) time
contestar que sí to answer yes
de esta manera in this way
ganarse la vida to earn one's living

lo mismo the same thing
tener . . . años (de edad) to be . . . years old (of age)
ya no no longer

[1] **ciego**, *blind man.* [2] **preparándoles la comida a**, *preparing meals for.* [3] **posada**, *inn.* [4] **podría**, *could.* [5] **uvas**, *grapes.* [6] **racimo**, *cluster, bunch.* [7] **engañar**, *to deceive.*

Preguntas

1. ¿Cómo se llama el muchacho? 2. ¿Cuántos años tiene? 3. ¿Adónde fue su madre? 4. ¿Qué hacía ella allí? 5. ¿Quién vino a la posada? 6. ¿Qué le dio un hombre al ciego? 7. ¿Cómo estaban las uvas? 8. ¿Cuántas uvas iban a tomar cada vez? 9. ¿Qué empezó a hacer el ciego? 10. ¿Qué hizo Lazarillo? 11. ¿Qué dijo el ciego cuando ya no quedaban uvas? 12. ¿Cómo lo sabía el ciego?

View of "La Sagrada Familia" church on the night of December 18. The church, planned by the famous architect Gaudí, is still under construction, Barcelona, Spain.

(Top left) Comparing notes at the school door, Barcelona, Spain. (Middle) This sidewalk café in Puerto de Santa María, Spain, is one of the favorite gathering places for young people. (Bottom) High school class, Barcelona, Spain. (Right) View of a typical street, Palma, Mallorca, Balearic Islands.

(Top left) High school students arriving at their school, Barcelona, Spain. (Right) View of one of Barcelona's famed tree lined boulevards, Spain. (Bottom) Monument honoring Miguel de Cervantes Saavedra, Madrid, Spain.

On this page we have three different views of Toledo, Spain. (Top left) Typical street with Gothic building in the background, (right) Renaissance interior, and (Bottom) panoramic view of the city.

One of the main attractions of Spain is the variety of landscapes and architectural styles one finds everywhere on the Península. In these contrasting views of Madrid we can see the different architectural styles which characterize the city.

These three photos show different landmarks of Seville. The first two are of the famous Gothic cathedral; the last, the "Plaza de España."

(Left) View of the "Barrio Gótico," Barcelona, Spain. (Top right) The Cathedral of Palma, Mallorca, Balearic Islands. (Middle) View of "La Mancha," the land Don Quixote made famous. Windmills can be seen in the background. (Bottom) University of Madrid, Spain.

(Top) Generalife Gardens, Granada, Spain. (Bottom) Roman aqueduct, Segovia, Spain.

Aztec god, Museum of Anthropology, Mexico City.

La segunda conferencia del señor Molina

Ricardo. ¡Hola, Pablo! ¿Sabes que el abuelo de Felipe acaba de regalarle una grabadora portátil?

Pablo. Sí, lo sé, pero no la he visto. Felipe tiene mucha suerte, ¿no? Con la grabadora podrá preparar mejor sus lecciones de español. Me gustaría mucho verla.

Ricardo. Anoche acompañé a Felipe cuando grabó la primera conferencia del señor Molina. Esta noche él y yo iremos a grabar la segunda. Sin duda habrá mucha gente allí. Estoy seguro de que la mayor parte de los alumnos de nuestra clase asistirán a la conferencia. ¿Podrás ir con nosotros?

Pablo. ¡Claro! Sería un gran placer. Mientras tanto mi hermano menor y yo tendremos tiempo para terminar el trabajo que estamos haciendo en el jardín antes de cenar. Podremos trabajar más rápidamente.

Ricardo. El señor Molina dijo que esta noche nos enseñaría algunas fotos también. Ha sacado miles de ellas en sus viajes por la América española.

Pablo. ¡Magnífico! ¿Dónde va a dar la conferencia?

Ricardo. En el Club Panamericano.

Pablo. ¿A qué hora será necesario estar en casa de Felipe?

Ricardo. Tendremos que salir de allí a las siete o a las siete y cuarto. Querremos sentarnos en la primera fila para grabar más fácilmente la conferencia.

Pablo. Muy bien. Estaré listo.

Ricardo. Le diré a Felipe que tú vendrás. Él se alegrará de saber eso.

Preguntas

Answer in Spanish these questions based on the first part of the dialogue:

1. ¿A quién saluda Ricardo? 2. ¿Qué acaba de regalarle a Felipe su abuelo? 3. ¿Qué podrá hacer con la grabadora? 4. ¿Qué grabó Felipe anoche? 5. ¿Irán Felipe y Ricardo a grabar la segunda conferencia? 6. ¿Habrá mucha gente allí? 7. ¿Asistirán a la conferencia muchos alumnos de la clase de Ricardo? 8. ¿Podrá acompañarlos Pablo?

Preguntas generales

1. ¿Qué se usa para grabar conferencias? 2. ¿Tienes grabadora? 3. ¿Tenemos grabadora en esta clase? 4. ¿Escuchan Uds. cintas de los diálogos de las lecciones? 5. ¿Sacas muchas fotos? 6. ¿Has visto muchas fotos de la América española? 7. ¿Sacas fotos de tus amigos? 8. ¿Te gustaría ir a México? 9. ¿Asistes a conferencias a veces? 10. ¿A qué hora llegarás a casa hoy?

Study the second part of the dialogue so that you can repeat it with your teacher or with one of your classmates.

Write an original conversation between students consisting of six speeches about something they will do the next day, using the future tense when possible. Keep in mind the meaning of the conversation and be ready to read it in class.

Notas

I. Forms of the future and conditional indicative tenses

A. The future indicative tense

FUTURE ENDINGS		tomar	
-é	-emos	tomaré	tomaremos
-ás	-éis	tomarás	tomaréis
-á	-án	tomará	tomarán

The future endings are regularly attached to the full infinitive, and there is only one set of future endings for all verbs in Spanish. (1) Did you notice that the endings of the future are those of the present indicative of **haber (he, has, ha, hemos, habéis, han)?** (2) Which ending does not have a written accent? (3) In pronouncing the forms, did you notice that the stress is always on the ending?

B. The conditional indicative tense

CONDITIONAL ENDINGS		comer	
-ía	-íamos	comería	comeríamos
-ías	-íais	comerías	comeríais
-ía	-ían	comería	comerían

As in the case of the future tense, there is only one set of conditional endings for all verbs and they are regularly attached to the full infinitive. (4) Did you notice that the conditional endings are those of the imperfect tense of **haber?** (5) Which two forms in this tense are identical? (6) Is there any form on which a written accent is not required?

C. Verbs irregular in the future and conditional tenses

INFINITIVE	FUTURE	CONDITIONAL
(1) haber	**habré, -ás, -á,** etc.	**habría, -ías, -ía,** etc.
poder	**podré, -ás, -á,** etc.	**podría, -ías, -ía,** etc.
querer	**querré, -ás, -á,** etc.	**querría, -ías, -ía,** etc.
saber	**sabré, -ás, -á,** etc.	**sabría, -ías, -ía,** etc.
(2) poner	**pondré,** etc.	**pondría,** etc.
salir	**saldré,** etc.	**saldría,** etc.
tener	**tendré,** etc.	**tendría,** etc.
valer[1]	**valdré,** etc.	**valdría,** etc.
venir	**vendré,** etc.	**vendría,** etc.
(3) decir	**diré,** etc.	**diría,** etc.
hacer	**haré,** etc.	**haría,** etc.

The future and conditional tenses of irregular verbs have the same stem, and the endings are the same as for regular verbs. The irregularity is in the stem used.

II. Uses of the future tense

Yo volveré a las cinco.   I shall return at five o'clock.
Tomás dice que vendrá.   Tom says that he will come.
Él tendrá tiempo para terminar el trabajo.   He will have time to finish the work.
Sabemos que él lo hará.   We know that he will do it.

The meaning of the future tense is *shall* or *will* in English, and it expresses future actions or conditions.

Up to this point substitutions have been used for the future, as is commonly done in English:

Voy a ver a Juan esta noche.   I'm going to see John tonight.
Yo sé que Marta viene mañana.   I know that Martha is coming tomorrow.
Hemos de ir a la conferencia.   We are (supposed) to go to the lecture.

When *will* means *be willing to*, it is translated by the present tense of **querer**. In the negative it may mean *be unwilling to:*

¿Quieres ir con nosotros?   Will you go with us?
Ellos no quieren esperar.   They won't (are unwilling) to wait.

---

[1] See Appendix F, page 422, for other forms of **valer,** *to be worth.*

III. Uses of the conditional tense

Tomás dijo que vendría. Tom said that he would come.
Sabíamos que ellos harían el trabajo. We knew that they would do the work.
Me gustaría ir con ustedes. I should like to go with you.

The conditional tense is translated by *should* or *would*. When *should* means *ought to* (moral obligation), it is expressed by the verb **deber:**

Debo escribirle a Enrique. I should (ought to, must) write to Henry.

The future and conditional tenses are used after **si** when it means *whether*, but never in a condition when **si** means *if:*

Yo no sé (sabía) si ella saldrá (saldría). I do not know (did not know) whether she will (would) go out.

The impersonal form **habrá** means *there will be;* the conditional **habría** means *there would be:* **Habrá (Habría) mucha gente allí,** *There will be (There would be) many people there.*

IV. Irregular comparison of adjectives and comparison of adverbs

A. Irregular comparison of adjectives

grande	large	{(el) **más grande**	(the) larger, largest
		{(el) **mayor**	(the) greater, older, greatest, oldest
pequeño	small	{(el) **más pequeño**	(the) smaller, smallest
		{(el) **menor**	(the) smaller, younger, smallest, youngest
bueno	good	(el) **mejor**	(the) better, best
malo	bad	(el) **peor**	(the) worse, worst

Remember that adjectives are regularly compared by using **más,** *more, most,* and **menos,** *less, least,* before them. The definite article is used when *the* is a part of the meaning, and the adjective must agree with the noun in gender and number. After a superlative, English *in* is translated by **de: Esta calle es la más larga de la ciudad,** *This street is the longest in the city.*

Grande and **pequeño, -a** have regular forms which refer to size; the irregular forms **mayor** and **menor** usually refer to persons and mean *older* and *younger,* respectively. **Mejor** and **peor** precede a noun, just as **bueno, -a** and **malo, -a** usually precede it.

Most (of), the greater part of, is translated **la mayor parte de: la mayor parte del día,** *most (the greater part) of the day.*

(1) When does **grande** become **gran** (see Lección 6, page 101)? (2) What is its meaning then? (3) What form is used before plural nouns?

B. Comparison of adverbs

pronto quickly		**más pronto** more quickly	
bien well		**mejor** better, best	
mal badly		**peor** worse, worst	
mucho much		**más** more, most	
poco little		**menos** less, least	

Adverbs are normally compared the same way as adjectives. The only ones compared irregularly are **bien, mal, mucho,** and **poco.**

APLICACIÓN. Read, keeping the meaning in mind:

1. La mayor parte de los muchachos asistirán a la conferencia. 2. Juan todavía tiene la mayor parte del dinero. 3. Mi hermano mayor llevó a mi hermana menor al cine. 4. Ellos viven en la casa más grande de la ciudad. 5. Este parque es el más pequeño de todos. 6. Aquellas flores son las más bonitas del jardín. 7. Creo que este camino es el peor de nuestro país. 8. ¿Pronunciamos mejor o peor que ayer?

V. Forms of the future perfect and conditional perfect indicative tenses

SPECIAL NOTE: Even though the future perfect and conditional perfect tenses will not be used until later, the forms of the two tenses are included in this lesson with the future and conditional tenses for purposes of recognition.

FUTURE PERFECT		CONDITIONAL PERFECT	
habré		habría	
habrás		habrías	
habrá		habría	
	} tomado		} comido
habremos		habríamos	
habréis		habríais	
habrán		habrían	

These tenses are generally used as in English and are translated: **(yo) habré tomado,** *I shall* or *will have taken;* **(yo) habría comido,** *I should* or *would have eaten.*

Creo que ellos habrán vuelto.   I believe that they will have returned.
Yo sabía que él lo habría visto.   I knew that he would have seen it.

APLICACIÓN. Read, keeping the meaning in mind:

1. Yo estoy seguro de que Elena ya habrá comido. 2. Yo sé que la mayor parte de los alumnos habrán ido al concierto. 3. Creemos que Carlos ya habrá sacado muchas fotos. 4. Sin duda los muchachos habrán terminado el trabajo.

5. Habría sido un gran placer ver la película. 6. Con una grabadora Juan habría podido preparar mejor sus lecciones de español. 7. Nos habría gustado ir al parque. 8. Yo creía que Eduardo habría asistido a la conferencia.

Ejercicios orales (*Oral exercises*)

A. Substitution exercises:

1. *Yo* tomaré café a las cuatro.
   (Él, Él y yo, Nosotros, Ud., Uds., Tú)
2. *Uds.* aprenderán la canción.
   (Ella, Tú, Ud., Yo, Nosotros, Carlos y Pablo)
3. *La muchacha* saldrá muy pronto.
   (Las muchachas, Nosotros, Yo, Tú, Inés, Uds.)
4. ¿Lo harán *ellos?*
   (tú, ella, Uds., yo, nosotros, él y ella)
5. *Él* les escribiría mañana.
   (Yo, Nosotros, Tú, Juan y José, Uds., Ella)
6. *Yo* no podría hacer eso.
   (Luisa y yo, Luisa, Tú, Ellos, Uds., Ud.)

B. Answer in the affirmative in Spanish:

1. ¿Comprarás un lápiz?
2. ¿Leerás la revista?
3. ¿Comerás a las seis?
4. ¿Podrás ir al concierto?
5. ¿Estarás listo (-a)?
6. ¿Saldrás antes de la una?
7. ¿Querrás esperar un rato?
8. ¿Les dirás eso a ellos?
9. ¿Irán Uds. al aeropuerto?
10. ¿Vendrán Uds. a ver la película?
11. ¿Hará Juan el trabajo hoy?
12. ¿Tendrán ellos bastante tiempo?

13. ¿Dijo José que vendría hoy?
14. ¿Podrían Uds. jugar con José?
15. ¿Te gustaría oír la conferencia?
16. ¿Tendrían Uds. tiempo para verlos?

C. Read, changing the infinitive in parentheses to the future and keeping the meaning in mind:

1. Nosotros (ir) al parque mañana. 2. Muchas personas (estar) allí. 3. Sin duda (haber) muchos niños. 4. ¿(Poder) tú acompañarnos? 5. Bárbara dice que (tener) que ayudar a su madre. 6. Elena y yo (salir) de casa a eso de las dos. 7. Creo que nosotros (tomar) algo en el café. 8. Elena (querer) sacar algunas fotos. 9. Uds. (venir) también, ¿verdad? 10. (Ser) necesario estar en casa antes de las cinco. 11. ¿(Ir) tú conmigo a la conferencia? 12. ¿Le (decir) tú a Bárbara lo que hemos decidido?

D. Read, changing the infinitive in parentheses to the conditional and keeping the meaning in mind:

1. Marta me dijo que ella (ir) a la tertulia. 2. Yo le dije a ella que yo (llevar) varias cosas. 3. Yo sabía que algunos amigos no (poder) estar allí. 4. ¿Te (gustar) ir con nosotros? 5. Sí, (ser) un gran placer hacerlo. 6. Enrique creía que no (llegar) hasta las nueve. 7. Sabíamos que Tomás (tener) mucha suerte. 8. Yo estaba seguro de que Vicente no (hacer) el trabajo esta tarde.

Ejercicios escritos (*Written exercises*)

A. Write each sentence, substituting a word opposite in meaning to the word in italics:

1. Este camino es *bueno*. 2. Aquel camino es *peor*. 3. Estos discos son los *peores* de todos. 4. Marta es mi hermana *menor*. 5. ¿Tienes dos hermanos *mayores*? 6. María recibe *menos* cartas que nadie. 7. Felipe tiene *poco* interés en el fútbol. 8. Este parque es el más *grande* de la ciudad.

B. Write in Spanish:

1. We shall be at Paul's tonight. 2. He will show us some photos that he has taken. 3. We shall not have time to finish this work. 4. It will be necessary to eat early. 5. We shall be able to spend the evening there. 6. Also, there will be other students at his house. 7. I know that they will be glad to see the photos. 8. Will you (*fam. sing.*) call Philip before leaving the house? 9. I said that I would not be able to go to the café. 10. I should like to hear the lecture this afternoon. 11. John knew that we would not come to his house tonight. 12. Mary said that she would not have to leave before eating supper. 13. Is this tape good? Yes, it is the best of all (*pl.*). 14. Is the coffee bad? Yes, it is worse than ever. 15. Is Mary older than Charles? No, she is his younger sister. 16. John dances well, but Philip dances better. 17. Martha studies much; Jane studies less. 18. They talk more rapidly than I.

Skeletons in a window display to commemorate the day of the dead, Mexico.

Práctica (*Practice*)

—¡Hola, Pablo! Pasa tú y siéntate.

—Gracias, Tomás. Me han dicho que tienes una grabadora nueva. Me gustaría verla.

—Te la enseñaré con mucho gusto. Pasa por aquí . . .

—¡Qué bonita es! ¡Has tenido mucha suerte!

—Tienes razón. Carlos y yo hemos estado grabando cintas toda la tarde. ¿No quieres grabar una?

—Es difícil, ¿no?

—No, es muy fácil. Acércate al micrófono. ¿De qué vas a hablar? Voy a apretar el botón.

> **acercarse al micrófono**   to approach (get close to) the microphone
> **apretar (ie) el botón**   to push the button
> **parar la máquina**   to stop the machine
> **poner (la máquina) en marcha**   to start (the machine)
> **tomar el micrófono**   to take the microphone

The Prácticas which are included in most of the regular lessons from this point offer additional conversational practice. Prepare them so that you can repeat them with your classmates or with your teacher. All new words and expressions are listed after the dialogues, and, in some cases, alternate words and expressions are included. An occasional construction used in the Prácticas is listed with its meaning and is explained later. (See Appendix C, pages 400–402, for other expressions which may be substituted in this or in an original conversation.)

Palabras y expresiones

SUBSTANTIVOS

la conferencia   lecture
la fila   row
la foto   photo
el placer   pleasure
el trabajo   work

ADJETIVOS

listo, -a   ready
panamericano, -a   Pan-American

OTRAS PALABRAS

fácilmente   easily
rápidamente   rapidly, fast

acabar de + *inf.*   to have just + *p.p.*
antes de cenar   before supper (eating supper)
asistir a + *obj.*   to attend
estar seguro, -a (de que)   to be sure (that)
la América española   Spanish America
la mayor parte de   most (of), the greater part of
me gustaría (mucho)   I should like (very much) to
mientras tanto   in the meantime, meanwhile
miles de (ellas)   thousands *or* many of (them) (*f.*)
sacar fotos   to take photos

Juanita no se siente bien

(Son las cinco de la tarde. Isabel sale de la oficina y pasa por la casa de su amiga Juanita. Toca el timbre, y Juanita abre la puerta.)

Juanita. Buenas tardes, Isabel. Pasa, por favor. ¡Me alegro de verte!

Isabel. Muy buenas. ¿Has estado enferma? No te he visto en la oficina.

Juanita. No me siento muy bien y pedí permiso para quedarme en casa. Tengo un resfriado.

Isabel. ¡Lo siento mucho, querida! ¿Por qué no te acuestas?

Juanita. Ayer pasé la mayor parte del día en la cama y esta mañana me levanté tarde. Me vestí, pero después de almorzar, dormí la siesta. Ahora me siento un poco mejor.

Isabel. ¿Dormiste mucho?

Juanita. Muy poco. Mi hermano menor estaba jugando en el patio con unos niños, que son vecinos nuestros, y no pude dormir bien . . .

Juanita. A propósito, ¿has visto a Bárbara hoy?

Isabel. Al mediodía la vi en el centro, donde buscaba un regalo para una tía suya. La acompañé a una joyería donde encontró una pulsera muy bonita.

Juanita. ¿Qué te contó Bárbara de su excursión a Nueva York?

Isabel. Se divirtió mucho y quiere volver pronto. Allí conoció a Ricardo Díaz, el hermano mayor del novio de Carmen, y se enamoró de él. Ella dice que es guapo y muy simpático. Bárbara está muy contenta.

Juanita. ¡Dios mío![1] ¿Se ha enamorado tan de pronto? Tengo muchos deseos de charlar con ella.

Isabel. Prometí llamarla por teléfono a eso de las seis y se lo diré.

Juanita. Muchas gracias. *(Isabel se levanta.)* Pero, ¿ya tienes que irte?

Isabel. Sí, ya es tarde, y tú debes descansar más. Esperamos verte en la oficina mañana. Adiós.

Juanita. Adiós. Hasta mañana.

Preguntas

Answer in Spanish these questions based on the first part of the dialogue:

1. ¿Quién toca el timbre? 2. ¿Se siente bien Juanita? 3. ¿Qué tiene ella? 4. ¿Se levantó tarde o temprano esa mañana? 5. ¿Se vistió ella? 6. Después de almorzar, ¿durmió Juanita la siesta? 7. ¿Durmió mucho? 8. ¿Por qué no durmió bien?

---

[1] The use of sacred words such as **Dios** in exclamations is common in Spanish and does not imply profanity as the English equivalents might.

Preguntas generales

1. ¿Te sientes bien hoy? 2. ¿Tienes un resfriado? 3. ¿Duermes la siesta a veces? 4. ¿Dormiste bien anoche? 5. ¿Siempre duermes bien? 6. ¿Te vistes después de levantarte? 7. ¿Siempre te vistes antes de tomar el desayuno? 8. Generalmente, ¿te diviertes mucho en un baile? 9. ¿Adónde se va para buscar una pulsera? 10. ¿Qué hace uno cuando llega a la puerta de la casa de alguien?

Study the second part of the dialogue and retell it in Spanish in your own words.

For further oral practice, your teacher may ask you to prepare a short **discurso** in Spanish telling how you spent a day when you had a cold and did not feel well enough to go to school or to work on Saturday. Use words which you have already learned.

Notas

I. Stem-changing verbs

Class II		Class III
sentir, *to regret*	**dormir,** *to sleep*	**pedir,** *to ask* (*for*)

PRESENT INDICATIVE

siento	**duermo**	**pido**
sientes	**duermes**	**pides**
siente	**duerme**	**pide**
sentimos	dormimos	pedimos
sentís	dormís	pedís
sienten	**duermen**	**piden**

PRETERIT

sentí	dormí	pedí
sentiste	dormiste	pediste
sintió	**durmió**	**pidió**
sentimos	dormimos	pedimos
sentisteis	dormisteis	pedisteis
sintieron	**durmieron**	**pidieron**

PRESENT PARTICIPLES

sintiendo	**durmiendo**	**pidiendo**

When the stem of certain **-ir** verbs is stressed, **e** becomes **ie** and **o** becomes **ue.** (1) In which forms of the present indicative tense of Class II verbs does this change occur? (2) What are the two infinitive endings of Class I verbs, and what changes occur in the present indicative tense? (See Lección preliminar I, page 7.)

(3) In which forms of the preterit tense of Class II verbs does **e** change to **i** and **o** to **u?** (4) Do Class I verbs have changes in the preterit? Class II verbs are designated: **sentir (ie, i), dormir (ue, u).**

(5) What is the infinitive ending of Class III verbs? (6) What change occurs in the present indicative of Class III verbs? (7) In which forms does **e** become **i?** (8) In which forms of the preterit does the same change occur? These verbs are designated: **pedir (i, i).**

(9) Do any changes occur in the present participles of Class II and Class III verbs? (10) What are they?

The infinitive form of the Class III verb **servir (i, i),** *to serve,* was used in Lectura III. (11) What are its forms in the present indicative, preterit, and present participle?

II. Uses of **preguntar** and **pedir**

Le preguntaré si está ocupado.   I shall ask him if (whether) he is busy.
¿Preguntaron ellos por mí?   Did they ask (inquire) about me?
Nos pidieron varias cosas.   They asked us for several things.
Pídele (No le pidas) el libro.   Ask (Don't ask) (*fam. sing.*) him for the book.

Preguntar means *to ask* (a question); **preguntar por** means *to ask for (about),* *inquire about.*

Pedir means *to ask* (a favor), *ask for* (something), *to request* (something of someone). The use of **pedir,** *to ask, request* (someone to do something) will be discussed later.

Le pedí a Juan el lápiz.   I asked John for the pencil.
¿Pueden ir también? —Se lo preguntaré (a ellos).   Can they go too? —I shall ask them (*lit.,* I shall ask it of them).

With both **preguntar** and **pedir,** the person of whom something is asked is the indirect object. The neuter pronoun **lo** is used to complete the sentence if a direct object is not expressed. In addition to the last example given, note the phrase **se lo diré,** *I shall tell her (it),* in line 24, page 137.

III. Possessive adjectives which follow the noun

SINGULAR		PLURAL
mío, mía	my, (of) mine	**míos, mías**
tuyo, tuya	your (*fam.*), (of) yours	**tuyos, tuyas**
suyo, suya	his, her, your (*formal*), its, (of) his, hers, yours, its	**suyos, suyas**
nuestro, nuestra	our, (of) ours	**nuestros, nuestras**
vuestro, vuestra	your (*fam. pl.*), (of) yours	**vuestros, vuestras**
suyo, suya	their, your (*formal pl.*), (of) theirs, yours	**suyos, suyas**

(a) **un amigo mío**   a friend of mine
unos vecinos nuestros   some neighbors of ours
Carolina y un tío suyo   Caroline and an uncle of hers
Los libros son míos (nuestros).   The books are mine (ours).

(b) **querida (amiga) mía**   my dear (friend)

(c) **¡Dios mío!**   heavens!

You already know the short forms of the possessive adjectives. (1) What are they? (See Lección 3, page 57.) (2) Do the short forms precede or follow the noun? (3) Where are the long forms placed with respect to the noun? (4) How do they agree with the noun?

The long forms are most commonly used (a) to translate *of mine, of his, of yours,* etc., and *mine, his, yours,* etc., after **ser;** (b) in direct address; and (c) in certain set phrases.

Since **suyo (-a, -os, -as)** has several meanings, the forms **de él,** etc., may be substituted to make the meaning clear: **dos hermanos suyos = dos hermanos de él (de ella, de ellos, de ellas, de Ud., de Uds.),** *two brothers of his (hers, theirs, yours).*

APLICACIÓN. Read, then repeat, making singular words plural and keeping the meaning in mind:

1. algún amigo mío, algún amigo nuestro. 2. alguna amiga mía, alguna amiga nuestra. 3. la muchacha y una prima suya, el muchacho y una prima suya. 4. el vestido de Dorotea, este vestido suyo. 5. el sombrero de Felipe, ese sombrero suyo. 6. ese regalo tuyo, esa pulsera tuya. 7. ese amigo tuyo, esa amiga tuya. 8. aquel vecino de mis tíos, aquel vecino suyo.

Ejercicios orales

A. Substitution exercises:

1. *Mi mamá* duerme la siesta.
(Yo, Tú, Nosotros, Marta, Uds., Los niños)
2. *Bárbara* siempre se divierte mucho.
(Bárbara y yo, Yo, Ud., Tú, Uds., Ellos)
3. *Ellos* se sienten mejor.
(Juanita, Tú, Uds., Ella y yo, Yo, Ud.)
4. *Los muchachos* piden café.
(Luisa, Yo, Uds., Tú, Él y yo, Ella)
5. *Jorge* le pidió un favor.
(Jorge y ella, Yo, Él y yo, Tú, Carlos, Uds.)
6. *Marta* durmió tarde.
(Marta y Luisa, Tú, Yo, Uds., Nosotros, Ud.)
7. *Uds.* se divirtieron mucho.
(Ud., Juanita, Juan y Uds., Tú, Él, Ella y él)

B. Say after your teacher, then repeat, changing the present tense to the preterit:

1. Se acuestan a las diez. 2. Duermen mejor. 3. Se despiertan temprano. 4. A las siete suena el teléfono. 5. Roberto se levanta y se viste. 6. Mi mamá nos sirve chocolate. 7. Ricardo me pide un favor. 8. No me preguntan por Carolina. 9. Luisa, ¿qué le pides a tu mamá? 10. Miguel se enamora de María. 11. ¿Les piden Uds. permiso para ir? 12. Mi hermano menor no se duerme temprano.

C. Say after your teacher, then repeat, using a form of **suyo, -a,** following the model.

MODEL: Luis y una amiga *de él*.   Luis y una amiga de él.
Luis y una amiga suya.

1. este reloj *de él*.
2. esos discos *de ustedes*.
3. esas cintas *de usted*.
4. varias fotos *de ella*.
5. aquel radio *de ellos*.
6. aquellos amigos *de ellos*.
7. algunas amigas *de ella*.
8. dos tías *de él*.

D. Review the first person singular present indicative of the irregular and stem-changing verbs in Lección preliminar I, pages 6–7, then answer in the affirmative in Spanish:

1. ¿Conoces a aquel hombre?
2. ¿Les dices la verdad?
3. ¿Haces bien el trabajo?
4. ¿Oyes la orquesta?
5. ¿Pones el libro sobre la mesa?
6. ¿Sales de casa temprano?
7. ¿Tienes un cuaderno?
8. ¿Traes tu libro todos los días?
9. ¿Siempre vienes a clase?
10. ¿Ves el mapa de España?
11. ¿Cierras el libro?
12. ¿Vuelves a casa a tiempo?
13. ¿Puedes charlar un rato?
14. ¿Quieres tomar un refresco?
15. ¿Pides café?
16. ¿Generalmente te vistes rápidamente?

Ejercicios escritos

A. Write answers to these questions, following the models.

MODELS: ¿Es amigo tuyo?   Sí, es amigo mío.
¿Son amigos tuyos?   Sí, son amigos míos.

1. ¿Es vecino tuyo?
2. ¿Es amiga tuya?
3. ¿Es profesora tuya?
4. ¿Son amigas tuyas?
5. ¿Son primos tuyos?
6. ¿Son vecinos tuyos?

MODEL: ¿Es de Juan este mapa?   Sí, es suyo; es de él.

7. ¿Es de María el periódico?
8. ¿Es de Carlos esta camisa?
9. ¿Es del profesor este libro?
10. ¿Son de Anita los paquetes?
11. ¿Son de los niños los guantes?
12. ¿Son de tus padres los coches?

B. Write in Spanish:

1. Is he a friend of yours (*fam. sing.*)? Yes, he is a friend of mine.
2. Are they friends of yours (*fam. sing.*)? Yes, they are friends of mine.
3. Is she a cousin of yours (*fam. pl.*)? Yes, she is a cousin of ours.
4. Are they cousins of yours (*formal pl.*)? Yes, they are cousins of ours.
5. Is this package Martha's? Yes, it is hers.
6. Is this hat yours (*formal sing.*)? Yes, it is mine.
7. Is this car yours (*formal pl.*)? Yes, it is ours.
8. Is this house theirs (*two ways*)? Yes, it is theirs.

C. Write in Spanish:

1. Don't you (*formal sing.*) feel well? 2. I feel much better today. 3. They are very sorry. 4. I am very eager to see her. 5. Most of the children want to sleep. 6. My younger brother took a nap. 7. They had a very good time last night. 8. Are you (*fam. sing.*) having a good time? 9. Mike fell in love with Jane's older sister. 10. Why don't you (*fam. sing.*) ask Henry for the notebook? 11. Martha fell asleep in the chair. 12. She will come at about six o'clock and I shall tell her (it).

Práctica

—¿Está el doctor Medina? Llamé por teléfono hace una hora.
—Sí, está. ¿Es usted el señor Fuentes?
—Sí, señorita.
—Pase usted por aquí y siéntese aquí. (*Pronto entra el doctor Medina.*)
—Buenas tardes, señor Fuentes. ¿Qué le pasa a usted hoy?
—No sé, pero no me siento bien. Tengo dolor de cabeza y me duelen[1] los ojos.
—Voy a tomarle[1] la temperatura y el pulso. ¿También le duele la garganta?
—Me duele un poco. Creo que tengo fiebre . . .
—Sí, un grado y medio, pero no es nada grave. Solamente un resfriado.
—¿Qué debo hacer?
—Vuelva usted a casa y guarde cama hasta mañana. Tome esta medicina, tome mucha agua y se mejorará pronto. Si no, aquí tiene usted una receta para unas píldoras que puede comprar en la farmacia.

la cabeza head		**grave** grave, serious	
el doctor doctor (*title*)		**la medicina** medicine	
doler (ue) to ache, pain, hurt		**mejorarse** to improve, get better	
el dolor ache, pain		**el ojo** eye	
la farmacia pharmacy, drugstore		**la píldora** pill	
la fiebre fever		**el pulso** pulse	
la garganta throat		**la receta** prescription	
el grado degree		**la temperatura** temperature	

[1] For an explanation of this construction, see Lección suplementaria III, page 310.

aquí tiene usted (una receta)   here is (a prescription)
guardar cama   to stay in bed
¿le duele la garganta?   does your throat hurt? (*lit.*, does the throat hurt to you?)
me duele un poco   it aches a little (*lit.*, it aches to me a little)
me duelen los ojos   my eyes hurt
no es nada grave   it isn't serious at all
¿qué le pasa a usted?   what's the matter with you?
tener dolor de cabeza   to have a headache
voy a tomarle la temperatura   I'm going to take your temperature

Palabras y expresiones

SUBSTANTIVOS

la cama   bed
Dios   God
la joyería   jewelry store (shop)
el novio   boyfriend, sweetheart, fiancé
el resfriado   cold (*disease*)
la siesta   siesta, nap
el timbre   doorbell
el vecino   neighbor

ADJETIVOS

contento, -a   happy, contented, glad
querido, -a   dear

VERBOS

divertir (ie, i)   to amuse, divert; *reflex.* to amuse oneself, have a good time
dormir (ue, u)   to sleep; *reflex.* to fall asleep, go to sleep
enamorarse (de)   to fall in love (with)
pedir (i, i)   to ask, ask for, request, beg
sentir (ie, i)   to regret, be sorry; *reflex.* to feel
tocar   to ring
vestir (i, i)   to dress; *reflex.* to dress (oneself), get dressed

de la tarde   in the afternoon (*when the hour is given*), P.M.
de pronto   quickly, suddenly
¡Dios mío!   heavens! my goodness (gracious)!
divertirse (ie, i) mucho   to have a very good time
dormir (ue, u) la siesta   to take a nap
en la cama   in (the) bed
lo siento (mucho)   I'm (very) sorry
muy buenas   good afternoon (evening) (*used in reply to* **buenas tardes** *or* **buenas noches**)
pedir (i, i) permiso para   to ask permission to
tener muchos deseos de   to be very eager (wish very much) to

¡Qué gran sorpresa!

(Es jueves. Luis Gómez acaba de entrar en su cuarto en un hotel cuando Pablo, que le había conocido en México, llama a la puerta. El Sr. Gómez la abre.)

Sr. Gómez. ¡Ah, Pablo! ¡Cuánto me alegro de verte! Pasa y siéntate.

Pablo. Muchas gracias. Pero, ¡qué gran sorpresa! Al pasar por la oficina de mi padre me dieron su recado y casi no pude creerlo.

Sr. Gómez. Un momento . . . No te sientes allí, por favor, porque esa silla no es cómoda. Ésta es mejor que ésa.

Pablo. Pero, dígame, señor Gómez, ¿cuánto tiempo va Ud. a estar aquí? ¿Por qué no me escribió que venía?

Sr. Gómez. No tuve tiempo. Un compañero mío se enfermó el lunes y yo tuve que hacer este viaje de negocios en su lugar. Llegué el martes por la noche y ayer trabajé todo el día. Lo siento mucho, pero tengo que partir para México en el avión de las dos y media.

Pablo. ¿Por qué no puede Ud. pasar el fin de semana con mi familia?

Sr. Gómez. Me gustaría mucho poder hacerlo, pero en estos días estoy muy ocupado. Mañana tengo que dar un informe sobre este viaje.

Pablo. Pues, le invito a almorzar conmigo. Hay un buen restaurante cerca del hotel y se come muy bien allí.

Sr. Gómez. Acepto con mucho gusto, pero todavía no he hecho mi maleta.

Pablo. No se preocupe Ud. El servicio allí es muy rápido. Nos queda tiempo.

Sr. Gómez. Mira lo que compré esta mañana—un abrigo, una chaqueta, un traje, camisas, dos pares de pantalones . . .

Pablo. ¡Señor Gómez, no me diga que es Ud. millonario!

Sr. Gómez. De ninguna manera. El presidente de mi compañía me ha dicho que debo hacer un viaje a Chile pronto. Me gusta mucho la ropa que tienen aquí y como yo tenía tiempo hoy, decidí buscar lo que necesitaba.

Pablo. ¡Qué suerte ha tenido Ud.! Pero, ¿no quiere comenzar a hacer su maleta? Y mientras tanto, ¿me permite lavarme las manos?

Sr. Gómez. ¡Cómo no! Puedes lavártelas allí, en el cuarto de baño. Estaré listo muy pronto.

Preguntas

Answer in Spanish these questions based on the first part of the dialogue:

1. ¿Qué día es? 2. ¿Quién acaba de entrar en su cuarto en un hotel? 3. ¿Qué dice el señor Gómez cuando ve a Pablo? 4. ¿Qué contesta Pablo? 5. ¿Cuándo supo Pablo que el señor Gómez estaba en la ciudad? 6. ¿Por qué no tuvo tiempo para escribirle a Pablo? 7. ¿Cuándo llegó el señor Gómez? 8. ¿Cuándo tiene que partir?

Preguntas generales

1. ¿Qué día de la semana es hoy? 2. ¿Qué día fue ayer? 3. ¿Qué día será mañana?
4. ¿A qué hora se almuerza en este país? 5. ¿Hay buenos hoteles en esta ciudad?
6. ¿Tienen restaurantes los hoteles? 7. ¿Se come bien en algún restaurante de aquí?
8. Si se hace un viaje, ¿en qué se lleva la ropa? 9. Generalmente, ¿qué ropa lleva
un hombre cuando viaja? 10. ¿Haces tú viajes de negocios?

Study the first part of the dialogue and retell it in Spanish in your own words.

Prepare a **discurso** of eight to ten sentences in which you tell about (1) inviting
a friend to lunch or (2) the items you or a friend purchased before taking a long
trip.

Notas

I. The present subjunctive tense of regular verbs

tomar		comer		vivir	
SINGULAR	PLURAL	SINGULAR	PLURAL	SINGULAR	PLURAL
tome	tomemos	coma	comamos	viva	vivamos
tomes	toméis	comas	comáis	vivas	viváis
tome	tomen	coma	coman	viva	vivan

(1) In the present subjunctive tense, with what letter do the endings of **-ar**
verbs begin? (2) With what letter do the endings of **-er** and **-ir** verbs begin?
(3) How do the endings in the present subjunctive compare with the present
indicative endings?

In Lección preliminar IV, pages 27–28, you learned the endings for the formal
commands with **usted** and **ustedes,** which are the endings of the third person
singular and plural of the present subjunctive. (4) What form of this tense is
used to express negative familiar commands (with **tú**)? Other uses of the subjunctive and the way it differs from the indicative will be explained in later lessons.

There is no regular translation for the subjunctive; in drill exercises the translation for the present subjunctive may be: **(que) yo tome,** (that) I may take; **(que)
comamos,** (that) we may eat.

II. The present subjunctive of irregular and other verbs

INFINITIVE	1ST SINGULAR PRES. INDICATIVE	PRESENT SUBJUNCTIVE
conocer	**conozco**	**conozca, conozcas, conozca,** etc·
decir	**digo**	**diga, digas, diga,** etc.
hacer	**hago**	**haga, hagas, haga,** etc.
oír	**oigo**	**oiga, oigas, oiga,** etc.
poner	**pongo**	**ponga, pongas, ponga,** etc.
salir	**salgo**	**salga,** etc.
tener	**tengo**	**tenga,** etc.
traer	**traigo**	**traiga,** etc.
venir	**vengo**	**venga,** etc.
ver	**veo**	**vea,** etc.

To form the present subjunctive of all verbs, except the five given below and **haber** (to be given later), drop **-o** of the first person singular present indicative and add to the stem the subjunctive endings for the corresponding conjugation.

dar	estar	ir	saber	ser
dé	**esté**	**vaya**	**sepa**	**sea**
des	**estés**	**vayas**	sepas	seas
dé	**esté**	**vaya**	sepa	sea
demos	estemos	**vayamos**	sepamos	seamos
deis	estéis	**vayáis**	sepáis	seáis
den	**estén**	vayan	sepan	sean

Stem-changing verbs of Class I (ending in **-ar** and **-er**) have the same changes in the present subjunctive which they have in the present indicative, that is, throughout the singular and in the third person plural. This is also true of **poder** and **querer**.

cerrar:	**cierre**	**cierres**	**cierre**	cerremos	cerréis	**cierren**
volver:	**vuelva**	**vuelvas**	**vuelva**	volvamos	volváis	**vuelvan**
poder:	**pueda**	**puedas**	**pueda**	podamos	podáis	**puedan**
querer:	**quiera**	**quieras**	**quiera**	queramos	queráis	**quieran**

III. Review of demonstrative adjectives and pronouns

Remember that the demonstrative pronouns are the same in form as the demonstrative adjectives, except that they have a written accent. The pronouns are:

éste, ésta, éstos, éstas	this (one), these
ése, ésa, ésos, ésas	that (one), those
aquél, aquélla, aquéllos, aquéllas	that (one), those
esto, eso, aquello	this, that (*neuter*)

esa silla y ésta that chair and this one
aquellas ciudades y éstas those cities and these
¿Te gusta ése? Do you like that one?
¿Qué es esto? What is this?
Me alegro de eso (aquello). I am glad of that.

Ése refers to something near the person addressed and **aquél** to something at a distance.

The three neuter pronouns (**esto, eso, aquello**) refer to a statement, a general idea, or something which has not been identified. There are no written accents on these forms.

The demonstrative pronoun **éste** (**-a, -os, -as**) often translates *the latter* in Spanish. See footnote 6, page 33; line 3, page 76; lines 37 and 40, page 108, for uses of **éste,** *the latter.* Another example is:

Yo le di el dinero a la empleada; ésta envolvió la camisa. I gave the money to the clerk; the latter wrapped up the shirt.

Ejercicios orales

A. Say after your teacher, then change to a formal singular command.

MODEL: Ud. habla español.   Ud. habla español. Hable Ud. español.

1. Ud. lee el artículo. 2. Ud. abre la puerta. 3. Ud. cierra la ventana. 4. Ud. escribe el informe. 5. Ud. hace la maleta. 6. Ud. va al supermercado. 7. Ud. viene a vernos. 8. Ud. está listo. 9. Ud. envuelve las cosas. 10. Ud. sale a la calle.

B. Say after your teacher, then change to the negative.

MODEL: Hágalo Ud.   Hágalo Ud. No lo haga Ud.

1. Póngalos Ud. en la mesa. 2. Póngase Ud. el abrigo. 3. Enséñeles Ud. la chaqueta. 4. Lléveselos Ud. a ella. 5. Siéntense Uds. aquí. 6. Lávenselas Uds. allí. 7. Tráigannoslo Uds. hoy. 8. Dénmelo Uds. esta tarde.

C. Say after your teacher, then change to the negative.

MODEL: Pablo, trae el informe.   Pablo, trae el informe.
No traigas el informe.

1. Marta, cierra el libro. 2. Enrique, compra la camisa. 3. Jorge, deja los ejercicios sobre la mesa. 4. Carlos, entra en el cuarto. 5. Elena, trae el café. 6. Marta, aprende la canción. 7. Tomás, escribe la carta. 8. Luis, devuelve los sellos esta noche.

D. Say after your teacher, then give the corresponding demonstrative pronoun for the demonstrative adjective.

MODEL: este abrigo.   este abrigo; éste.

1. aquel hotel. 2. aquella compañía. 3. este restaurante. 4. estas maletas. 5. esos recados. 6. esa sorpresa. 7. ese lugar. 8. aquellos parques.

MODEL: Mire Ud. aquel coche.   Mire Ud. aquel coche. Mire Ud. aquél.

9. Juan me trajo estas cosas. 10. Entraron en aquel almacén. 11. Salieron de aquella joyería. 12. Tráiganme Uds. esos sobres. 13. ¿Te gustan estas fotos? 14. ¿Les llevarás esas flores?

E. Answer in the negative, following the model.

MODEL: ¿Qué traje te gusta? ¿Éste?   No, no me gusta ése.

1. ¿Qué maleta te gusta? ¿Ésta?
2. ¿Cuál de los abrigos te gusta? ¿Éste?
3. ¿Qué libros puedes llevarles? ¿Éstos?
4. ¿Cuál de los vestidos quieres ponerte? ¿Ése?
5. ¿Cuál de las pulseras vas a comprarte? ¿Ésa?
6. ¿Qué fotos te gustan? ¿Éstas?

Ejercicios escritos

A. Write affirmative and negative formal commands for each question, substituting the correct object pronouns for the noun objects.

MODEL: ¿Le doy a Juan el libro?   Sí, déselo Ud. a él.
No, no se lo dé Ud. a él.

1. ¿Le traigo a Miguel los sellos? 2. ¿Les llevo a los muchachos los bolígrafos? 3. ¿Le doy a la señora López el informe? 4. ¿Le envío a mi amigo el regalo? 5. ¿Me pongo el abrigo? 6. ¿Les digo a ellos la verdad?

B. Write negative familiar commands for each sentence, substituting the correct object pronouns for the noun objects.

MODEL: Lee tú la carta.   No la leas.

1. Prepara tú el almuerzo. 2. Llama tú a tu hermana. 3. Devuelve tú el paquete. 4. Invita tú a Luisa a cenar. 5. Acepta tú el cheque. 6. Limpia tú el cuarto. 7. Trae tú las cintas. 8. Deja tú el abrigo aquí.

C. Write in Spanish:

1. When Mr. Gómez sees Paul, he says: "How glad I am to see you (*fam. sing.*)! Come in and sit down."[1] 2. Paul answers: "What a great surprise! Why didn't you write me that you were coming?" 3. His Mexican friend said that a companion of his became ill on Monday. 4. Therefore, he had to make the business trip in his place. 5. He said that he could not spend the weekend with Paul. 6. He was to give a report to the president of his company the next day. 7. Paul invited him to have lunch, but first he had (*use imperfect*) to pack his suitcase. 8. That morning he had bought a suit, a topcoat, a jacket, and two pairs of trousers. 9. He is to make a trip to Chile soon and he needs the clothes. 10. Paul plans to take him to a restaurant where the food is very good (where one eats very well).

D. Review the verbs and expressions used in Lecciones 7–9, then write in Spanish:

1. suddenly. 2. by no means. 3. all day. 4. most of the boys. 5. in the meantime. 6. at two P.M. 7. good afternoon. 8. Tuesday evening. 9. Heavens! 10. We are very sorry. 11. She took a nap. 12. Don't worry (*pl.*). 13. What a great surprise! 14. He had a very good time. 15. I asked them for permission to use the car. 16. Did she pack her suitcase? 17. How long can you (*fam. sing.*) stay here? 18. He will make a business trip. 19. Paul fell in love with Jane. 20. Martha, may I sit down here? 21. They attend this school. 22. I took many (thousands of) photos. 23. I should like to leave now. 24. We are sure that Mr. Sierra will come. 25. I am very eager to see him.

[1] Remember that Spanish quotation marks are placed on the line (see Appendix B, page 399).

Práctica

—¡Hola! ¿Te gusta la lluvia?

—No me gusta de ninguna manera. Ayer dejé mi paraguas aquí en la escuela y esta mañana me mojé mucho.

—Y yo también, como puedes ver. En casa busqué mi impermeable y mis chanclos, pero no pude encontrarlos. Por eso, yo me mojé también.

—Carlos ha venido en coche hoy y me ha dicho que puede llevarnos a casa si llueve todo el día.

—¡Qué bueno! Nos vemos más tarde.

los chanclos galoshes   **la lluvia** rain
el impermeable raincoat

mojarse (mucho) to get (very) wet
¡qué (bueno)! how (fine *or* great)!
nos vemos we'll see (be seeing) one another

Palabras y expresiones

SUBSTANTIVOS

el abrigo (top)coat
el baño bath
el compañero companion
la compañía company
el cuarto de baño bathroom
el hotel hotel
el informe report
el lugar place, site, spot
la maleta suitcase
la manera manner, way
el millonario millionaire

los negocios business
el presidente president
el recado message
el servicio service
la sorpresa surprise

ADJETIVO

rápido, -a rapid, fast

VERBOS

enfermarse to become ill (sick)
preocuparse to worry, be concerned

¡ah! ah! oh!
¿cuánto tiempo? how long? how much time?
de ninguna manera by no means, not at all
(el avión) de las dos y media (the) 2:30 (plane)
el martes por la noche (on) Tuesday evening (night)
hacer la maleta to pack the suitcase
¿me permite (Ud.) + *inf.* . . .? may I . . .?
nos queda tiempo we have time (left)
¡qué (gran) sorpresa! what a (great) surprise!
¡qué suerte ha tenido Ud.! how fortunate (lucky) you have been!
se come muy bien allí the food is very good there (one eats very well there)
todo el día all day, the whole (entire) day
(viaje) de negocios business (trip)

Dos conquistadores españoles

Hernán Cortés ●●●●●●
Francisco Pizarro ━ ━ ━ ━

CORTÉS

(Radio Times Hulton Picture Library)

Océano Atlántico

Golfo de México

México

Veracruz

YUCATÁN

Santiago

Santo Domingo

Mar Caribe

Océano Pacífico

(Radio Times Hulton Picture Library)

PANAMÁ

COLOMBIA

Quito

ECUADOR

Túmbez

Cajamarca

Lima

Cuzco

PIZARRO

LECTURA IV

1. Dos conquistadores españoles

Estudio de palabras

1. Certain nouns ending in **-tad,** as well as in **-dad,** end in *-ty* in English: crueldad, dificultad, libertad, sinceridad.

2. Spanish adverbs ending in **-mente** end in *-ly* in English: brevemente, fácilmente, inmediatamente, ricamente.

3. Review the principles given in Lectura II, page 73, for recognizing certain Spanish infinitives. *Pronounce and give the English for:* atacar, devorar, embarcar, existir, fundar, rebelar; capturar, obligar, resolver; indicar.
   Pronounce and observe the meanings of: anunciar, *to announce;* cruzar, *to cross;* dirigir, *to direct;* ocupar, *to occupy;* reconocer, *to recognize, acknowledge.*

4. Keeping in mind the principles given earlier for the recognition of Spanish nouns, *give the English for:* fundación, institución, situación; distancia, provincia; emperador; cristiano, emblema, serpiente.
   The following words should also be recognized easily, especially in context or when pronounced in Spanish: cañón, *cannon;* capitán, *captain;* fuerzas, *forces;* intérprete, *interpreter;* merced, *mercy;* prisionero, *prisoner;* representante, *representative;* terraza, *terrace;* valle, *valley.*
   Try to think of some additional English meanings for cognates: bandera, *banner, flag;* clérigo, *cleric, priest;* prudencia, *prudence, wisdom, sound judgment.*

Modismos y frases útiles

a manos de   at the hand(s) of
a poca distancia (de)   a short distance (from)
a punto de   at (on) the point of, about to
al pie de   at the bottom (foot) of
dar a   to face, open on(to)
dar gracias a   to thank, give thanks to
darse cuenta de   to realize
de nuevo   again, anew
dirigirse a   to direct oneself to, go to

dos veces   twice, two times
él mismo   he himself
encima de   on top of
esto es   this (that) is
gozar de + *obj.*   to enjoy
mucho tiempo   long, a long time
oír hablar de   to hear of (about)
poco a poco   little by little
por medio de   by means of, through
por orden (órdenes) de   at (by) the order (orders) of
servir (i, i) de   to serve as (a)

Notas

A few grammatical points, marked in the Lectura with asterisks, will be explained in this section to facilitate reading. In most cases they will not have been taken up formally in previous grammar lessons.

1. You have learned that **al** plus an infinitive may be translated in English by *on* (*in*), *upon* plus a present participle or by a *when*-clause:

> **Al acercarse . . .**   Upon approaching (When they approached) . . .

The infinitive may have a subject in this construction, in which case the subject follows the verb:

Al entrar Atahualpa en la plaza . . .   When Atahualpa entered the square . . .

2. The true passive voice (an action performed by an agent, which may or may not be mentioned) is formed by using **ser** and the past participle, which must agree with the subject (see Lección suplementaria I, page 289):

> **Aquella noche es conocida . . .**   That night is known . . .
> **. . . pájaros que habían sido devorados . . .**   . . . birds which had been devoured . . .
> **Almagro fue vencido y condenado a muerte . . .**   Almagro was overcome and condemned to death . . .

See Lección 6, page 103, for a discussion of the reflexive substitute for the passive. An additional use of this construction occurs when **se** is used impersonally as the subject and the English noun subject is made the object of the Spanish verb. The object pronoun **le** (*pl.* **les**) is used for a third person masculine object, direct or indirect:

> **Se le critica mucho a Cortés . . .**   Cortés is criticized (People criticize Cortés) a great deal . . .

3. Sometimes when a long subject follows a Spanish verb in the active voice, the English sentence can best be expressed by the passive voice:

En el camino se le unieron a Pizarro unos 130 hombres, . . .   On the way Pizarro was joined by 130 men, . . .

4. In Spanish, when anything is taken away, bought, hidden, etc., from anyone, the indirect object is used:

> **. . . Cortés se lo compró al cacique . . .**   . . . Cortés bought him from the Indian chief . . .

A similar use appeared in line 38, page 109:

> **Para ocultar a los indios . . .**   In order to hide from the Indians . . .

Hernán Cortés (1485–1547) se embarcó para América a la edad de diez y nueve años, dirigiéndose primero a la Española, y después, a Cuba. Oyó hablar muchas veces de tierras maravillosas que estaban al oeste, al otro lado del mar. Mandado por Diego Velázquez, gobernador de Cuba, a conquistar a México, Cortés resolvió emprender la conquista por cuenta propia.[1] Tenía entonces treinta y cuatro años de edad.

En el viaje de Cuba a México, Cortés pasó por una isla donde conoció a Jerónimo de Aguilar, un español que los indios habían capturado unos ocho años antes. Pensando que Aguilar podría servirle de intérprete, Cortés se lo compró al cacique,* que era su dueño. Más tarde, en la costa de Yucatán, el conquistador conoció a una joven indígena, llamada Marina, que le acompañó en sus exploraciones. Como ella hablaba la lengua de los mayas y la de los aztecas, ayudó mucho a Cortés en sus tratos[2] con los indios.

La expedición, que constaba de[3] unos 500 soldados, 12 naves, 16 caballos y unas pocas armas de fuego,[4] llegó a la costa de México en el mes de abril de 1519. Después de fundar la ciudad de Veracruz, Cortés quemó[5] todas sus naves, menos una que mandó a España para anunciar la fundación de la nueva colonia. Con la ayuda de algunas tribus indígenas que llegaron a ser aliados suyos,[6] Cortés y sus soldados invadieron el territorio de los aztecas. Al acercarse* a Tenochtitlán, la capital de los aztecas, el emperador Moctezuma salió a recibirlos con regalos muy valiosos. Así es que los españoles pudieron establecerse sin dificultad en la ciudad, que estaba situada en la meseta central.

Comprendiendo que su pequeño ejército[7] estaba a la merced de los aztecas, los españoles tomaron prisionero a Moctezuma y le obligaron a dar las órdenes que ellos le indicaban. Poco a poco los aztecas se dieron cuenta de la situación y, por fin, se rebelaron contra los invasores.[8] Por orden de los españoles Moctezuma salió a la terraza para hablar con los indios, quienes le arrojaron una piedra que le causó la muerte.[9] Sabiendo el peligro[10] en que se encontraban, los españoles salieron de la ciudad la noche del treinta de junio de 1520. Aquella noche es conocida* en la historia como «la Noche Triste»; en ella Cortés perdió unos 400 soldados. Al año siguiente, habiendo recibido nuevas fuerzas, Cortés pudo emprender de nuevo la conquista de Tenochtitlán.

Se le critica mucho a Cortés* por su crueldad, pero hay que reconocer que ningún conquistador le superó[11] en valor, táctica militar, prudencia y sinceridad religiosa. Él mismo empezó a establecer en la Nueva España,[12] esto es, en México, las instituciones que existían en su época en España.

Brevemente hablaremos ahora de la fundación de la ciudad de Tenochtitlán en 1325, según una antigua leyenda azteca. Entre las tribus indígenas que vivían en el norte de México estaba la azteca. Por órdenes de los dioses, los aztecas viajaron por muchos años hacia el sur, buscando un lugar para establecerse. Por

---

[1] **por cuenta propia,** *by himself, on his own (account).* [2] **tratos,** *dealings.* [3] **constaba de,** *consisted of.* [4] **armas de fuego,** *firearms.* [5] **quemó,** *burned.* [6] **aliados suyos,** *allies of his.* [7] **ejército,** *army.* [8] **invasores,** *invaders.* [9] **le causó la muerte,** *caused his death.* [10] **peligro,** *danger.* [11] **superó,** *surpassed.* [12] New Spain, which was organized as a viceroyalty in 1535, comprised all Spanish territory north of Panama; thus Mexico was called New Spain until its independence from the mother country in 1821.

fin, llegaron al valle de Anáhuac, donde vieron un lago grande en que había muchas islas. En una de las islas había una peña;[1] encima de la peña, un nopal;[2] y en el nopal había un águila[3] a punto de devorar una serpiente. Al pie del nopal había muchas plumas verdes, azules, rojas y amarillas de pájaros que habían sido devorados* por el águila. El dios principal les dijo que éste era el lugar donde debían establecerse. Los aztecas le dieron gracias a su dios e inmediatamente fundaron la ciudad de Tenochtitlán, llamada México después en honor de Mexitli, dios de la guerra. El águila en el nopal con una serpiente en el pico, que se ve en el centro de la bandera mexicana, es el emblema nacional de México.

Ahora vamos a leer algo sobre otro conquistador español, Francisco Pizarro (1475–1541). Después del descubrimiento del Océano Pacífico en 1513, los españoles empezaron a dirigir sus exploraciones hacia el sur. Uno de los compañeros de Núñez de Balboa, Francisco Pizarro, se asoció con[4] otro soldado, Diego de Almagro, y con el clérigo Hernando de Luque, para emprender la conquista del imperio de los incas. Después de intentarlo[5] en vano dos veces, primero en 1524 y luego dos años después, Pizarro decidió volver a España, donde el rey, Carlos V,[6] le nombró gobernador de las provincias del Perú.

En enero de 1531 Pizarro salió de Panamá por tercera vez. Llevaba 27 caballos y unos 180 soldados, entre ellos cuatro hermanos suyos. Al llegar al norte del Perú cruzaron montañas, ríos y desiertos en su marcha hacia Cajamarca, donde los esperaba Atahualpa, emperador de los incas. En el camino se le unieron a Pizarro unos 130 hombres,* entre ellos el capitán Hernando de Soto.

Atahualpa, que acababa de derrotar[7] a su hermano Huáscar en una guerra civil, creía que los incas podrían vencer fácilmente a los españoles. En noviembre Pizarro ocupó la ciudad de Cajamarca, que los incas habían abandonado, y envió a un hermano suyo y a Hernando de Soto a decirle a Atahualpa que el representante de otro gran rey le invitaba a visitarle. El inca, que estaba a poca distancia de la ciudad con más de 30,000 hombres, les contestó que lo haría al día siguiente.

Pizarro escondió hombres, caballos y cañones en los edificios que daban a la plaza. Al entrar Atahualpa en la plaza,* en una litera[8] ricamente adornada, le recibió un padre dominico, Vicente de Valverde. Ofreciéndole al inca una Biblia, Valverde trató de explicarle, por medio de un intérprete, que debía aceptar la religión cristiana y reconocer el poderío del rey de España. Atahualpa arrojó la Biblia al suelo, contestando que ningún rey era más poderoso que él. En ese momento los españoles que estaban escondidos atacaron a los indios, matando a muchos de ellos y prendiendo[9] a Atahualpa. Éste, para obtener su libertad, ofreció llenar de oro el cuarto donde le tenían prisionero. Aunque lo hizo, no le dieron la libertad que le habían prometido. Los españoles lanzaron acusaciones falsas contra él y le condenaron a muerte.

---

[1] **peña,** *rock.* [2] **nopal,** *prickly pear tree, cactus.* [3] **un águila,** *an eagle.* [4] **se asoció con,** *joined, formed a partnership with.* [5] **intentar,** *to try.* [6] **Carlos V = Carlos Quinto.** [7] **acababa de derrotar,** *had just defeated.* [8] **litera,** *litter.* [9] **prendiendo,** *seizing.*

Continuando la conquista del imperio inca, los españoles marcharon al Cuzco, la capital del imperio. Más tarde Pizarro se dirigió al valle del Rimac, donde, el seis de enero de 1535, en honor de la fiesta de la Epifanía,[1] fundó la Ciudad de los Reyes, después llamada Lima.

Pizarro y Almagro no gozaron mucho tiempo de sus riquezas y conquistas. Surgieron discordias[2] entre los dos. Almagro fue vencido y condenado a muerte* por uno de los hermanos del conquistador. Pizarro murió a manos de un hijo de Almagro en 1541. Hoy día, en la catedral de la antigua capital del Perú, se puede ver el lugar donde se encuentran los restos de Pizarro.

Preguntas

1. ¿Cuántos años tenía Cortés cuando se embarcó para América? 2. ¿De qué oyó hablar en la Española y en Cuba? 3. ¿Qué resolvió hacer cuando Diego Velázquez le mandó a conquistar a México? 4. ¿A quiénes conoció en el viaje a México? 5. ¿Qué lenguas hablaba Marina?

6. ¿En qué año llegó la expedición a la costa de México? 7. ¿Qué nombre le dieron a la ciudad que fundaron allí? 8. ¿Quemó Cortés todas sus naves? 9. ¿Qué territorio invadieron los españoles? 10. ¿Cómo se llamaba la capital de los aztecas? 11. ¿Quién era el emperador de ellos?

12. Después de tomar prisionero a Moctezuma, ¿qué le obligaron a hacer? 13. ¿Qué hicieron los indios cuando se dieron cuenta de la situación? 14. ¿Qué hicieron los españoles la noche del treinta de junio? 15. ¿Cómo es conocida aquella noche? 16. ¿Cuándo pudo Cortés emprender de nuevo la conquista de la ciudad? 17. ¿En qué superó Cortés a los otros conquistadores españoles? 18. ¿Qué empezó a establecer Cortés en la Nueva España?

19. ¿En qué año se fundó la ciudad de Tenochtitlán? 20. ¿Dónde vivían los aztecas antes de ese año? 21. ¿A qué valle llegaron? 22. ¿Cuál es el emblema nacional de México?

23. ¿A quién nombró el rey, Carlos V, gobernador de las provincias del Perú? 24. ¿En qué año salió Pizarro de Panamá por tercera vez? 25. ¿Qué cruzaron los españoles en su marcha hacia Cajamarca? 26. ¿Quién esperaba a los españoles allí?

27. ¿Cuántos hombres acompañaban a Atahualpa? 28. ¿Qué pasó cuando Atahualpa entró en la plaza? 29. ¿Qué ofreció hacer Atahualpa para obtener su libertad? 30. Por fin, ¿qué hicieron los españoles?

31. ¿Adónde marcharon los españoles después? 32. ¿Cuándo fundó Pizarro la Ciudad de los Reyes? 33. ¿Cuándo murió Pizarro? 34. ¿Dónde se encuentran los restos de Pizarro?

---

[1] **Epifanía,** *Epiphany* (January 6). [2] **Surgieron discordias,** *Discord (Disagreements) arose.*

Comprensión

Listen carefully to each partial sentence. Repeat what you hear, then add in Spanish what is needed to complete each one accurately:

1. Hernán Cortés tenía diez y nueve años cuando partió de España para ir a ____.
2. Dos personas que le ayudaron mucho en la conquista de México fueron ____.
3. Al llegar a la costa de México, Cortés fundó la ciudad de ____.
4. Cortés quemó todas sus naves, menos una que ____.
5. Los españoles llegaron a la meseta central donde se encontraba ____.
6. El emperador Moctezuma salió a recibir la expedición con ____.
7. Comprendiendo que su pequeño ejército estaba a la merced de los aztecas, los españoles ____.
8. Cuando los aztecas se dieron cuenta de la situación, ____.
9. Cuando Moctezuma salió a la terraza, los aztecas le arrojaron ____.
10. Los españoles salieron de la ciudad la noche ____.
11. Aquella noche es conocida en la historia como ____.
12. Al año siguiente, habiendo recibido nuevas fuerzas, Cortés pudo ____.
13. El águila en un nopal con una serpiente en el pico es el ____.
14. En enero de 1531 Francisco Pizarro salió de Panamá para ____.
15. Los españoles llegaron a Cajamarca, donde los esperaba ____.
16. Cuando Atahualpa arrojó la Biblia al suelo, los españoles ____.
17. Para obtener su libertad, Atahualpa ofreció ____.
18. Continuando la conquista del imperio inca, los españoles ____.
19. Pizarro fundó la Ciudad de los Reyes el ____.
20. Hoy día se puede ver el lugar donde se encuentran los restos de Pizarro en ____.

2. *Hernando de Soto y los incas ajedrecistas*[1]

Ricardo Palma (Peru, 1833–1919) was a great teller of tales. For background he needed only a little history. To give purpose to his story, he often chose some human quality, such as generosity, pity, sympathy, greed, or false pride. He could then turn his imagination loose, moving at full speed ahead, to turn out a delightful story. His many tales, called tradiciones, *present a series of pictures of Peru's development from the time when it was an Inca empire through its colonial period, its struggle for independence from Spain, and on into its existence as an independent republic. The* Tradiciones peruanas, *from which* Hernando de Soto y los incas ajedrecistas *has been adapted, are a pleasant mixture of fact and fiction.*

El hidalgo Hernando de Soto se unió a Francisco Pizarro en el Perú y tomó parte en la conquista de los incas. Pizarro, reconociendo que de Soto era valiente,

---

[1] **ajedrecistas,** *chess players.*

justo y simpático, le nombró por su segundo,[1] no sin oposición de sus cuatro hermanos.

De Soto fue el primer español que habló con el emperador Atahualpa, mandado por Pizarro al campamento del Inca. Éste aceptó la invitación de pasar a Cajamarca.

Atahualpa, en su prisión, tomó gran cariño[2] por Hernando de Soto, siempre viendo en él un defensor. De Soto era verdaderamente caballero, y tal vez el único corazón noble entre los ciento setenta españoles que capturaron al hijo del Sol.[3]

Los moros, que durante más de siete siglos dominaron en España, introdujeron[4] en el país la afición al juego de ajedrez.[5] Los españoles trajeron este juego popular al Nuevo Mundo. Se sabe que los capitanes Hernando de Soto, Juan de Rada, Francisco de Chaves, Blas de Atienza y el tesorero[6] Riquelme se reunían todas las tardes, en Cajamarca, en el cuarto que sirvió de prisión al Inca Atahualpa. Allí, para estos cinco hombres y tres o cuatro más, había dos tableros[7] pintados sobre dos mesitas de madera. Las piezas eran de barro.[8]

El Inca estaba muy preocupado en los primeros meses de su cautiverio.[9] Aunque todas las tardes tomaba asiento junto a Hernando de Soto, su amigo y defensor, no daba señales de haberse dado cuenta de[10] cómo movían las piezas. Pero una tarde, en las jugadas[11] finales de un partido entre de Soto y Riquelme, hizo ademán Hernando de[12] mover el caballo,[13] y el Inca Atahualpa, tocándole ligeramente el brazo,[14] le dijo en voz baja:[15]

—No, capitán, no . . . ¡El castillo!

Todos se sorprendieron. Hernando, después de meditar unos momentos, movió la torre,[16] como le había aconsejado Atahualpa, y pocas jugadas después sufría Riquelme el inevitable *mate*.[17]

Después de aquella tarde el capitán Hernando de Soto invitaba al Inca a jugar un solo partido, y pronto el discípulo era ya digno del maestro.[18]

Se dice que los otros ajedrecistas españoles, con la excepción de Riquelme, invitaron también al Inca; pero éste nunca aceptó, diciéndoles por medio del intérprete:

—Yo juego muy poquito y vuesa merced[19] juega mucho.

La tradición popular asegura que el Inca pagó con la vida el *mate* que por su consejo[20] sufrió Riquelme aquella tarde. En el famoso consejo de veinticuatro jueces,[21] convocado por Pizarro, se le impuso a Atahualpa la pena de muerte por trece votos contra once.[22] Riquelme fue uno de los trece.

---

[1] **segundo,** *second in command, assistant.* [2] **cariño,** *affection, liking.* [3] **hijo del Sol,** *son of the Sun = the Inca.* [4] **introdujeron** (*pret. of* **introducir**), *introduced.* [5] **afición al juego de ajedrez,** *fondness for the game of chess.* [6] **tesorero,** *treasurer.* [7] **tableros,** *chessboards.* [8] **Las piezas eran de barro,** *The chessmen were (of) pottery (of clay).* [9] **cautiverio,** *captivity.* [10] **no daba . . . cuenta de,** *he gave no signs of having realized.* [11] **jugadas,** *plays.* [12] **hizo ademán Hernando de,** *Hernando made a gesture to.* [13] **caballo,** *knight* (in chess). [14] **tocándole . . . brazo,** *touching his arm lightly.* [15] **en voz baja,** *in a low voice.* [16] **torre,** *castle* (in chess). [17] **mate,** *checkmate.* [18] **el discípulo . . . maestro,** *the pupil was already worthy of the teacher.* [19] **vuesa merced,** *your grace, you.* [20] **consejo,** *advice; court* (in next sentence). [21] **jueces,** *judges.* [22] **se le impuso . . . once,** *the death penalty was imposed on Atahualpa by a vote of 13 to 11.*

Cuando Hernando de Soto volvió de una exploración, a que le había enviado Pizarro, supo que le habían dado muerte al Inca. Manifestó gran enojo[1] por el crimen de sus compañeros, y disgustándose cada día más[2] con su conducta, volvió a España en 1536, llevándose[3] diez y siete mil setecientas onzas de oro[4] que le correspondían del rescate[5] del Inca.

Modismos y frases útiles

dar muerte a   to kill, put to death   **tal vez**   perhaps
junto a   near, next to   **tomar asiento**   to take a seat
nombrar por   to name as

Preguntas

1. ¿A quién se unió de Soto? 2. ¿En qué tomó parte? 3. ¿Con quién habló de Soto? 4. ¿Por qué tomó Atahualpa gran cariño por de Soto? 5. ¿Qué introdujeron los moros en España? 6. ¿Qué hicieron los españoles con aquel juego? 7. ¿Dónde se reunían los capitanes todas las tardes?

8. ¿Dónde tomaba asiento el Inca? 9. ¿Sabía jugar al ajedrez? 10. ¿Qué dijo una tarde cuando de Soto iba a mover el caballo? 11. ¿Qué pasó entonces? 12. ¿Jugaban mucho de Soto y Atahualpa? 13. ¿Jugó el Inca con los otros españoles?

14. ¿Qué asegura la tradición popular? 15. ¿Cuántos jueces había en el consejo? 16. ¿Cuántos votos recibió el Inca? 17. ¿De quién fue uno de los trece votos contra él? 18. ¿Qué hizo de Soto al saber que le habían dado muerte a Atahualpa?

3. Los Reyes Magos

Jacinto Benavente (1866–1954), one of Spain's best-known playwrights of the twentieth century, also wrote short stories. This adaptation of a Christmas story shows something of the universal character of Benavente's work.

El día de los Reyes Magos (The day of the Wise Men) *is the Epiphany or Twelfth Night, January 6. On that date the three Wise Men reached Bethlehem with their gifts for the Christ child. Spanish children receive their gifts on January 6, rather than on Christmas Day.*

Al amanecer[6] del día de los Reyes Magos, el niño se despertó nervioso, saltó de la cama y corrió al balcón para ver lo que le habían traído los tres Reyes Magos. Cuando la criada oyó el ruido del niño que trataba de abrir el balcón, corrió gritando:

---

[1] **enojo,** *anger.* [2] **disgustándose cada día más,** *becoming more and more displeased.* [3] **llevándose,** *taking with him.* [4] **onzas de oro,** *doubloons* (gold coins worth $20 or more). [5] **le correspondían del rescate,** *fell to his share from the ransom.* [6] **Al amanecer,** *At dawn.*

—Niño, ¿qué estás haciendo? Vas a enfermarte; tienes que volver a la cama.

—¡Los Reyes! ¡Quiero ver lo que me han traído los Reyes!

—¡Qué tonto[1] eres! —decía el hermano mayor desde su cama, después que la criada había puesto a su hermano pequeño en su cama otra vez. —Yo tengo ya mi regalo. ¿Ves este duro[2] nuevo? Cuando papá me lo dio anoche, me dijo: «¿Tú crees en eso de[3] los Reyes? ¡Tonto! Los reyes son papá y mamá . . .»

—¡Es mentira! —gritó el niño. —Los Reyes han venido y me han traído muchas cosas, y a ti nada, porque me haces rabiar[4] . . .

—¡Tonto, tonto! —decía el hermano mayor.

El niño empezó a llorar.[5] El padre, de mal humor,[6] llegó y preguntó:

—¿Qué ocurre?

Cuando el niño le explicó lo que había pasado, el padre dijo:

—Tu hermano tiene razón; no hay tales Reyes; los hombres no creen en tales cosas . . .

El niño quedó aterrado.[7] Estaba llorando mucho . . .

—¿Lo ves, lo ves? —le decía el hermano mayor.

Y el niño lloraba . . . En ese momento la madre entró, diciendo:

—¿Qué tienes?[8] ¿Por qué lloras?

—Porque papá dice que no hay Reyes Magos . . .

El padre iba a insistir, pero la madre le miró fijamente,[9] luego se dirigió al niño:

—¿Te han dicho eso? ¡Sí que[10] hay Reyes Magos, sí, vida mía![11] Unos Reyes muy buenos que quieren mucho a los niños.[12]

Y secando a besos las lágrimas[13] del hijo, le contaba la eterna leyenda, y el niño, al oírla, se abrazaba a[14] su madre. Por fin, entre risas y lágrimas,[15] miró primero a su madre, y luego a su hermano, diciendo:

—¿Ves lo que dice mamá? ¿Ves como todo es verdad?

Preguntas

1. ¿Cuándo se despertó el niño? 2. ¿Adónde corrió? 3. ¿Quién oyó el ruido?
4. ¿Qué dijo la criada? 5. ¿Qué decía el hermano mayor? 6. ¿Qué le había dado su padre al hermano mayor? 7. ¿Qué le había dicho su padre? 8. ¿Qué gritó el niño? 9. ¿Quién llegó entonces? 10. Según la madre, ¿hay Reyes Magos?
11. ¿Quiénes son los Reyes? 12. Por fin, ¿qué le dice el niño a su hermano mayor?

---

[1] **¡Qué tonto!** *What a fool! How stupid!* [2] **duro,** the five-peseta coin in Spain. [3] **en eso de,** *in that matter of.* [4] **me haces rabiar,** *you make me furious.* [5] **llorar,** *to cry, weep.* [6] **de mal humor,** *in a bad mood.* [7] **quedó aterrado,** *was terrified.* [8] **¿Qué tienes?** *What's the matter with you?* [9] **le miró fijamente,** *stared at him (looked at him fixedly).* [10] **Sí que,** *Certainly.* [11] **vida mía,** *my dear, darling.* [12] **quieren mucho a los niños,** *love children a great deal.* [13] **secando a besos las lágrimas,** *drying the tears with kisses.* [14] **se abrazaba a,** *was embracing.* [15] **entre risas y lágrimas,** *half-laughing, half-crying* (lit., *between laughter and tears*).

Comprando un radio

Ricardo. ¡Hola, Tomás! ¿Estás ocupado en este momento?

Tomás. No, pero más tarde tengo que volver a casa, porque mi hermanito quiere que le lleve a pasar la tarde con un amigo suyo.

Ricardo. Mi mamá quiere que yo busque un aparato de radio nuevo, y tú conoces las marcas mejor que yo. ¿No puedes acompañarme?

Tomás. Muy bien. Vamos a la tienda del señor Flores. Según un anuncio que he leído, allí han recibido algunos modelos nuevos. Por eso, tienen una venta especial de los modelos de este año.

Ricardo. Hay que doblar a la derecha en la esquina, ¿no?

Tomás. Sí, y la tienda está en el tercer edificio.

(*Llegan a la tienda y entran. Se acerca un dependiente.*)

Dependiente. Buenos días, señores. ¿En qué puedo servirles?

Ricardo. Quiero ver un radio, por favor. Prefiero que me enseñe primero un radio de onda corta. En casa nos gusta escuchar transmisiones directas de otros países, y nuestro radio ya no funciona bien.

Dependiente. ¿Quiere Ud. que yo ponga éste o ése? Los dos son de la misma marca y son de buena calidad.

Ricardo. Me gustaría escuchar el más pequeño, por favor.

Dependiente. Voy a ver si puedo sintonizar una emisora mexicana. A veces es difícil a causa de la estática . . . Oigan Uds. Parece ser un discurso, pero no se oye bien. Sintonizaré una emisora de Nueva York. ¡Ah, sí! ¡Escuchen ahora! ¿Qué les parece éste?

Tomás. Es magnífico. Tiene un tono maravilloso.

Ricardo. A mí me gusta mucho también, pero antes de decidir, ¿podría Ud. poner el otro, por favor? (*Lo pone y escuchan unos momentos.*)

Tomás. No me gusta tanto como el otro.

Dependiente. Ni a mí tampoco. Tenemos otros. Ése, por ejemplo, tiene frecuencia modulada. Voy a ponerlo . . .

Ricardo. Pues, este último me parece el mejor. ¿Cuánto cuesta?

Dependiente. Noventa y nueve dólares, y a ese precio es una ganga.

Ricardo. ¡Dios mío! Eso no es barato. Pero, permítame llamar a mi mamá para ver si ella quiere que lo compre, o si ella quiere verlo . . .

Preguntas

Answer in Spanish these questions based on the first part of the dialogue:

1. ¿Quiénes están hablando? 2. ¿Está ocupado Tomás? 3. ¿Qué quiere el hermanito de Tomás? 4. ¿Qué quiere la mamá de Ricardo? 5. ¿A qué tienda van los dos? 6. ¿Qué ha leído Tomás en un anuncio? 7. ¿Dónde hay que doblar a la derecha? 8. ¿En qué edificio está la tienda?

Preguntas generales

1. ¿Tienes un aparato de radio? 2. ¿Tienes un radio de onda corta? 3. ¿Tiene frecuencia modulada? 4. ¿Escuchas programas extranjeros? 5. ¿Qué programas de radio te gustan? 6. ¿Funciona bien tu radio? 7. ¿Qué programas de televisión te gustan? 8. ¿Se oyen emisoras mexicanas en esta parte del país? 9. ¿Tienes un tocadiscos? 10. ¿Qué se toca en un tocadiscos?

Study the first part of the dialogue and retell it in Spanish in your own words.

Prepare a **discurso** of eight to ten sentences in which you tell about the radio or television programs you listen to or watch. The Spanish for *television set* is **el televisor.**

Notas

I. The present subjunctive of verbs with changes in spelling

buscar: **busque busques busque busquemos busquéis busquen**
llegar: **llegue llegues llegue lleguemos lleguéis lleguen**
empezar: **empiece empieces empiece empecemos empecéis empiecen**

Verbs ending in **-car** change the **c** to **qu,** those ending in **-gar** change the **g** to **gu,** and those ending in **-zar** change the **z** to **c** in the six forms of the present subjunctive. Remember that this change also occurs in the first person singular preterit (**busqué, llegué, empecé**). **Empezar** is also stem-changing, **e** to **ie.**

Other verbs with these changes are:

acercarse   to approach   **jugar (ue)**   to play   **almorzar (ue)**   to have lunch
sacar   to take out   (*a game*)   **comenzar (ie)**   to commence
tocar   to play (*music*)   **pagar**   to pay (for)   **sintonizar**   to tune in

APLICACIÓN. Write the first person singular present subjunctive and the first person singular preterit of the eight verbs listed.

II. The subjunctive mood

The indicative mood, which has been used up to this point, except in main clauses to express commands, indicates facts: **Sé que él está aquí,** I *know that he is here.* The subjunctive mood expresses uncertainty, rather than a fact: *I doubt that he has it; It is possible that he will be here; I hope that they (will) come.* Spanish uses the subjunctive mood much more than English, particularly in dependent clauses.

A dependent clause is a group of words with a subject and predicate that is not a complete statement. In the sentence *I doubt that he has it*, the words *that he has it* make up the dependent clause.

A clause used as the subject or direct object of the verb is a noun clause. In the sentence *I doubt that he has it*, the words *that he has it* form a noun clause which is the direct object of *I doubt*. The subjunctive mood is generally found in noun clauses that depend on verbs which express *uncertainty* or an *opinion, wish,* or *feeling* of the speaker concerning the action of the dependent clause.

Yo dudo que él lo tenga.   I doubt that he has it.
Es posible que él esté aquí.   It is possible that he will (may) be here.
Ellos quieren que Ud. venga.   They want you to come (They wish that you come).

Observe that the subjunctive has several translations in English: (1) the present tense (*that he has it*); (2) the future tense (*that he will be here*); (3) the word *may* (*that he may be here*), which carries the idea of something uncertain or not yet accomplished; and (4) the infinitive (last example). Some of the uses of the subjunctive in Spanish are discussed further in section III; others will be taken up later.

III. The subjunctive in noun clauses

Yo quiero ir.   I want to go. (*No change of subject*)
Ella quiere que yo vaya.   She wants me to go (She wishes that I go). (*Subjects different*)
José prefiere hacerlo.   Joe prefers to do it. (*No change of subject*)
José prefiere que tú lo hagas.   Joe prefers that you do it. (*Subjects different*)

In Spanish the subjunctive is generally used in a noun clause when the main verb expresses such ideas of the speaker as a *wish, desire, request,* or *preference,* as well as their negatives, provided that the subject of the dependent clause is different from the subject of the main verb (second and fourth examples). When there is no change in subject or no subject is expressed for the English infinitive, the infinitive is also used in Spanish (first and third examples). Remember that the present subjunctive is used for both present and future time in a dependent clause. Since the first and third person singular forms of the present subjunctive tense are the same, the subject pronouns must be used more often than in some other tenses.

Three common verbs which require the subjunctive in a dependent clause when there is a change in subject are: **querer,** *to wish, want;* **desear,** *to desire, wish, want;* **preferir (ie, i),** *to prefer.*

IV. Adjectives used as nouns

el más pequeño   the smaller (smallest) one (*m.*)
Este último me parece el mejor.   This last one (*m.*) seems to me (to be) the best (one).
Los jóvenes entran.   The young men enter.
Póngase Ud. el otro.   Put on the other one (*m.*).

Many adjectives may be used with the definite article, demonstratives, numerals, and other limiting adjectives to form nouns. In this case the adjective agrees in gender and number with the noun understood. The word *one(s)* is often included in the English meaning.

Remember that adjectives of nationality are also used as nouns:

El señor López es mexicano. Mr. López is (a) Mexican.
La joven es española. The young lady is Spanish (a Spanish girl).

Night view of downtown Mexico City.

Ejercicios orales

A. Read, keeping the meaning in mind:

1. Mi padre desea quedarse en casa. Mi padre desea que nos quedemos en casa.
2. María quiere salir. María quiere que yo salga con ella. 3. Yo quiero mirar la televisión. Yo quiero que ella la mire también. 4. Mi madre prefiere leer. Ella prefiere que María y yo leamos buenos libros. 5. Mis tíos desean hacer un viaje. También desean que mis padres hagan uno. 6. María y yo queremos ir al cine. Queremos que Uds. vayan con nosotros. 7. Uds. prefieren jugar en el parque. Uds. prefieren que María y yo juguemos allí también. 8. Pablo no quiere ir con nosotros. Él quiere que nosotros vayamos sin él. 9. ¿Quieres ir? ¿No quieres que yo vaya? 10. Yo prefiero usar el coche. Mi padre prefiere que yo no lo use.

B. Substitution exercises:

1. Mi mamá quiere que *yo* busque un radio.
    (nosotros, tú, Uds., Felipe, él y yo)
2. Nuestros padres no desean que *Juan* salga de casa.
    (yo, Juan y yo, tú, los niños, ella)
3. Ellos prefieren que *Ud.* llegue temprano.
    (tú, yo, nosotros, los muchachos, Dorotea)
4. ¿Quiere Ud. que *yo* empiece a leer?
    (Felipe, nosotros, los muchachos, él, José y él)
5. Él prefiere que *ella* no se lo traiga hoy.
    (yo, tú, nosotros, ellos, Miguel)
6. Ellas no quieren que *yo* me siente aquí.
    (nosotros, Ud., tú, los niños, Isabel)

C. Say after your teacher, then upon hearing a phrase beginning with **que,** use it to form a new sentence.

MODEL: Prefiero hacer eso.   Prefiero hacer eso.
        que tú   Prefiero que tú hagas eso.

1. Yo quiero ir a la tienda. (que Uds.)
2. Queremos oír el programa. (que Carlos)
3. Ella desea conocer a María López. (que tú)
4. ¿Quieres buscar un radio de onda corta? (que ellos)
5. Uds. no quieren volver temprano. (que los muchachos)
6. ¿Deseas hacer una excursión pronto? (que yo)
7. ¿Cuándo prefieren Uds. salir de casa? (que nosotros)
8. ¿Prefieres pasar todo el día allí? (que ella y yo)

D. After hearing a phrase, you will hear the beginning of a sentence; form a new sentence, following the model.

MODEL: ir a casa. (Yo quiero que tú)   Yo quiero que tú vayas a casa.

1. hacer la maleta.   (Ellos quieren que yo)
2. preparar el café.   (Ella desea que Uds.)
3. buscar un regalo.   (¿Quieres tú que yo . . .?)
4. estar lista a las siete.   (Juan prefiere que ella)
5. poner ese radio.   (Yo no quiero que Ud.)
6. venir a verla.   (Ella desea que Uds.)
7. comenzar a leer.   (Queremos que ellos)
8. llevárselo a él.   (Yo prefiero que Pablo)

E. Say after your teacher, then repeat, omitting the noun.

MODEL: Me gusta la blusa roja.   Me gusta la blusa roja.
                                       Me gusta la roja.

1. ¿Qué les parece este radio pequeño? 2. ¿Quieres comprar ese vestido azul? 3. Prefiero comprar la otra marca. 4. ¿Van a buscar una casa más grande? 5. Yo miré varios aparatos nuevos. 6. Este último coche es muy hermoso. 7. No te pongas los zapatos verdes. 8. Vimos muchas montañas altas.

Street market, Mexico City.

Ejercicios escritos

A. Write the following, placing the pronouns in parentheses in the correct position:

1. (nos la) Ella dice. Ella ha dicho. ¿Quiere ella decir? Ella estaba diciendo. Diga Ud. No diga Ud. Prefieren que ella diga.
2. (me lo) Uds. trajeron. Uds. habían traído. Uds. quieren traer. Uds. estaban trayendo. Traigan Uds. No traigan Uds. ¿Quieren Uds. que José traiga?
3. (las) Tú te lavas. Tú no te has lavado. Tú no estás lavándote. Lávate tú. No te laves tú. Enrique quiere lavarse. Enrique quiere que tú te laves.

B. Write answers to these questions, following the model.

MODEL: ¿Qué quiere (prefiere) él que   Sí, él quiere (prefiere) que
        ella haga? ¿Leerlo?   ella lo lea.

1. ¿Qué quiere él que ella haga?   ¿Ir al cine?
2.   ¿Traerle algo?
3.   ¿Venir a verle?
4. ¿Qué prefiere él que ella haga?   ¿Buscarle algo?
5.   ¿Divertirlos?
6.   ¿Ponerlo ahora?

C. Write in Spanish:

1. Bring (*pl.*) me the red pencils, not the yellow ones. 2. They have a white house, but they want a green one. 3. We have two large trees and several small ones. 4. Do you (*fam. sing.*) like the first hat or the last one? 5. When the boys enter, a clerk approaches and asks "What can I do for you?" 6. Richard wants him to (wishes that he) show him a short-wave radio. 7. Do you (*pl.*) want me to (wish that I) turn on this large one (*m.*) or that one? 8. He tries to tune in a Mexican broadcasting station. 9. What do you (*pl.*) think of this one (*m.*)? Do you like it as much as the other one? 10. This one costs ninety-nine dollars, and at that price it is a bargain.

Práctica

—¿Adónde vas ahora?
—Voy a buscar un suéter, un cinturón y unos pañuelos. ¿Puedes ir conmigo?
—Bueno, si tú puedes acompañarme a la joyería o a la platería después.
—¿Qué vas a buscar allí?
—Unos aretes, un broche y un collar para mí, un par de gemelos de plata para mi papá y una pulsera para mi mamá.

View of the central patio and fountain,
Museum of Anthropology, Mexico City.

—Si vas a la joyería del Sr. López puedo mirar otra vez un anillo de oro muy
bonito que tienen.
—Muy bien. Vámonos.

el anillo ring		**el collar** necklace	
el arete earring		**el gemelo** cuff link	
el broche brooch, pin, clasp		**la platería** silver shop (store)	

de plata   (of) silver
otra vez   again

Palabras y expresiones

SUBSTANTIVOS   **la venta**   sale

el aparato   set
el aparato de radio   radio set
el edificio   building
el ejemplo   example
la emisora   broadcasting station
la estática   static
la ganga   bargain
el modelo   model
la onda   wave
el tono   tone
la transmisión (*pl.* **transmisiones**)
   transmission

ADJETIVOS

derecho, -a   right
directo, -a   direct
izquierdo, -a   left
maravilloso, -a   marvelous, wonderful
mismo, -a   same

VERBOS

doblar   to turn (*a corner*)
preferir (ie, i)   to prefer
sintonizar   to tune in

a la derecha (izquierda)   to the right (left)
de onda corta   short-wave
en la esquina   at (on) the corner (*street*)
¿en qué puedo servirle(s)?   what can I do for you?
escuchen (Uds.)   listen
frecuencia modulada   FM
los modelos de este año   this year's models
no se oye bien   we do not (one does not) hear it well (*lit.*, it is not heard well)
oiga(n) Ud(s).   listen
por ejemplo   for example
¿qué te (le, les) parece?   what do you think of it? how does it seem to you?
tanto como   as (so) much as
ya no   no longer

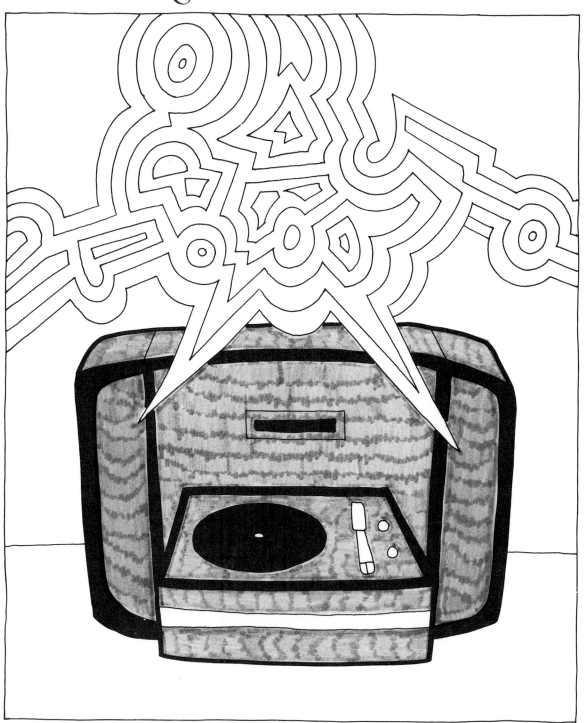

El día de santo[1]

(*Luisa invita a varios muchachos a celebrar el día de santo de su hermana Bárbara. Carlos Gómez, que es de la Argentina, acompaña a Felipe.*)

Luisa. ¡Cuánto me alegro de que Uds. estén de vuelta de su excursión! Yo no sabía a qué hora iban a volver, por eso dejé un recado para Uds.

Felipe. Volvimos a eso de las seis y nos dieron el recado. Antes de cenar, tuvimos que bañarnos y mudarnos de ropa.

Luisa. Pues, hoy es el cuatro de diciembre, día de santo de Bárbara. Lo interesante es que hoy también es su cumpleaños, porque nació el cuatro de diciembre.

Felipe. ¿Cuántos años cumple ella?

Luisa. Cumple diez y seis años. Está contentísima esta noche.

(*Los dos pasan a la sala de recreo con Luisa, y ésta presenta a Carlos a los jóvenes que no conoce. Tocan unos discos de música popular y bailan un rato. Luego, Luisa pone algunos discos latinoamericanos.*)

Bárbara. Carlos, quiero que nos enseñes a bailar el tango. Ninguno de nosotros sabe bailarlo. (*Entonces otras muchachas le piden lo mismo.*)

Carlos. Me sorprende que ninguno de Uds. sepa bailarlo, pero se lo enseñaré con mucho gusto. Es lástima que Uds. no conozcan mejor nuestros bailes.

Felipe. Estoy de acuerdo contigo. Aunque nuestras orquestas tocan muchas piezas latinoamericanas, no hemos aprendido los pasos. No sé por qué tenemos miedo de tratar de aprenderlos.

Carlos. Pues, miren Uds. De veras son fáciles los pasos.

(*Todos se divierten muchísimo aprendiendo los pasos nuevos. A las once Luisa apaga el tocadiscos y les sirve refrescos. A la medianoche se despiden todos.*)

Los invitados. Muchísimas gracias. Hemos pasado una noche muy agradable.

Bárbara y Luisa. El gusto ha sido nuestro. Esperamos que todos vuelvan pronto. Buenas noches.

Preguntas

Answer in Spanish these questions based on the first part of the dialogue:

1. ¿Qué van a celebrar los muchachos? 2. ¿Quién acompaña a Felipe? 3. ¿Qué les dice Luisa a Carlos y a Felipe cuando llegan? 4. ¿Qué tuvieron que hacer antes de cenar? 5. ¿Qué día es? 6. ¿Cuántos años cumple Bárbara? 7. ¿Adónde van los tres? 8. ¿Qué tocan primero? ¿Después?

[1] The Roman Catholic calendar has many saints' days, and people who are named for saints commonly celebrate their saint's day either instead of or in addition to their birthday. For example, women with the name Barbara will celebrate the day of Saint Barbara, December 4. Very often in Spanish-speaking countries, children are given the name of the saint on whose day they are born.

Preguntas generales

1. ¿Qué día es hoy? 2. ¿Cuándo celebras tu cumpleaños? 3. ¿En qué día naciste? 4. ¿Cuántos años has cumplido? 5. ¿Te gusta la música popular? 6. ¿Tienes muchos discos de música popular? 7. ¿Sabes bailar el tango? 8. ¿Se baila mucho el tango en los Estados Unidos? 9. ¿Cuáles son los bailes más populares entre los jóvenes? 10. ¿Qué dice uno al despedirse, después de una noche agradable?

Study the first part of the dialogue and retell it in Spanish in your own words.

Prepare a short conversation telling of a gathering in the evening when a foreign student who does not know all the guests is included. You may want to introduce that student, using something like the following:

Felipe.   Miguel, quiero presentarte mi amigo,[1] Carlos Gómez.
Miguel.   Mucho gusto en conocerte, Carlos.
Carlos.   El gusto es mío. Es un gran placer estar en tu país.
Miguel.   Eres muy amable.

Mucho gusto en conocerte means (*I'm*) *very pleased* or *glad to know you.*

Notas

I.   The subjunctive in noun clauses (*continued*)

Me alegro de estar aquí.   I am glad to be here. (*No change of subject*)
Me alegro de que Uds. estén de vuelta.   I am glad that you are back. (*Subjects different*)
Nos sorprende que ellos no lo sepan.   We are surprised (It surprises us) that they don't know it. (*Subjects different*)
Tienen miedo de que él no venga.   They are afraid (that) he won't come.
Tememos (Esperamos) que apaguen el tocadiscos.   We fear (hope) that they will turn off the record player.

The subjunctive is used in noun clauses after verbs which express emotion or feeling, such as *joy, sorrow, fear, hope, pity, surprise,* and the like, as well as their negatives, provided that the subject differs from that of the main verb. Compare the first example, in which there is no change of subject, with those which follow. Remember that **que** normally introduces a noun clause in Spanish, even though *that* is sometimes omitted in English.

Some common expressions of emotion are:

alegrarse (de que) to be glad (that)	**ser lástima** to be a pity (too bad)
esperar to hope	**temer** to fear
me (le) sorprende it surprises me (him), I am (he is) surprised	**tener miedo (de que)** to be afraid (that)
sentir (ie, i) to regret, be sorry	

[1] To avoid confusion with the indirect object **te,** *to you,* the personal **a** is omitted before the direct object **mi amigo.** The familiar forms are being used more and more by young people even upon meeting others for the first time.

II. The neuter article **lo**

Lo interesante es . . .   The interesting thing *or* part (What is interesting) . . .
Le piden lo mismo.   They ask him the same thing.
Él prefiere lo bueno a lo malo.   He prefers the good (what is good) to the bad.
Lee tú lo escrito.   Read what is written.

The neuter article **lo** is used with masculine singular adjectives and past participles to form noun phrases. The word *thing* or *part* is often a part of the translation.

APLICACIÓN. Read, keeping the meaning in mind:

1. Lo bueno es que Juan está de vuelta. 2. Lo malo es que no puede quedarse con nosotros. 3. Lo mejor es que él se mudó de ropa. 4. ¿Hizo Juan lo mismo? 5. Es necesario hacer lo prometido. 6. Lo difícil es que ellos no están de acuerdo conmigo.

III. Adjectives and adverbs ending in **-ísimo (-a, -os, -as)**

Bárbara está muy contenta (contentísima).   Barbara is very happy.
Muchísimas gracias.   (Very) many thanks, Thanks very much.
Todos se divierten muchísimo.   All have a <u>very</u> good time.

A high degree of quality, without any element of comparison, is expressed by the use of **muy** before the adjective or adverb or by adding the ending **-ísimo (-a, -os, -as)** to the adjective. When **-ísimo** is added, a final vowel is dropped. **Muchísimo** is used for the adjective or adverb *very much (many)*.

Ejercicios orales

A. Read, then substitute for the phrase in italics each expression listed:

1. Ricardo se alegra de *estar aquí*.
    (estar de vuelta, vernos, saber eso, aprender el paso)
2. Ricardo *se alegra de* hacer el trabajo.
    (quiere, espera, prefiere, tiene miedo de)
3. Ricardo se alegra de que nosotros *lo hagamos*.
    (los conozcamos, los leamos, vengamos, no tengamos miedo)
4. Ricardo *se alegra de* que lo sepamos.
    (siente, teme, espera, tiene deseos de)
5. Me sorprende que ella *esté de acuerdo*.
    (esté de vuelta, se bañe ahora, no sepa bailar el tango, no quiera salir)

B. Say after your teacher, then upon hearing a phrase containing **que,** use it to form a new sentence.

MODEL: Espero oír el disco.   Espero oír el disco.
     que tú   Espero que tú oigas el disco.

1. Nos alegramos de poder ir contigo.   (de que Marta)
2. ¿Temen Uds. llegar tarde?   (que nosotros)
3. ¿Tienes miedo de aprender los pasos?   (de que yo)
4. ¿Sienten ellos no conocer a Carlos?   (que tú)
5. Es lástima no saber la canción.   (que ellos)
6. Esperamos tocar más discos.   (que Uds. no)

C. Say after your teacher, then upon hearing a phrase ending with **que,** use it to form a new sentence.

MODEL: José va a casa.   José va a casa.
     Espero que   Espero que José vaya a casa.

1. Ellos buscan una casa grande.   (Quiero que)
2. Tú estás de acuerdo.   (Nos alegramos de que)
3. Juan no llegará hoy.   (Me sorprende que)
4. Ella no sabe ese paso.   (Es lástima que)
5. Pablo apaga el tocadiscos.   (Sentimos que)
6. María no pone muchos discos.   (¿Tienes miedo de que . . .?)
7. Tenemos que esperar un rato.   (Carolina teme que)
8. Todos vuelven pronto.   (Uds. desean que)

D. Answer in the affirmative in two ways, following the model.

MODEL: ¿Es hermosa Carolina?   Sí, es muy hermosa; es hermosísima.

1. ¿Es guapo el novio de ella?
2. ¿Es mala la composición?
3. ¿Está contenta tu mamá?
4. ¿Es caro el reloj?
5. ¿Son altos los árboles?
6. ¿Son hermosas las flores?
7. ¿Son bonitos los jardines?
8. ¿Es grande el parque?

Ejercicios escritos

A. Write each sentence, substituting the correct form of the present subjunctive for the infinitive in parentheses:

1. Temo que mi hermanito no (mudarse) de ropa. 2. Mi mamá prefiere que yo (mudarse) de ropa pronto. 3. ¿Quieren Uds. que nosotros (mudarse) de ropa ahora? 4. ¿Tienes miedo de que ella no (saber) el discurso? 5. ¿Te sorprende que nosotros (practicar) muchísimo? 6. Es lástima que el señor Gómez no (estar) de acuerdo contigo. 7. Sentimos muchísimo que tú no (conocer) mejor la música mexicana. 8. No queremos que Juan (apagar) el tocadiscos.

B. Write two answers for each question, first using an affirmative plural command, then a new sentence after **Quiero que Uds.**

MODEL: ¿Llegamos temprano?   Sí, lleguen Uds. temprano.
Quiero que Uds. lleguen temprano.

1. ¿Vamos al centro hoy?
2. ¿Volvemos en autobús?
3. ¿Tocamos los discos?
4. ¿Apagamos el radio?

5. ¿Empezamos a leer?
6. ¿Nos sentamos a la derecha?
7. ¿Traemos los refrescos?
8. ¿Jugamos al tenis?

C. Write in Spanish:

1. I approached the house and rang (*use* **tocar**) the doorbell. 2. Louise said: "How glad I am that you (*fam. sing.*) are back from New York!" 3. I am sorry to be late, but I had to take a bath and change clothes. 4. The interesting thing is that Barbara's birthday is also her saint's day. 5. After playing some records of popular music, Louise puts on some Latin-American records. 6. Louise wants Charles to teach (wishes that Charles teach) them to dance the tango. 7. He is surprised that they do not know how to dance it. 8. He says that it is a pity that we do not know their dances better (are not better acquainted with their dances). 9. At eleven o'clock Louise turns off the record player and serves them refreshments. 10. At midnight all take leave, saying that they have spent a very pleasant evening.

Dancers from Ibiza wearing the typical costumes of the region, Balearic Islands.

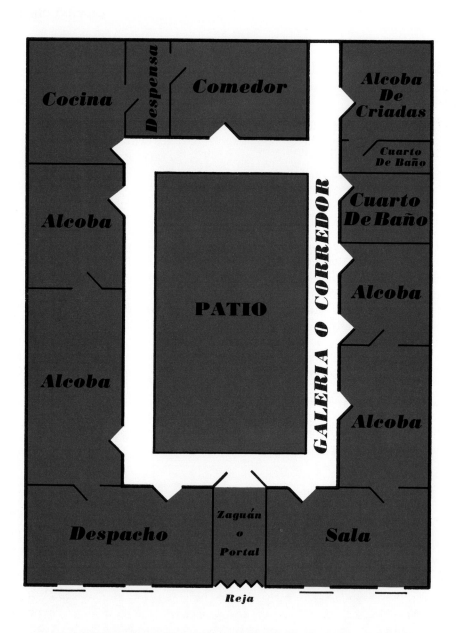

PLANO DE UNA CASA ESPAÑOLA

Práctica

abajo *adv.*   below, downstairs
la acera   sidewalk
la alcoba   bedroom
el apartamento   apartment
arriba *adv.*   above, upstairs
el balcón (*pl.* **balcones**)   balcony
la cocina   kitchen
el condominio   condominium
el corredor   corridor
el departamento   apartment
el despacho   study, den
la despensa   pantry

la fuente   fountain
la galería   gallery, corridor
la habitación (*pl.* **habitaciones**)   room
la madera   wood
el piso   floor, story, flat, apartment
el plano   plan, drawing
el portal   vestibule, entrance hall
la recámara   bedroom (*Mex.*)
la reja   iron grating
el sótano   basement
el zaguán   vestibule, entrance hall

casa particular   private house (home)
dar a   to face, open on(to)
(de) madera   (of) wood, wooden
edificio de apartamentos (departamentos)   apartment house
el piso alto   upper floor
el piso bajo   lower (ground) floor

Miren Uds. el plano de una antigua casa española. Todas las habitaciones dan al patio, que está en el centro de la casa. En el patio generalmente hay flores, y a veces hay una fuente y árboles pequeños.

Ahora pueden Uds. hacer el plano de la casa o apartamento en que viven. Si la casa tiene dos pisos, hagan el plano de cada piso.

Preguntas

1. ¿Vives en una casa particular o en un edificio de apartamentos? 2. ¿Vives en un condominio? 3. ¿Es de madera la casa? 4. ¿Es grande o pequeña? 5. ¿Cuántas habitaciones tiene? 6. ¿Qué habitaciones hay abajo? ¿Arriba? 7. ¿Son grandes todas las habitaciones? 8. ¿Es grande la sala? 9. ¿Tiene tu casa una sala de recreo? 10. ¿Está en el sótano o en el piso bajo? 11. ¿En qué habitación se come? 12. ¿Dónde prepara tu mamá las comidas? 13. ¿En qué habitación miras la televisión? 14. ¿Tiene despacho tu papá? 15. ¿Hay patio en tu casa? 16. ¿Tiene jardín? 17. ¿Qué hay en el jardín? 18. ¿Tiene rejas tu casa? 19. ¿Tiene zaguán? 20. Generalmente, ¿qué hay delante de la casa cerca de la calle?

Modern home in Peru.

Palabras y expresiones

SUBSTANTIVOS

el miedo   fear
el paso   step
el santo   saint
la vuelta   return

ADJETIVOS

latinoamericano, -a   Latin-American
popular   popular
todos, -as   all

VERBOS

apagar   to turn off
bañarse   to bathe (oneself), take a bath
despedirse (i, i) (de)   to take leave (of), say good-bye (to)
mudarse   to change (*one's clothing, etc.*)
nacer   to be born
presentar   to present, introduce
sorprender   to surprise
temer   to fear

a la medianoche   at midnight
¿cuántos años (cumple ella)?   how old (is she)?
cumplir (diez y seis) años   to reach one's (sixteenth) birthday, be (sixteen) years old
el día de santo   saint's day
es lástima   it's a pity (too bad)
estar de acuerdo   to agree, be in agreement
estar de vuelta   to be back
mudarse de ropa   to change clothes (clothing)
me (le) sorprende   I am (he is) surprised, it surprises me (him)
tener miedo (de)   to be afraid (to)
tener miedo de que   to be afraid that

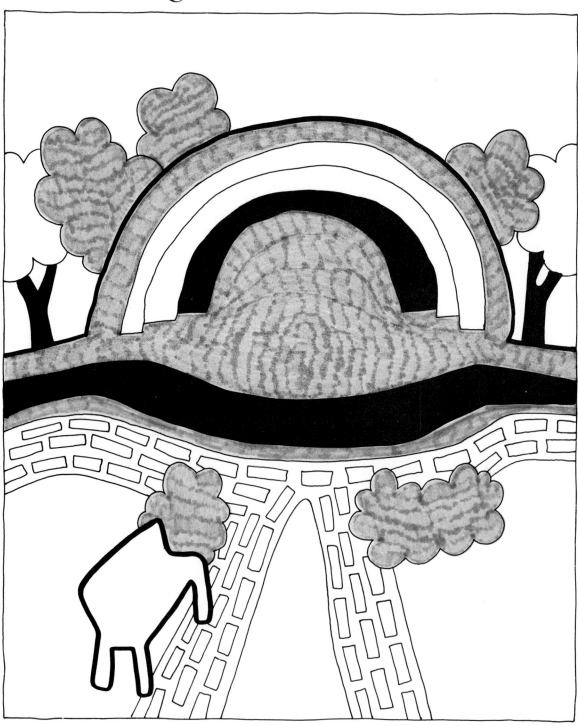

(Elena levanta el auricular y marca un número en el teléfono. La línea está ocupada y cuelga el auricular. Al poco rato marca otra vez. Contesta Marta.)

Marta.   ¡Bueno![1]

Elena.   ¿Está Marta? ¿Podría hablar con ella?

Marta.   Habla Marta. ¿Quién llama?

Elena.   ¡Ah! ¿Eres tú? No reconocí tu voz. Aquí habla Elena. Te llamé para preguntarte si vas con nosotros al concierto esta tarde.

Marta.   Sí, con mucho gusto. Mamá me ha dado permiso para ir. Y Anita, ¿también va?

Elena.   No estoy segura, pero dudo que pueda acompañarnos. Sus padres tienen que ir a un té y no quieren dejar a Carlitos solo. Es probable que él duerma toda la tarde, pero será preciso que ella se quede allí.

Marta.   Siento mucho que ella no pueda ir. Tiene mucho interés por la música.

Elena.   Hoy la orquesta va a tocar obras de compositores españoles, como Albéniz, Granados y Manuel de Falla.

Marta.   Muy bien. Me gusta muchísimo la música española. ¿A qué hora van Uds.?

Elena.   A las tres y media. El concierto empieza a las cuatro y papá dice que será mejor que lleguemos un poco temprano.

Marta.   Está bien. ¿Vas a llevar tu impermeable? Está nublado y es posible que llueva.

Elena.   Espero que no, pero en estos días es cierto que nunca se sabe. Yo pienso llevar el paraguas en vez del impermeable.

Marta.   Pues, te veo a las tres y media, ¿eh?

Elena.   Sí, estaré lista.

Preguntas

Answer in Spanish these questions based on the first part of the dialogue:

1. ¿Quién contesta cuando suena el teléfono? 2. ¿Qué dice ella? 3. ¿Qué pregunta Elena? 4. ¿Para qué llamó Elena? 5. ¿Podrá ir Marta al concierto? 6. Según Elena, ¿va Anita también? 7. ¿Por qué no podrá ir? 8. ¿Le gustan a Anita los conciertos?

Preguntas generales

1. ¿Te gusta hablar por teléfono? 2. ¿Hablas mucho por teléfono? 3. ¿Qué dice uno cuando contesta? 4. ¿Cuál es tu número de teléfono? 5. Está ocupada la línea a veces cuando tratas de llamar a tus amigos? 6. ¿Te gusta la música? 7. ¿Vas a los conciertos? 8. ¿Te gusta la música española? 9. ¿Prefieres la música mexicana? 10. ¿Tenemos una orquesta en esta escuela? 11. ¿Está lloviendo hoy? 12. ¿Llevas paraguas cuando llueve?

---

[1] Several Spanish expressions are used for the English telephone greeting *Hello:* **Diga** or **Dígame** (Spain); **Bueno** (Mexico); **Hola** (Argentina); **Aló** (in many other countries).

Study the second part of the dialogue and retell it in Spanish in your own words.

Prepare an original conversation starting with answering the telephone. Here are some additional expressions which you may use:

(*Alguien levanta el auricular y marca el número en el teléfono.*)
—¡Bueno!
—¿Hablo con la casa del señor Martín?
—Sí, señor. ¿Con quién quiere Ud. hablar?
—Con Marta, por favor. ¿Está ella?
—Creo que sí. Espere un momento.

—¿Con quién hablo?
—Con el número 465–2389.[1]
—¿Está Juan?
—Sí, un momento, por favor . . . Juan, alguien te llama por teléfono.
—¡Diga!
—Habla Pablo . . .

      ¿hablo con la casa del señor Martín?   is this Mr. Martin's?

Notas

I. The present subjunctive of stem-changing verbs, Class II

sentir (ie, i)		**dormir (ue, u)**	
sienta	sintamos	duerma	durmamos
sientas	sintáis	duermas	durmáis
sienta	sientan	duerma	duerman

(1) In which forms do stem-changing verbs, Class II, change **e** to **ie** and **o** to **ue**?[2] (2) What is the change in the first and second persons plural? (3) How do these changes differ from those for stem-changing verbs, Class I? (See Lección 9, page 147.)

II. The subjunctive in noun clauses (*continued*)

Creo (Estoy seguro de) que ella está aquí. I believe (I am sure) that she is here. (*Certainty*)

No creo que ella esté aquí. I don't believe (that) she is here. (*Uncertainty*)

Dudan que vayamos. They doubt that we are going (will go). (*Doubt*)

No estoy seguro de que vengan. I'm not sure (that) they are coming (will come). (*Uncertainty*)

[1] Read: **cuatro seis cinco – dos tres ocho nueve.** [2] The command forms of stem-changing verbs, Class II, are given only for reference since they are not used in this book:

      sentir: **siente** (tú), **no sientas** (tú); **sienta(n)** Ud(s)., **no sienta(n)** Ud(s).
      dormir: **duerme** (tú), **no duermas** (tú); **duerma(n)** Ud(s)., **no duerma(n)** Ud(s).

The subjunctive is used in noun clauses after expressions of *doubt, uncertainty,* and *belief expressed negatively*. Note that **creer que** and **estar seguro, -a de que** express certainty and are followed by the indicative mood, while **no creer que** and **no estar seguro, -a de que** express uncertainty or doubt and require the subjunctive.

Es mejor (fácil) llamarlos.   It is better (easy) to call them.
Es posible que lleguen pronto.   It is possible that they will arrive soon.
Será preciso que ella se quede allí.   It will be necessary for her to stay there.
Es cierto (verdad) que nunca se sabe.   It is certain (true) that one never knows.
No es cierto que le conozcan.   It isn't certain that they know him.

An impersonal expression has for a subject the word *it*, which is not expressed in Spanish. Impersonal expressions that contain ideas of *possibility, necessity, uncertainty, probability, strangeness, doubt,* and the like require the subjunctive in the dependent clause provided that a subject is mentioned. Impersonal expressions of fact and certainty, such as **Es cierto (verdad, evidente),** *It is certain (true, evident)*, require the indicative. When no subject is expressed, the infinitive is used (first example).

Some common impersonal expressions which often require the subjunctive are:

es bueno it is good (well)	**es mejor** it is better (best)
es difícil it is difficult	**es necesario** it is necessary
es dudoso it is doubtful	**es posible** it is possible
es extraño it is strange	**es preciso** it is necessary
es fácil it is easy	**es probable** it is probable
es importante it is important	**importa** it is important, it matters
es imposible it is impossible	**puede (ser)** it may be
es lástima it is a pity (too bad)	**más vale (vale más)** it is better

The infinitive *may* be used after most impersonal expressions if the subject of the dependent verb is a personal pronoun, not a noun. In this case the subject of the dependent verb is the indirect object of the main verb.

Me (Les) es posible ir hoy.   It is possible for me (them) to go today.
Nos fue fácil aprenderlo.   It was easy for us to learn it.

But: **Es extraño que Juan no esté aquí.**   It is strange for John not to be (that John isn't *or* won't be) here.

Ejercicios orales

A. Read, then substitute for the word or phrase in italics each expression listed:

1. *Quiero* quedarme aquí.
   (Prefiero, Me alegro de, Espero, Tengo miedo de)
2. *No creemos* que llueva.
   (Dudamos, No estamos seguros de, No es cierto, Es dudoso)
3. *Es lástima* que ella no vaya al cine.
   (Es extraño, Será posible, Es mejor, Es probable)
4. *Saben* que Elena va al concierto.
   (Se cree, Dicen, Están seguros de, Es verdad)
5. *Más vale* llevar el paraguas.
   (Será mejor, Importa, Es necesario, Es preciso)
6. Puede ser que *tú* duermas demasiado.
   (Uds., nosotros, María, los niños)
7. Ella duda que *Juan* lo sienta mucho.
   (yo, tú, nosotros, los muchachos)

B. Read, supplying the correct form of the infinitive in parentheses if a change is needed:

1. Es posible que mi primo le (conocer). 2. Yo sé que ellos (ir) a llamarle.
3. Dudo que ellos le (ver). 4. No creo que ellos (tener) tiempo. 5. Es lástima que Carlos (darse) prisa. 6. No es difícil (comprender) eso. 7. ¿Es necesario (decirle) eso? 8. Sí, importa que él lo (saber) muy pronto. 9. No creo que (ser) preciso decírselo hoy. 10. Creo que (ser) posible hacerlo ahora. 11. Dudamos que muchas personas le (reconocer). 12. Espero que ella (llegar) temprano. 13. Es importante (estar) en casa antes del mediodía. 14. Siempre es mejor (estar) allí antes de esa hora. 15. No es posible (saludar) a todos nuestros amigos.

C. Say after your teacher, then form a new sentence, following the model.

MODEL: Vale más que vuelvan hoy.   Vale más que vuelvan hoy.
                                      Vale más volver hoy.

1. Es preciso que marquemos el número en el teléfono.
2. Importa que Uds. aprendan el diálogo esta noche.
3. Será mejor que lleves el paraguas esta mañana.
4. No es necesario que ellos se muden de ropa.
5. No es fácil que termines el trabajo esta tarde.
6. Es posible que duerman toda la tarde.
7. Es lástima que no puedan hacer la excursión.
8. Es importante que Ud. esté seguro de eso.

D. Say after your teacher, then upon hearing an impersonal expression, form a new sentence, following the models.

MODELS: José podrá venir.   José podrá venir.
      Es posible que   Es posible que José pueda venir.

      Luis jugará hoy.   Luis jugará hoy.
      Es cierto que   Es cierto que Luis jugará hoy.

1. Él estará listo a las seis.   (Es cierto que)
2. Mis amigos volverán mañana por la mañana.   (No es posible que)
3. Juan viene a buscarnos todos los días.   (Importa que)
4. Nosotros llegaremos a tiempo.   (Será mejor que)
5. Le gusta a ella la música popular.   (Es evidente que)
6. El concierto empieza a las tres.   (Es probable que)
7. Carolina tiene que esperar un rato.   (Es extraño que)
8. Ella está de acuerdo conmigo.   (Es verdad que)
9. Tú te divertirás en el baile.   (Puede ser que)
10. Marta marcará el número.   (Es imposible que)

Ejercicios escritos

A. Write each sentence, supplying the correct form of the infinitive in parentheses. Watch the forms of the verbs with stem changes and other changes in spelling:

1. No creo que ella (divertirse) ahora. 2. Dudamos que Tomás (jugar) al tenis hoy. 3. ¿Quiere Ud. que yo (comenzar) a leer? 4. No estamos seguros de que ellos (buscar) otra casa. 5. Es posible que Inés (tocar) unas piezas españolas. 6. Es lástima que Carolina no la (reconocer). 7. No es cierto que ella (preferir) esta pulsera. 8. Será mejor que nosotros (despedirse) de ellos pronto. 9. Será bueno que Miguel (apagar) el radio. 10. Es importante que los niños (dormir) un rato. 11. No es posible que ellos me (decir) eso. 12. Me sorprende que Carlota no (saber) nada.

B. Write a negative familiar singular command for each question, substituting the correct object pronoun for the noun object.

MODEL: ¿Marco el número?   No, no lo marques.

1. ¿Saco la foto?   5. ¿Explico las frases?
2. ¿Empiezo el trabajo?   6. ¿Le doy a él su libro?
3. ¿Entrego los paquetes?   7. ¿Les traigo a ellos el té?
4. ¿Devuelvo el paraguas?   8. ¿Me pongo los zapatos?

C. Write in Spanish:

1. Helen lifts the receiver and dials Martha's number on the telephone. 2. She calls to ask whether Martha is going to the concert with her and her parents.

3. Martha's mother has given her permission to go. 4. The girls are not sure, but they doubt that Anne can go that afternoon. 5. It will be necessary for her to stay with Charlie. 6. She regrets not to be able to go to the concert because she likes music. 7. The orchestra will play works of several Spanish composers. 8. Helen's father wants them to arrive early. 9. It is cloudy and it is possible that it may rain. 10. One of the girls decides to carry an umbrella, and the other, her raincoat.

D. Review the verbs and expressions in Lecciones 10–12, then write in Spanish:

1. to the right. 2. for example. 3. a radio set. 4. this year's model. 5. after a short while. 6. at midnight. 7. Say (*pl.*) it again. 8. We hope so. 9. They agree with me. 10. Is Mary back? 11. He changed clothes. 12. Do you (*fam. sing.*) have much interest in popular music? 13. Listen (*pl.*). 14. I'll be seeing you (*pl.*) at eight o'clock. 15. What can I do for you (*pl.*)? 16. They are waiting (*progressive form*) at the corner. 17. Don't turn (*pl.*) to the left. 18. I am surprised to see them here. 19. We are afraid to return home now. 20. What do you (*fam. sing.*) think of this dress?

Práctica

—Luisa, ¿te gusta jugar a las cartas?

—Sí, Carmen, me gusta jugar al bridge,[1] pero esta tarde no puedo. Voy al museo con Carolina.

—¿Tienen una exposición especial ahora?

—Sí, la exposición de una colección de dibujos que se inauguró ayer. Yo quiero escribir un artículo para el periódico de la escuela. Jorge dice que reservará espacio en la primera página. ¿No escribes tú para el periódico ahora?

—Sí, he empezado a escribir un artículo sobre las elecciones, con fotos de los candidatos. También voy a ayudar a Elena con una sección de noticias y a Carlos con un artículo para la sección de deportes.

—Pero, ¿cómo puedes preparar tantos artículos? ¿Vas a escribir algo para la página editorial también?

el candidato candidate
la carta card (*playing*)
la colección (*pl.* **colecciones**) collection
el dibujo drawing
  editorial editorial
la elección (*pl.* **elecciones**) election
el espacio space

la exposición (*pl.* **exposiciones**) exhibition
  inaugurar to inaugurate, open
el museo museum
la noticia news, news item
la página page
  reservar to reserve
la sección (*pl.* **secciones**) section

[1] Spanish uses the English word *bridge*, pronouncing it *brich*.

jugar (ue) a las cartas   to play cards
periódico de la escuela   school newspaper
sección de deportes   sports section
sección de noticias   news section

Palabras y expresiones

SUBSTANTIVOS

el auricular   receiver
Carlitos   Charlie
el compositor   composer
el impermeable   raincoat
la obra   work (*musical*, *art*, etc.)
el té   tea
la voz (*pl.* **voces**)   voice

ADJETIVOS

nublado, -a   cloudy
posible   possible

preciso, -a   necessary
probable   probable

VERBOS

colgar (ue)   to hang, hang up
dudar   to doubt
marcar   to dial (*telephone*)
reconocer   to recognize

OTRA PALABRA

¡bueno!   hello!

al poco rato   after (in) a short while
en vez de   instead of, in place of
esperar que sí (no)   to hope so (not)
habla (Marta)   this is (Martha), (Martha) is talking
otra vez   again, another time
te veo (a las tres)   I'll be seeing you (at three)
tener interés por   to have an interest in (for), be interested in

(Top) A piece of modern sculpture in a Buenos Aires Park, Argentina. (Middle) View of the façade of the Cathedral, Antigua, Guatemala. (Bottom) A bus-turned-library in "Plaza de Armas," Lima, Peru.

Facing page

(Top) Ancient Inca wall in Cuzco, Peru.

(Middle) Indian woman and military cadets, Guatemala City.

(Bottom) Indian children learning to read and write, Amahuaca, Peru.

(Top) View of the mural-covered library at the University of Mexico. (Bottom) View of the patio at the Museum of Anthropology, Mexico City.

(Top) Xochimilco Gardens, Mexico City.

(Bottom) Front view of Santa Prisca church, built by the silver king, Borda, 200 years ago, Taxco, Mexico.

These two views are of the San Miguel mission, the oldest church in the United States. Santa Fe, New Mexico.

(Top) The statue of Father Junípero Serra stands in front of San Fernando mission, California. (Bottom) View of a typical mexican village.

(Left) Palace of the Governors arcade in downtown Santa Fe, New Mexico. (Right) Mission of San Javier del Bac, near Tucson, Arizona.

Facing page

(Top) Mission of San Carlos Borromeo, Carmel, California.

(Bottom) Inside view of the Dolores mission, founded by Father Junípero Serra in 1776, San Francisco, California.

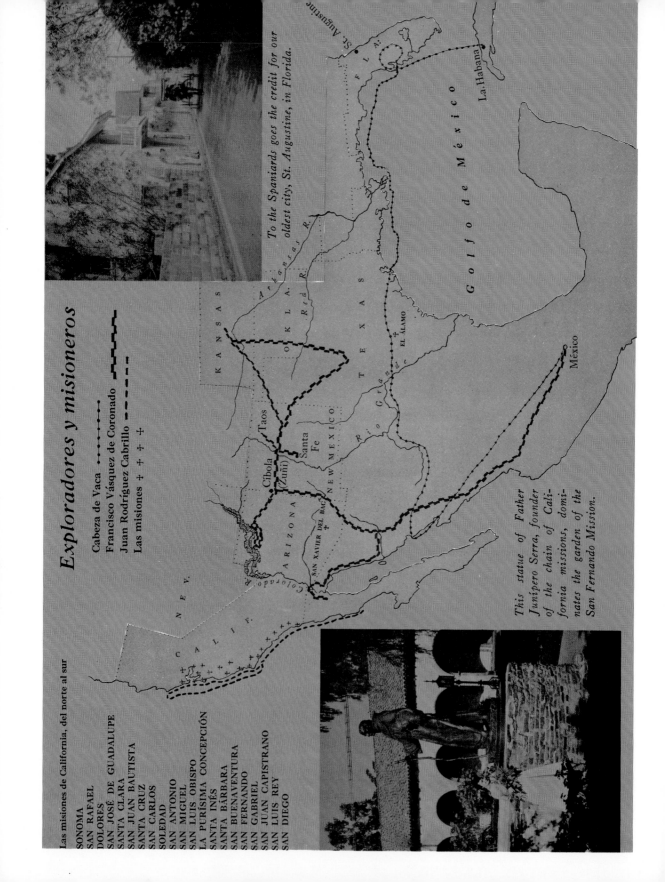

Exploradores y misioneros

Cabeza de Vaca ••••••••
Francisco Vásquez de Coronado ▪▪▪▪▪▪
Juan Rodríguez Cabrillo ▬ ▬ ▬ ▬
Las misiones ✝ ✝ ✝ ✝

Las misiones de California, del norte al sur

SONOMA
SAN RAFAEL
DOLORES
SAN JOSÉ DE GUADALUPE
SANTA CLARA
SAN JUAN BAUTISTA
SANTA CRUZ
SAN CARLOS
SOLEDAD
SAN ANTONIO
SAN MIGUEL
SAN LUIS OBISPO
LA PURÍSIMA CONCEPCIÓN
SANTA INÉS
SANTA BÁRBARA
SAN BUENAVENTURA
SAN FERNANDO
SAN GABRIEL
SAN JUAN CAPISTRANO
SAN LUIS REY
SAN DIEGO

To the Spaniards goes the credit for our oldest city, St. Augustine, in Florida.

This statue of Father Junípero Serra, founder of the chain of California missions, dominates the garden of the San Fernando Mission.

LECTURA V

1. Exploradores y misioneros

Estudio de palabras

1. Many English words beginning with *s* followed by a consonant begin with **es** plus the consonant in Spanish. *Give the English for:* esclavo, escuela, España, español, espíritu, espiritual, esquí, esquiar, estado, estática, estilo, estudiar, estudio.

Note, however, that many Spanish words begin with **es** plus a consonant just as they do in English: establecimiento, *establishment, settlement;* estimar, *to esteem.*

2. The Spanish ending **-oso** is often equivalent to the English *-ous. Give the English for:* fabuloso, famoso, precioso.

3. *Compare the meanings of:* cristiano, *Christian,* and cristianismo, *Christianity;* esclavo, *slave,* and esclavitud, *slavery;* lejos, *far, distant (adv.),* and lejano, *distant (adj.);* misión, *mission,* and misionero, *missionary;* la orden, *command, religious order,* and ordenarse (de sacerdote), *to become ordained (as a priest).*

4. *Pronounce and observe the meanings of:* apóstol, *apostle;* célebre, *celebrated, famous;* cultivo, *cultivation;* europeo, *European;* explotación, *exploitation;* injusticia, *injustice;* jesuita, *Jesuit;* método, *method;* tempestad, *tempest, storm;* defender, *to defend;* expulsar, *to expel, drive out;* mencionar, *to mention.*

Modismos y frases útiles

a lo lejos   in the distance
a los dos años   after two years
a manos de   into the hands of
dar clases   to teach
de pueblo en pueblo   from town to town
desde . . . hasta   from . . . to (up to, until)

estar al servicio de   to be in the service of
no sólo . . . sino también   not only . . . but also
por desgracia   unfortunately

Notas

1. A prepositional phrase with an infinitive is used in Spanish when there is no change in subject, but in English a clause is often best used to translate this construction:

. . . navegó . . . hasta llegar a la región . . .   . . . he sailed . . . until he reached (arrived at) the region . . .

2. Adjectives of quantity and numerals preferably follow **otros:**

Entre otros muchos exploradores bien conocidos . . .   Among many other well-known explorers . . .

Another example (not used in the following selection) is:

　　　. . . otras dos misiones . . .   . . . two other missions . . .

3. Before a phrase beginning with **de,** Spanish uses the definite article, instead of the demonstrative pronoun. **El (la, los, las) de** is translated by *that (those) of, the one(s) of (with, in).* Also see footnote 2, page 108, and Lección suplementaria I, page 288.

La más conocida de estas leyendas es la de las . . .   The best known of these legends is that of the . . .

Durante la primera mitad del siglo XVI los españoles exploraron el territorio de los Estados Unidos que se extiende desde la Florida hasta California. El primer europeo que atravesó el continente fue Cabeza de Vaca. Después de explorar el interior de la Florida con Pánfilo de Narváez en el año 1528, navegó por las costas del Golfo de México hasta llegar a* la región que hoy se conoce como Texas. Una terrible tempestad destruyó su barco, quedando vivos sólo Cabeza de Vaca y tres compañeros. Los cuatro españoles vivieron varios años como esclavos de los indios, pero con el tiempo los indios llegaron a estimar mucho a Cabeza de Vaca como curandero.[1] Poco a poco, caminando de pueblo en pueblo hacia el oeste, atravesó largas distancias y por fin llegó a la costa del Pacífico, en el norte de México, en 1536.

Por desgracia, muchos españoles creían que todo el Nuevo Mundo era tan rico como la Nueva España, y los indios, sabiendo que nada les interesaba a los españoles tanto como el oro, siempre hablaban de oro y de piedras preciosas que se encontraban en lugares lejanos. La más conocida de estas leyendas es la* de las Siete Ciudades de Cíbola, situadas al norte de México, en donde las casas estaban cubiertas de oro y de piedras preciosas. Al llegar a México Cabeza de Vaca con relatos de estas riquezas, renació una vez más el interés en esta leyenda. Fray Marcos de Niza decidió ir en busca de estas ciudades para convertir a los habitantes a la fe católica. Después de caminar muchos días por lo que ahora son los estados de Arizona y Nuevo México, un día vio a lo lejos lo que él creyó que eran las Siete Ciudades. Inmediatamente volvió a México a contar su descubrimiento y, naturalmente, cada vez que el relato se repetía, crecía más la riqueza imaginada.

Por fin se organizó una expedición que había de ser una de las más notables de todas. En 1540 Francisco Vásquez de Coronado salió de México en busca de las Siete Ciudades de Cíbola. Llegó hasta donde ahora están los estados de Texas y Kansas, pero en vez de las fabulosas ciudades de oro y de piedras preciosas, sólo encontró algunos tristes pueblos de adobe de los indios Zuñi. A los dos años Coronado volvió a México, triste y desilusionado.

---

[1] **curandero,** *medicine man.*

Entre otros muchos* exploradores bien conocidos hay que mencionar a Juan Rodríguez Cabrillo, un portugués que estaba al servicio del gobierno español, y que en 1542 descubrió la Alta California.[1]

La ciudad más antigua de los Estados Unidos fue fundada en la Florida el seis de septiembre de 1565 por Menéndez de Avilés. Éste construyó primero una fortaleza cerca del lugar donde ahora está San Agustín, el primer establecimiento permanente construido en nuestro país por los europeos.

El primer pueblo español en el valle del Río Grande fue fundado por Juan de Oñate en 1598, pero al poco tiempo los españoles tuvieron que abandonarlo. Once años más tarde establecieron la ciudad de Santa Fe. En seguida, construyeron una iglesia, que es una de las más antiguas del país.

Los españoles vinieron al Nuevo Mundo no sólo para buscar riquezas, sino también para convertir a los indios a la fe cristiana. Por eso desde las primeras expediciones los frailes y los misioneros acompañaron a los exploradores por todas partes. Entre los misioneros se destaca[2] el padre Bartolomé de las Casas, el apóstol de los indios. Acompañó a Colón a América y se estableció primero en la Española. Hombre de corazón noble y bondadoso, dedicó toda su vida a defender a los indígenas contra las injusticias de la esclavitud y contra la explotación por los españoles. En 1510 se ordenó de sacerdote y al poco tiempo ingresó en[3] la orden de los dominicos que habían venido a América el mismo año. Predicó[4] por toda la Nueva España, defendiendo a los indios con la pluma y con la palabra.[5] Murió en España a la edad de noventa y dos años.

Los franciscanos también vinieron al Nuevo Mundo con los conquistadores y los exploradores, y durante más de dos siglos habían de acompañarlos por los dos continentes. La orden franciscana convirtió a miles de indios al cristianismo. Los franciscanos aprendieron las lenguas de los indios y les enseñaron artes y oficios[6] útiles y nuevos métodos para el cultivo de plantas y legumbres. Fundaron pueblos, iglesias, misiones, escuelas y universidades.

Las órdenes religiosas fundaron muchas misiones en Texas, Nuevo México, Arizona y California. En San Antonio, por ejemplo, podemos ver el Álamo, que fue misión en los tiempos coloniales. O si uno está en Tucson, Arizona, puede ver la famosa misión de San Xavier del Bac, fundada por el célebre padre jesuita, Eusebio Kino. El hermoso edificio que vemos allí hoy día se terminó a fines del[7] siglo XVIII.

Cuando los jesuitas fueron expulsados de España y de sus colonias en 1769, muchas misiones que ellos habían construido pasaron a manos de los franciscanos. Fray Junípero Serra, que había venido a América desde la isla de Mallorca en la segunda mitad del siglo XVIII, fue nombrado presidente de las misiones de la Baja California y de todas las misiones que habían de establecerse en la Alta California. Durante muchos años dio clases en las escuelas franciscanas de la Nueva España, pero por fin, en 1769, partió de México con don Gaspar de Portolá

---

[1] **la Alta California,** *Upper California* (the name used for the present state of California during the colonial period). [2] **se destaca,** *stands out.* [3] **ingresó en,** *he entered, became a member of.* [4] **Predicó,** *He preached.* [5] **con la pluma y con la palabra,** *writing and speaking.* [6] **oficios,** *crafts, trades.* [7] **a fines del,** *toward the end of the.*

para establecer misiones en la Alta California.   Empezando con la misión de San Diego, fundada en ese mismo año, el padre Junípero Serra estableció una larga serie de misiones.   En 1823 había veinte y una misiones entre San Diego y San Francisco.   A lo largo del Camino Real[1] todavía se ven los restos de estos monumentos, que conmemoran la gloria de la obra de los misioneros españoles.

Preguntas

1. ¿Qué territorio exploraron los españoles durante el siglo XVI?   2. ¿Quién fue el primer europeo que atravesó el continente?   3. ¿Por dónde navegó? 4. ¿Cuántos españoles quedaron vivos después de la tempestad?   5. ¿Cómo vivieron varios años?   6. ¿Adónde llegó por fin Cabeza de Vaca?

7. ¿Qué creían los españoles del Nuevo Mundo?   8. ¿De qué hablaban los indios? 9. ¿Cuál es la más conocida de estas leyendas?   10. ¿De qué estaban cubiertas las casas?   11. ¿Quién decidió ir en busca de estas ciudades?   12. ¿Por dónde caminó?   13. ¿Halló las Siete Ciudades?   14. ¿Quién salió de México en busca de las Siete Ciudades en 1540?   15. ¿Qué encontró Coronado?   16. ¿Cuándo volvió a México?

17. ¿Qué descubrió Cabrillo?   18. ¿Cuál es la ciudad más antigua de los Estados Unidos?   19. ¿Qué fundó Juan de Oñate?   20. ¿Quiénes acompañaron a los españoles a América?   21. ¿Quién fue el apóstol de los indios?   22. ¿A qué dedicó toda su vida?   23. ¿En qué orden religiosa ingresó?   24. ¿Cuántos años tenía cuando murió?

25. ¿Qué otra orden vino al Nuevo Mundo?   26. ¿Qué aprendieron los franciscanos?   27. ¿Qué les enseñaron a los indios?   28. ¿Qué fundaron los franciscanos? 29. ¿Qué fue el Álamo?   30. ¿Qué misión fundó el padre Eusebio Kino?

31. ¿Cuándo vino a América Fray Junípero Serra?   32. ¿De qué fue nombrado presidente?   33. ¿Qué expedición partió de México en 1769?   34. ¿Qué misión fundó Fray Junípero Serra en ese mismo año?   35. ¿Cuántas misiones había entre San Diego y San Francisco en 1823?   36. ¿Qué se ve hoy día a lo largo del Camino Real?

Comprensión

Give the name of the person or persons to whom each statement refers:

1. Los españoles que exploraron el interior de la Florida en 1528.
2. El portugués que descubrió la Alta California.
3. El apóstol de los indios.
4. El primer europeo que atravesó la América del Norte.
5. El presidente de las misiones de California.

[1] **A lo largo del Camino Real,** *Along the King's Highway.*

6. El fundador (*founder*) de la ciudad más antigua de los Estados Unidos.
7. El fundador del primer pueblo español en el valle del Río Grande.
8. El padre jesuita que fundó la misión de San Xavier del Bac.
9. El español que primero creyó ver las Siete Ciudades de Cíbola.
10. El español que en 1540 partió de México en busca de las Siete Ciudades de Cíbola.

2. *Cuento del padre y sus hijos*

The folktale has formed an important part of Spanish prose fiction since the Middle Ages. Much of the folk literature conveyed lessons of ethics and behavior for people of all classes. Wherever Spanish is spoken today, thousands of folktales are being repeated. The finest writers of all periods have shown familiarity with the folktale in their writings. The following cuento *is an example of the anonymous tale whose origin is unknown.*

Un labrador,[1] estando ya para morir, llamó a sus hijos y les habló de esta manera:

—Hijos míos, quiero deciros[2] lo que hasta ahora he guardado para vosotros. Es que está enterrado en la viña un tesoro[3] de gran valor y si queréis hallarlo, tendréis que cavar[4] allí.

Después de la muerte de su padre, los hijos fueron a la viña y por muchos días no hicieron más que cavar allí en todas partes. Pero nunca hallaron lo que no había en la viña. La verdad es que por haber cavado tanto,[5] dio más uvas aquel año de las que[6] había dado antes en muchos años. Viendo esto, el hermano mayor les dijo a los otros:

—Ahora comprendo por la experiencia, hermanos, que el tesoro de la viña de nuestro padre es nuestro trabajo.

Modismos

es que   the fact is that   **estar para**   to be about to

Preguntas

1. ¿Por qué llamó el padre a sus hijos? 2. ¿Qué les dijo? 3. ¿Cómo podrían hallar el tesoro? 4. ¿Qué hicieron los hijos después de la muerte de su padre? 5. ¿Por qué no hallaron el tesoro? 6. ¿Qué pasó aquel año? 7. ¿Qué dijo el hermano mayor?

---

[1] **labrador,** *farmer, peasant.* [2] Note the familiar plural forms used by the farmer in speaking to his children (see Lección preliminar I, page 5, and Lección 3, page 56.). [3] **está . . . tesoro,** *a treasure . . . is buried in the vineyard.* [4] **cavar,** *to dig.* [5] **por haber cavado tanto,** *because of having dug so much.* [6] **de las que,** *than.*

Una excursión de invierno

(Es invierno. Los padres de Ricardo tienen una casa de campo en la sierra. Ricardo ha invitado a dos amigos a pasar un fin de semana allí.)

Ricardo.   Roberto, ¿has hablado con tus padres? ¿Te permiten ir a la sierra con nosotros? Tomás me ha dicho que piensa ir.

Roberto.   Sí, acabo de hablar con ellos y me dicen que puedo ir con ustedes. Me piden que te dé las gracias por la invitación.

Ricardo.   De nada. Me alegro mucho de que ustedes puedan acompañarnos. Dudo que hayas visto un lugar más hermoso por aquí.

Roberto.   Habrá hielo y mucha nieve en esta estación del año, ¿verdad?

Ricardo.   ¡Ya lo creo! Y sabiendo que te gustan los deportes de invierno, te aconsejo que lleves tus esquíes. Y no dejes de llevar tus patines tampoco. Estoy seguro de que podremos esquiar, y es posible que podamos patinar en un lago grande que no está lejos de la casa . . .

Ricardo.   Tú verás a Tomás esta noche, ¿no?

Roberto.   Sí, vendrá a nuestra casa a eso de las siete. Va a pasar la noche conmigo.

Ricardo.   No te olvides de decirle a Tomás que lleve ropa gruesa. De noche hace mucho frío allí, y aún de día, cuando hay sol, hace bastante fresco.

Roberto.   Se lo diré. A propósito, ¿a qué hora debemos estar listos?

Ricardo.   Mi papá insiste en que estemos listos a las seis. Yo prefiero que él conduzca cuando hay nieve y hielo en la carretera.

Roberto.   No creo que haya dificultad en salir a esa hora. Y creo que hará buen tiempo mañana.

Ricardo.   Mis padres y yo vendremos a buscarlos a las seis. Adiós.

Roberto.   Adiós. Hasta mañana.

Preguntas

Answer in Spanish these questions based on the first part of the dialogue:

1. ¿Qué estación es? 2. ¿Qué tienen los padres de Ricardo? 3. ¿Qué ha hecho Ricardo? 4. ¿Qué han dicho los padres de Roberto? 5. Según Ricardo, ¿cómo es el lugar? 6. ¿Habrá hielo y nieve allí? 7. ¿Qué deben llevar los muchachos? 8. ¿Dónde pueden patinar?

Preguntas generales

1. ¿Qué tiempo hace hoy? 2. ¿Hay sol? 3. ¿Hace mucho frío? 4. ¿Hace calor? 5. ¿Hay nieve en la tierra? 6. ¿Te gusta la nieve? 7. ¿Hay mucho hielo en esta parte del país? 8. ¿Qué se puede hacer cuando hay hielo? 9. ¿Sabes patinar? 10. ¿Se puede esquiar por aquí? 11. ¿Piensas tú hacer una excursión a la sierra? 12. ¿Te gusta ir a la sierra en el verano o en el invierno? 13. ¿Hay lagos por aquí?

14. ¿Sabes conducir un coche? 15. ¿Has conducido cuando hay nieve o hielo en la carretera?

Study the first part of the dialogue and retell it in Spanish in your own words.
Prepare a **discurso** of eight to ten sentences telling about a real or imaginary excursion to the mountains.

Notas

I. The present subjunctive of **haber** and **pedir**

haber		pedir	
haya	hayamos	pida	pidamos
hayas	hayáis	pidas	pidáis
haya	hayan	pida	pidan

Haber is one of six verbs whose present subjunctive is not formed from the first person singular present indicative (see Lección 9, page 147). (1) What are the other five? (2) What is the first person singular present subjunctive of each one?

The third person singular **haya** is used impersonally to mean *there is (are),* *there may be:* **No creo que haya dificultad . . .** *I don't believe there is (will be) any difficulty . . .*

Stem-changing verbs, Class III (**pedir, despedirse, servir, vestirse**), change **e** to **i** in all forms of the present subjunctive. (3) In which forms of the present indicative does this change occur? (See Lección 8, page 138.)

The command forms of **pedir** are: **pide** (tú), **no pidas** (tú); **pida(n) Ud(s).,** **no pida(n) Ud(s).** Those for **vestirse** are: **vístete** (tú), **no te vistas** (tú); **vísta(n)se Ud(s)., no se vista(n) Ud(s).** (4) What are the command forms of **servir** and **despedirse**?

II. The present perfect subjunctive tense

haya ⎫		hayamos ⎫	
hayas ⎬ tomado, comido, vivido		hayáis ⎬ tomado, comido, vivido	
haya ⎭		hayan ⎭	

No creo que él lo haya visto. I don't believe (that) he has (may have) seen it.
Sentimos mucho que tú no te los hayas puesto. We're very sorry (that) you haven't put them on.

The present perfect subjunctive is formed by the present subjunctive of **haber** with the past participle. After main verbs which require the subjunctive in a dependent clause, the English present perfect is put into the Spanish present perfect subjunctive. The word *may* is sometimes a part of the English sentence.

III. Verbs ending in **-ducir: conducir,** *to conduct, drive* (car)

PRES. IND.   **conduzco** conduces conduce conducimos conducís conducen
PRES. SUBJ.   **conduzca conduzcas conduzca conduzcamos conduzcáis
    conduzcan**
PRETERIT   **conduje condujiste condujo condujimos condujisteis
    condujeron**

Verbs ending in **-ducir** change **c** to **zc** in the first person singular present indicative and throughout the present subjunctive, like the verb **conocer**. The stem of these verbs in the preterit is **conduj-**.

IV. The subjunctive in noun clauses (*continued*)

Me piden que te dé las gracias por la invitación.   They ask me to thank you
   for the invitation.
Te aconsejo que lleves tus esquíes.   I advise you to take your skis.
¿Le dirás a Tomás que lleve ropa gruesa?   Will you tell Tom to take (wear)
   heavy clothing?
Le pediré a Carlos que venga a buscarme.   I shall ask Charles to come to
   pick me up.

The subjunctive is required in a noun clause when the main verb expresses a
request, command, permission, or *advice,* affirmative or negative. Common verbs of
this type are: **aconsejar,** *to advise;* **decir,** *to tell* (command); **pedir (i, i),** *to ask,
request.* **Insistir en que** is also followed by the subjunctive.

With certain verbs, e.g., **decir, pedir, aconsejar,** and others, a personal object
is expressed as an indirect object; the subject of the infinitive in English is expressed
as the indirect object of the main verb and understood as the subject of the subjunctive verb in the dependent clause. In the case of a sentence like *I shall ask
him to come,* think of it as *I shall ask of (to) him that he come.*

Remember that in Spanish the indirect object pronoun is commonly used in
addition to a noun indirect object (last two examples; also see Lección 3, page 59).

Decir requires the subjunctive only when it expresses a command. Compare:

Me dicen que puedo ir con ustedes.   They tell me (that) I can go with you.
Le diré a Tomás que esté listo a las seis.   I shall tell Tom to be ready at six.

V. Review of the use of the definite article with the seasons

   Me gusta la primavera (el otoño).   I like spring (fall).
   Es invierno (verano).   It is winter (summer).
   Hacen una excursión de invierno.   They make a winter excursion.

The definite article is usually used with the seasons, except after **ser** or in a
de-phrase. In daily speech it is often omitted after **en: Hace mucho frío en
invierno,** *It is very cold in winter.*

Ejercicios orales

A. Substitution exercises:

1. Es posible que *Juan* le pida eso.
   (yo, tú, Marta y yo, los muchachos, Ud.)
2. Luis no cree que *él* haya comido.
   (ellos, Ud., Uds., tú, Juan y yo)
3. Ella insiste en que *Carlota* vuelva pronto.
   (yo, Ud., tú, Juan y yo, los alumnos)
4. Sienten mucho que *tú* no los hayas visto.
   (yo, José, Elena y yo, Ud., Uds.)
5. *Pídale Ud.* que no salga.
   (Pídales Ud., Díganle Uds., Ella me aconseja, Ella nos pide)
6. *Yo le pediré* que busque a Tomás.
   (Él te pedirá, Uds. les pedirán, Ella me dirá, Tú nos dirás)
7. *Ellos me dicen* que conduzca el coche.
   (Ella le dice, Marta te pide, Luis nos aconseja, Tú nos dirás)
8. *Margarita* lo condujo ayer.
   (Ud., Uds., Tú, Yo, Ella y yo)

B. Review the irregular past participles in Lección preliminar III, page 20. Say after your teacher, then repeat, changing the verb in the dependent clause to the present perfect subjunctive.

MODEL: Yo dudo que vengan.　　Yo dudo que vengan.
　　　　　　　　　　　　　　　Yo dudo que hayan venido.

1. Es posible que lleguen esta tarde. 2. ¿Dudas que abran la puerta? 3. No creo que ellos les traigan el paraguas. 4. Me sorprende que ella no me devuelva los esquíes. 5. Sentimos mucho que tú no te pongas los patines. 6. Es lástima que Enrique no nos vea. 7. Es dudoso que Carlos vaya a la sierra. 8. Él no está seguro de que tú escribas la tarjeta postal. 9. Siento mucho que haga mal tiempo. 10. Es posible que Carolina no les dé las gracias por la invitación.

C. Read, supplying the present perfect indicative or subjunctive of the infinitive in parentheses, as required:

1. Es cierto que los dos muchachos (pensar) hacer el viaje. 2. Es posible que ellos (invitar) a Juan a acompañarlos. 3. Sé que ellos (comprar) un coche nuevo. 4. Dudamos que ellos ya (salir). 5. Creo que ellos (hablar) con sus abuelos. 6. No creo que Miguel (ir) a la sierra. 7. Su madre teme que los dos no le (pedir) bastante dinero a su padre. 8. Me alegro de que todos (decidir) pasar el fin de semana en la sierra. 9. Es lástima que Carlos (olvidarse) de traer sus esquíes. 10. Es evidente que tú (tener) tiempo para eso. 11. Es cierto que Uds. (poder) hacer muchos planes. 12. No creemos que Carlitos (ver) un lugar más hermoso. 13. Es posible que los niños ya (aprender) a patinar. 14. Es verdad que ellos (tener) bastante tiempo para eso.

D. Say after your teacher, then upon hearing a phrase ending with **que,** use it to form a new sentence.

> MODEL: Ellos han ido al café.   Ellos han ido al café.
> Dudo que   Dudo que ellos hayan ido al café.

1. Han vuelto de España. (Es posible que)
2. Ella le ha escrito a Carmen. (Espero que)
3. Hemos hecho una excursión. (Dudan que)
4. Has comprado un par de patines. (No creen que)
5. No han traído los esquíes. (Siento mucho que)
6. Uds. han visto al señor Díaz. (Nos alegramos de que)
7. Ellos no han dicho nada. (Tengo miedo de que)
8. Tú no te has puesto el abrigo. (Temen que)
9. Uds. se lo han llevado. (No estoy seguro de que)
10. Elena no me ha devuelto la revista. (Es extraño que)

Ejercicios escritos

A. Rewrite each sentence, using the cue (**que** plus a subject).

> MODEL: Yo temo no verlos. (que tú)   Yo temo que tú no los veas.

1. Yo siento no poder buscarlos. (que Uds.)
2. Es mejor ponerse estos zapatos. (que tú)
3. Juan prefiere buscar otro par de esquíes. (que su hermano)
4. Ellos quieren conducir el coche. (que yo)
5. No es posible entregarles el paquete. (que nosotros)
6. Ella insiste en hacer el vestido. (que su mamá)
7. Es lástima no darles las gracias por el regalo. (que ella)
8. Es importante no envolverlos todavía. (que Margarita)

B. Write in Spanish:

1. Richard tells Robert to take (tells to Robert that he take) only one suitcase. 2. He asks him not to forget (that he not forget) his skates. 3. He tells him that there will be snow and ice. 4. Richard also wants his friend to take (wishes that his friend take) his skis. 5. Their parents are sure that they will have a good time on the excursion. 6. They doubt that Tom has brought enough heavy clothing. 7. Richard's father asks them to be (asks of them that they be) ready early. 8. Richard prefers that his father drive when it is bad weather. 9. They will come to pick up the two boys at six o'clock. 10. The boys do not believe that there will be any difficulty[1] in leaving for the mountains at that hour.

---

[1] that . . . difficulty, **que haya dificultad.**

Práctica

—Ricardo, ¿a qué deportes eres aficionado?

—Me gustan más el fútbol y el béisbol. Y tú eres aficionado al básquetbol, ¿verdad?

—¡Claro! No juego al básquetbol, pero soy muy aficionado al deporte. Es demasiado rápido para mí.

—¿Juegas al golf y al tenis?

—Al tenis, sí, y el verano que viene espero aprender a jugar al golf.

—¿Has visto un partido de fútbol de estilo *soccer?*

—Solamente en la televisión. Algún día voy a acompañar a mi papá a un partido. Él dice que tenemos un equipo muy bueno.

> **gustar más**   to like better (best), prefer
> **ser aficionado, -a a**   to be fond of

Other sports which may be substituted in the dialogue are:

el boleo bowling
el boxeo boxing
la carrera de caballos horse racing
la caza hunting
la equitación horseback riding

la lucha wrestling
la natación swimming
la pesca fishing
la pista track
el polo polo

19,170 feet high, Cayambe is one of the snowy Andean peaks seen from the Pan-American highway in Ecuador.

Palabras y expresiones

SUBSTANTIVOS

la carretera   highway, road
la dificultad   difficulty
el esquí (*pl.* **esquíes**)   ski
el hielo   ice
la invitación (*pl.* **invitaciones**)
   invitation
el patín (*pl.* **patines**)   skate
la sierra   mountain range,
   mountains

ADJETIVO

grueso, -a   heavy

VERBOS

aconsejar   to advise
conducir   to conduct, drive (*car*)
esquiar[1]   to ski
insistir en + *obj.*   to insist on
manejar   to drive (*car*) (*Am.*), handle
patinar   to skate

aún   even, still, yet
buscar a uno   to come (go) for one, pick one up
casa de campo   country house
dar (las) gracias a uno (por)   to thank one (for)
de día   by day, in the daytime
de nada   you're welcome, don't mention it
el deporte de invierno   winter sport
hace bastante fresco   it is quite cool (*weather*)
hace mucho frío   it is very cold (*weather*)
hay sol   it is sunny, the sun is shining
insistir en que   to insist that
lejos de *prep.*   far from
(no) dejar de + *inf.*   (not) to fail to
por aquí   around here
¿te permiten ir . . .?   are they letting (will they let) you go . . .?
¡ya lo creo!   I should say so! of course!

---

[1] Conjugated like **enviar** (see Appendix F, page 426).

En una zapatería

(José y Jaime se pasean por la calle y se detienen de vez en cuando para ver lo que hay en los escaparates.)

José. Vamos a entrar en esta zapatería. Voy a pedirles que me enseñen unos zapatos como ésos. Sigamos hasta aquella puerta para entrar.

Jaime. *(Entrando.)* Es extraño que haya tanta gente aquí hoy. Temo que tengamos que esperar mucho.

José. Tal vez no. Sentémonos aquí a la izquierda, no en ese rincón.

Jaime. Me parece que les faltan dependientes aquí. Espero que no tarde uno en venir porque tengo una cita con Elena para almorzar.
(Siguen charlando mientras esperan. Por fin se acerca un dependiente y se disculpa por haber tardado tanto.[1] Les pregunta qué desean.)

José. Haga Ud. el favor de enseñarme un par de zapatos. He visto un estilo nuevo en el escaparate que me gusta.

Dependiente. Tenemos varios estilos nuevos. ¿Qué número usa Ud.? . . . Creo que le sentará bien el número nueve. A ver . . .

José. *(Se prueba un zapato.)* No, éste me sienta mal; es muy estrecho para mí. ¿No tiene otro más ancho?

Dependiente. De ese mismo estilo, no. ¿Quiere Ud. probarse éste?

José. Sí, . . . me sienta bien. ¿Qué precio tienen éstos?

Dependiente. Treinta dólares el par. Dudo que encuentre otros mejores a ese precio.

José. ¡Hombre! Puede ser que tenga Ud. razón, pero son carísimos. Sin embargo, los tomo. Envuélvalos, por favor. Aquí tiene dos billetes de veinte dólares.
(El dependiente le entrega a José la vuelta y el paquete. Jaime mira su reloj y ve que debe despedirse de su amigo.)

Jaime. Pues, José, tengo que irme.

José. Sí, es mejor que te vayas. Siento mucho que sea tan tarde. Adiós. Que se diviertan Uds.

Jaime. Muchas gracias. Llegaré a tiempo. Te veo esta noche.

Preguntas

Answer in Spanish these questions based on the first part of the dialogue:

1. ¿Quiénes se pasean por la calle? 2. ¿Por qué se detienen de vez en cuando? 3. ¿Por qué quiere José entrar en la zapatería? 4. ¿Hay mucha gente allí? 5. ¿Qué teme Jaime? 6. ¿Dónde quiere José que se sienten? 7. ¿Por qué quiere Jaime que no tarde en venir un dependiente? 8. Cuando el dependiente se acerca, ¿qué les pregunta a los muchachos?

---

[1] **se disculpa . . . tanto,** *apologizes for having delayed so much (long).* The perfect infinitive, **haber** plus the past participle, is used here since there is no change of subject. (See line 19, page 159, and line 20, page 203, for other uses of this construction.)

Preguntas generales

1. ¿Te gusta ir de compras? 2. ¿Vas de compras a menudo? 3. ¿Dónde se compran los zapatos? 4. ¿Hay buenas zapaterías en esta ciudad? 5. ¿Qué número de zapatos usas tú? 6. ¿Hay muchos estilos nuevos este año? 7. ¿Son caros o baratos los zapatos? 8. ¿En qué estación tienen ventas especiales? 9. ¿Te paseas por la calle de vez en cuando para ver lo que hay en los escaparates? 10. ¿Faltan dependientes en las tiendas a veces?

Study the first part of the dialogue and retell it in Spanish in your own words.

Prepare a **discurso** of ten to fifteen sentences telling what happened the last time you went to buy shoes. You may want to consider some of these questions:

¿Dónde está la zapatería?   ¿Había muchos zapatos en el escaparate?   ¿Te probaste muchos pares de zapatos? ¿Te sentaron bien (mal)? ¿Te gustaron todos? ¿Viste muchos estilos? ¿Compraste solamente un par? ¿Decidiste esperar hasta más tarde?

Notas

I. Forms of **seguir (i, i),** *to follow, continue*

PRES. PART.	**siguiendo**				
PRES. IND.	**sigo**	**sigues**	**sigue**	seguimos	seguís	**siguen**
PRES. SUBJ.	**siga**	**sigas**	**siga**	**sigamos**	**sigáis**	**sigan**
PRETERIT	seguí	seguiste	**siguió**	seguimos	seguisteis	**siguieron**

The stem change of **seguir** is the same as that of **pedir.** In addition, as in all verbs ending in **-guir, u** is dropped after **g** before the endings **-o** and **-a;** this occurs in the first person singular present indicative and in all six forms of the present subjunctive.

The command forms are: **sigue** (tú), **no sigas** (tú); **siga(n) Ud(s).,** **no siga(n) Ud(s).**

Seguir may be followed by the present participle: **Siguen charlando,** *They continue chatting;* **Sigan Uds. leyendo,** *Continue (Go on) reading.*

II. More commands

A. **Entremos**
    Vamos a entrar} **en la zapatería.** Let's enter the shoe store.
    Abrámosla.
    Vamos a abrirla.} Let's open it.
    No lo pongamos aquí. Let's not put it here.

The first person plural of the present subjunctive is used to express commands equal to *Let's* or *Let us* plus a verb. **Vamos a** plus an infinitive, in addition to meaning *We are going to*, may be used for *Let's* or *Let us* plus a verb if the intention is to perform the action at once. (1) Where are object pronouns placed with respect to the verb in affirmative commands? (2) In negative commands? (3) With respect to an infinitive?

Vamos is used for the affirmative *Let's* (*Let us*) *go:* **Vamos a casa ahora,** *Let's go home now.* The subjunctive **vayamos** must be used for the negative *Let's not go:* **No vayamos a casa todavía,** *Let's not go home yet.* **No vamos a casa** can only mean *We are not going home.*

A ver is often used without **vamos** to mean *Let's see.*

> **Vámonos.** Let's go (Let's be going).
> **Sentémonos aquí.** ⎱
> **Vamos a sentarnos aquí.** ⎰ Let's sit down here.
> **No nos levantemos.** Let's not get up.

When the reflexive pronoun **nos** is added to the first person plural command form, the final **-s** is dropped from the verb. Remember that the reflexive pronoun must agree with the subject.

B. **Que lo haga José.** Have Joe (May *or* Let Joe) do it.
  Que se diviertan Uds. May you (I want you to, I hope you) have a good time.

Que, equivalent to the English *have, may, let, I wish,* or *I hope,* introduces indirect commands in the second and third persons. In such cases object pronouns precede the verb, and if a subject is expressed, it usually follows the verb. This construction is really a clause dependent upon a verb of *wishing, hoping, permitting,* and the like, with the main verb understood.

When *let* means *allow* or *permit,* it is translated by **dejar** or **permitir.** In Lección preliminar IV, page 25, there occurred a use of **permitir** plus an infinitive when the subject was a personal pronoun:

Permítanme ustedes preguntarle . . . Permit me to (Let me) ask her . . .

Dejar may be used similarly:

> **Déjame tú enseñarte . . .** Let me show you . . .

For emphasis, or especially when a noun is the object of the main verb and also the subject of the following verb, the subjunctive is used after these two verbs:

Permítele (Déjale) tú a Juan que siga leyendo. Let (*fam.*) John (Permit *or* Allow John to) continue reading.

III. Review of the use of **gustar** and comments on some verbs used similarly

Remember that **gustar** is normally used only in the third person singular and plural, depending on whether its subject is singular or plural; the English subject becomes the indirect object in Spanish, and the English object becómes the subject of the Spanish verb:

Me (Nos) gusta este estilo.   I (We) like this style.
¿Les gusta a Uds. éste?   Do you like this one?
No le gustan a ella (*or* **A ella no le gustan**) **estos zapatos.**   She doesn't like these shoes.

Sentar (ie) bien, *to fit well, be becoming,* **sentar (ie) mal,** *to fit badly, be unbecoming,* **faltar,** *to be lacking (missing), need,* and **quedar a uno,** *to have (be) left,* are used like **gustar**:

Le sentará bien el número nueve.   Size nine will fit you well.
Me sienta mal el traje.   The suit fits me badly (is not becoming to me).
Me sientan bien estos zapatos.   These shoes fit me well (are becoming to me).
Les faltan dependientes aquí.   They need (some) clerks here (*lit.*, clerks are lacking to them here).
Les falta el dinero.   They lack (need) the money.

In Lección primera, page 37, **quedar a uno,** *to have (be) left,* was used:

Nos queda poco tiempo.   We have little time left.

APLICACIÓN. Read, keeping the meaning in mind:

1. No le gustan a ella estos estilos. 2. ¿Les gusta a Uds. el concierto? 3. Siempre nos gustaba la música española. 4. Les gustará pasearse por el parque. 5. No le sienta bien a Marta el sombrero. 6. ¿Te sientan bien los guantes? 7. ¿Te sienta mal el vestido? 8. Me faltan cinco dólares para comprar la camisa. 9. Nos falta una hora para terminar el trabajo. 10. Les falta poco tiempo. 11. Les quedan quince minutos. 12. Me quedan dos dólares.

Ejercicios orales

A. Substitution exercises:

        1. Quieren que *Juan* siga leyendo.
           (yo, tú, nosotros, ella, Uds.)
        2. Puede ser que *tú* tengas razón.
           (Ud., Uds., nosotros, Felipe, ellos)
        3. Él no cree que *ella* encuentre otros.
           (tú, Jaime, yo, José y yo, Uds.)
        4. *El alumno* siguió paseándose.
           (Yo, Nosotros, Tú, Uds., Ellos)
        5. *Los muchachos* se paseaban por la calle.
           (Ella, Ella y yo, Tú, Uds., Elena)

B. Say after your teacher, then repeat, making each sentence negative.

    MODELS: Dénmelos Uds.   Dénmelos Uds. No me los den Uds.
             Sigámoslo.   Sigámoslo. No lo sigamos.

  1. Tráiganmelo Uds. 2. Búsquenlo Uds. 3. Entréguenselas Uds. a ellos. 4. Pruébenselos Uds. 5. Cerrémosla. 6. Envolvámoslos. 7. Levantémonos. 8. Probémonoslos. 9. Despidámonos de ellos. 10. Mudémonos de ropa.

C. Answer each question in the affirmative, then in the negative.

    MODEL: ¿Abrimos la puerta?   Sí, abrámosla. No, no la abramos.

    1. ¿Llevamos los billetes?   4. ¿Buscamos a Felipe?
    2. ¿Envolvemos el paquete?   5. ¿Seguimos el coche?
    3. ¿Cerramos los libros?   6. ¿Entregamos el recado?

    MODEL: ¿Nos despedimos?   Sí, despidámonos. No, no nos despidamos.

    7. ¿Nos sentamos a la derecha?   9. ¿Nos bañamos?
    8. ¿Nos levantamos ahora?   10. ¿Nos vamos?

After you hear questions 1–8 again, answer beginning with **Vamos a.**

    MODELS: ¿Escribimos la carta?   Sí, vamos a escribirla.
             ¿Nos disculpamos?   Sí, vamos a disculparnos.

D. Listen to each plural command, then give an indirect command with **ellos** preceded by the phrase **Nosotros no podemos.**

    MODEL: Ábranlo Uds.   Nosotros no podemos, que lo abran ellos.

  1. Ciérrenlos Uds. 2. Tráiganlos Uds. 3. Escríbanles Uds. 4. Envuélvanlo Uds. 5. Entréguenselos Uds. 6. Apáguenlo Uds. 7. Siéntense Uds. 8. Acuéstense Uds. 9. Báñense Uds. 10. Acérquense Uds.

E. Say after your teacher, then give the alternate construction.

> MODEL: Busquémoslo. Busquémoslo. Vamos a buscarlo.

1. Escribámosla. 2. Saquémoslas. 3. Paguémoslo. 4. Sentémonos. 5. Leventémonos. 6. Detengámonos. 7. Pongámonoslos. 8. Lavémonoslas.

Ejercicios escritos

A. Note carefully the familiar singular command, then write an indirect command with **él** preceded by the phrase **Yo no puedo.**

> MODEL: Tráelo tú. Yo no puedo, que lo traiga él.

1. Envíalo tú. 2. Condúcelo tú. 3. Síguelo tú. 4. Entrégalos tú. 5. Búscalos tú. 6. Sírvelos tú. 7. Envuélvelo tú. 8. Siéntate tú. 9. Vístete tú. 10. Acércate tú.

B. Write new sentences using indirect commands and substituting the correct object pronoun for the noun object when one is expressed.

> MODEL: José quiere buscar un regalo. Que lo busque José.

1. Jorge desea comprar unos guantes.
2. Carlos sigue mirando los cuadros.
3. Enrique quiere probarse un traje.
4. El dependiente puede envolver los paquetes.
5. Marta quiere sentarse un rato.
6. Todos van a acercarse despacio.
7. Anita va a ponerse el vestido.
8. Ellos prefieren vestirse pronto.

C. Write in Spanish:

1. Joe goes shopping and he hopes to run into his friend Jim downtown. 2. Joe's father wants him to look for several things. 3. He asks his father to give him enough money to buy a suit. 4. His father doesn't want him to buy one yet. 5. It is strange that there are so many people in the store. 6. Jim is afraid that they will have to wait a while. 7. He hopes that the clerk won't be long in coming. 8. Finally when the clerk sees Joe, the latter asks him to show him a pair of shoes. 9. The size nine shoes (shoes of size 9) which he brings do not fit Joe well. 10. He says to the clerk: "Please show me another pair." 11. After trying them on, Joe says: "I'll take them. Wrap them up, please." 12. Joe gives the clerk two twenty-dollar bills, and he receives ten dollars in (**de**) change. 13. Handing Joe the package, the clerk says: "Good-bye, sir. May you return soon." 14. Jim tells Joe that he has to go to look for Helen.

Práctica

—¿Adónde vas, José?
—Primero, a la farmacia, y luego a la panadería. ¿Y tú?

—Tengo que llevar estos zapatos a la zapatería.
—Pero, ¿no son nuevos?
—Sí, pero estos tacones son de cuero y yo quiero tacones de goma.
—¿Por qué no vas en bicicleta? La zapatería está lejos de aquí.
—Carlitos está usándola esta tarde. Todos los socios de su club han ido al campo
en bicicleta; por eso, yo tengo que ir a pie. Pues, tengo que darme prisa. Adiós.
—Adiós. Hasta la vista.

la bicicleta bicycle	**el pie** foot
el cuero leather	**el socio** member
la goma rubber	**el tacón** (*pl.* **tacones**) heel
la panadería bakery	

en bicicleta by bicycle, on their *or* your bicycle(s)
ir a pie to go on foot, walk
tacón de cuero (goma) leather (rubber) heel

Palabras y expresiones

SUBSTANTIVOS

el número number, size (*of shoes*)
el rincón (*pl.* **rincones**) corner
la vuelta change (*money*)

ADJETIVOS

ancho, -a broad, wide, large
estrecho, -a narrow, tight

VERBOS

disculparse to apologize, excuse oneself
faltar to be lacking (missing), lack, need
  (*used like* **gustar**)
pasearse to walk, stroll, wander
seguir (i, i) to continue, follow, go
  (keep) on

a ver let's (let us) see
aquí tiene (Ud.) *or* **tienes** here is
billete de (veinte) dólares (twenty-)dollar bill
de vez en cuando from time to time, occasionally
esperar mucho to wait long (a long time)
haga(n) *or* **hága(n)me Ud(s). el favor de** + *inf.* please
¡hombre! man (alive)!
los tomo I'll take them
me parece que it seems to me (I think) that
para almorzar (ue) for lunch, to have lunch
por fin finally, at last
¿qué precio tienen (éstos)? what is the price of (these)?
sentar (ie) bien a uno to fit one well (*used like* **gustar**)
sentar (ie) mal a uno to fit one badly
sin embargo nevertheless, however
tal vez perhaps
tardar tanto to delay so much (long), be so long
(treinta dólares) el par (thirty dollars) a (per) pair

Un puesto en México

Marta. ¡Oye, Luisa, espera un momento! Mi papá acaba de recibir una carta por correo aéreo del gerente de una casa comercial de México. Necesitan un joven que pueda trabajar como agente de la casa. Le preguntan si conoce a alguien que pueda recomendar.

Luisa. ¿Buscan una persona que hable español?

Marta. ¡Claro! Prefieren un joven que conozca las costumbres del país y que haya tenido experiencia en una casa comercial de los Estados Unidos.

Luisa. ¿Conoce tu padre a Roberto Montoya, el hermano mayor de Margarita, el cual tiene un puesto ahora con la casa de Blanco y Compañía?

Marta. No sé si le conoce, pero supongo que habla bien la lengua.

Luisa. ¡Por supuesto! Empezó a estudiarla cuando estaba en la escuela superior. Siguió estudiándola en la universidad, y con los dos veranos que ha pasado en México . . .

Marta. ¡Ah, sí! Recuerdo ahora lo que Roberto me dijo una vez. Busca un puesto que le dé la oportunidad de vivir en México. Me había olvidado de eso.

Luisa. Es verdad. Tu papá puede hablar con el señor Blanco, quien le recomendará. También podrá hablar con el señor López, con quien trabaja en la oficina. Éste dice que no conoce a nadie que sea tan trabajador como Roberto.

Marta. El gerente que le ha escrito a mi papá desea que el nuevo empleado empiece a trabajar el primero de marzo, lo cual le sorprende un poco.

Luisa. Espero que tu papá llame a Roberto por teléfono para ver si le interesa el puesto. O yo podría hablar con él esta noche, porque vive cerca.

Marta. Creo que valdrá más que él vaya a hablar con mi papá esta tarde. De esa manera mi papá le pondrá un telegrama al gerente o le telefoneará, dándole todos los informes.

Luisa. Voy a telefonearle a Roberto ahora mismo. Espero que obtenga el puesto.

Preguntas

Answer in Spanish these questions based on the first part of the dialogue:

1. ¿Quiénes están hablando? 2. ¿Qué acaba de recibir el papá de Marta? 3. ¿Qué necesitan en la casa mexicana? 4. ¿Qué le preguntan al papá de Marta? 5. ¿Buscan una persona que hable español? 6. ¿Qué prefieren también? 7. ¿A quién conoce Luisa? 8. ¿Cuándo empezó Roberto a estudiar el español?

Preguntas generales

1. ¿Te interesaría a ti obtener un puesto en México algún día? 2. ¿Conoces a alguien que haya trabajado allí? 3. ¿Te gustaría vivir en la Ciudad de México? 4. ¿Te gustaría vivir en un país extranjero? 5. ¿Has pasado un verano en México? 6. ¿Recibes telegramas? 7. ¿Has puesto alguna vez un telegrama? 8. ¿Recibes cartas por correo aéreo? 9. ¿Escribes cartas en español? 10. ¿Les escribes cartas a alumnos extranjeros?

Summarize in Spanish in your own words the contents of the letter which Martha's father has received.

Prepare a **discurso** of eight to ten sentences explaining why no one is better qualified than your friend Philip for a position in a business firm in Mexico or some other Spanish-speaking country.

Notas

I.   Adjective clauses and relative pronouns

An adjective clause modifies a noun or pronoun and is introduced by a relative pronoun, usually **que.** In the sentence *I know a boy who can do it*, the clause *who can do it* modifies the noun *boy*. *Who* is a relative pronoun and *boy* is the antecedent of the clause.

A. **Que,** *that, which, who, whom*

    (1) **el gerente que le ha escrito**   the manager who has written to him
    (2) **el puesto que tiene**   the job (that) he has
        el joven que conocí   the young man (whom) I met
    (3) **la casa de que hablaban**   the firm of which they were speaking

Que, which does not change its form, is the commonest of the relative pronouns. Introducing a clause, **que** may be: (1) the subject; (2) the object of the verb in a clause, referring to persons or things; or (3) the object of a preposition, referring to things only. The relative pronoun may be omitted sometimes in English, but **que** is not omitted in Spanish.

B. **Quien** (*pl.* **quienes**), *who, whom*

    (1) **el señor López, con quien trabaja**   Mr. López, with whom he works
    (2) **el señor Blanco, quien (que) puede recomendarle**   Mr. Blanco, who
        can recommend him
    (3) **los muchachos que (a quienes) vimos**   the boys (whom) we saw

Quien (*pl.* **quienes**), which refers only to persons, is used: (1) mainly after prepositions; and (2) sometimes instead of **que** when *who* is separated from the main clause by a comma. The personal **a** is required (3) when **quien(es)** is the direct object of the verb. **Que** may replace **a quienes** in the last example and is more commonly used in conversation.

C. **El cual** and **el que,** *that, which, who, whom*

    (1) **¿Conoce él al hermano de Margarita, el cual (el que) tiene un puesto . . .?** Does he know Margaret's brother, who has a job . . .?

    (2) **Las casas cerca de las cuales (las que) dejamos el coche . . .** The houses near which we left the car . . .

The longer forms of the relative pronouns, **el cual (la cual, los cuales, las cuales)** and **el que (la que, los que, las que),** are used: (1) to make clear which of two possible antecedents the clause modifies; and (2) after prepositions other than **a, con, de,** or **en.**[1] For example, **por, para, sobre, cerca de,** and **delante de** would be followed by the long relative. Be sure that the long relative agrees with its antecedent.

Tiene que empezar el primero de marzo, lo cual (lo que) me sorprende.
He must begin the first of March, which (fact) surprises me.

The neuter form **lo cual** or **lo que,** *which (fact),* sums up a preceding idea, statement, or situation.

II. The subjunctive in adjective clauses

Conocemos a un joven que trabaja en México.
We know a young man who works in Mexico. (*A certain young man*)
Necesitan un joven que pueda trabajar allí.
They need a young man who can work there. (*Any young man*)
¿Buscan una persona que hable español?
Are they looking for a person who speaks Spanish? (*Not a definite person*)
¿Conoces tú a alguien que yo pueda recomendar?
Do you know anyone (whom) I can recommend? (*Indefinite antecedent*)
Quieren una casa que sea más grande.
They want a house that is (may be) larger. (*Any house*)
No conoce a nadie que sea tan trabajador como Roberto.
He knows no one (doesn't know anyone) who is so industrious as Robert.
(*Negative antecedent*)

When the antecedent of an adjective clause is *indefinite* or *negative* and refers to no particular person or thing, the verb in the dependent clause is in the subjunctive. If the antecedent refers to a certain person or thing (first example), the indicative is used.

The personal **a** is omitted in the second and third examples since the nouns do not refer to specific persons. However, the pronouns **alguien, nadie,** also **alguno** and **ninguno** when referring to persons, and **quien,** require the personal **a** when used as direct objects.

---

[1] Often, however, and particularly in literary style, the long relatives are used after these short prepositions. In elegant style the forms of **el cual** are preferred to those of **el que,** as you will see in the Lecturas and in other readings.

Ejercicios orales

A. Read, supplying the correct relative pronoun (in some sentences more than one may be correct):

1. El telegrama ____ tengo es para Roberto. 2. Es de un hombre ____ vive en México. 3. La tía de aquel hombre, ____ es amiga de mi madre, vive en esta ciudad. 4. El hombre, ____ es gerente de una casa comercial, necesita otro empleado. 5. Quiere un joven ____ conozca las costumbres del país. 6. Busca un joven ____ haya estudiado el español. 7. El gerente, ____ me ha escrito varias veces, me llamó ayer. 8. Me dice que un amigo de su hijo, ____ no es muy trabajador, le ha pedido el puesto. 9. No quiere jóvenes ____ no sean trabajadores. 10. Una buena amiga del gerente, ____ es norteamericana, va a llamarme por teléfono. 11. El hermano de ella, ____ trabaja en San Francisco, también conoce a Roberto. 12. La madre de Roberto, ____ ha pasado mucho tiempo en México, espera que su hijo acepte el puesto. 13. Los padres de ella, ____ ya no son jóvenes, viven en San Antonio. 14. Su casa, ____ es de estilo español, es hermosísima.

B. Read each two sentences, then combine them into one, using the relative pronoun **que**, following the models.

MODELS: La muchacha sale. Es española. La muchacha que sale es española.

Juan tiene un libro. Es nuevo. El libro que Juan tiene es nuevo.

1. La mujer viene ahora. Es mi tía. 2. Este telegrama llegó ayer. Es del señor López. 3. Ella sirvió refrescos. Eran muy buenos. 4. El joven está visitándolos. Es de Colombia. 5. La casa tiene un patio. Es de estilo español. 6. José recibió la carta esta mañana. Es de su hermano mayor.

Combine the two sentences using **quien** (**quienes**) or **a quien** (**quienes**).

MODEL: Vimos al joven. Es mexicano. Vimos al joven, quien es mexicano.

El joven a quien vimos es mexicano.

7. Él conoce a aquella muchacha. Es alumna de esta escuela superior. 8. Yo saludé a aquellas señoritas. Son profesoras de español. 9. Ella llamó a los niños. Están jugando. 10. Él telefoneó a la mujer. Está enferma hoy. 11. Ayudamos a aquel señor. Es gerente de esta compañía. 12. Vimos a la profesora. Enseña el francés.

Combine the two sentences using **el (la) cual, los (las) cuales** or **el (la) que, los (las) que**.

MODEL: La prima de Luis salió ayer. Espera volver pronto.

La prima de Luis, la cual (la que) salió ayer, espera volver pronto.

13. El tío de Carlos tiene una casa comercial. Vive en México. 14. Dejamos el coche detrás de aquellos edificios. Son muy altos. 15. Inés me escribió acerca de las costumbres del país. Son muy interesantes. 16. La hermana de Jaime viaja por México. Le envió una tarjeta postal.

C. Each group of short sentences is preceded by a phrase which requires the subjunctive in an adjective clause. Form complete sentences, changing the verb to the correct subjunctive tense.

MODEL: Buscamos una casa. *a.* es hermosa.   Buscamos una casa que sea hermosa.

1. Buscamos un empleado. *a.* habla español. *b.* es joven. *c.* conoce las costumbres del país. *d.* ha vivido en México.
2. ¿Conocen Uds. a alguien? *a.* ha sido gerente de una compañía. *b.* ha trabajado en la América del Sur. *c.* quiere vivir allí. *d.* puede irse pronto.
3. No hay nadie aquí. *a.* busca un puesto. *b.* es tan trabajador como él. *c.* sabe hablar español. *d.* puede acompañarme.
4. Ella necesita a alguien. *a.* la ayuda. *b.* trabaja todos los sábados. *c.* ha tenido experiencia. *d.* escribe bien el español.

D. Say after your teacher, then upon hearing a cue, use it to form a new sentence, following the model.

MODEL: Busco al joven que habla español.   Busco al joven que habla español.

   Busco un joven   Busco un joven que hable español.

1. Tiene un puesto que le gusta. (Busca un puesto)
2. Viven en una casa que tiene ocho cuartos. (Necesitan una casa)
3. Conozco a alguien que es muy trabajador. (¿Conoces a alguien . . .?)
4. Hay algo en este artículo que es interesante. (No hay nada)
5. Conocen a un hombre que ha tenido más experiencia. (Prefieren un hombre)
6. Hay alguien allí que puede recomendar a Juan. (¿Hay alguien . . .?)
7. Quiero ver a la señorita que ha vivido en Chile. (Quiero ver una señorita)
8. Esperan ver al muchacho que ha visto la película. (Esperan ver a alguien)

Ejercicios escritos

A. Write answers to these questions, making the first clause negative.

MODEL: ¿Ves a alguien que lea bien?   No, no veo a nadie que lea bien.

1. ¿Ves a alguien que le conozca? 2. ¿Buscas alguna casa que tenga un jardín? 3. ¿Hay algún hombre que nos ayude? 4. ¿Hay alguien que sepa escribir en español? 5. ¿Estudias con alguien que pronuncie mejor? 6. ¿Conocen Uds. a alguien que haya viajado por la Argentina? 7. ¿Ves a alguien que yo pueda invitar? 8. ¿Hay algo aquí que te guste?

B. Write two new sentences, first using an indirect command, then using a noun clause.

MODEL: Trae la revista.   Que la traiga.
          Quiero que él   Quiero que él la traiga.

1. Nos entrega el dinero.   5. Se sientan a la izquierda.
   Le diré a él que   Esperamos que ellos
2. Siguen buscando a Luis.   6. Vendrá al mediodía.
   Les pediré que   Me alegro de que ella
3. Ella no mira los vestidos.   7. Ella les sirve refrescos.
   Prefiero que   Siento que ella no
4. No esperan mucho tiempo.   8. Recomienda a Roberto.
   Les aconsejaré a ellos que   Temo que él no

C. Write in Spanish:

1. Mr. Martín has just received a letter from a friend of his. 2. He is a young Mexican who was studying in the university when Robert met him. 3. He is the manager of a business firm in that country. 4. He hopes to find an employee who speaks Spanish. 5. Also he needs someone who knows the country well. 6. It is important that he understand (use **entender**) a great deal about Mexican customs. 7. His friend wants to find someone who has worked three or four years. 8. Mr. Martín cannot recommend anyone who is more industrious than Robert. 9. He doubts that Robert can begin to work before the fifteenth of March. 10. He asks Robert to come to see him that afternoon. 11. If the position interests Robert, Mr. Martín will send a telegram to the manager. 12. If he wishes, he can also call the manager by telephone, giving him all the information about Robert.

D. Review the verbs and expressions in Lecciones 13–15, then write in Spanish:

1. a spring day. 2. a country house. 3. a ten-dollar bill. 4. perhaps. 5. nevertheless. 6. from time to time. 7. in this way. 8. Of course! 9. He sent a telegram. 10. I think (It seems to me) that the suit is very expensive. 11. These shoes do not

fit me well; they are very tight. 12. What is the price? —Twenty dollars a pair.
13. Please (*formal sing.*) wrap them (*m.*) up. 14. Here are (*pl.*) the packages.
15. Do you (*fam. sing.*) live far from here? 16. It has been very cold. 17. There
will be snow in the mountains. 18. Don't fail (*fam. sing.*) to bring your skates.
19. Do you (*fam. sing.*) like winter sports? 20. John is afraid to skate on the ice.
21. I have thanked them for the invitation. 22. This park is as large as that one.
23. One can see the mountains in the daytime. 24. He will pick them up at seven
o'clock. 25. You're welcome.

Workers at an industrial plant, Mexico.

Práctica

Viajero. Buenas tardes, señor.

Extranjero. Buenas tardes. ¿En qué puedo servirle?

Viajero. Queremos pasar la noche en esta ciudad. ¿Puede recomendarnos un buen hotel?

Extranjero. ¡Cómo no! Hay tres o cuatro hoteles muy buenos en el centro, a unas veinte cuadras de aquí.

Viajero. ¿Hay un motel en la carretera?

Extranjero. Sí, señor, hay varios moteles en las afueras de la ciudad. También hay uno nuevo que no está lejos. Allí paran muchos turistas.

Viajero. ¿Por dónde se va para llegar allá?

Extranjero. Sigan Uds. derecho tres cuadras, luego doblen a la derecha. Sigan dos cuadras más y lo encontrarán, a la izquierda de la carretera.

Viajero. Muchas gracias. Es Ud. muy amable.

Extranjero. De nada. A sus órdenes.

las afueras outskirts	**la orden** (*pl.* **órdenes**) order
la cuadra block (*city*) (*Am.*)	**parar** to stop
el extranjero stranger	**el turista** tourist
el motel motel	**el viajero** traveler

a sus órdenes at your service
¿por dónde se va? how does one go?
siga(n) Ud(s). derecho go (continue) straight ahead
uno nuevo a new one (*m.*)

In studying the dialogue for repetition with a classmate, you may change the directions for reaching the motel (hotel).

Palabras y expresiones

SUBSTANTIVOS

el agente   agent
la casa   firm, house
la escuela superior   high school
la experiencia   experience
el gerente   manager
los informes   information, data
el puesto   position, place, job
el telegrama (*note gender*)   telegram

ADJETIVOS

comercial   commercial, business
trabajador, -ora[1]   industrious

VERBOS

obtener (*like* **tener**)   to obtain, get
recomendar (ie)   to recommend
suponer (*like* **poner**)   to suppose

dar (a uno) la oportunidad de   to give (one) the opportunity to
de esta (esa) manera   in this (that) way
oye (tú)   listen
poner un telegrama   to send a telegram
tan + *adj. or adv.* + **como**   as (so) . . . as
valdrá más   it will be better

---

[1] Adjectives which end in **-án, -ón,** or **-or** (except such comparative-superlatives as **mejor, peor, mayor, menor, superior,** and a few others) add **-a** to form the feminine: **trabajador, trabajadora.**

Mar Caribe

TRINIDAD (ENG.)

Océano Atlántico

Santa Marta
Barranquilla
Coro
La Guaira
Cartagena
Tolú
Maracaibo
★ Caracas
Port-of-Spain
Canal de Panamá
R. Orinoco
Georgetown
Paramaribo
San Cristóbal
Cayenne
Medellín
VENEZUELA
HOL. FR. GUAYANA
Buenaventura
Cali
Popayán
Bogotá
ING.
R. Guaviare
R. Branco
COLOMBIA
ECUADOR
Putumayo
R. Negro
Quito
PERÚ
R. Amazonas
Belém
Guayaquil
Marañón
Manaus
Fortaleza
SELVAS
R. Tapajós
R. Xingú
Natal
R. Ucayali
R. Madeira
R. Parnaíba
BRASIL
Recife
Callao
★ Lima
R. Urubú
R. Guaporé
MATO GROSSO
R. Araguaia
R. Tocantins
R. São Francisco
Baía
Cuzco
BOLIVIA
★ Brasilia
CORDILLERA DE LOS ANDES
R. Beni
R. Mamoré
MESETA DE BRASIL
Arequipa
L. Titicaca
★ La Paz
R. Napo
Belo Horizonte
Océano Pacífico
★ Sucre
Iquique
Potosí
R. Pilcomayo
PARAGUAY
R. Paraná
São Paulo
Antofagasta
R. Bermejo
Asunción ★
Iguassú Falls
Rio de Janeiro
Santos
Tucumán
R. Salado
R. Paraná
MISIONES
Mt. Aconcagua
R. Salado
Córdoba
Santa Fe
R. Uruguay
Pôrto Alegre
Viña del Mar
Mendoza
Valparaíso
Rosario
URUGUAY
Santiago
Buenos Aires ★
★ Montevideo
Concepción
PAMPAS
R. de la Plata
R. Colorado
ARGENTINA
CHILE
R. Negro
Bahía Blanca

R. Chubut

PATAGONIA

FALKLAND ISLANDS (ENG.)

Estrecho de Magallanes

Punta Arenas

Tierra del Fuego

LA AMÉRICA DEL SUR

LECTURA VI

1. Los libertadores

Estudio de palabras

A few words used earlier are included in this section.

1. Approximate cognates (comparison of Spanish and English spelling)

a. The Spanish **k** sound (**qu** before **e** and **i**, **k** in a few words of foreign origin, but **c** in other cases) = English *ch* or *(c)k:* atacar, *to attack;* convocar, *to convoke (call together);* kilómetro, *kilometer;* monarquía, *monarchy.*

b. Spanish **f** = English *ph:* triunfante, *triumphant;* triunfo, *triumph.*

c. Spanish **t** = English *th:* autoridad, *authority;* teoría, *theory;* trono, *throne.*

d. Spanish **u** = English *ou:* fundación, *foundation, founding;* fundar, *to found;* grupo, *group.*

2. Verb cognates. *Pronounce and give the English for:* aspirar, declarar, retirar; organizar; educar, separar.
Pronounce and observe the meanings of: concebir (i, i), *to conceive;* confesar, *to confess;* distinguir, *to distinguish;* proclamar, *to proclaim;* revelar, *to reveal.*
Often it is helpful to think of a similar meaning in English: convocar, *to convoke, call together;* dominar, *to dominate, subdue, control;* elevar, *to elevate, raise, lift.*

3. Other words with miscellaneous differences which should be recognized easily, especially in context or when pronounced in Spanish, are: batalla, *battle;* carrera, *career;* congreso, *congress;* conspirador, *conspirator;* detalle, *detail;* dictador, *dictator;* imagen, *image;* misterioso, *mysterious;* numeroso, *numerous;* paso, *pass;* patriota, *patriot;* progreso, *progress;* regimiento, *regiment;* voluntario, *volunteer.*

4. *Compare the meanings of:* atravesar, *to cross,* and a través de *(prep.), across;* campo, *country,* and campesino, *countryman, peasant, (pl.) countryfolk;* hacer, *to do, make,* and hazaña, *deed;* mejor, *better,* and mejoramiento, *betterment, improvement;* traidor, *traitor,* and traición, *treason, treachery.*

Modismos y frases útiles

a caballo   on horseback
a principios de   at the beginning of
a través de   across, through
atreverse a   to dare to
dar gritos   to shout, cry out
en poder de   in the hands (power) of
fijarse en   to observe, notice

junto con   along with
negarse (ie) a   to refuse to
poner fin a   to put an end to
representar el mismo papel que   to play the same role as
sobre todo   especially, above all
tocar a uno   to fall to one's lot, be one's turn

Notas

1. The past participle may be used independently in Spanish as an adjective. Used thus the participle precedes the noun or pronoun it modifies and with which it agrees in gender and number. The translation depends on the context:

Conseguida la independencia peruana... Peruvian independence attained (After *or* When Peruvian independence was attained) ...

Terminada la obra militar... The military work ended (After the military work was ended) ...

2. Even though the article is normally repeated before nouns in a series, when the nouns are closely related in meaning, the article may be omitted in polished style before all but the first noun:

   ...los ideales y sueños...   ...the ideals and dreams...
   ...los indios y campesinos...   ...the Indians and countryfolk...

Durante los tres siglos en que América había vivido bajo la monarquía española, ocurrieron ciertas injusticias económicas y políticas que no permitían el progreso de las colonias. El ejemplo de la revolución norteamericana (1775) y de la revolución francesa (1789) y las nuevas ideas sobre la libertad y los derechos del hombre les dieron esperanzas a los que[1] aspiraban a separarse de la madre patria.[2] Desde el siglo XVII España había perdido poco a poco su poderío en Europa. Cuando Napoleón invadió a España en 1808 y puso en el trono a su hermano José, la revolución en América pronto se convirtió en un movimiento general. En la América española la lucha por la independencia comenzó, por fin, en el año 1810.

Los tres grandes libertadores de la independencia de la América española fueron Simón Bolívar, José de San Martín y el padre Miguel Hidalgo.

Simón Bolívar, llamado el Jorge Washington de la América del Sur, fue el libertador del norte del continente. Nació en Caracas, Venezuela, en 1783. De familia distinguida, fue educado en España. En 1810 volvió a Venezuela para tomar parte en la rebelión de la colonia contra la dominación española. Después de luchar varios años, logró expulsar a los españoles de Venezuela. En 1819 continuó a Nueva Granada,[3] donde fundó la república de la Gran Colombia, formada por las actuales[4] de Colombia, Panamá, Venezuela y el Ecuador. Cuatro años más tarde entró triunfante en Lima y en el año 1824 su ejército ganó la famosa victoria de Ayacucho, poniendo fin a la dominación española. Conseguida la independencia peruana,* fundó la república del Alto Perú (hoy Bolivia).

Terminada la obra militar,* Bolívar trató en vano de realizar el sueño de su vida. Propuso la formación de la Gran Confederación de los Andes, es decir, la

---

[1] **les dieron esperanzas a los que,** *gave hopes to those who.* [2] **madre patria,** *mother country.* [3] Spain first created the viceroyalty of New Granada in northwestern South America in 1718. [4] **las actuales,** *the present ones* = *republics.*

unión de los países del norte del continente bajo la autoridad del mismo Bolívar. En 1826 convocó en Panamá el primer Congreso Panamericano, pero, por desgracia, las nuevas naciones se negaron a aceptar el plan. Hasta su muerte, en 1830, Bolívar siguió luchando en vano por lograr la unificación. La Organización de los Estados Americanos, que recibió su nombre actual en la conferencia panamericana celebrada en Bogotá, Colombia, en 1948, es el resultado de más de un siglo de lucha por realizar los ideales y sueños* de Bolívar.

José de San Martín fue el libertador del sur del continente. Hijo de un capitán español que vivía en la Argentina, José fue enviado a España para estudiar la carrera militar. Pasó unos veinte años en el ejército español, donde se distinguió como soldado, sobre todo en la guerra contra Napoleón. En el año 1812 volvió a la Argentina para ofrecer sus servicios a las fuerzas revolucionarias, y durante unos diez años representó en el sur del continente el mismo papel que Bolívar en el norte. Su marcha a través de los Andes, a principios del año 1817, para dominar a los españoles en Chile, es una de las hazañas[1] más notables de la historia militar.

Se cuentan numerosas anécdotas de esta célebre marcha. Había dos pasos muy estrechos, el de los Patos y el de Upsallata. San Martín no tenía mapas de la región, ni de los caminos que conducían de estos pasos a Chile. Para obtenerlos, llamó a uno de sus ingenieros, le entregó un documento que proclamaba la independencia de Chile y le mandó presentarlo[2] al gobernador español de aquella provincia. También le dio al ingeniero instrucciones de ir a Chile por el camino más largo, el de los Patos. Si la misión no le costaba la vida,[3] había de regresar por el camino más corto, el de Upsallata. El ingeniero debía fijarse bien en[4] todos los detalles del camino, grabarlos en su memoria[5] y hacer así un mapa mental. Afortunadamente el ingeniero regresó, trayéndole a San Martín los informes que necesitaba.

Hay otra anécdota que da un buen ejemplo del carácter de San Martín. Cierto oficial vino a confesar que había perdido dinero que pertenecía a su regimiento. Tomando una caja,[6] San Martín sacó unas monedas de oro y al entregárselas al oficial, añadió[7] tranquilamente: «Devuelva este dinero y guarde el secreto, porque si el general San Martín sabe que lo ha perdido, le hará fusilar[8] en seguida.»

El doce de febrero de 1817, con la ayuda del general Bernardo O'Higgins y sus tropas chilenas, San Martín sorprendió a los españoles y los derrotó en la sangrienta[9] batalla de Chacabuco. Se negó a aceptar el puesto de dictador de Chile y continuó con sus planes para la conquista del Perú. En 1821 ocupó a Lima, donde se proclamó «Protector del Perú». Poco después tuvo lugar la misteriosa entrevista de Guayaquil, Ecuador, donde por primera vez se encontraron Bolívar y San Martín. En esta entrevista discutieron planes para terminar la guerra de la independencia. Por razones desconocidas San Martín se retiró de la lucha, y en 1824 le tocó a Bolívar dar el golpe de muerte[10] a las fuerzas españolas en el Perú.

---

[1] **hazañas,** *deeds.* [2] **le mandó presentarlo,** *(he) ordered him to present it.* [3] **Si . . . vida,** *if the mission didn't cost him his life.* [4] **debía fijarse bien en,** *should observe carefully.* [5] **grabarlos en su memoria,** *impress (fix) them on (in) his mind.* [6] **caja,** *box.* [7] **añadió,** *he added.* [8] **le hará fusilar,** *he will have you shot.* [9] **sangrienta,** *bloody.* [10] **le tocó . . . muerte,** *it fell to the lot of Bolívar to give the death blow.*

El resto de la vida de San Martín es un relato triste. Cuando volvió a la Argentina, no quisieron recibirle. Como Bolívar, había gastado su fortuna luchando por la libertad y por los ideales democráticos. Su esposa había muerto. Pobre y desilusionado, partió con su hija para Europa, donde murió unos treinta años después.

En México, es decir, en la Nueva España, la revolución contra los españoles no fue iniciada por militares, sino por el padre Miguel Hidalgo, cura[1] del pequeño pueblo de Dolores, en el estado de Guanajuato. Hacía muchos años que el padre Hidalgo trabajaba[2] por los derechos de los indios y por el mejoramiento del gobierno. Se había dedicado al cultivo de la tierra y a la enseñanza de artes y oficios.[3] El estudio de francés le había permitido conocer las nuevas teorías políticas. Junto con un grupo de amigos, había concebido el proyecto de realizar la independencia de la Nueva España.

Hidalgo y sus amigos revolucionarios no deseaban precisamente establecer una república; sólo deseaban un gobierno formado por hombres nacidos en el país. Pensaban declarar la independencia en el mes de diciembre de 1810, pero un traidor reveló su plan a las autoridades españolas. La noche del quince de septiembre uno de los conspiradores descubrió la traición y corrió unos veinte kilómetros a caballo para avisar a Hidalgo.

El día siguiente era domingo y el cura llamó a misa[4] a los indios y campesinos* del pueblo. Después de hablarles de los abusos y de las injusticias que habían sufrido, los animó a sublevarse[5] contra los españoles. En un momento de inspiración elevó la imagen de la Virgen de Guadalupe, muy venerada por los indios, y en seguida todos empezaron a dar gritos por la independencia. A este primer acto de sublevación se le llama[6] en la historia de México «El Grito de Dolores». Seguido de[7] miles de hombres y de mujeres indígenas, armados de palos, navajas[8] y machetes, con la imagen de la Virgen de Guadalupe como bandera oficial, Hidalgo se puso en marcha hacia la Ciudad de México.

En el camino miles de voluntarios se unieron a sus fuerzas, pero, por razones desconocidas, Hidalgo no se atrevió a atacar la capital inmediatamente. Poco después fue derrotado por los españoles y se retiró a Guadalajara donde estableció un nuevo gobierno. Unos meses después fue derrotado otra vez. Él y varios compañeros suyos cayeron en poder de las tropas españolas y todos fueron fusilados.

Aunque Hidalgo fracasó,[9] otros patriotas mexicanos continuaron la lucha hasta conseguir[10] el triunfo final. Por eso todo el mundo considera a Hidalgo como el padre de la independencia mexicana, y se celebra la fiesta nacional de la república el diez y seis de septiembre. En muchas ciudades y pueblos mexicanos hay calles llamadas «Hidalgo» y «Diez y Seis de Septiembre», y uno de los estados de México lleva su nombre.

---

[1] **cura,** *priest.* [2] **Hacía . . . trabajaba,** *For many years Father Hidalgo had been working.* [3] **enseñanza de artes y oficios,** *teaching of arts and crafts (trades).* [4] **llamó a misa,** *called to Mass.* [5] **los animó a sublevarse,** *he encouraged them to rise up.* [6] **A este . . . llama,** *This first act of revolt is called.* [7] **Seguido de,** *Followed by.* [8] **navajas,** *knives.* [9] **fracasó,** *failed.* [10] **continuaron . . . conseguir,** *continued the struggle until they attained.* (For use of a preposition plus an infinitive to replace a clause in Spanish, see Lectura V, page 199.)

This mural by artist Juan O'Gorman depicts Father Hidalgo proclaiming the Independence. Mexico City.

Preguntas

1. ¿Por cuántos siglos había vivido América bajo la monarquía española? 2. ¿Qué ocurrió durante estos tres siglos? 3. ¿Qué les dio esperanzas a los que aspiraban a separarse de la madre patria? 4. ¿En qué año invadió Napoleón a España? 5. ¿Quiénes son los tres grandes libertadores de la independencia de la América española?

6. ¿Quién fue Simón Bolívar? 7. ¿Dónde nació y dónde fue educado? 8. ¿En qué año volvió a Venezuela? 9. ¿Qué repúblicas fundó? 10. ¿Qué sueño tenía Bolívar? 11. ¿Qué convocó en Panamá? 12. ¿Dónde recibió su nombre actual la Organización de los Estados Americanos?

13. ¿Quién fue el libertador del sur del continente? 14. ¿Dónde estudió la carrera militar? 15. ¿Qué hizo San Martín en 1812? 16. ¿Cuál es una de las hazañas más notables de la historia militar? 17. ¿Cuál es la primera anécdota sobre San Martín? 18. ¿Qué hizo San Martín cuando un oficial confesó que había perdido dinero que pertenecía a su regimiento?

19. ¿Qué pasó cuando San Martín pasó a Chile? 20. ¿Qué título tenía en el Perú? 21. ¿Dónde se encontraron San Martín y Bolívar? 22. ¿Quién dio el golpe de muerte a las fuerzas españolas en el Perú? 23. ¿Dónde murió San Martín?

24. ¿Quién inició la revolución en la Nueva España? 25. ¿Qué era Hidalgo? 26. ¿A qué se había dedicado? 27. ¿Qué deseaban Hidalgo y sus amigos revolucionarios? 28. ¿Cuándo pensaban declarar la independencia? 29. ¿Qué pasó la noche del quince de diciembre?

30. ¿Qué hizo Hidalgo el día siguiente? 31. ¿De qué habló el cura? 32. ¿Qué elevó Hidalgo en un momento de inspiración? 33. En la historia de México, ¿cómo se le llama a este primer acto de sublevación? 34. ¿Qué pasó después? 35. ¿Cuándo se celebra la fiesta nacional de México? 36. ¿Qué nombres tienen muchas calles en México?

Comprensión

Read, completing each sentence correctly:

1. La revolución norteamericana empezó en el año ____.
2. Napoleón invadió a España en ____.
3. La lucha por la independencia en la América española comenzó en ____.
4. Los tres libertadores más famosos fueron ____, ____ y ____.
5. Simón Bolívar, llamado el ____, era de ____.
6. Estableció lo que ahora son las repúblicas de ____, ____, ____, ____ y ____.
7. En el año 1826 Bolívar convocó en Panamá el ____.
8. El resultado moderno de los sueños de Bolívar es la ____.
9. El libertador del sur del continente fue ____.
10. Vivía en ____ pero su padre le envió a estudiar en ____.
11. Volvió a la América del Sur en ____.
12. En el año 1817 empezó su famosa marcha a través de ____.
13. Con la ayuda de ____ y sus tropas, San Martín derrotó a los españoles en ____.
14. En 1821 San Martín ocupó a ____ donde se proclamó ____.
15. Poco después tuvo lugar la misteriosa entrevista de ____ donde por primera vez se encontraron ____ y San Martín.
16. ____ se retiró de la lucha y le tocó a ____ dar el golpe de muerte a las fuerzas españolas en el Perú.
17. El héroe de la lucha mexicana fue ____.
18. Éste no fue militar, sino ____.
19. Hidalgo y sus amigos revolucionarios deseaban un gobierno formado por ____.
20. Los revolucionarios mexicanos llevaban ____, ____ y ____.
21. Como bandera oficial llevaban la ____.
22. Aunque Hidalgo fracasó, todo el mundo le considera como ____.
23. Se celebra la fiesta nacional de México el ____.
24. En muchas ciudades y pueblos hay calles llamadas ____ y ____.

2. Un extraño hermano

The Mexican Juan de Dios Peza (1852–1910), best known for his poetry, particularly about children and the home, also wrote a number of short stories. The following story is an example of his concise style.

Un día en que estaba yo en el pueblo de Celaya tuve que tomar una diligencia[1] que partía para Guanajuato, capital del estado del mismo nombre. Yo no llevaba más equipaje que la ropa que tenía puesta en el cuerpo,[2] ni más tesoro que mis sueños. Pero a mi lado viajaba un señor cuya maleta estaba llena de ropa y de objetos valiosos.

---

[1] **diligencia,** *stagecoach.*   [2] **tenía puesta en el cuerpo,** *I was wearing (had on my body).*

No habíamos andado tres leguas[1] en el camino cuando salieron unos ladrones y, disparando[2] sus mosquetes, nos obligaron a bajar.

El jefe de la cuadrilla,[3] con la cara cubierta por un pañuelo rojo que le venía hasta los ojos, y el ala[4] del ancho sombrero caído sobre la frente, vino hacia mí y dijo:

—Hermano Juan de Dios,[5] ¿qué estás haciendo por aquí?

—Ya lo ves —le respondí con confianza —voy a Guanajuato.

—¿Cuál es tu equipaje?

Yo iba a decirle que no tenía ninguno, pero mi compañero, el señor rico, volvió el rostro[6] y me señaló una magnífica petaca de cuero,[7] que iban a abrir en ese momento. Comprendiendo lo que deseaba, señalé la petaca y dije con aparente calma:

—Aquella maleta es mía.

Entonces el jefe gritó en voz alta:[8]

—Ese baúl[9] le pertenece a este hermano mío.

—Gracias —le dije yo, enternecido,[10] no sé si fue por su generosidad en salvar[11] una maleta que no me pertenecía, o por darme título de hermano suyo[12] aunque yo no sabía por qué hacía eso.

Cuando se acabó el saqueo,[13] montaron los ladrones en sus magníficos caballos y mi hermano desconocido me dijo, dándome un abrazo:

—Yo estudié contigo en la Escuela Preparatoria y nunca me he olvidado de mis compañeros ni de nuestro profesor Chavero. ¡Adiós, y feliz viaje!

Preguntas

1. ¿Adónde iba Juan de Dios? 2. ¿En qué iba? 3. ¿Llevaba equipaje? 4. ¿Qué tenía el señor que viajaba a su lado? 5. ¿Quiénes salieron al camino? 6. ¿Con qué estaba cubierta la cara del jefe? 7. ¿Qué le preguntó a Juan de Dios? 8. ¿Qué hizo el señor rico? 9. ¿Qué gritó el jefe? 10. ¿Dónde conoció a Juan de Dios el hermano desconocido?

---

[1] **legua,** *league* (about 3½ miles). [2] **disparando,** *firing.* [3] **cuadrilla,** *gang, band.* [4] **ala,** *brim.* [5] **Juan de Dios,** the name of the author of this story. [6] **volvió el rostro,** *turned his face.* [7] **petaca de cuero,** *leather suitcase* (Am.). [8] **en voz alta,** *in a loud voice.* [9] **baúl,** *trunk, chest.* [10] **enternecido,** *moved with pity.* [11] **salvar,** *to make an exception of.* [12] **por darme . . . suyo,** *because of calling me* (lit., *giving me the title of) a brother of his.* [13] **saqueo,** *sacking.*

Preparándose para el viaje

Tomás. ¡Te felicito, Roberto! He oído decir que conseguiste el puesto en México. Estás contentísimo, ¿verdad?

Roberto. ¡Claro! He tenido mucha suerte. Hacía mucho tiempo que yo buscaba un puesto como éste.

Tomás. A propósito, ¿cuánto tiempo hace que hablas español?

Roberto. Lo hablo desde hace ocho o diez años.

Tomás. ¿Cuándo piensas partir?

Roberto. De hoy en ocho días. Me queda poco tiempo para las mil cosas que tengo que hacer. En este momento estoy buscando dos maletas nuevas.

Tomás. Como tendrás que viajar mucho en avión en cuanto llegues a México, necesitas maletas ligeras.

Roberto. Tienes razón. Ayer las busqué, pero no las encontré en ninguna parte. También necesito comprar el boleto.[1]

Tomás. ¡Hombre, hay que hacer eso ahora mismo! Si quieres, yo reservaré tu asiento en el avión para que sigas buscando las maletas.

Roberto. Muchas gracias, pero me quedará bastante tiempo para buscarlas después de comprar el boleto. Voy a la línea aérea ahora. ¿Vas conmigo?

Tomás. Sí, con mucho gusto.

(*Tienen que andar solamente dos cuadras[2] para llegar a la oficina.*)

Empleado. Buenos días, señores. ¿En qué puedo servirles?

Roberto. ¿Puede Ud. hacerme una reservación para un vuelo a la Ciudad de México el día veinte del mes?

Empleado. Un momento, por favor, hasta que yo vea . . . Sí, hay espacio en el vuelo de las dos, pero no hay asiento en el otro vuelo.

Roberto. Está bien. ¿Acepta un cheque personal?

Empleado. Sí, señor, con tal que tenga identificación.

Roberto. Aquí tiene mi licencia para manejar y mi número de Seguridad Social.

Empleado. Esto basta. El precio del boleto es . . .

Tomás. ¿Vas a llevar tus palos de golf y tu máquina de escribir?

Roberto. ¡Por supuesto, aunque sea un poco difícil llevar tanto equipaje!

Preguntas

Answer in Spanish these questions based on the first part of the dialogue:

1. ¿Qué le dice Tomás a Roberto? 2. ¿Qué contesta Roberto? 3. ¿Cuánto tiempo hace que habla español? 4. ¿Cuándo piensa partir? 5. ¿Qué está buscando en este momento? 6. ¿Cómo va a hacer el viaje a México? 7. ¿Ha comprado el boleto? 8. ¿Va Tomás con Roberto a la línea aérea?

[1] In Spain **el billete** is used for *ticket*. [2] **La manzana** is normally used for *block* (city) in Spain.

Preguntas generales

1. ¿Viajas mucho? 2. ¿Viajas más en verano o en invierno? 3. ¿Vas en coche?
4. ¿Vas en autobús? 5. ¿Te gusta ir en avión? 6. ¿Adónde se va para tomar un
avión? 7. ¿Hay aeropuerto en esta ciudad? 8. ¿Por qué es necesario reservar los
asientos en los aviones? 9. Cuando uno viaja en avión, ¿es mejor llevar maletas
ligeras? 10. ¿Cuánto tiempo hace que estudias el español? 11. ¿Cuándo empezaste
a estudiarlo? 12. ¿Cuánto tiempo hace que tu familia vive en esta ciudad?
13. ¿Tienes tú máquina de escribir? 14. ¿Juegas al golf? 15. ¿Qué necesita uno
para jugar al golf?

Study the first part of the dialogue and retell it in Spanish in your own words.
Prepare a **discurso** of eight to ten sentences in which you get ready for a trip or
excursion by car, bus, or plane.

Notas

I. The subjunctive in adverbial clauses

An adverbial clause, which modifies a verb and shows *time*, *manner*, *purpose*,
condition, *proviso*, *negation*, and the like, is introduced by a conjunction, often a
compound with **que** as the last part. If the action has taken place or is an accepted
fact, the indicative mood is used; if the action may take place but has not actually
done so, the subjunctive is normally used in the clause.

A. Time clauses
Cuando yo le veo, siempre le saludo.   When I see him, I always say hello to him.
En cuanto llegaron, nos llamaron.   As soon as they arrived, they called us.

The first example expresses an accepted or customary fact and in the second the
action has taken place; thus the verbs in the clauses are in the indicative mood.

　Cuando yo le vea, le saludaré.   When I see him, I shall say hello to him.
　Llámame en cuanto llegue él.   Call me as soon as he arrives.

In these two examples **vea** and **llegue** indicate action that has not been completed at the time indicated by the main clause; that is, the time referred to in
the clause is *indefinite* and *future*, and therefore *uncertain*. **Antes (de) que,** *before,*
always requires the subjunctive since the action indicated in the clause cannot
have taken place.
Remember that the subject often follows a Spanish verb in clauses introduced
by a relative pronoun or conjunction in which the verb does not have a noun
object (second example).
Common conjunctions which introduce time clauses are:

antes (de) que before	**en cuanto** as soon as
cuando when	**hasta que** until
después (de) que after	**mientras (que)** while, as long as

B. Concessive and result clauses

Aunque está lloviendo, él salió.   Even though it is raining, he left.
Aunque llueva mañana, yo saldré.   Even though it rains (may rain) tomorrow,
  I shall leave.

   Aunque, *although, even though, even if,* is followed by the indicative mood if an
accomplished fact is stated and by the subjunctive if the action is yet to happen.
(1) In which example is an accomplished fact stated? (2) In which is the action
yet to happen?

Ella habló de modo (manera) que la entendimos.   She spoke so that (in such a
  way that) we understood (did understand) her.
Lean Uds. de manera (modo) que los entienda yo.   Read so that I may (shall,
  will) understand you.

   De manera que and **de modo que,** both meaning *so, so that,* may express
result, in which case they are followed by the indicative mood. They may also
express purpose or intention, in which case the subjunctive is used. (3) In which
of the last two examples is purpose expressed? (4) In which is result expressed?
Compare the last example with the use of **para que** in section C.

C. Purpose, proviso, conditional, and negative result clauses

Yo reservaré tu asiento para que sigas buscando las maletas.   I shall reserve
  your seat in order that you may continue looking for the suitcases.
Aceptaré su cheque con tal que tenga identificación.   I shall accept your
  check provided that you have identification.

   Certain conjunctions denoting *purpose, proviso, condition, negation,* and the like
always require the subjunctive since they cannot introduce a statement of fact.
By their meaning they indicate that the action in the clause is uncertain or that
the action may not, or did not, actually take place. In addition to **de manera
que** and **de modo que,** *so, so that* (see section B), some other conjunctions of
these types are:

a menos que unless	**para que** in order that, so that
con tal que provided that	**sin que** without

   Para que and **con tal que** are used in this lesson and in later exercises. The
other two conjunctions will be found in reading. Examples are:

No puedo ir al cine a menos que me paguen.   I cannot go to the movies unless
  they pay me.
Él siempre sale sin que le veamos.   He always leaves without our seeing him.

II. **Hacer** in time clauses

Hace dos años que él vive aquí *or* **Él vive aquí desde hace dos años.**   He has
been living here two years (*lit.,* It makes two years that he lives here). (*He
still lives here.*)

¿Cuánto tiempo hace que hablas español?   How long have you been speaking
Spanish? (*He still speaks Spanish.*)

Lo hablo desde hace ocho años *or* **Hace ocho años que lo hablo.**   I have been
speaking it for eight years.

In Spanish, **hace** followed by a word indicating a period of time (**hora, día,
mes, año,** etc.) plus **que** and a *present tense* verb, or a *present tense* verb plus **desde
hace** plus a period of time, is used to indicate an action begun in the past and *still
in progress.* (1) What tense is used in English in this construction?

Hacía mucho tiempo que yo buscaba un puesto como éste *or* **Yo buscaba un
puesto como éste desde hacía mucho tiempo.**   I had been looking for a position like this (for) a long time (*lit.,* It made a long time that I was looking for
a position like this).

Hacía followed by a period of time plus **que** and a verb in the *imperfect tense,*
or the *imperfect tense* plus **desde hacía** plus a period of time, is used to indicate an
action which had been going on for a certain length of time and *was still continuing*
when something else happened (the time of the happening may be understood, as
in this example). (2) What tense is used in English in this construction?   There
will be no drill exercises on this use of the imperfect **hacía,** but it may appear in
reading.

Recall that **hace** plus a verb in a past tense means *ago* or *since:* **Hace una hora
que le vi** *or* **Le vi hace una hora,** *It is an hour since I saw him* or *I saw him an hour ago.*

Ejercicios orales

A.   Read, keeping the meaning in mind:

1. Yo no estaba allí cuando ellos llegaron.   2. ¿Estarás aquí cuando lleguen?
3. Compré el abrigo después que mi padre me dio el dinero.   4. Compraré las
camisas después que tú me des el dinero.   5. Juan no salió hasta que tú volviste.
6. Él no saldrá hasta que vuelvan Uds.   7. Fuimos a verle en cuanto fue posible.
8. Iremos a verle en cuanto sea posible.   9. Recibí el dinero, de manera que pude
pagar a Carlos.   10. Voy a darte un cheque para que puedas pagarle.

B. Say after your teacher, then answer, following the model.

MODEL: ¿Lo harás?   ¿Lo harás? Sí, aunque Elena lo haga también.

1. ¿Vendrás temprano?   5. ¿La pondrás aquí?
2. ¿Saldrás esta noche?   6. ¿Empiezas a leer?
3. ¿Lo buscarás?   7. ¿Seguirás leyendo?
4. ¿Los traerás?   8. ¿Le felicitarás?

C. Say the model question after your teacher, then when you hear it again plus
    a cue (an infinitive), supply the correct form of the verb in a clause beginning
    with **para que,** following the model.

MODEL: ¿Traes los libros?   ¿Traes los libros?
       ¿Traes los libros? (leer)   Sí, los traigo para que los leas tú.

1. ver   3. examinar   5. conocer
2. tener   4. vender   6. mirar

D. Say both question and answer after your teacher, then he/she will give other
    conjunctions to be used in the adverbial clause:

1. ¿Lo comprarás?   Sí, lo compraré con tal que me paguen.
   (cuando, después que, en cuanto, antes que)
2. ¿Piensas ir allá?   Sí, pienso ir allá antes que me lo digan.
   (de manera que, para que, con tal que, en cuanto)

E. After hearing the sentence and cue, form a new sentence.

MODEL: Él lee el libro. (Hace una hora)   Hace una hora que él lee el
                                                          libro.

    1. Ella mira la televisión.   (Hace media hora)
    2. Ellos viven en México.   (Hace cinco años)
    3. Juan está esperando en el aeropuerto.   (Hace veinte minutos)
    4. Yo conozco al señor Gómez.   (Hace mucho tiempo)
    5. Carlos está en Los Ángeles.   (Hace tres días)
    6. José juega al golf.   (Hace varios años)
    7. Mi tío está en España.   (Hace cuatro semanas)
    8. Carlitos escucha discos.   (Hace una hora y media)

F. After hearing the question and cue, answer in two ways, following the model.

MODEL: ¿Cuánto tiempo hace que lees? (Hace   Hace una hora que leo.
    una hora)   Leo desde hace una hora.

    1. ¿Cuánto tiempo hace que estudias el español?   (Hace un año y medio)
    2. ¿Cuánto tiempo hace que juegas al golf?   (Hace dos años)
    3. ¿Cuánto tiempo hace que él está en San Luis?   (Hace una semana)
    4. ¿Cuánto tiempo hace que ella está escribiendo?   (Hace quince minutos)

Ejercicios escritos

A. Rewrite the following sentences, beginning with the words in parentheses.

MODEL: Le hablé cuando le vi. (Le hablaré)   Le hablaré cuando le vea.

    1. Charlé con Juan cuando estaba aquí.   (Voy a charlar con Juan)
    2. Volvieron en cuanto los llamé yo.   (Volverán)
    3. Tuvimos que salir aunque llovía.   (Tendremos que salir)
    4. Hablé despacio de modo que él me entendió.   (Hablaré despacio)
    5. Les di el dinero después que terminaron el trabajo.   (Les daré el dinero)
    6. Ella no pudo ir allá aunque consiguió el puesto.   (Ella no podrá ir allá)
    7. Fuimos a verlos en cuanto fue posible.   (Iremos a verlos)
    8. Me quedé allí hasta que se fueron.   (Espero quedarme allí)

    9. Irá a la sierra.   (Permítanle Uds. a Felipe que)
  10. Se vestirá pronto.   (Le pediré a Carolina que)
  11. Luis ha traído sus palos de golf.   (No creo que)
  12. Ella no dormirá la siesta.   (Nos alegramos de que)

B. Rewrite the following sentences, substituting the words in parentheses for those
   in italics and making any necessary changes:

    1. *Ella tiene una blusa* que le gusta.   (Ella busca una blusa)
    2. *Pablo trae una maleta* que es ligera.   (Pablo necesita una maleta)

3. *Veo a alguien* que llevará el equipaje. (No veo a nadie)
4. *Conozco a un joven* que sabe escribir bien. (¿Conoces un joven . . .?)

C. Write in Spanish:

1. I am glad that you (*fam. sing.*) have obtained the position. 2. You have just come from the airline, haven't you? 3. Yes, I have reserved a seat and have paid for my ticket. 4. I need suitcases and I am looking for two that are very light. 5. Will you have to take much luggage? 6. In addition to three suitcases, I shall take my typewriter and golf clubs. 7. Even though I may have to travel a great deal by plane, I want to play golf each week. 8. I shall know whether that is possible as soon as I reach Mexico City. 9. How long have you been hoping to work in Mexico? 10. I have been looking for a position like this one for three or four years.

Práctica

Carlos. ¿Tiene Ud. un cuarto para dos personas?
Empleado. ¿Con baño o sin baño?
Carlos. ¿Cuánto cuesta un cuarto con baño y dos camas?
Empleado. Setenta pesos, y con comida,[1] ciento diez pesos por persona.
Arturo. ¿Puede enseñarnos el cuarto?
Empleado. ¡Por supuesto! Vamos a tomar el ascensor hasta el quinto piso . . . Este cuarto es grande y tiene dos ventanas que dan a las montañas. Tengo otro más pequeño con ducha, pero da al patio central.
Arturo. ¿Cómo son las camas?
Empleado. Son muy cómodas. Y aquí está el cuarto de baño con agua fría y caliente a toda hora.
Carlos. ¿No te gusta el cuarto, Arturo? Parece muy bueno para el precio.
Arturo. Sí, a mí me gusta también. Vamos a tomarlo.
Empleado. Pues, aquí tienen Uds. la llave. La criada traerá jabón y toallas en seguida, y el botones va a traer las maletas. Aquí se come a las ocho.

el ascensor	elevator	**el jabón**	soap
el botones	bellboy (*Am.*)[2]	**la llave**	key
la criada	maid	**el peso**	peso (*about 8 cents in Mexico*)
la ducha	shower (*bath*)	**la toalla**	towel

a toda hora at every hour (all hours)
cuarto para dos personas double room
cuarto para una persona single room
por persona per (for each) person

---

[1] The expression **con pensión completa**, *with complete pension, with all meals*, is commonly used. Prices of rooms are often quoted **con desayuno**, *with breakfast*. [2] Other words commonly used, especially in the Americas, are **el elevador**, *elevator;* **el mozo**, *porter, bellboy;* and **la regadera**, *shower* (bath).

View of Guadalajara, Mexico.

Palabras y expresiones

SUBSTANTIVOS

el boleto   ticket (*Am.*)
la cuadra   block (*city*) (*Am.*)
el equipaje   baggage
el espacio   space, room
la identificación   identification
la licencia   license
el palo   club, stick
la reservación (*pl.* **reservaciones**)
   reservation
la seguridad   security, safety

ADJETIVOS

ligero, -a   light
personal   personal
social   social

VERBOS

andar[1]   to go (on), walk
bastar   to be enough, be sufficient
conseguir (i, i) (*like* **seguir**)   to get,
   obtain
felicitar   to congratulate
reservar   to reserve

Ciudad de México   Mexico City
de hoy en ocho días   a week from today
(esto) basta   (this is) enough *or* sufficient
licencia para manejar   driver's license
línea aérea   airline
máquina de escribir   typewriter
mil cosas   many (a thousand) things
mucho tiempo   long, a long time
(no) . . . en ninguna parte   (not) . . . anywhere
(número de) Seguridad Social   Social Security (number)
oír decir que   to hear that
palo de golf   golf club

---

[1] For the irregular forms of **andar**, see Appendix F, page 419.

Una cámara para el viaje

(Roberto ha ido de compras y acaba de regresar a casa cuando Miguel llama a la puerta.)

Miguel. ¡Hola, Roberto! Aunque sea tarde, he venido a ver si encontraste la cámara que buscabas.

Roberto. Pasa, Miguel. Mi papá me ha regalado una cámara de treinta y cinco milímetros y quiero que la veas.

Miguel. ¿Por qué no me llamaste para que te ayudara a escogerla? *(Roberto le entrega la cámara.)* Pero, ¡ésta es magnífica!

Roberto. Pues, pasé por tu casa a eso de las diez, pero habías salido antes que yo llegara.

Miguel. Mi mamá me pidió que llevara a Juanito al dentista, y después, ella quería que le cobrase un cheque en el banco. Además, llevé dos pares de pantalones a la tintorería para que me los limpiasen para pasado mañana.

Roberto. Como sabes, mi papá quería que yo escogiese una cámara que me gustara. Con la pantalla y el proyector nuevo que tiene, podrá mirar las transparencias[1] que le envíe yo cuando llegue a México. Espero sacar muchas fotos allí.

Miguel. También llevarás tu cámara de cine, ¿verdad?

Roberto. ¡Por supuesto! Habrá ocasiones cuando podré usar las dos. Cuando haya bailes o fiestas populares, será mejor usar la cámara de cine.

Miguel. ¿Por qué no metes un rollo de película en la cámara nueva para probarla?

Roberto. Es una buena idea, aunque dudo que puedan revelarlo antes que me marche. Miguel, ¿por qué no ahorras el dinero para pasar tus vacaciones conmigo? ¿Qué te parece la idea?

Miguel. ¡Me parece magnífica! Creo que mis padres me permitirán hacerlo con tal que yo consiga la mayor parte del dinero que necesite. Más tarde veremos.

Preguntas

Answer in Spanish these questions based on the first part of the dialogue:

1. ¿Quién acaba de regresar a casa? 2. ¿Quién llama a la puerta? 3. ¿Por qué ha venido Miguel? 4. ¿Qué le ha regalado a Roberto su papá? 5. ¿A qué hora pasó Roberto por la casa de Miguel? 6. ¿Qué le había pedido a Miguel su mamá? 7. ¿Por qué le había pedido ella que fuera al banco? 8. ¿Qué hizo él después?

[1] For *slide, transparency*, **la diapositiva** is also used.

Preguntas generales

1. ¿Tienes una cámara de 35 milímetros?   2. ¿Tienes una cámara de cine? 3. ¿Tiene tu papá una cámara?   4. ¿Qué se mete en una cámara?   5. ¿Te gusta sacar fotos?   6. ¿Te gusta mirar las transparencias?   7. ¿Qué se usa para mirarlas? 8. ¿Has visto fotos de México?   9. ¿Te gustaría ir a México?   10. ¿Hay muchas fiestas allí?

Study the second part of the dialogue and retell it in Spanish in your own words.

Prepare a dialogue of ten speeches to give in class, starting with one of the following:

1. *Miguel.*   ¿Dónde has estado, Roberto?
   Roberto.   He estado en el centro con Pablo.   Buscábamos una cámara para mi papá.

2. *Anita.*   Esta noche vamos a mirar las transparencias que sacamos durante nuestro viaje en (México).   ¿Puedes venir a verlas?
   Luisa.   Sí, con mucho gusto.   Supongo que tienes una pantalla y un proyector.

3. *Pablo.*   Jorge, ¿vas a hacer una excursión durante las vacaciones?
   Jorge.   ¿Dónde podría conseguir el dinero?

Notas

I.   Verbs ending in **-ger** and **-gir: escoger,** *to choose*

PRES. IND.   **escojo**   escoges   escoge, etc.
PRES. SUBJ.   **escoja   escojas   escoja   escojamos   escojáis   escojan**

In verbs ending in **-ger** and **-gir, g** becomes **j** before the endings beginning with **-o** or **-a.**   (1) In which forms does this change occur?

Two other verbs of this type are **coger,** *to pick, gather,* and **dirigir,** *to direct.* (2) What are the first person singular present indicative and present subjunctive forms of **coger** and **dirigir?**

II.   The imperfect subjunctive tenses

tomar		comer, vivir	
SINGULAR		SINGULAR	
tomara	tomase	comiera	viviese
tomaras	tomases	comieras	vivieses
tomara	tomase	comiera	viviese
PLURAL		PLURAL	
tomáramos	tomásemos	comiéramos	viviésemos
tomarais	tomaseis	comierais	vivieseis
tomaran	tomasen	comieran	vivieran

The imperfect subjunctive tense in Spanish has two forms, often referred to as the **-ra** and **-se** forms, and the same two sets of endings are used for the three conjugations. To form the imperfect subjunctive of *all* verbs, regular and irregular, drop **-ron** of the third person plural preterit indicative and add **-ra, -ras, -ra, -ramos, -rais, -ran** or **-se, -ses, -se, -semos, -seis, -sen.** (1) Which form has a written accent? (2) Which two forms are the same in all three conjugations? (3) With the exception of the present indicative tense, which two conjugations have the same endings in all tenses?

Stem-changing verbs, Class I (which end in **-ar** and **-er**), have no stem change in the imperfect subjunctive:

cerrar: **cerrara cerraras**, etc.   **cerrase cerrases**, etc.
volver: **volviera volvieras**, etc.   **volviese volvieses**, etc.

With two exceptions which will be explained later, the two forms of the imperfect subjunctive tense are used interchangeably in Spanish. Just as the present subjunctive is often translated with *may* as part of its meaning, the imperfect subjunctive is often translated with *might;* **que tomara (tomase),** *that I* or *he might take.*

III. Use of the subjunctive tenses

Quiero que la veas.   I want you to see it.
Cuando haya bailes, será mejor usar la cámara de cine.   When there are (may be) dances, it will be better to use the movie camera.
Dudo que puedan revelarlo antes que me marche.   I doubt that they can (will be able to) develop it before I leave.
Siento mucho que ella no haya visto la película.   I'm very sorry that she hasn't seen the film.

When the main verb in a sentence which requires the subjunctive in a dependent clause is in the present, future, or present perfect tense, or is a command, the verb in the clause is usually in the present or present perfect subjunctive tense.

¿Por qué no me llamaste para que te ayudara (ayudase)?   Why didn't you call me in order that I might help you?
Ella me pidió que llevara (llevase) a Juanito al dentista.   She asked me to take Johnnie to the dentist.
Él buscaba una cámara que le gustara (gustase).   He was looking for a camera that he liked (might like).
Habías salido antes que yo llegara (llegase).   You had left before I arrived.

When the main verb is in the imperfect, preterit, conditional, or pluperfect tense, the verb in the dependent clause is usually in the imperfect subjunctive.

The present subjunctive rarely follows a verb in the imperfect, preterit, conditional, or pluperfect tense.

Se alegran de que lo probáramos (probásemos).   They are glad that we tried it.
No creemos que ellos regresaran (regresasen).   We do not believe that they returned.

The imperfect subjunctive may follow the present, future, or present perfect tense when, as in English, the action of the dependent clause took place in the past.

Ejercicios orales

A. Substitution exercises:

1. Él prefiere que *Anita* escoja la cámara.
    (yo, tú, Ud., Uds., Juan y yo)
2. Será mejor que *Carlos* la pruebe.
    (yo, tú, Juan y ella, nosotros, Uds.)
3. Él quería que *ella* la comprara.
    (nosotros, Uds., yo, tú, José y Pablo)
4. Luis sintió que *Ud.* no escogiese el proyector.
    (Uds., tú, Elena, los muchachos, yo)
5. Ellos esperaban que *Marta* escribiese la carta.
    (yo, tú, nosotros, el señor López, Uds.)

B. Read, supplying the correct form of the present or imperfect subjunctive of the verb in parentheses. Give both the **-ra** and **-se** forms of the imperfect subjunctive when that tense is required:

1. ¿Quieren que ella (trabajar) hoy? 2. Querían que ella (trabajar) ayer. 3. No es posible que Guillermo (regresar) esta tarde. 4. No fue posible que él (regresar) más temprano. 5. Le diré que (comprar) un bolígrafo. 6. Le dije que (comprar) papel en seguida. 7. Será preciso que Miguel (escoger) la cámara. 8. Dijeron que fue preciso que él la (escoger) ayer. 9. Dudo que ellos (encontrar) otra cámara aquí. 10. Ella había dudado que ellos (encontrar) un proyector mejor. 11. Buscan otra pantalla que les (gustar). 12. Buscaban otra que les (gustar).

C. Say after your teacher, then upon hearing a cue, use it to form a new sentence.

MODEL: Yo quiero que él lo mire.   Yo quiero que él lo mire.
       Yo quería   Yo quería que él lo mirara (mirase).

1. Yo no creo que ellos vendan la casa. (Yo no creía)
2. Le pediré a ella que compre una cámara de cine. (Yo le pediría a ella)
3. Es preciso que ella meta un rollo de película en la cámara. (Fue preciso)
4. Será mejor que esperemos un rato. (Sería mejor)
5. No vemos a nadie que conozca a aquel señor. (No vimos a nadie)
6. Te traigo el cheque para que lo cobre. (Te traje el cheque)
7. Él quiere que nosotros limpiemos el coche. (Él quería)
8. Me alegro de que ella no se marche. (Me alegraba de que)

D. Read, then repeat, changing the main verb to the imperfect indicative tense and the verb in the dependent clause to the **-ra** form of the imperfect subjunctive:

1. Yo busco un muchacho que trabaje bien. 2. No conozco a ninguno que viva cerca. 3. Mi madre quiere que yo busque otra pantalla. 4. Ella espera que yo encuentre una en aquella tienda. 5. Es mejor que Margarita escoja los vestidos. 6. Me alegro de que tú pruebes la cámara de cine. 7. Dudamos que ellos ahorren bastante dinero. 8. ¿Hay alguien que comprenda el discurso?

E. Say after your teacher, then answer, following the model.

MODEL: ¿Comprarías el libro?   ¿Comprarías el libro? Sí, aunque Carlos
                                   lo comprase también.

1. ¿Probarías la cámara?   4. ¿Mirarías las transparencias?
2. ¿Buscarías una pantalla?   5. ¿Comprarías un rollo de película?
3. ¿Reservarías el asiento?   6. ¿Escogerías la maleta?

Ejercicios escritos

A. Write two answers for each question, following the model.

MODEL: ¿Ahorro el dinero? (quiero—quería)   Sí, quiero que tú lo
                                          ahorres.
                                          Sí, quería que tú lo
                                          ahorrases.

1. ¿Escojo el regalo? (quieren—querían)
2. ¿Compro un rollo de película? (él desea—él deseaba)
3. ¿Pruebo la cámara hoy? (me alegro de—me alegraba de)
4. ¿Miro las transparencias? (es preciso—fue preciso)
5. ¿Reservo el asiento? (será mejor—sería mejor)

Sculptured pyramids adorn the ruins at Teotihuacán, Mexico.

B. Write answers to these questions, using both the **-ra** and **-se** forms of the verb:

    1. ¿Querían que yo lo (comprar)?   Sí, querían que tú lo compraras
                (vender)?   (compreses).
                (probar)?
                (meter)?
    2. ¿Les pedirías que lo (escoger)?
                (examinar)?
                (pagar)?
    3. ¿Habías esperado que ella lo (cerrar)?
                     (abrir)?
                     (dejar cerrado)?

C. Write in Spanish:

1. Robert's father gave him a movie camera. 2. He selected it yesterday afternoon. 3. He has been saving his money for two years. 4. His uncle gave him twelve rolls of film. 5. His father did not want him to take the projector to Mexico. 6. He preferred that Robert send him each roll of film. 7. After receiving the film, he said that he would develop it. 8. I suppose that you (*fam. sing.*) will go to Mexico City with him. 9. Heavens, Tom! Where could I (would I be able to) get the money? 10. There will be other opportunities (in order) to visit Mexico. 11. It will give me a great deal of pleasure to see the slides that he may send us. 12. Well, can you (*fam. sing.*) go to the cleaning shop now?

Palabras y expresiones

SUBSTANTIVOS

la cámara   camera
el dentista   dentist
  Juanito   Johnnie
el milímetro   millimeter
la ocasión (*pl.* **ocasiones**)   occasion,
  opportunity
la pantalla   screen (*movie*)
el proyector   projector
el rollo   roll

la tintorería   cleaning shop, cleaners
la transparencia   transparency, slide

VERBOS

ahorrar   to save
escoger   to choose, select
meter   to put (in)
probar (ue) [1]   to try, test; to prove
regresar   to return
revelar   to develop (*film*)

además *adv.*   besides, furthermore
cámara de cine   movie camera
cámara de treinta y cinco milímetros   35-millimeter camera
pasado mañana   day after tomorrow

---

[1] **Probarse,** *to try on,* was used in Lección 14.

BRASIL

COLOMBIA

ARGENTINA

PERÚ

¿Quieres visitar la América del Sur?

Felipe. Roberto, ¿sabes lo que pasó ayer? Mi abuelo me dijo que si yo quisiera hacer un viaje a Europa o a la América del Sur, me daría el dinero.

Roberto. ¡Magnífico! Si yo estuviera en tu lugar, iría a la Argentina. ¿No tienes muchas ganas de ir allá?

Felipe. ¡Claro! Pero si pudiera, me gustaría visitar el Brasil y el Uruguay al mismo tiempo. Tengo mucho interés en aquellos países.

Carlos. Pues, ¿por qué no podrías ir a varios países en el mismo viaje si tuvieses tiempo? El vuelo no te costaría más si los visitaras.

Felipe. Es cierto que podría hacerlo, pero no es solamente cuestión de visitar allí. Me gustaría encontrar un puesto en algún país sudamericano.

Roberto. Si hubieras estudiado economía política y si hubieras trabajado con una casa comercial en este país, probablemente ya habrías podido conseguir un puesto allí.

Carlos. Yo sé que eso es lo que tu padre te aconsejó hace mucho tiempo. Pero sabes bien el español y el portugués, y conoces la vida y las costumbres latinoamericanas. Si escribieras a las oficinas de varias compañías inmediatamente, sin duda, alguna de ellas te ofrecería algo.

Felipe. Ya les he escrito a los gerentes de algunas compañías y no me han ofrecido nada.

Roberto. Pero, Felipe, sería mejor que fueras a hablar con ellos. Lo importante es tener una entrevista personal con los oficiales de las compañías que tengan sucursales en la América del Sur.

Felipe. Es una buena idea. ¿Me ayudarás a hacer una lista de ellas?

Roberto. Con mucho gusto. También yo conozco a una secretaria que trabaja en la oficina de la cámara de comercio de la ciudad y ella podrá darnos mucha ayuda.

Felipe. Muchísimas gracias. La llamaré en seguida.

Preguntas

Answer in Spanish these questions based on the first part of the dialogue:

1. ¿Quiénes están hablando? 2. ¿Qué le ha dicho a Felipe su abuelo? 3. ¿Qué haría Roberto si estuviera en el lugar de Felipe? 4. ¿Tiene Felipe muchas ganas de ir a la Argentina? 5. ¿Qué otros países le gustaría visitar? 6. ¿Costaría más el vuelo si los visitara? 7. ¿Es solamente cuestión de visitar allí? 8. ¿Qué le gustaría encontrar?

Preguntas generales

1. ¿Te gustaría ir a la América del Sur? 2. ¿Qué países te gustaría visitar? 3. ¿Tienes muchas ganas de ir a la Argentina? 4. ¿Cómo se hace un viaje a la América del Sur, en coche o en avión? 5. ¿Sabes el portugués? 6. ¿En qué país de la América del Sur se habla portugués? 7. ¿Qué lengua se habla en los otros países sudamericanos? 8. ¿Te gustaría trabajar en un país latinoamericano? 9. ¿Tienen sucursales en la América del Sur algunas compañías norteamericanas? 10. ¿Hay una cámara de comercio en esta ciudad?

Summarize in Spanish in your own words the suggestions that Robert gives to his friend Philip concerning his desire to find a position in South America.

Prepare a dialogue of ten speeches to give in class, starting with one of the following:

1. *Felipe.*   Como Ud. sabe, me gustaría conseguir un puesto en algún país de la América española.

   Sr. Gómez.   No me parece difícil. Primero, quiero que me des algunos informes . . .

2. *Miguel.*   ¿Todavía piensas marcharte mañana para México?

   Jorge.   Sí, Miguel. Salgo mañana en el avión de las dos. ¿Qué quieres que le diga a tu amigo Ricardo en la Ciudad de México?

A street in Old Cuzco, with women leading llamas down the path. Peru.

Notas

I.   The imperfect subjunctive of irregular verbs and stem-changing verbs, Class
II and Class III

INF.	3RD PL. PRET.	IMP. SUBJ.
andar	**anduvieron**	**anduviera, -se**
caer	**cayeron**	**cayera, -se**
conducir	**condujeron**	**condujera, -se**
construir	**construyeron**	**construyera, -se**
creer	**creyeron**	**creyera, -se**
dar	**dieron**	**diera, -se**
decir	**dijeron**	**dijera, -se**
estar	**estuvieron**	**estuviera, -se**
haber	**hubieron** [1]	**hubiera, -se**
hacer	**hicieron**	**hiciera, -se**
ir	**fueron**	**fuera, -se**
leer	**leyeron**	**leyera, -se**
oír	**oyeron**	**oyera, -se**
poder	**pudieron**	**pudiera, -se**
poner	**pusieron**	**pusiera, -se**
querer	**quisieron**	**quisiera, -se**
saber	**supieron**	**supiera, -se**
ser	**fueron**	**fuera, -se**
tener	**tuvieron**	**tuviera, -se**
traer	**trajeron**	**trajera, -se**
venir	**vinieron**	**viniera, -se**
ver	**vieron**	**viera, -se**

(1) What preterit stem is used for the formation of the imperfect subjunctive?
(2) What are the **-ra** endings? The **-se** endings? (3) Which of the six forms has a
written accent? (See Lección 17, page 250.)

Recall that stem-changing verbs, Class I (which end in **-ar** and **-er**), have no
stem change in the imperfect subjunctive. In Class II verbs (**sentir, dormir**) the
stem vowel **e** becomes **i** and **o** becomes **u** in the third person singular and plural
of the preterit (see Lección 8, page 138) and in the entire imperfect subjunctive.
In Class III verbs (**pedir**) the stem vowel **e** becomes **i** in the same forms.

> sentir (ie, i): **sintieron   sintiera, -se**
> dormir (ue, u): **durmieron   durmiera, -se**
> pedir (i, i): **pidieron   pidiera, -se**

[1] See Appendix F, page 417, for the preterit forms of **haber** used with the past participle to form the preterit
perfect tense, which is used only after conjunctions such as **cuando, en cuanto, apenas,** scarcely, hardly,
etc., but is not used in this text. In spoken Spanish the simple preterit tense usually replaces the preterit
perfect. The Spanish pluperfect (see Lección preliminar III, page 22) is used to translate the English
past perfect.

II. The pluperfect subjunctive tense

hubiera	hubiese
hubieras	hubieses
hubiera	hubiese
hubiéramos	hubiésemos
hubierais	hubieseis
hubieran	hubiesen

} tomado, comido, vivido

Esperaban que yo lo hubiese visto. They hoped that I had seen it.

The pluperfect subjunctive is formed by either form of the imperfect subjunctive of **haber** plus the past participle. Its translation is similar to that of the pluperfect indicative: **que hubiesen tomado,** *that they had taken;* sometimes the word *might* is a part of the translation: *that they might have taken.*

III. Conditional sentences

You have already had simple conditions in which the present indicative tense is used in the English *if*-clause and the same tense in the Spanish **si**-clause. The present or the future is used in the main clause:

Si Juan está en su cuarto,	**está estudiando.**
If John is in his room,	he is studying.
Si tiene dinero,	**me lo dará.**
If he has (the) money,	he will give it to me.

Now contrast these examples with the following:

Si él tuviera (tuviese) dinero,	**me lo daría.**
If he had (the) money (*but he doesn't*),	he would give it to me.
Si yo estuviera (estuviese) en tu lugar,	**iría a la Argentina.**
If I were in your place (*but I'm not*),	I would go to Argentina.
Si Pablo hubiera (hubiese) vuelto,	**me habría llamado.**
If Paul had returned (*but he didn't*),	he would have called me.

In a **si**-clause (or *if*-clause) which implies that a statement is contrary to fact (*i.e.,* not true) at the *present* time (first two examples), Spanish uses either form of the imperfect subjunctive. A contrary-to-fact statement may also be expressed in the past (last example), using the pluperfect subjunctive.

The conclusion or main clause of a conditional sentence is usually expressed by the conditional (or conditional perfect),[1] as in English.

[1] For forms of the conditional and conditional perfect tenses, see Lección 7, pages 128–131.

Como si, *as if,* may also be used to express a contrary-to-fact condition.

> **Ella habla como si estuviera (estuviese) enferma.**
> She talks as if she were ill (*but she isn't*).

Either form of the imperfect subjunctive may be used in the **si**-clause to express something that is not expected to happen but which *may* (*might*) happen in the future. Whenever the English sentence has *should* or *were to* in the *if*-clause, the imperfect subjunctive is used in Spanish:

> **Si vinieran (viniesen) mañana,**   **me llamarían.**
> If they should (were to) come tomorrow,   they would call me.
> **Si fueras a verle,**   **te ayudaría.**
> If you should (were to) go to see him,   he would help you.

Ejercicios orales

A. Substitution exercises:

1. Querían que *él* les trajera la cámara.
   (tú, yo, nosotros, los muchachos, Ud.)
2. Elena dudaba que *su hermano* fuera con ella.
   (yo, tú, tú y yo, Roberto, sus amigas)
3. Trajeron el libro para que *yo* lo leyera.
   (ella, tú, Uds., Carlos y yo, Felipe)
4. Se alegran de que *Luis* haya vuelto.
   (Uds., Ud., tú, yo, sus hermanos)
5. Sentían que *Anita* no hubiese llegado.
   (nosotros, yo, tú, Ud., Uds.)
6. Es lástima que *él* no lo haya hecho.
   (Marta, Uds., tú, yo, Juan y yo)
7. Sería mejor que *él* durmiera la siesta.
   (yo, mi mamá, Uds., nosotros, tú)
8. No fue preciso que *Marta* sirviera café.
   (yo, tú, tu hermana, nosotros, las muchachas)

B. Say after your teacher, then upon hearing a cue, use it to form a new sentence containing the **-ra** form of the imperfect subjunctive.

MODEL: Yo quiero que él lo lea.   Yo quiero que él lo lea.
         Yo quería   Yo quería que él lo leyera.

1. Queremos que José conduzca el coche. (Queríamos)
2. Yo dudo que ella nos pida eso. (Yo dudaba)
3. Prefieren que andemos despacio. (Preferían)

4. Le pediré a él que haga el trabajo.   (Le pedí a él)
5. Tienen miedo de que yo les diga algo.   (Tenían miedo de)
6. Esperamos que ella ponga el telegrama.   (Esperábamos)
7. No hay nadie que tenga cámara de cine.   (No había nadie)
8. Él dice que saldrá en cuanto vuelvan los niños.   (Él dijo que saldría)

Use the **-se** form of the imperfect subjunctive:

9. ¿Hay alguien que pueda llevar la maleta?   (¿Había)
10. No vemos a nadie que quiera esperar.   (No vimos a nadie)
11. Yo le llamaré para que traiga la cámara.   (Yo le llamaría)
12. Necesito una secretaria que sepa bien el español.   (Yo necesitaba)

Use the **-ra** form of the pluperfect subjunctive:

13. No creo que hayan devuelto las cosas.   (No creí)
14. Sienten que Uds. no los hayan visto.   (Sentían)
15. Buscan a alguien que haya tenido experiencia.   (Buscaban)
16. No estamos seguros de que hayas dicho eso.   (No estábamos)

C. Say after your teacher and be able to explain briefly the differences in meaning in each series:

1. Si él está aquí a las diez, verá a Roberto.
   Si estuviera aquí ahora, vería a Roberto.
   Si hubiese estado aquí anoche, habría visto a Roberto.

2. Si tengo tiempo, volveré para el almuerzo.
   Si tuviera tiempo, volvería para el almuerzo.
   Si hubiera tenido tiempo, habría vuelto para el almuerzo.

3. Si van a México, tendrán que comprar maletas ligeras.
   Si fuesen a México, tendrían que comprar maletas ligeras.
   Si hubiesen ido a México, habrían tenido que comprar maletas ligeras.

Your teacher may repeat the first sentence in each series, then follow with the two **si**-clauses and ask you to complete the sentences.

D. Say after your teacher, then repeat, changing the verb in the **si**-clause to the imperfect subjunctive tense and the verb in the main clause to the conditional.

MODEL: Si tiene dinero, lo traerá.   Si tiene dinero, lo traerá.
                                          Si tuviera (tuviese) dinero, lo traería.

1. Si está aquí, hará el trabajo.
2. Si vienen hoy, nos darán la lista.
3. Si no pueden hacerlo, me lo dirán.
4. Si los vemos, les daremos la cámara.

5. Si Juan va allá, me enviará varias tarjetas.
6. Si suena el despertador, Carlos se despertará.
7. Uds. no estarán cansados si descansan más.
8. No estaremos listos si no nos damos prisa.

Change the verb in the **si**-clause to the pluperfect subjunctive tense and the verb in the main clause to the conditional perfect.

9. Si ella ha ido de compras, habrá comprado muchas cosas.
10. Si Anita ha escrito la carta, la habrá echado al correo.
11. Juan le habrá enviado el regalo si lo ha envuelto.
12. Él habrá ido al cine si ha terminado la composición.

Ejercicios escritos

A. Review the forms of the future and conditional perfect indicative tenses in Lección 7, page 131, then rewrite each sentence twice, substituting both tenses for the verb in the present perfect indicative tense.

MODEL: Yo lo he escrito.   Yo lo habré escrito.   Yo lo habría escrito.

1. Los dos ya han salido. 2. Ha sido difícil hacer eso. 3. Hemos podido verlos. 4. Juan ha ido al cine. 5. Tú no los has leído. 6. Yo lo he hecho bien.

B. Rewrite each sentence, following the models.

MODELS: Si tiene tiempo, vendrá.   Si tuviese (tuviera) tiempo, vendría.

Si ha vuelto, la habrá visto.   Si hubiese (hubiera) vuelto, la habría visto.

1. Si José vuelve a casa, nos llamará. 2. Si vamos a México, sacaremos muchas fotos. 3. Si no es tarde, podré charlar contigo. 4. Si siguen trabajando, ahorrarán bastante dinero. 5. Veremos las transparencias si traen el proyector. 6. Si me ofrecen el puesto, iré a la Argentina. 7. Si él ha metido un rollo de película, habrá podido probar la cámara. 8. Si la secretaria ha escrito la carta, se la habrá enviado al Sr. Gómez.

C. Write in Spanish:

1. If he is in his room, he is writing a letter. 2. If he were in his room, he would write a letter. 3. If he had been in his room, he would have written a letter. 4. If they come tomorrow, they will bring me the ticket. 5. If they should come tomorrow, they would bring me the ticket. 6. If they had come yesterday, they would have brought me the ticket. 7. If I had seen a good projector, I would have bought it. 8. That boy talks as if he were from Spain.

Street scene, Buenos Aires, Argentina.

Landscape at Bariloche, Argentina.

D. Write in Spanish:

1. If I wanted to take a trip to Spain, my uncle would give me a thousand dollars. 2. If I were in your (*fam. sing.*) place, I would go to South America. 3. I should like to go there if I could work in Peru. 4. You could visit all the South American countries if you had more time. 5. If I could speak Spanish, a friend of mine would give me a job in Argentina. 6. I want to work in (with) a company that has many branches. 7. It would be easier to get a job if I had studied economics. 8. If you would write to the managers of several companies, I am sure that you would find something. 9. No, I believe that it would be better to have a personal interview with each manager. 10. You are right; let's make a list of companies which have branches in Spanish America.

E. Review the verbs and expressions in Lecciones 16–18, then write in Spanish:

1. a week from today. 2. day after tomorrow. 3. a movie camera. 4. a 35-millimeter camera. 5. the chamber of commerce. 6. at the same time. 7. the typewriter. 8. a driver's license. 9. Try (*fam. sing.*) the camera, please. 10. Put a roll of film in it. 11. I should like to try the projector. 12. We are very eager to visit South America. 13. Choose (*pl.*) some slides. 14. He saved enough money to buy the car. 15. They have returned from Los Angeles. 16. I offer five dollars for (**por**) the book. 17. That is enough. 18. Have you (*pl.*) heard that John is in Mexico City?

Palabras y expresiones

SUBSTANTIVOS

la cámara   chamber
el comercio   commerce, trade
la cuestión (*pl.* **cuestiones**)
    question, problem
la economía política   economics
la entrevista   interview
  Europa   Europe
la gana   desire, inclination
la lista   list
el oficial   official
la secretaria   secretary (*f.*)

la sucursal   branch, branch office
el Uruguay   Uruguay

ADJETIVO

sudamericano, -a   South American

VEBROS

ofrecer (*like* **conocer**)   to offer
quisiera   (I) should like

OTRA PALABRA

probablemente   probably

al mismo tiempo   at the same time
cámara de comercio   chamber of commerce
tener (muchas) ganas de   to be (very) eager to (desirous of)

(Top) Portrait of señora Sabasa García by Goya. (Bottom) On this canvas, the Spanish painter, Zuluaga, portrayed several members of his family.

Facing page: (Top) "Los borrachos" by Velazquez. (Bottom) Main entrance to El Prado Museum with statue of Velazquez standing in front. Madrid, Spain.

(Top) "The woman and the men with cloaks" is one of the best cartoons designed by Goya for the Royal Tapestry Factory of Santa Bárbara in Spain. (Right) This painting by El Greco is believed to be a self-portrait. (Bottom) "The artist and his model" by Picasso.

Facing page

"Entierro del conde de Orgaz" by El Greco, Santo Tomé church, Toledo, Spain.

(Top) "Danza criolla" relief by the contemporary Argentinian sculptor, Pablo Caratella Manés. (Bottom) "Personajes," encaustic on canvas by Ecuadorian artist, Estuardo Maldonado. Facing page: Mexican painter Juan O'Gorman standing in front of his mural of the Constitution. Mexico City.

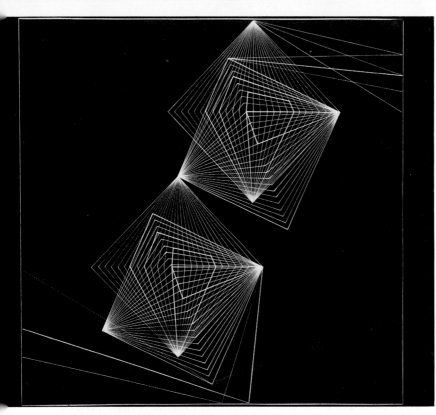

(Top) "Square to the Infinite Power," oil on canvas by Argentinian artist, Miguel Angel Vidal. (Bottom) The well-known Mexican sculptor Coronel stands by one of his works.

Facing page: (Top) Mexican painter Alfaro Siqueiros at work. (Bottom) View of the Museum of Modern Art, Mexico City.

LECTURA VII

1. Las artes españolas

Estudio de palabras

1. Approximate cognates

a. Endings of many Spanish nouns

(1) Spanish **-ismo** = English *-ism:* cubismo, individualismo, realismo.
(2) Spanish **-ista** = English *-ist:* artista, guitarrista, naturalista, pianista, realista, surrealista, violoncelista. (Nouns ending in **-ista** may be masculine or feminine.)

b. Just as certain Spanish adjectives may end in **-ista** or **-ístico, -a,** the English equivalent ending may be *-ist* or *-istic:* artístico, *artistic;* cubista, *cubist;* individualista, *individualistic;* naturalista, *naturalistic;* realista, *realistic;* surrealista, *surrealist(ic).*

c. Certain Spanish adjectives ending in **-ico, -a** = English *-ic, -ical:* crítico, *critical;* dramático, *dramatic;* místico, *mystic(al).*
The adjective **político** means *political,* but the noun **política** means *politics, policy.* The noun **músico,** however, means *musician.*

2. *Compare the meanings of:* Andalucía, andaluz; cerrar, encerrar; componer, compositor, composición; conocer, conocimiento; interpretación, intérprete; música, músico, musical; piano, pianista; pintar, pintor, pintura.

3. *Pronounce and observe the meanings of:* contemporáneo, *contemporary;* diario, *daily;* distinto, *distinct, different;* encantador, *enchanting;* franqueza, *frankness;* genio, *genius;* humilde, *humble;* ilustre, *illustrious;* museo, *museum;* ritmo, *rhythm;* técnica, *technique;* florecer, *to flourish;* perfeccionar, *to perfect.*

4. *Pronounce and give the meanings of:* brutalidad, cantidad, claridad, espontaneidad, escena, vigoroso, Francia, Venecia, Italia, melodía.

Notas

1. Certain omissions of the indefinite article not explained previously are:

a. At the beginning of a sentence or a clause, to add terseness to the style. Omissions of this type have occurred in earlier Lecturas. Examples in this Lectura are:

> **Gran parte de . . .**   A great part of . . .
> **Gran realista, este pintor . . .**   A great realist, this painter . . .
> **Aunque de familia humilde . . .**   Although of a humble family . . .
> **Natural de Andalucía . . .**   A native of Andalusia . . .

b. With nouns in apposition if the information is explanatory and not stressed:

Ignacio Zuloaga, gran pintor ... Ignacio Zuloaga, a great painter ...
Juan Gris, compañero ... Juan Gris, a companion ...
Albéniz, notable pianista ... Albéniz, a notable pianist ...
Gracias a *la Argentina*, artista ... Thanks to *la Argentina*, an artist ...

c. After **de,** meaning *as:*

Las escenas ... han servido de inspiración ... The scenes ... have served as an inspiration ...

2. **Todo ello (Ello todo)** means *All of it, It all.* **Todos ellos (Ellos todos), ellas todas (Todas ellas)** means *All of them, Them all.* Note that when English *all of* precedes the noun, the word *of* is not translated in Spanish.

3. Observations on the position of adjectives. In the preceding grammar lessons we have followed the general principle that limiting adjectives precede the noun and that descriptive adjectives, which single out or distinguish one noun from another of the same class, follow the noun. We have also found that a few adjectives (such as **bueno, -a, malo, -a,** etc.) usually precede the noun, although they may follow to distinguish qualities of the noun. A few adjectives (such as **grande, nuevo, -a,** etc.) have different meanings when used before or after the noun (see footnote, page 53, and Lección 6, page 101).

Descriptive adjectives may also precede the noun when they are used figuratively or when they express a quality that is generally known or not essential to the recognition of the noun. In such cases there is no desire to single out or to differentiate. Also, when a certain quality has been established with reference to the noun, the adjective often precedes the noun.

Here are examples taken from the following Lectura (and not marked with asterisks). Similar examples have occurred in earlier Lecturas.

... **una larga serie de retratos** ... ... a long series of portraits ...
... **sus maravillosas figuras femeninas** ... ... his marvelous feminine figures ...
En su extensa y variada obra vemos ... In his extensive and varied work we see ...
... **sus hermosos cuadros de la vida** ... ... his beautiful pictures of life ...
... **seis famosas piezas** ... ... six famous pieces ...
... **las encantadoras melodías** ... ... the enchanting melodies ...
... **la más célebre intérprete del baile español** ... ... the most famous interpreter of the Spanish dance ...
... **el antiguo arte del baile español** ... ... the ancient art of the Spanish dance ...

No solamente la literatura sino todas las artes han florecido en España: la pintura, la música, la arquitectura, la escultura y las artes manuales. Se necesitarían muchas páginas para tratar de todas ellas.* Aquí sólo podremos hacer algunas observaciones sobre la pintura y la música.

Como la política española dominaba en los Países Bajos[1] y en Italia desde fines del[2] siglo XV, los artistas españoles iban a aquellos países a estudiar, y los flamencos[3] y los italianos venían a España a trabajar. Sin embargo, el espíritu nacional era tan fuerte que en general el arte de los españoles nunca se sometió mucho a las influencias extranjeras.

El primer gran pintor del Siglo de Oro[4] fue El Greco (¿1548?–1614). Desde la isla de Creta, Grecia, donde nació, fue a Venecia, como tantos otros artistas, para estudiar con los maestros italianos. Hacia el año 1577 llegó a Toledo, no lejos de Madrid, donde desarrolló[5] y perfeccionó su arte, llegando a ser uno de los pintores más originales e individualistas del mundo. Gran parte* de su obra artística comprende una larga serie de retratos e innumerables cuadros religiosos, en que demuestra su sentido místico y su maestría en el uso del colorido. Su obra maestra,[6] *El entierro[7] del Conde de Orgaz*, que encierra muchos aspectos del alma española, fue pintada para la pequeña iglesia de Santo Tomé de Toledo, donde podemos admirarla hoy día.

Diego Velázquez (1599–1660), de Sevilla, tiene el honor de ser el genio más ilustre de su época. Gran realista,* este pintor de la corte del rey Felipe IV (1621–1665), presentó en sus lienzos[8] todos los aspectos de la vida y la sociedad de su tiempo, todo ello* con una claridad y una precisión no conocidas antes. Para ver las obras maestras de Velázquez hay que visitar el Museo del Prado en Madrid, uno de los museos más importantes de Europa. Algunas de sus mejores obras son *Las meninas*,[9] *Las hilanderas*,[10] *Los borrachos*[11] y *La rendición de Breda*,[12] llamada a menudo *Las lanzas*.

Bartolomé Esteban Murillo (1618–1682), famoso por sus cuadros religiosos y sus maravillosas figuras femeninas, fue otro de los pintores famosos de aquella época.

A fines del siglo XVIII aparecieron las primeras obras de Francisco Goya (1746–1828), uno de los pintores más originales del mundo moderno. Aunque de* familia humilde, Goya llegó a ser el pintor de la corte de Carlos IV y de Fernando VII y dejó una gran cantidad de retratos de las dos familias reales, pintados con un realismo y una franqueza que asombran.[13] En su extensa y variada obra vemos, en realidad, toda la historia de su época. Al lado de sus cuadros que representan claramente la brutalidad de la guerra de la independencia, después de la invasión de Napoleón en 1808, hay una larga serie de cartones[14] o modelos para tapices,[15] en que pinta escenas y tipos del pueblo, fiestas, bailes populares y

---

[1] **Países Bajos,** *Low Countries* (the Netherlands or Holland). [2] **desde fines del,** *from the end of the.* [3] **flamencos,** *Flemish.* [4] **Siglo de Oro,** *Golden Age.* [5] **desarrolló,** *he developed.* [6] **obra maestra,** *masterpiece.* [7] **entierro,** *burial.* [8] **lienzos,** *canvases.* [9] **meninas,** *Little Ladies in Waiting.* [10] **hilanderas,** *Spinning Girls.* [11] **borrachos,** *Drinkers.* [12] **rendición de Breda,** *Surrender of Breda* (a town in Holland taken from the Flemish in 1625 by the Italian General Spínola, who was serving in the Spanish army). [13] **asombran,** *are amazing.* [14] **cartón,** a painting or drawing on strong paper. [15] **tapices,** *tapestries.*

otros aspectos de la vida diaria de la época. Por su realismo, su maestría en la técnica, su espontaneidad, su espíritu crítico, su individualismo y su conocimiento del período en que vivía, Goya es considerado como uno de los genios de la pintura moderna.

Durante el período romántico la pintura española se vuelve convencional, y los artistas buscan inspiración en obras extranjeras. Sin embargo, hacia fines del siglo XIX, cuando reina el realismo en la literatura y las artes, la pintura tiene su mejor representante en el valenciano Joaquín Sorolla (1863–1923), que se ha distinguido por la luz y el colorido de sus hermosos cuadros de la vida y de las costumbres de su región. Algunos de sus mejores lienzos se encuentran en el museo de la Sociedad Hispánica de Nueva York y en el Museo Metropolitano de la misma ciudad. La obra vigorosa y dramática de Ignacio Zuloaga (1870–1945), gran pintor* de la España vieja y tradicional, contrasta fuertemente con la de Sorolla.

La influencia de pintores españoles en el arte de nuestro tiempo es incalculable. Pablo Picasso (1881–   ), que ha pasado muchos años en Francia, es, sin duda, el artista que ha ejercido mayor influencia en la pintura contemporánea. Su arte ha atravesado distintas etapas,[1] desde su período azul y período rosa,[2] a través del cubismo, hasta volver a las formas naturalistas, aunque no olvida su atracción por las composiciones abstractas y cubistas.

Juan Gris (1887–1927), compañero* y discípulo de Picasso, superó a su maestro en el estilo cubista. Juan Miró (1893–   ) es uno de los más grandes pintores de la escuela surrealista. Las obras cubistas y surrealistas del gran dibujante[3] y colorista Salvador Dalí (1904–   ) representan el triunfo de la interpretación libre de la realidad, típica del arte actual.

Se puede decir que la música ha sido muy popular en España entre todas las clases sociales. Gracias a las composiciones de los grandes artistas Albéniz y Granados, la música española moderna ya es conocida en todo el mundo. Albéniz (1860–1909), notable pianista* y compositor, ha dado a conocer[4] una gran variedad de ritmos, especialmente melodías andaluzas. Las escenas del pintor Goya han servido de* inspiración para *Goyescas*, seis famosas piezas para piano, compuestas por Granados (1867–1916).

Según muchos músicos, Manuel de Falla (1867–1946) es el mejor compositor español moderno. Natural de Andalucía,* como Albéniz, compuso las encantadoras melodías llamadas *Noches en los jardines de España*. Se oye mucho en los Estados Unidos su *Danza del fuego*,[5] del famoso ballet *El amor brujo*.[6]

Gracias a *la Argentina*, artista* del siglo XX y la más célebre intérprete del baile español, conocemos mejor no sólo el antiguo arte del baile español, sino también la música de Albéniz, Granados, Falla y otros compositores.

Otras dos grandes figuras españolas del mundo musical que conocemos hoy día en los Estados Unidos son Pablo Casals (1876–   ), violoncelista incomparable, y Andrés Segovia (1893–   ), guitarrista sin igual.

---

[1] **etapas**, *stages, periods.* [2] **rosa**, *pink.* [3] **dibujante**, *master in the art of drawing, draftsman.* [4] **ha dado a conocer**, *has made known.* [5] **Danza del fuego**, *Fire Dance.* [6] **El amor brujo**, *Wedded by Witchcraft.*

Preguntas

1. ¿Qué artes han florecido en España? 2. ¿Adónde iban a estudiar muchos artistas españoles en el siglo XVI? 3. ¿Se sometió mucho el arte español a las influencias extranjeras? 4. ¿Quién fue El Greco? 5. ¿Dónde estudió? 6. ¿A qué ciudad de España llegó? 7. ¿Qué clase de obras pintó? 8. ¿Cuál es su obra maestra?

9. ¿Quién fue el gran pintor realista del Siglo de Oro? 10. ¿Qué presentó en sus lienzos? 11. ¿Dónde están sus obras maestras? 12. ¿Cuáles son algunas de sus obras? 13. ¿Quién es otro pintor de la misma época?

14. ¿Cuándo aparecieron las primeras obras de Francisco Goya? 15. ¿Qué llegó a ser? 16. ¿Qué clase de obras pintó? 17. ¿Cuándo reinó el realismo en las artes? 18. ¿Quién es su mejor representante en la pintura? 19. ¿Dónde se encuentran algunos de sus mejores lienzos? 20. ¿Qué pintor contrasta fuertemente con Sorolla en su obra? 21. ¿Quiénes son otros pintores contemporáneos?

22. ¿Ha sido popular la música española? 23. ¿Quién fue Albéniz? 24. ¿Quién fue otro pianista famoso? 25. ¿Qué compuso Falla? 26. ¿Quién ha sido la intérprete más célebre del baile español? 27. ¿Quién es Pablo Casals? 28. ¿Quién es Andrés Segovia?

Comprensión

Give the name to which each statement refers:

1. El primer gran pintor español del Siglo de Oro.
2. La obra maestra del pintor El Greco.
3. El gran pintor realista de la corte del rey Felipe IV.
4. El museo español donde se ven muchas obras de pintores españoles.
5. El pintor español cuyas primeras obras aparecieron a fines del siglo XVIII.
6. El valenciano distinguido por la luz y el colorido de sus cuadros de la vida y de las costumbres modernas de España.
7. El pintor moderno de la España vieja y tradicional.
8. El pintor contemporáneo que ha pasado muchos años en Francia.
9. Uno de los tres músicos españoles del período moderno.
10. La más célebre intérprete del baile español del siglo XX.
11. Gran violoncelista, famoso hoy día en los Estados Unidos.
12. Gran guitarrista de nuestros días.

2. Las artes hispanoamericanas

Estudio de palabras

1. Approximate cognates. *Pronounce and observe the meanings of:* aptitud, *aptitude;* arcaico, *archaic;* auténtico, *authentic;* cerámica, *ceramics, pottery;* corriente, *current;* diverso, *diverse, different;* esencia, *essence;* espontáneo, *spontaneous;* extraordinario, *extraordinary;* inmenso, *immense;* majestuoso, *majestic;* sinfónica, *symphonic, symphony;* tema, *theme, topic;* término, *term;* trágico, *tragic;* universitario (*adj.*), *university;* adquirir, *to acquire;* diferir, *to differ;* emplear, *to employ, use;* manifestarse, *to be (become) manifest* or *evident;* prevalecer, *to prevail.*

Give the English for: apreciar, asimilar, decorar, integrar; determinar.

2. *Compare the meanings of:* carácter, característica (*noun*), característico (*adj.*); colonia, colono, colonizar, colonizador; dirección, dirigir; expresión, expresar; intérprete, interpretar; mural (*noun and adj.*), muralista, muralismo; producción, producir, reproducir; pueblo, poblador, población.

3. *Find in this Lectura the Spanish adjectives related to the following names of places:* Argentina, Chile, Cuba, Europe, Guatemala, Spanish America, Uruguay, Venezuela.

Modismos y frases útiles

así como   as well as

dejar de + *inf.*   to stop, cease + *pres. part.*, cease to + *inf.*

en cambio   on the other hand

en gran parte   largely, in large measure

en nuestros días   in our time, today

esforzarse (ue) por   to strive for, make an effort to

hasta nuestros días   (up) to today, to our time (the present)

incorporarse a   to be (become) incorporated into

interesarse por   to become interested in

llegar a + *inf.*   to go so far as to + *inf.*, succeed in + *pres. part.*

para fines de   towards (by) the end of

por falta de   for lack of

Notas

1. Gender of **arte**.   **Arte** is normally masculine when used in the singular: **la nota característica del arte,** *the characteristic note of art.*

In the plural it is normally feminine: **las bellas artes,** (*the*) *fine arts;* **las artes,** *arts* (in general); **las artes visuales,** *the visual arts.*

2. Use of prepositions.   You are familiar with the normal meaning of the common Spanish prepositions: **a,** *to, at;* **con,** *with;* **de,** *of;* **en,** *in, on;* **por,** *for;* watch,

however, for constructions in which these prepositions have other meanings.   In addition to those in the list of Modismos y frases útiles, note the following: **la incorporación . . . a,** *the incorporation . . . (in)to;* **el amor por,** *the love of (for);* **la preocupación por,** *the concern with;* and an expression which has been used earlier: **ha servido de base,** *(it) has served as a basis.*

Al introducir en América la civilización europea, los colonizadores españoles dieron una importancia especial a las bellas artes.*   La nota característica del arte* en la América española es la incorporación de elementos americanos a* los estilos importados de Europa.

En general, durante el período colonial en la arquitectura, la escultura y la pintura los españoles reproducían los estilos que entonces prevalecían en Europa. Pero al mismo tiempo se veía en América una fuerte influencia de las corrientes indígenas, especialmente en la arquitectura.

Por falta de espacio sólo podremos hacer unas pocas observaciones sobre la música, la pintura y las artes* visuales del período contemporáneo.   El amor por* la música es una de las características de la América latina.   Desde el período colonial ha habido[1] dos corrientes distintas: la popular, que representa la expresión espontánea del pueblo, y la culta, que muestra influencias europeas.   Las variedades de música popular son infinitas; cada país tiene una rica tradición musical, con formas propias.   En algunos casos se han mezclado elementos indígenas y extranjeros.   La música popular de México, por ejemplo, es en gran parte de procedencia[2] andaluza, y su estilo es arcaico, como en las danzas llamadas jarabe[3] y zapateado.[4]   La rumba, la conga y otras formas de la música popular de Cuba y de las otras islas del Mar Caribe, en cambio, muestran una fuerte influencia de la música negra.   En los países donde la población india es grande, la influencia indígena es notable.

En el siglo XX muchos compositores, entre ellos el mexicano Carlos Chávez, han llegado a desarrollar una música de auténticos temas americanos.   Carlos Chávez (1899–   ) es el fundador de la Orquesta Sinfónica de México.   Convencido de que existe una música mexicana con un carácter y un vigor propios, Chávez se ha dedicado a integrar las diversas fuentes de la tradición nacional. Aunque la esencia de su música es mexicana, sus temas son originales y se ha asimilado completamente el elemento indígena.   Su técnica y su genio inventivo le han asegurado un puesto muy alto en el mundo musical.

Para fines del siglo XIX muchos pintores mexicanos, como los músicos, ya muestran tendencias nuevas, buscando inspiración en los temas americanos.   En el siglo actual surgió la gran escuela muralista de México, que, con Diego Rivera, José Clemente Orozco y David Alfaro Siqueiros ha florecido hasta nuestros días. Como en el caso de la literatura, la preocupación por* los problemas sociales determinó el cambio de dirección de la pintura de Hispanoamérica.   En México

---

[1] **ha habido,** *there have been.*   [2] **procedencia,** *origin, source.*   [3] **jarabe,** a popular dance, such as the *Mexican hat dance.*   [4] **zapateado,** *clog (tap) dance.*

la Revolución de 1910 ha servido de* base para la obra artística de los pintores citados,[1] que han producido una larga serie de murales que decoran las paredes de muchos edificios públicos. Las artes, las fiestas populares, la vida de los indios y las nuevas ideas sociales les han proporcionado[2] una gran variedad de temas.

Las ideas sociales y políticas de Diego Rivera (1886–1957) le llevaron a hacer de la pintura un medio de propaganda para educar al pueblo. La inmensa composición que se halla en la escalera del Palacio Nacional, en la Ciudad de México, describe toda la historia del país—desde el período prehispánico hasta el actual—y, también, la visión de un futuro ideal.

El hombre y el mundo contemporáneo son también el tema central de José Clemente Orozco (1883–1949), que se interesó especialmente por los aspectos más sórdidos y tristes de la vida mexicana. Se ha dicho que ningún otro pintor le ha superado en la expresión del aspecto eterno, humano y trágico de las luchas civiles de un país. Para ver sus mejores obras hay que ir a Guadalajara, México.

Los temas revolucionarios adquieren un vigor extraordinario en las obras de David Alfaro Siqueiros (1898–   ), quien se ha esforzado por encontrar nuevas vías de expresión dentro del arte mural. Ha experimentado con el uso de materiales nuevos, así como con la fusión de la pintura y la escultura. Entre sus murales más importantes figura el de la rectoría[3] de la Ciudad Universitaria de México.

El pintor mexicano Rufino Tamayo (1899–   ) representa una forma moderada del muralismo de su país, expresado en términos de valores universales. Hay murales suyos en Smith College y en varios edificios públicos del estado de Texas.

Hacia 1920 empezó también en el Perú un movimiento indígena en el arte. Aunque se desarrolló bajo la influencia del muralismo mexicano, difiere de éste por su tono más moderado. José Sabogal (1888–1956), jefe de la nueva expresión artística de su país, ha buscado su inspiración en el paisaje, en los tipos indígenas y en las costumbres rurales del Perú, empleando como fondo los majestuosos Andes. Aunque también ha interpretado la vida por los ojos del indio, no se observa en sus obras la nota de propaganda como en las de los artistas mexicanos.

Para los que se interesan en los representantes de otras corrientes artísticas del período contemporáneo, sigue una lista de nombres notables: el pintor guatemalteco Carlos Mérida (1893–   ), el cubano Wilfredo Lam (1902–   ), el uruguayo Joaquín Torres García (1874–1948), el chileno Ramón Vergara Grez (1923–   ), el venezolano Jesús Soto (1923–   ), el argentino Eduardo Mac Entyre (1929–   ) y los mexicanos Pedro Friedeberg (1937–   ) y José Luis Cuevas (1934–   ).

En nuestros días la vitalidad de las artes visuales en Hispanoamérica es extraordinaria. El hecho más importante es que el arte hispanoamericano ha dejado de ser nacional y se ha incorporado a la escena internacional.

La aptitud artística del hispanoamericano se manifiesta también en otras artes más populares, como la cerámica, la orfebrería[4] y la producción de tejidos.[5] Aun

---

[1] **citados,** *above-mentioned, cited.* [2] **les han proporcionado,** *have furnished them.* [3] **rectoría,** *rector's (president's) office.* [4] **orfebrería,** *gold or silver work.* [5] **tejidos,** *textiles, weaving(s).*

antes de la llegada de los españoles, las civilizaciones indígenas de América habían producido obras maravillosas de cerámica y de orfebrería que el viajero puede admirar hoy en los museos.   Hoy día es muy apreciada la cerámica de Puebla y de Oaxaca, en México; son admirados los tejidos de Guatemala y de otros países de gran población india; entre otros lugares, las ciudades de Taxco (México) y Lima son famosas por la producción de artículos de oro y plata.

Preguntas

1. ¿Cuál es la nota característica del arte en la América española?   2. ¿Qué estilos reproducían los españoles en el período colonial en América?   3. ¿Hay mucho amor por la música en la América latina?   4. ¿Qué corrientes ha habido desde el período colonial?   5. ¿De qué procedencia es, en gran parte, la música popular de México? 6. ¿En qué regiones de América es muy importante la influencia negra?   7. ¿Qué han llegado a desarrollar muchos compositores en el siglo XX? 8. ¿Qué fundó Carlos Chávez?   9. ¿A qué se ha dedicado Chávez?

10. ¿Cuándo surgió la gran escuela muralista de México?   11. ¿Quiénes son tres grandes muralistas?   12. ¿Qué ha servido de base para la obra artística de estos muralistas?   13. ¿A qué le llevaron sus ideas sociales y políticas a Diego Rivera? 14. ¿Qué describe la composición de Rivera que se halla en la escalera del Palacio Nacional, en la Ciudad de México?

15. ¿Qué se ha dicho del pintor José Clemente Orozco?   16. ¿Adónde hay que ir para ver las mejores obras de Orozco?   17. ¿Cuáles son algunas vías de expresión que Siqueiros se ha esforzado por encontrar?   18. ¿Dónde se encuentran murales de Rufino Tamayo en los Estados Unidos?   19. ¿En qué ha buscado su inspiración el pintor José Sabogal?   20. ¿Quién es otro pintor del período contemporáneo?

21. ¿Qué otras artes se han cultivado en Hispanoamérica?   22. ¿De qué ciudades de México viene mucha cerámica?   23. ¿De dónde vienen los tejidos que son admirados mucho?   24. ¿Qué ciudades son famosas por la producción de artículos de oro y plata?

Ballet performance at Santiago, Chile.

Manuela Vargas, the famous flamenco dancer,
during a performance at a Madrid theater, Spain.

Comprensión

Read, completing each sentence correctly:

1. Los colonizadores españoles dieron una importancia especial a ____.
2. El amor ____ es una de las características de la América latina.
3. La música popular de ____ es en gran parte de procedencia andaluza.
4. ____ es el fundador de la Orquesta Sinfónica de México.
5. Tres muralistas mexicanos son ____, ____ y ____.
6. En México ____ ha servido de base para la obra artística de los muralistas.
7. Las ideas sociales y políticas de Rivera le llevaron a hacer de la pintura ____.
8. ____ se interesó especialmente por los aspectos más sórdidos y tristes de la vida mexicana.
9. ____ ha experimentado con la fusión de la pintura y la escultura.
10. En los Estados Unidos hay murales de Rufino Tamayo en ____.
11. José Sabogal inició en ____ un movimiento indígena en el arte.
12. Sabogal ha interpretado la vida de su patria por ____.
13. En el período prehispánico las civilizaciones indígenas de América habían producido obras maravillosas de ____ y ____.
14. Hoy día la cerámica de ____ y de ____ en México es muy apreciada.
15. Las ciudades de ____ y ____ son famosas por la producción de artículos de oro y plata.

Misión San José
† San Francisco
Santa Bárbara
† † San Juan Capistrano
† San Diego
Río Grande

Cartas de presentación

(Roberto llega a la oficina del señor Ortiz.)

Sr. Ortiz. Roberto, quiero felicitarle a Ud. He oído decir que ha conseguido un puesto en México. He enviado por Ud. porque quiero darle varias cartas de presentación para algunos amigos míos que viven allí. Fueron escritas por mi secretaria ayer.

Roberto. Es Ud. muy amable, señor Ortiz. Estoy muy agradecido.

Sr. Ortiz. Es un placer hacerlo. Si yo estuviera en su lugar, iría a hablar con los señores en cuanto llegara. Todos se pondrán a su disposición para hacer más agradable su estancia allí. Si preguntan por mí, déles mis mejores recuerdos.

Roberto. ¡Claro que lo haré! Y le agradezco mucho cuanto ha hecho por mí.

Sr. Ortiz. A propósito, ¿cuánto tiempo hace que habla Ud. español?

Roberto. Desde hace diez años, más o menos. Empecé a estudiarlo en la escuela primaria. Luego, cuando el gobierno envió a mi padre a Chile, pasé tres años allí. Desde entonces he hablado con todos los que hablan español porque no he querido olvidarlo.

Sr. Ortiz. ¡Magnífico! Para norteamericano, habla Ud. bien nuestra lengua; en realidad, podría uno tomarle por mexicano.

Roberto. Es un gran favor que me hace.

Sr. Ortiz. No, es la verdad. Los que hablan español, como Ud., pueden hacer mucho para estrechar las relaciones entre México y los Estados Unidos. Aquel señor, el de los anteojos, que está hablando con el señor Smith, es un buen ejemplo de lo que es un verdadero buen vecino. Hace muchos años que trabaja con una compañía norteamericana en México, y precisamente la semana pasada fue nombrado vicepresidente de su compañía. Quiero presentárselo a él en cuanto termine su entrevista.

Roberto. Tendré mucho gusto en conocerle. Le doy a Ud. las gracias por todo, señor Ortiz.

Sr. Ortiz. No hay de qué, Roberto. Y no deje de enviarme una tarjeta de vez en cuando.

Preguntas

Answer in Spanish these questions based on the first part of the dialogue:

1. ¿Adónde llega Roberto? 2. ¿Por qué le felicita el Sr. Ortiz? 3. ¿Por qué ha enviado por Roberto? 4. ¿Por quién fueron escritas las cartas? 5. ¿Qué haría el Sr. Ortiz si estuviera en el lugar de Roberto? 6. ¿Qué harán todos los señores? 7. Si los señores preguntan por el Sr. Ortiz, ¿qué debe hacer Roberto? 8. ¿Qué le agradece Roberto al Sr. Ortiz?

Preguntas generales

1. ¿Empezaste a estudiar el español en la escuela primaria? 2. ¿Empezaste a estudiar el español en la escuela superior? 3. ¿Estudian el español aquí en las escuelas primarias? 4. ¿Lo estudian en las escuelas primarias en otras ciudades? 5. ¿Hablas español con todos los que saben la lengua? 6. ¿Podría uno tomarte por mexicano (mexicana)? 7. ¿Qué es un vecino? 8. Generalmente, ¿quién escribe cartas en una oficina? 9. (Marta), ¿quieres ser secretaria algún día? 10. (Anita), ¿has trabajado en una oficina?

Summarize in Spanish in your own words the remarks of Mr. Ortiz in the second part of the dialogue.

Prepare a dialogue of ten speeches to give in class, starting with one of the following:

1. *Anita.* Carmen, ¿adónde vas esta mañana?
   Carmen. Voy a la oficina del señor López para ver si puedo conseguir un puesto con su compañía durante las vacaciones.

2. *Carlos.* Jorge, ¿qué vas a hacer en cuanto llegues a México?
   Jorge. Primero, voy a presentarle al señor Espinosa esta carta de presentación.

Notas

I. The definite article with **de** and **que**

A. In Lectura V, page 200, you learned that the definite article is used before a phrase beginning with **de,** instead of the demonstrative pronoun. **El (la, los, las) de** is translated *that (those) of, the one(s) of (with, in),* and sometimes by an English possessive:

aquel señor, el de los anteojos   that gentleman, the one with the glasses
la del vestido rojo   the one in (with) the red dress
mi libro y el de Juan   my book and John's (that of John)

B. **El que viene es un amigo mío.**   The one who is coming is a friend of mine.
Los que hablan español pueden hacer mucho.   Those who speak Spanish can do a lot.
esta casa y la que está cerca del parque   this house and the one that (which) is near the park

Spanish also uses the definite article before a relative clause introduced by **que,** instead of the demonstrative pronoun. **El que,** *he who, the one who (that, which),* **la que,** *she who, the one who (that, which),* and **los (las) que,** *those* or *the ones who (that, which)* may refer to persons or things. These forms are often called compound relatives because the article serves as the antecedent of the **que**-clause. (Do *not* use **el cual** in this construction.)

Lo que dicen es verdad.   What (That which) they say is true.
Le agradezco mucho cuanto (todo lo que) ha hecho por mí.   I am very grateful for all that you have done for me.

Lo que is the neuter form of **el que** and means *what, that which,* referring only to an idea or statement.   **Cuanto,** *all that,* is often used instead of **todo lo que.**

Quien busca, halla.   He (The one) who seeks, finds.

Quien (*pl.* **quienes**), which refers to persons only, sometimes means *he (those) who, the one(s) who,* particularly in proverbs.

II. The passive voice

Estas cartas fueron escritas por ella.   These letters were written by her.
Él fue nombrado vicepresidente.   He was named vice-president.

In the passive voice the subject of the verb is acted upon by a person or thing. When an action is performed by an agent, Spanish uses **ser** and the past participle; the agent *by* is usually expressed by **por.**   (1) In the first example, with what and how does the past participle agree?   (Also see Lección 4, page 81.)

When a person is the subject (second example), **ser** and the past participle are normally used even though no agent is expressed.

Remember that when the agent is not expressed and the subject is a thing, the reflexive substitute for the passive is generally used: **Aquí se habla español,** *Spanish is spoken here* (see Lección 6, page 103).

Also remember that **estar** plus a past participle expresses the *state* which results from the action of a verb: **La carta está escrita en español,** *The letter is written in Spanish* (see Lección 4, page 81).

III. Summary of the uses of **para** and **por**

A. **Para** is used:

1. To express the purpose, use, person, or place for which someone or something is intended or destined:

> **La cámara es para ella.**   The camera is for her.
> **Ellos partieron para México.**   They left for Mexico.

2. To express a point or farthest limit of time in the future, often meaning *by,* as well as *for:*

> **La lección es para mañana.**   The lesson is for tomorrow.
> **Estaré de vuelta para las cinco.**   I shall be back by five o'clock.

3. With an infinitive to express purpose, meaning *to, in order to:*

Pueden hacer mucho para estrechar las relaciones.   They can do much (in order) to improve (strengthen) relations.

4. To express *for* in comparisons which are understood:

Para norteamericano, habla Ud. bien.   For a North American, you speak well.

B. **Por** is used:

1. To express *for* in the sense of *because of, on account of, for the sake of, in exchange for, on behalf of, as* (a):

Ud. lo ha hecho por mí.   You have done it for me (for my sake).
Lo compré por cinco dólares.   I bought it for five dollars.
Le tomaron por español.   They took him for a Spaniard.

2. To express the time during which an action continues (*for, during*):

Elena estudia por la noche.   Helen studies in (during) the evening.
Arturo estuvo aquí por tres horas.   Arthur was here for three hours.

3. To show *by what* or *by whom* something is done; also *through, along:*

El libro fue escrito por mi tío.   The book was written by my uncle.
Lo envié por correo aéreo.   I sent it by airmail.
Han viajado por México.   They have traveled through Mexico.
Andan despacio por la calle.   They walk slowly along the street.

4. To express *for* (the object of an errand or search) after verbs such as **enviar, ir, mandar, preguntar,** and **venir:**

He enviado (venido, ido) por él.   I have sent (come, gone) for him.
Si preguntan por mí . . .   If they ask about (for) me . . .

5. With an infinitive to express uncertain outcome (often to denote striving for something) or something yet to be done (this usage has appeared several times in the Lecturas):

Luchaban por ganar la independencia.   They struggled to gain independence.

6. To form certain idiomatic expressions:

por aquí this way, around here	**por favor** please
por desgracia unfortunately	**por fin** finally, at last
¡por Dios! heavens!	**por (primera) vez** for (the first) time
por ejemplo for example	**¡por supuesto!** of course! certainly!
por eso therefore, for that reason	**por último** ultimately, finally

¿Por qué? means *Why? For what reason?* while **¿Para qué?** means *Why? For what purpose?*

"Parque de la revolución," Guadalajara, Mexico.

Ejercicios orales

A. Read, then repeat, following the models.

MODELS: Quiero ese libro y el libro de Juan.   Quiero ese libro y el de Juan.

Esa foto y las fotos que tengo son bonitas.   Esa foto y las que tengo son bonitas.

1. Estas flores y las flores de mi mamá son hermosísimas.
2. Aquel jardín y el jardín de mi tía son grandes.
3. Esta joven y la joven del vestido rojo son primas mías.
4. Aquella casa y la casa del señor Gómez son cómodas.
5. Este cuadro y el cuadro que está en la pared son españoles.
6. Estos lápices y los lápices que él tiene son amarillos.
7. Me gustan esta blusa y la blusa que ella tiene.
8. Estas maletas y la maleta que compraste son ligeras.
9. Este coche y los coches que están en la calle son nuevos.
10. Estos discos y el disco que acabas de tocar son muy buenos.

B. Say after your teacher, then repeat, using the passive voice. Watch the agreement of the subject and past participle.

MODEL: Él abrió la puerta.   Él abrió la puerta. La puerta fue abierta por él.

1. Ricardo cerró las ventanas.
2. Los alumnos abrieron los libros.
3. Bárbara escribió las cartas.
4. Mi mamá trajo las rosas.
5. José sacó estas fotos.
6. Marta puso las flores sobre la mesa.
7. La madre de Luisa hizo el vestido.
8. Ellos nombraron a Juan presidente.

C. Say after your teacher, then repeat, using the reflexive substitute for the passive:

1. Cierran este edificio a las cinco.
2. ¿Cómo dicen eso en España?
3. En México oímos música popular.
4. ¿Cómo pueden pasar tanto tiempo aquí?
5. ¿A qué hora abren estas puertas?
6. No venden libros en la biblioteca.
7. En España no llevan paquetes en la mano.
8. Allí vemos árboles bonitos.

D. Answer in the affirmative, following the model.

MODEL: ¿Has (Habías) cerrado la puerta?   Sí, está (estaba) cerrada.

1. ¿Has escrito la composición?
2. ¿Has escrito las frases?
3. ¿Has abierto el cuaderno?
4. ¿Habías puesto las cosas allí?
5. ¿Habías hecho la blusa?
6. ¿Habías preparado la cena?

E. Read, supplying **para** or **por,** as required:

1. Salimos ___ el centro. 2. Pasamos ___ un parque. 3. Tuvimos que ir ___ Juanito. 4. Mamá nos había dado dinero ___ nuestras compras. 5. Pagué cinco dólares ___ una blusa. 6. La compramos ___ nuestra hermana mayor. 7. Él compró un boleto ___ el sábado. 8. Vimos a la señora López, quien preguntó ___ nuestra mamá. 9. Estuvimos en el centro ___ dos horas. 10. Carolina es muy alta ___ una muchacha de catorce años. 11. Enrique vendrá ___ mí a las ocho. 12. Mi padre salió ___ San Antonio el lunes. 13. Mil gracias ___ cuanto has hecho. 14. Esta casa fue construida ___ mi abuelo. 15. Escojan Uds. algunas flores ___ su tía. 16. La señora Molina hizo este vestido ___ Carlota. 17. Será mejor enviar la carta ___ correo aéreo. 18. Cuando conocí a Ricardo le tomé ___ chileno. 19. Se dice que uno come ___ vivir. 20. Anita llegó tarde; ___ eso no la vimos.

F. Pronounce and learn these proverbs:

1. Poco a poco se va lejos.
2. Más vale algo que nada.
3. Más vale tarde que nunca.
4. Lo que no se comienza, nunca se acaba.
5. Quien mucho[1] duerme, poco aprende.
6. Lo que mucho vale, mucho cuesta.
7. No dejes para mañana lo que puedas hacer hoy.
8. Mañana será otro día.

Ejercicios escritos

A. Write answers to these questions, following the models.

MODELS: ¿Vino ese muchacho ayer?   Sí, es el que vino.
        ¿Te gustan esas blusas?   Sí, son las que me gustan.

1. ¿Vino esa muchacha ayer?
2. ¿Vinieron esos niños anoche?
3. ¿Compraste esos zapatos?
4. ¿Miraste esas fotos?
5. ¿Te gusta esa cámara?
6. ¿Te gustan esas transparencias?
7. ¿Te gustó ese programa?
8. ¿Te gustaron los dos libros?

B. Write answers to these questions, following the model.

MODEL: ¿Vio Anita a los niños?   Sí, fueron vistos por ella.

1. ¿Escribió Juan la composición?
2. ¿Abrió Felipe la puerta?
3. ¿Hizo Marta los planes?
4. ¿Puso Elena las cosas aquí?
5. ¿Trajo Eduardo las revistas?
6. ¿Le nombraron ellos vicepresidente?
7. ¿Las felicitaron las muchachas?
8. ¿La recomendaron Uds.?

---

[1] In Spanish proverbs, adverbs (see **mucho** and **poco** here) frequently precede the verb. Also see the next proverb.

C. Write in Spanish:

1. He opened the door. 2. The door was opened at eight o'clock. 3. The door was opened by the teacher (*m.*). 4. The door is not open at this moment. 5. This car and the one that is in the street are new. 6. Do you (*fam. sing.*) believe what they said? 7. He who reads much, learns much. 8. That tall girl and those who are near her are friends of mine.

D. Write in Spanish (*optional*):

1. Robert reached Mr. Ortiz's office at eleven o'clock. 2. Mr. Ortiz gave him several letters of introduction. 3. They were not written by the vice-president of the company. 4. Mr. Ortiz hopes to be in Mexico by the sixteenth of September. 5. He has sent for Robert in order to congratulate him. 6. Robert thanks him for all that he has done for him. 7. He wants Robert to inquire about some friends of his. 8. Robert will be glad to talk Spanish with them. 9. Mr. Ortiz is sure that Robert will be a true good neighbor while he remains in Mexico. 10. He says that those who speak Spanish can do much to strengthen relations between the two countries.

Students leaving their classes at the
University of Costa Rica at San José.

Palabras y expresiones

SUBSTANTIVOS

los anteojos   glasses, spectacles
la disposición   disposition, service
la estancia   stay
el favor   favor, compliment
el gobierno   government
la presentación   presentation, introduction
la realidad   reality
los recuerdos   regards, wishes
la relación (*pl.* **relaciones**)   relation
el vicepresidente   vice-president

ADJETIVOS

agradecido, -a   grateful
primario, -a   primary
verdadero, -a   true, real

VERBOS

agradecer   to be grateful, thank for
estrechar   to strengthen, improve
nombrar   to name, appoint
olvidar[1]   to forget

OTRAS PALABRAS

cuanto   all that
precisamente   precisely, just

agradecer mucho (por todo)   to be very grateful (for everything), thank very much (for everything)
carta de presentación   letter of introduction
¡claro que (lo haré)!   (I shall) certainly (do it)!
en realidad   in reality, in fact
es un gran favor que me hace   you are paying me a great compliment
escuela primaria   primary (elementary) school
estrechar las relaciones   to improve (strengthen) relations
más o menos   more or less, approximately
no hay de qué   you're welcome, don't mention it
(ponerse) a su disposición   (to place oneself) at one's service
tener (mucho) gusto en + *inf.*   to be (very) glad to
un verdadero buen vecino   a true (real) good neighbor

---

[1] **Olvidarse de** + *obj.* means *to forget to* (*about*) (see Lección 6, lines 20–21, page 97).

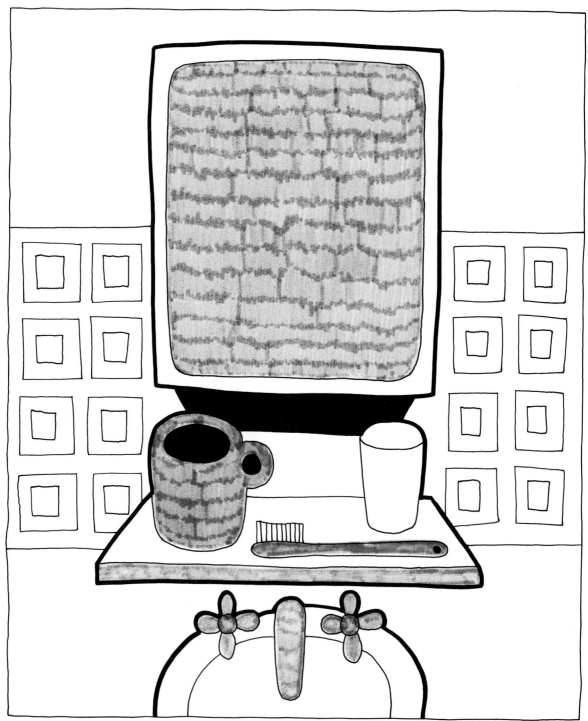

Una mañana en casa

(Roberto está durmiendo tan profundamente que no oye el despertador. Por eso su hermano Eduardo, que ya se ha levantado, trata de despertarle.)

Eduardo. Roberto, debieras levantarte de prisa porque ya es tarde.

Roberto. Vete, no me molestes.

Eduardo. ¡Te digo que son casi las ocho! ¡No te olvides de las mil cosas que tienes que hacer hoy! *(Por fin se despierta Roberto.)*

Roberto. ¿Qué hora será? Dime la verdad. Estoy tan cansado que quisiera dormir hasta el mediodía. ¡Cuánto siento no haberme acostado más temprano!

Eduardo. ¡Oye, hombre! Date prisa. Levántate y vístete en seguida. Yo ya me he limpiado los dientes, me he bañado, me he afeitado y me he vestido.

(Eduardo se limpia los zapatos, luego busca el cepillo y se cepilla el saco mientras Roberto se afeita y se viste. No tienen que peinarse porque tienen el pelo muy corto. Bajan al comedor, donde ya está preparado el desayuno. Se desayunan despacio, como si no tuviesen nada que hacer. De repente su mamá les dice que si continúan charlando, tal vez vayan a perder el autobús.)

Eduardo. ¡Caramba! Nos quedan solamente cinco minutos. ¡Ven, Roberto! ¡Ponte el saco, pero no te pongas el abrigo! No hace frío hoy. ¡Vámonos ahora mismo! ¡Ojalá que papá hubiera podido dejarnos usar el coche hoy!

Roberto. Espera un momento. ¿Dónde estará mi libreta de cheques? . . . Ah, la habré dejado en el bolsillo del saco que llevé ayer. Iré por ella.

Eduardo. Pues, ya no podemos coger el autobús. ¿Llamamos un taxi, o esperamos hasta que venga el próximo autobús?

Roberto. Esperemos el autobús, para que yo pueda tomar otra taza de café. *(Luego se acerca a la ventana.)* Mira, Eduardo, ¡qué día tan hermoso! ¡Qué buen tiempo vamos a tener hoy!

Preguntas

Answer in Spanish these questions based on the first part of the dialogue:

1. ¿Quién está durmiendo cuando suena el despertador? 2. ¿Lo oye Roberto? 3. ¿Cómo se llama el hermano de Roberto? 4. ¿Qué hace Eduardo? 5. ¿Qué le dice a Roberto? 6. ¿Qué hora es? 7. ¿Hasta cuándo quisiera dormir Roberto? 8. ¿Ya se ha bañado y se ha vestido Eduardo?

Preguntas generales

1. ¿Tienes despertador? 2. ¿Siempre lo oyes cuando suena? 3. Si no lo oyes, ¿quién te despierta? 4. ¿Te levantas en seguida? 5. A veces, ¿duermes hasta el mediodía? 6. ¿Quisieras dormir toda la mañana? 7. ¿Tienes que peinarte? 8. ¿Tienes el pelo rubio? ¿El pelo blanco? ¿El pelo negro? 9. ¿Tienes el pelo largo o corto? 10. ¿Te vistes rápidamente? 11. ¿Te vistes antes de desayunarte? 12. ¿En qué cuarto comes? 13. ¿Te desayunas despacio? 14. ¿Te limpias los zapatos a menudo? 15. ¿Tomas un autobús para llegar a la escuela? 16. ¿A qué hora lo coges? 17. ¿Lo pierdes de vez en cuando? 18. ¿Te trae tu mamá a la escuela si lo pierdes?

Summarize in Spanish in your own words what occurs in the dialogue from the time the alarm clock rings until the mother reminds the boys what time it is.

Prepare a **discurso** telling what you do from the time you wake up until you reach school.

Notas

I.   Familiar singular command forms of irregular verbs

INF.	AFFIRMATIVE		NEGATIVE	
decir	**di** (tú)	say, tell	**no digas** (tú)	don't say (tell)
hacer	**haz** (tú)	do, make	**no hagas** (tú)	don't do (make)
ir	**ve** (tú)	go	**no vayas** (tú)	don't go
poner	**pon** (tú)	put, place	**no pongas** (tú)	don't put (place)
salir	**sal** (tú)	go out, leave	**no salgas** (tú)	don't go out (leave)
ser	**sé** (tú)	be	**no seas** (tú)	don't be
tener	**ten** (tú)	have	**no tengas** (tú)	don't have
venir	**ven** (tú)	come	**no vengas** (tú)	don't come

In Lección preliminar IV you learned that the familiar singular command is the same in form as the third person singular present indicative tense of all but a few verbs. Eight common verbs which have irregular forms are listed above. (1) What form is used for the negative familiar singular command? (2) What forms are used for plural commands, affirmative and negative? (3) What are the familiar singular command forms of **pedir?** (See Lección 13, page 206.)

Remember that object pronouns are attached to affirmative commands, while they precede the verb in negative commands:

vete (tú)	go away, leave	**no te vayas** (tú)	don't go away (leave)
ponte (tú)	put on	**no te pongas** (tú)	don't put on
vístete (tú)	get dressed	**no te vistas** (tú)	don't get dressed
hazlo (tú)	do it	**no lo hagas** (tú)	don't do it

II. Exclamations

A. **¡Cuánto!** *How!*

¡Cuánto me alegro de verte!   How glad I am to see you!
¡Cuánto siento no haberme acostado más temprano!   How I regret not having
  gone to bed earlier!

With verbs, the adverb **¡cuánto!** means *how!* Note the use of the perfect infinitive (**haber** plus the past participle) to indicate the past when there is no change
in subject (also see the footnote on page 213).
    The adjective **¡cuánto, -a!** has its literal meaning: **¡Cuántos libros tienes!**
How many books you have!

B. **¡Ojalá que!**   *Would that!   I wish (I hope) that!*

¡Ojalá que vengan pronto!   Would that they come soon!
¡Ojalá que él estuviera aquí!   Would that (I wish that) he were here!
¡Ojalá que papá hubiera podido dejarnos el coche!   Would that Dad had
  been able to leave us the car!

In exclamatory wishes **¡Ojalá!,** with or without **que,** is followed by the subjunctive. The present subjunctive is used when referring to something which may
happen in the future (first example), the imperfect subjunctive when referring
to something that is contrary to fact in the present (second example), and the
pluperfect subjunctive when referring to something that was contrary to fact in
the past (third example).

C. **¡Qué!**   *What (a)!   How!*

  ¡Qué día tan (más) hermoso!   What a beautiful day!
  ¡Qué árboles tan altos!   What tall trees!
  ¡Qué bonito es!   How pretty it is!

Before singular nouns **¡Qué!** usually means *What a (an)!*, before plural nouns
¡Qué! means *What!* and before adjectives it means *How!* When an adjective
follows the noun, **tan** or **más** is normally inserted before the adjective.

III. Other uses of the subjunctive

A. The subjunctive in a polite or softened statement

  Yo quiero dormir todo el día.   I want to sleep all day.
  Yo quisiera dormir hasta el mediodía.   I should like to sleep until noon.
  Debieras levantarte.   You should (ought to) get up.

It is considered polite to soften requests by using the **-ra** imperfect subjunctive forms of **querer**. The **-ra** forms of **deber**, and occasionally **poder**, are also used to form polite or softened statements. In the case of other verbs, the conditional is used (as in English): **Me gustaría esperar,** *I should like to wait.*

B.   The subjunctive after **tal vez, quizá(s),** *perhaps*

Tal vez han llegado.   Perhaps they have arrived.
Tal vez vayan a perder el autobús.   Perhaps they'll (they may) miss the bus.
Quizás Uds. no lo sepan.   Perhaps you don't (may not) know it.

The indicative mood is used after **tal vez, quizá(s),** *perhaps,* when certainty is implied. The subjunctive is used when doubt or uncertainty is implied.

IV.   The future and conditional for probability or conjecture

Ellos estarán en casa.   They are probably (must be) at home.
¿Qué hora será?   What time can it be? (I wonder what time it is.)

The future tense is used in Spanish to indicate probability, supposition, or conjecture concerning an action or state in the present.

La habré dejado . . .   I probably (must have) left it . . .
Serían las dos.   It probably was (must have been) two o'clock.

The future perfect (and occasionally the conditional perfect) and the conditional are used for probability or conjecture in the past. Watch for these forms in reading.

V.   Review of the use of the article for the possessive

Él se limpia los zapatos.   He cleans his shoes.
Nos cepillamos el saco.   We brush our coats.[1]
No te pongas el abrigo.   Don't put on your topcoat.
Ella tiene el pelo rubio.   She has blond hair (Her hair is blond).
Él tiene el pelo corto.   He has short hair (His hair is short).

Recall that in speaking of parts of the body and of clothing, when one does something to one's own hand, face, etc., or to one's clothing, the reflexive pronoun is used with the verb. Also recall that the appropriate article replaces the possessive in Spanish.

---

[1] The singular **el saco** is used for *our coats* because each person brushes only one coat.

Ejercicios orales

A. Say after your teacher, then change to a negative familiar singular command.

MODEL: Hazlo.　　　　　　　　　Hazlo. No lo hagas.

1. Ven conmigo.
2. Ve al comedor.
3. Sal con ellos.
4. Dinos la verdad.

5. Date prisa.
6. Ponte el abrigo.
7. Vete ahora.
8. Báñate.

B. Say after your teacher, then change to an affirmative familiar singular command.

MODEL: Lávese Ud. las manos.　　　Lávese Ud. las manos.
　　　　　　　　　　　　　　　　　Lávate las manos.

1. Despiértese Ud. ahora mismo.
2. Levántese Ud. de prisa.
3. Siéntese Ud. a la izquierda.
4. Póngaselo Ud. pronto.

5. Váyase Ud. con ella.
6. Vístase Ud. en seguida.
7. Dígamelo Ud., por favor.
8. Hágame Ud. el favor de venir.

C. Say after your teacher, then upon hearing a cue, use it to form a new sentence:

1. *Quiero* dormir hasta el mediodía.　(Quisiera)
2. *Ella quisiera* usar el coche.　(Le gustaría a ella)
3. *Debemos* despertar a Carlitos.　(Debiéramos)
4. *Yo debo* descansar una hora.　(Yo debiera)
5. *Quizás* no vengan esta tarde.　(Tal vez)
6. ¡*Qué tarde* tan agradable!　(¡Qué noche . . .!)
7. ¡*Qué simpáticas* son ellas!　(¡Qué amables . . .!)
8. ¡*Cuánto me alegro de* no haber estado allí!　(¡Cuánto siento . . .!)
9. ¡*Cuánto se alegran de que él* lo cogiese!　(¡Ojalá que tú . . .!)
10. ¡*Ojalá* que ellos no salgan todavía!　(¡Cuánto temo . . .!)

D. Say after your teacher, then repeat, following the models and keeping the meaning in mind.

MODEL: ¿Qué hora es?   ¿Qué hora es? ¿Qué hora será?

1. ¿Quién es?
2. Ella tiene quince años.
3. Ellas están en el café.

4. ¿Dónde está mi bolsa?
5. ¿Cuáles de ellos van al cine?
6. Ella no tiene nada que hacer hoy.

MODEL: ¿Adónde ha ido José?

¿Adónde ha ido José?
¿Adónde habrá ido José?

7. Las muchachas han salido.
8. Juan se ha despertado.

9. Carlos ya ha vendido el coche.
10. ¿Dónde han puesto las fotos?

MODEL: Él estaba en casa.   Él estaba en casa. Él estaría en casa.

11. Eran las diez.
12. Llegaron al mediodía.

13. Ella llamó un taxi.
14. ¿Adónde fueron los dos?

E. Answer in the affirmative in Spanish:

1. ¿Te pusiste el saco?
2. ¿Se puso ella el vestido nuevo?
3. ¿Se lavaron Uds. la cara?
4. ¿Te desayunaste de prisa?
5. ¿Te cepillaste el traje?

6. ¿Puedes despertarte sin despertador?
7. ¿Se limpian Uds. los dientes?
8. ¿Tiene ella el pelo rubio?
9. ¿Te vistes rápidamente?
10. ¿Te peinas cada mañana?

Ejercicios escritos

A. Rewrite each sentence four times, using affirmative and negative formal singular commands and affirmative and negative familiar singular commands:

1. Vuelve temprano.
2. Va a la tienda.
3. Nos dice el precio.

4. Se sienta aquí.
5. Se pone los guantes.
6. Lo hace todos los días.

B. Write in Spanish using the familiar singular forms, then rewrite in the negative:

1. Come with Barbara. 2. Do it before tomorrow. 3. Get up before noon. 4. Sit down near her. 5. Go away at once. 6. Put on your hat. 7. Clean your shoes. 8. Brush your coat.

C. Write in Spanish:

1. Mother, Robert is still sleeping; he did not hear the alarm clock. 2. Then you will have to awaken him. 3. Is my jacket at the cleaning shop now? 4. Yes,

I sent it yesterday morning. 5. If you need it, I shall ask them to bring it today. 6. Did Robert get up? Has he dressed himself yet? 7. No, he is shaving now. 8. He will be ready (in order) to take breakfast right away. 9. The two boys eat very slowly. 10. Finally their mother tells them that they have five minutes left. 11. She tells them not to continue talking as if they had nothing to do. 12. They put on (*use present*) their coats at once. 13. Where can Robert's checkbook be? 14. What fine weather it is! He has a thousand things to do. 15. If they catch the bus, perhaps they may arrive downtown before ten o'clock. 16. Would that he had another week in which he could look for the things that he needs!

Buses stationed near the main market, Guatemala City.
Airport, Tegucigalpa, Honduras.

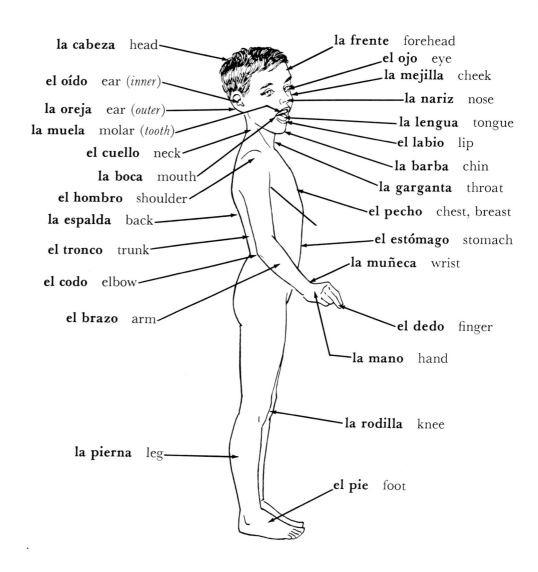

la cabeza head
la frente forehead
el ojo eye
el oído ear (*inner*)
la mejilla cheek
la oreja ear (*outer*)
la nariz nose
la muela molar (*tooth*)
la lengua tongue
el cuello neck
el labio lip
la boca mouth
la barba chin
el hombro shoulder
la garganta throat
la espalda back
el pecho chest, breast
el tronco trunk
el estómago stomach
la muñeca wrist
el codo elbow
el brazo arm
el dedo finger
la mano hand
la rodilla knee
la pierna leg
el pie foot

Práctica

a. **Las partes del cuerpo** (*The parts of the body*)

la barba chin	**la frente** forehead	**la nariz** nose
la boca mouth	**la garganta** throat	**el oído** ear (*inner*)
el brazo arm	**el hombro** shoulder	**el ojo** eye
la cabeza head	**el labio** lip	**la oreja** ear (*outer*)
el codo elbow	**la lengua** tongue	**el pecho** chest, breast
el cuello neck	**la mano** hand	**el pie** foot
el dedo finger	**la mejilla** cheek	**la pierna** leg
la espalda back	**la muela** molar (*tooth*)	**la rodilla** knee
el estómago stomach	**la muñeca** wrist	**el tronco** trunk

A few of the listed words have been given earlier. Other useful words and phrases are:

el cepillo de dientes   toothbrush
el cepillo de pelo   hairbrush
el dedo del pie   toe

el lápiz de labios   lipstick
la navaja (eléctrica)   (electric) razor
el peine   comb

b. Study the words in section *a.*, then answer these questions. Your teacher may want you to ask your classmates these or similar questions:

1. ¿Cuáles son las partes principales del cuerpo? 2. ¿Cuáles son las partes de la cabeza? 3. ¿Qué tenemos en la boca? 4. ¿Qué usan las muchachas en los labios? 5. ¿Cuántos dedos tenemos en cada mano? 6. ¿Cuántos dedos tenemos en los dos pies? 7. ¿Qué llevamos en los pies? 8. ¿Qué se llevan en las manos? 9. ¿Qué se lleva en la cabeza? 10. ¿Con qué vemos? 11. ¿Con qué se oye? 12. ¿Con qué trabajamos? 13. Con qué se afeitan los muchachos? 14. ¿Cuántos brazos tienes? 15. ¿Cuántas piernas tienes? 16. ¿Qué usas cuando te cepillas la ropa? 17. ¿Con qué te peinas? 18. ¿Te limpias los dientes con un cepillo de dientes?

Palabras y expresiones

SUBSTANTIVOS

el bolsillo   pocket
el cepillo   brush
el diente   tooth
el pelo   hair
el saco   coat

ADJETIVOS

preparado, -a   prepared, ready
próximo, -a   next

VERBOS

afeitarse   to shave (oneself)
cepillarse   to brush (*something of one's own*)
coger   to catch
limpiarse   to clean (*something of one's own*)

OTRA PALABRA

profundamente   deeply, soundly

¡caramba!   gosh! confound it!
de prisa   quickly, in a hurry, fast, hastily
de repente   suddenly, all of a sudden
la libreta de cheques   checkbook
¡ojalá (que)!   would that! I wish that!
tener (algo) que hacer   to have (something) to do

La partida para México

(Ramón y Miguel pasan por la casa de Tomás. Vuelven del aeropuerto, donde acaban de despedirse de Roberto.)

Ramón. ¿Qué pasó, Tomás? No te vimos en el aeropuerto.

Tomás. Uds. no pueden imaginarse lo que ocurrió en casa esta mañana . . .

Miguel. Pues, dinos lo que pasó. ¿Te pusiste enfermo? ¿Tu hermano . . .?

Tomás. Sí, fue Carlitos. Como saben Uds., mi mamá está en California ahora. Cuando yo estaba para salir, Carlitos comenzó a llorar, diciendo que tenía dolor de cabeza y que le dolía el brazo.

Ramón. ¿Llamaste al médico y tardó en llegar?

Tomás. No, al lavarle la cara y las manos, vi que todo el daño era que se había cortado un dedo. Le vendé el dedo y luego le tomé la temperatura, pero no tenía fiebre. Pues, díganme Uds. lo que pasó en el aeropuerto.

Miguel. Primero, déjame decirte lo que ocurrió en casa de Ramón. Al llegar allá, oí gritar a Ramón desde el garaje que el coche tenía una llanta desinflada. Sabiendo que él no podía usar el suyo, yo corrí a casa y mi mamá me permitió manejar el nuestro.

Tomás. Después de todo eso, Uds. estarían muy nerviosos.

Ramón. Es verdad, pero llegamos poco antes de la salida del avión. Tardamos varios minutos en estacionar el coche.

Tomás. Supongo que habrán estado allí muchas personas.

Miguel. Además de la familia de Roberto y de Elena, su novia, había varios amigos suyos.

Ramón. Cuando anunciaron el vuelo, Roberto abrazó a su padre y a Pablo, y les dio un beso a su madre y a Elena. Mientras subía al avión, le decíamos: «¡Que lo pases bien! ¡Que te hagas rico pronto![1] ¡Buen viaje!»

Tomás. ¡Cuánto siento no haber estado allí! Habría sido triste verle partir, pero me alegro de saber que le espera una carrera tan interesante en México.

Preguntas

Answer in Spanish these questions based on the first part of the dialogue:

1. ¿Quiénes pasan por la casa de Tomás? 2. ¿De dónde vuelven? 3. ¿Qué le preguntan a Tomás? 4. ¿Se puso enfermo Tomás? 5. ¿Dónde está la mamá de Tomás? 6. ¿Qué decía Carlitos? 7. ¿Qué vio Tomás al lavarle a Carlitos la cara y las manos? 8. Después de eso, ¿qué hizo Tomás?

---

[1] **¡Que te hagas rico pronto!** *May you soon become rich (a rich man)!* See section III, page 309. In this sentence **rico** is used as a noun.

Preguntas generales

1. ¿Sabes manejar un coche? 2. ¿Manejas mucho? 3. ¿Vienes a la escuela en coche? 4. ¿Vienes en autobús? 5. ¿Adónde se va para subir a un avión? 6. ¿Has viajado mucho en avión? 7. ¿Te gustaría hacer un viaje en avión? 8. ¿Prefieres ir en autobús, en coche o en avión? 9. ¿Qué se dice cuando una persona sale en un viaje? 10. ¿Te pones nervioso (-a) cuando viajas en avión? 11. ¿Te duele la cabeza cuando viajas en avión? 12. ¿Te cortas un dedo a veces? 13. ¿Te vendas si te cortas un dedo o una mano? 14. Si no, ¿quién te venda el dedo o la mano? 15. ¿Tienes dolor de cabeza ahora? 16. ¿Te duele la cabeza a veces? 17. ¿Estás contento (-a) o triste hoy? 18. ¿Te pones triste a menudo?

Summarize in Spanish in your own words what occurs in the second part of the dialogue.

Prepare a **discurso** about going to the airport to meet or to say good-bye to a member of the family or a friend.

Notas

I.   Uses of the infinitive after certain verbs

A. **Hacer** and **mandar**

Le mandé (hice) quedarse en casa.   I ordered him to (made him) stay at home.
Me hicieron (mandaron) esperar.   They made me (ordered me to) wait.

The infinitive is normally used after **hacer** and **mandar** when a personal pronoun is the object of the main verb. **Hacer (Mandar)** plus the infinitive can also be used in the sense of *to have (order)* something done, particularly if the subject is a thing: **Yo hice (mandé) escribir las cartas,** *I had the letters written.*

Remember, too, that the infinitive is generally used after **dejar** and **permitir** (see Lección 14, page 215), especially when a personal pronoun is the object of the main verb:

Déjame (Permíteme) decirte . . .   Let (Permit, Allow) me to tell you . . .
Ella me permitió manejar . . .   She let (permitted) me to drive . . .

While usage varies, with **dejar** and **hacer** personal objects are usually direct; with the other verbs they are usually indirect.

B. **Oír** and **ver**

After **oír** and **ver** the infinitive is generally used in Spanish, while the present participle is often used in English. Note the word order in the first example below. A subject of the infinitive is considered the object of **oír** and **ver.**

Oí gritar a Ramón.   I heard Raymond shouting (shout).
Los vimos salir.   We saw them leave (leaving).

II. Possessive pronouns

el mío	la mía	los míos	las mías	mine
el tuyo	la tuya	los tuyos	las tuyas	yours (*fam.*)
el nuestro	la nuestra	los nuestros	las nuestras	ours
el vuestro	la vuestra	los vuestros	las vuestras	yours (*fam.*)
el suyo	la suya	los suyos	las suyas	his, hers, its, yours, theirs

mi coche, nuestro coche; el mío, el nuestro   my car, our car; mine, ours
nuestra casa, mi casa; la nuestra, la mía   our house, my house; ours, mine
sus flores; las suyas   his (her, your, their) flowers; his (hers, yours, theirs)

¿Tienes el tuyo?   Do you have yours?
Ellos tienen el suyo.   They have theirs (*m. sing.*).
Veo las mías.   I see mine (*f. pl.*).

The possessive pronouns are formed by using the definite article **el** (**la, los, las**) with the long forms of the possessive adjectives (see Lección 8, pages 139–140).

mi madre y la de ella   my mother and hers
nuestros padres y los de él   our parents and his
el coche de ellos y el de Uds.   their car and yours

Since **el suyo** (**la suya, los suyos, las suyas**) may mean *his, hers, its, yours* (formal), *theirs*, these pronouns may be clarified by substituting **el de él, el de ella, el de usted(es), el de ellos (ellas),** etc.

III. Translation of *to become*

¡Que te hagas rico!   May you become rich (a rich man)!
¿Te pusiste enfermo?   Did you become (get) ill?
Ellas se pusieron nerviosas.   They became nervous.

Hacerse, usually plus a noun, means *to become,* denoting conscious effort. *Llegar a ser* means approximately the same, indicating final result: **Llegó a ser** *or* **Se hizo médico,** *He became a doctor.*

Ponerse plus an adjective or past participle, which agrees with the subject of the verb, expresses a physical, mental, or emotional change (second and third examples). A violent change is expressed by **volverse: Casi se volvió loco,** *He almost became (went) crazy.*

Se is used with many transitive verbs to express the idea of *become.* In the Lecturas, for example, the verb **convertir (ie, i)** was used in line 30, page 200, with the meaning *to convert;* **convertirse en** was used in line 20, page 232, with the meaning of *to become (be) converted (in)to.* You will find similar cases in reading.

IV. Special uses of the indirect object

A. **Al lavarle la cara . . .**   Upon washing his face . . . (*lit.,* Upon washing to him the face . . .)
   Le vendé el dedo.   I bandaged his finger (*lit.,* I bandaged to him the finger).
   Le tomé la temperatura.   I took his temperature.

If an action is performed on one person by another, the person upon whom the action is performed is the indirect object. This construction usually involves parts of the body, articles of clothing, or things closely related to the person.
   Remember that the reflexive pronoun is used when the subject acts upon itself:

Mi madre se tomó la temperatura.   My mother took her (own) temperature.
Nos lavamos la cara.   We washed our faces.

B. The verb **doler (ue),** *to ache, pain, hurt,* has as its subject a noun expressing a part of the body, and the person is the indirect object:

Le dolía la cabeza.   His head ached (*lit.,* The head ached to him).
Me (le) duele el brazo.   My (His) arm hurts (aches).
Le duele a ella la cabeza.   Her head aches (She has a headache).

Tengo dolor de cabeza and **Me duele la cabeza** have the same meaning.

Ejercicios orales

A. Say after your teacher, then upon hearing a cue, use it to form a new sentence:

1. *Nos mandó* ir a la tienda.   (Nos hizo)
2. *Él llegó a ser* abogado.   (Él se hizo)
3. *Le hice* estacionar el coche.   (Le mandé)
4. *La oímos tocar* algunas canciones mexicanas.   (La oímos cantar)
5. *¿Los has oído* salir de casa?   (¿Los has visto . . .?)
6. *Le dejamos* jugar con los niños.   (Le permitimos)
7. *Déjame* decirte lo que ocurrió.   (Permíteme)
8. *Déjenme Uds.* ayudarlos.   (Permítanme Uds.)
9. *No me permitieron* ir al aeropuerto.   (No me dejaron)
10. *Le dejé a Juan* que fuera al centro.   (Le permití a Juan)

B. Say after your teacher, then repeat, using the correct possessive pronoun.

MODELS: Tengo *el libro de Juan.*   Tengo el libro de Juan. Tengo el suyo.
       ¿Van a *nuestra casa?*   ¿Van a nuestra casa? ¿Van a la nuestra?

1. Quieren *mi cámara.*
2. Les gustan *mis maletas.*
3. ¿Tiene Juan *su boleto?*
4. ¿Tienen los dos *sus boletos?*
5. ¿Llevas *tu equipaje?*
6. *Nuestra casa* es de piedra.
7. *Nuestros jardines* son bonitos.
8. No estaciones *el coche de ella.*

9. Pónganse Uds. *los guantes.*
10. Dame *tus paquetes.*
11. Fui por *mis composiciones.*
12. Deja aquí *nuestras flores.*
13. Señor, traiga Ud. *sus discos.*
14. *Nuestro profesor* es amable.
15. *Nuestras amigas* son simpáticas.
16. *El reloj de Anita* es de oro.

C. Read, then repeat, following the model.

MODEL: Luis se lavó las manos.   Luis se lavó las manos.
     Yo   Yo le lavé las manos.

1. Juan se tomó la temperatura. (Yo)
2. Luisa se compró un reloj. (Su papá)
3. Marta se puso la ropa. (Su mamá)
4. Carlos se cortó la mano. (Yo no)
5. Mi mamá se sirvió café. (Anita)
6. Luis se vendó el brazo. (Ella)

D. Say after your teacher, then repeat, changing the verbs in the present tense to the future and those in the imperfect to the conditional, thereby suggesting probability:

1. ¿Qué ocurre en casa de Tomás?
2. Su hermanito está enfermo.
3. Tiene una llanta desinflada.
4. Juan está estacionando el coche.

5. Ellos estaban nerviosos.
6. ¿Adónde iban los jóvenes?
7. ¿De dónde volvían ellos?
8. Eran las cinco de la tarde.

E. Pronounce and learn these proverbs:

1. Haz bien y no mires a quién.
2. Antes que te cases, mira lo que haces.
3. Dime con quién andas y te diré quién eres.
4. Lo que bien se aprende, tarde se olvida.

F. Read, supplying the correct form of the verb in parentheses:

1. Yo le pagaré a él cuando me (traer) el paquete.
2. Mi hermanito corría como si (tener) miedo de ellos.
3. ¡Ojalá que mis amigos (haber) llegado a tiempo anoche!

4. Los padres de Pablo buscaban una casa que (ser) más grande.
5. Será mejor que Tomás (escoger) un regalo para su novia.
6. ¿Fue preciso que tus padres (ir) al aeropuerto?
7. Diles a los niños que (ponerse) los zapatos.
8. Aunque Uds. (vestirse) pronto, van a perder el autobús.
9. Aunque (llover) mucho anoche, tuvimos que salir.
10. Nosotros iríamos al parque hoy si (tener) tiempo.
11. No hay nadie que (poder) estacionar el coche.
12. Ramón me llamó ayer en cuanto yo (volver) a casa.
13. No creo que mi hermana (tener) dolor de cabeza.
14. Esperaron un rato para que yo (desayunarse).
15. Si Carlos (hacer) el viaje, compraría la maleta.
16. Dijeron que irían a verlos en cuanto (ser) posible.
17. Díganles Uds. a las muchachas que (estar) listas para las siete.
18. Mi hermana no pudo encontrar nada que le (gustar).
19. Ella insistió en que nosotras (limpiar) el cuarto.
20. ¿Se alegran Uds. de que ésta (ser) la última lección?

Ejercicios escritos

A. Write each sentence, supplying the correct preterit form of the verb in parentheses. Keep the meaning in mind:

1. La ciudad (llegar) a ser muy grande.   2. Mi tía (hacerse) profesora.
3. ¿(Ponerse) ella muy nerviosa?   4. Ella casi (volverse) loca cuando supo eso.
5. Muchas personas (hacerse) ricas en aquel país.   6. ¿Cuándo (oír) Uds. decir que Carlos estaba de vuelta?   7. Ella le (poner) a Juanita los zapatos.   8. Yo (ponerse) triste al verlos partir.

B. Write in Spanish:

1. The children washed their hands.
2. Their mother washed their hands.
3. I took Jane's temperature.
4. Did she take her (own) temperature?
5. His head aches (*two ways*).
6. Charlie cut his hand.
7. When did he become ill?
8. May they become rich soon!
9. I had the car parked.
10. We heard the boys shouting.

C. Write in Spanish (use the familiar singular form when it applies):

1. Why didn't you go by Robert's house?   2. He wanted to say good-bye to you.
3. Let me explain.   Unfortunately my mother became very sick and I had to call the doctor.   4. He couldn't come until nine o'clock.   5. It was necessary for me to stay at home until he arrived.   6. Besides, I did not want to leave my mother alone.   7. Mike called me before I left home.   8. Their car had a flat tire and he wanted me to take them to the airport.   9. We had little time left and we had to hurry.   10. They feared that we would miss the plane.   11. They announced the flight as soon as we arrived.   12. At that moment Robert embraced his father and

brother.   13. When he kissed Helen and his mother, the latter began to cry.
14. We were shouting: "Have a good trip! Don't forget to write us occasionally!
Good-bye!"

D. Review the verbs and expressions used in this lesson and in the two preceding
   lessons, then write in Spanish:

1. quickly. 2. all of a sudden. 3. the checkbook. 4. (Have a) good trip! 5. I am
very glad to meet you (*formal f. sing.*). 6. We are very grateful to you (*formal sing.*)
for everything. 7. Here are two letters of introduction. 8. His arm was hurting.
9. He has a headache. 10. She became ill. 11. He will place himself at your
(*formal sing.*) service. 12. We have been here an hour, more or less. 13. Good-bye!
14. Do you (*fam. sing.*) have anything to do? 15. You (*formal sing.*) are paying me
a great compliment. 16. You're welcome. 17. I shall certainly go to see them!
18. Would that they call me! 19. The children got into the car. 20. John cut
his finger.

Práctica

The following poem, a well-known work by an 18th-century Spanish writer,
gives you a fine opportunity for practice in pronunciation. It contains nearly
every sound possible in the Spanish language. Read it aloud several times.
   The poem tells the story of a man who sees a donkey roaming in a nearby
meadow. The donkey suddenly comes upon a shepherd's forgotten flute and,
upon examining it, gives a snort. This causes air to pass through the instrument
and the donkey hears music—by chance. The donkey then becomes very proud
of his musical skill. The author adds that there are always those who, like the
donkey, get things right even though they do not know what they are doing.
(New words in this poem are not included in the end vocabulary.)

El burro flautista

by Tomás de Iriarte

1. Esta fabulilla
   salga bien o mal,
   me ha ocurrido ahora
   por casualidad.

2. Cerca de unos prados
   que hay en mi lugar,
   pasaba un borrico
   por casualidad.

3. Una flauta en ellos
   halló que un zagal
   se dejó olvidada
   por casualidad.

4. Acercóse a olerla
   el dicho animal,
   y dio un resoplido
   por casualidad.

5. En la flauta el aire
   se hubo de colar,
   y sonó la flauta
   por casualidad.

6. —¡Oh!—dijo el borrico
   —¡Qué bien sé tocar!
   —¡Y dirán que es mala
   la música asnal!

7. Sin reglas del arte,
   borriquitos hay
   que una vez aciertan
   por casualidad.

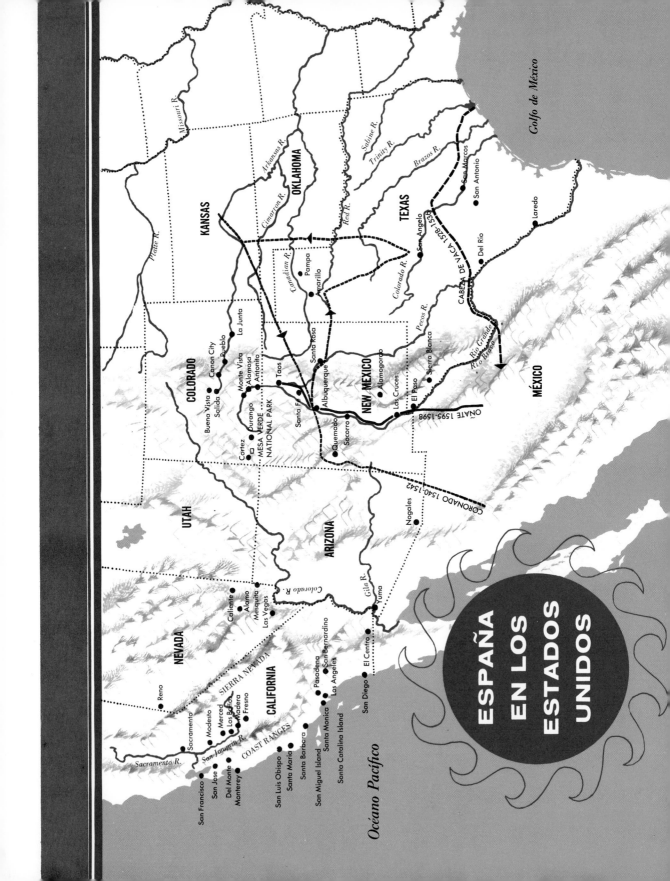

ESPAÑA EN LOS ESTADOS UNIDOS

Golfo de México

Océano Pacífico

KANSAS

OKLAHOMA

TEXAS

COLORADO

NEW MEXICO

MÉXICO

UTAH

ARIZONA

NEVADA

CALIFORNIA

CABEZA DE VACA 1528-1536

OÑATE 1595-1598

CORONADO 1540-1542

SIERRA NEVADA

COAST RANGES

MESA VERDE
NATIONAL PARK

Missouri R.
Platte R.
Arkansas R.
Cimarron R.
Canadian R.
Red R.
Sabine R.
Trinity R.
Brazos R.
Colorado R.
Pecos R.
Río Grande
Río Bravo
Gila R.
Colorado R.
Sacramento R.
San Joaquín R.

Laredo
San Antonio
San Marcos
San Angelo
Del Río
El Paso
Sierra Blanca
Las Cruces
Alamogordo
Albuquerque
Santa Fe
Santa Rosa
Taos
Socorro
Quemado
Nogales
Antonito
Alamosa
Monte Vista
Durango
Cortez
Buena Vista
Salida
Cañon City
Pueblo
La Junta
Pampa
Amarillo

Yuma
El Centro
San Diego
San Bernardino
Los Angeles
Pasadena
Santa Monica
Santa Catalina Island
Santa Bárbara
Santa María
San Miguel Island
San Luis Obispo
Monterey
Del Monte
San José
San Francisco
Sacramento
Reno
Modesto
Merced
Los Baños
Madera
Fresno
Las Vegas
Mesquita
Alamo
Caliente

Palabras y expresiones

SUBSTANTIVOS

el beso kiss
el brazo arm
la cabeza head
la carrera career
el daño harm
el dedo finger
el dolor pain, ache, sorrow
la fiebre fever
el garaje garage
la llanta tire
la novia girlfriend, sweetheart, fiancée
la partida departure
la salida departure
la temperatura temperature

ADJETIVOS

desinflado, -a flat (*tire*)

nervioso, -a nervous
triste sad

VERBOS

abrazar to embrace
anunciar to announce
cortar to cut
doler (ue) to hurt, ache, pain
esperar to await
estacionar to park (*car*)
gritar to shout
imaginarse to imagine
llorar to cry, weep
mandar to send, order, command, have
ocurrir to occur, happen
subir a to get on (into), climb up (into), go up
vendar to bandage

¡buen viaje! (have) a good trip!
dar un beso a to kiss, give a kiss to
estar para to be about to
hacerse + *noun* to become
le dolía el brazo his arm hurt (was hurting)
poco antes de shortly before
ponerse + *adj.* to become
¡que lo pase(s) bien! good-bye! (*lit.*, may you fare well!)
tener dolor de cabeza to have a headache
una (carrera) tan (interesante) such an (interesting career)

LECTURA VIII

Domingo Faustino Sarmiento

Estudio de palabras

1. *Pronounce and give the English for:* esencial, físico, guitarra, ignorancia, individuo, inmóvil, intelecto, obstáculo, pedagógico, remedio, senador, símbolo, sistema; analizar, describir, impedir, interrumpir, predominar, publicar.

Other less obvious cognates in this Lectura are: beneficioso, *beneficial;* comparación, *comparison;* crédulo, *credulous;* debilidad, *debility, weakness.*

2. *Compare the meanings of:* democrático, democracia; educador, educación; independencia, independiente; influencia, influir; mano, manejo, manejar; periódico, periodista, periodismo; pobre, pobreza; terror, terrible; tirano, tiranía.

3. *In this Lectura, find words or expressions of similar meaning to:* célebre, contestar, inmediatamente, la mayor parte de, otra vez, por último, seguir, volver.

Modismos y frases útiles

a la sombra   in the shade
con respecto a   with respect to, concerning
de repente   suddenly, all of a sudden

en efecto   actually, in fact
para siempre   forever
tratar (de) + *obj.*   to deal (with)

Notas

1. **Cualquiera** (*pl.* **cualesquiera**), which may drop the final **-a** before a noun, means *any (anyone)* in the sense of *any (anyone) at all:*

   . . . en cualquier otro lugar, ... in any other place (at all), . . .

2. **Cuyo, -a, -os, -as,** *whose, of whom, of which,* is a relative possessive adjective and agrees with the noun it modifies in gender and number. This word has appeared previously:

   Aquél cuya varita . . .   That (The) one whose little stick . . .
   Hay un soldado cuya varita . . .   There is a soldier whose little stick . . .

3. In Lección suplementaria III, page 308, you learned that the infinitive is normally used after **hacer,** *to have, make, cause,* and **mandar,** *to order, have,* if the

infinitive which follows has a pronoun as its subject (or if the dependent infinitive only has an object). For emphasis, however, the subjunctive may be used after these verbs:

. . . hace que se distribuyan en seguida . . .   . . . he has them passed out at once . . .

4. When **todo** is used as the object of a verb, the neuter pronoun **lo** is normally used before the verb:

. . . el gaucho lo confesó todo, ... the gaucho confessed everything, . . .

Al ganar su independencia, la mayoría de las nuevas repúblicas hispanoamericanas querían establecer un sistema de gobierno democrático, pero lo impedían muchos obstáculos. Entre éstos había la falta de preparación para gobernarse, la debilidad económica de los nuevos países, la enorme extensión territorial, la falta de vías de comunicación, la ignorancia de las masas, el espíritu individualista de los criollos, el poder de la clase militar y la ambición personal de los caudillos.[1] En general, fracasó la democracia y hubo[2] una larga serie de dictadores y de gobiernos fuertes. A pesar de tantos obstáculos, el progreso realizado por algunos países hispanoamericanos fue incalculable. Pero aquí podemos mencionar solamente uno.

Entre los grandes hijos de la América española que han influido mucho en el desarrollo[3] de sus respectivas naciones brilla el nombre de Domingo Faustino Sarmiento (1811–1888), el hombre representativo del intelecto sudamericano. Nacido en un ambiente general de pobreza e ignorancia, dedicó una gran parte de su vida al mejoramiento cultural y político de la Argentina. Fue soldado, periodista, político, maestro y, por último, presidente de su país. Cuando todavía era muy joven, tomó las armas para defender la república contra uno de sus peores dictadores, Juan Manuel Rosas. Tuvo que huir a Chile, donde se dedicó a la educación y al periodismo. Hacia el año 1845 fundó una revista en que publicó una serie de artículos que más tarde habían de convertirse en la obra maestra de la literatura argentina: *Facundo, o civilización y barbarie.*

En esta obra Sarmiento describe primero la geografía del país; después, analiza las costumbres y la vida de los argentinos, sobre todo la falta de civilización de los gauchos.[4] Señala claramente la gran influencia que han ejercido la pampa y los gauchos, no sólo en la vida social del país, sino también en el gobierno nacional. La parte principal de la obra trata de la vida y las hazañas del gaucho Facundo Quiroga, uno de los caudillos más crueles del famoso tirano Rosas. En general, el gaucho representa la barbarie de las regiones rurales en lucha contra la civilización, simbolizada por la ciudad de Buenos Aires.

---

[1] **caudillos,** *leaders, chiefs.*   [2] **hubo,** *there was* (pret. of **haber** used impersonally).   [3] **desarrollo,** *development.*
[4] **gaucho,** *gaucho, cowboy, skilled horseman.*

La llanura,[1] el caballo y la vaca explican al gaucho. Mezcla de españoles e indios, el gaucho tradicional vive aislado en la ancha pampa donde mandan el individuo y la libertad. El gaucho estima, sobre todas las cosas, la fuerza física, el valor y la destreza[2] en el manejo del caballo. También maneja con igual destreza el cuchillo y las boleadoras.[3] Él mismo es fuerte, soberbio, enérgico, independiente, y no reconoce el gobierno. Es producto de la naturaleza y el aislamiento en que vive.

Hay varios tipos de gauchos en la primera mitad del siglo XIX, entre ellos el gaucho cantor.[4] Buen ejemplo de este tipo romántico es Santos Vega. Según la leyenda, este célebre payador[5] no tenía igual en todo el país. Una tarde que cantaba y tocaba la guitarra a la sombra de un árbol, lo escuchaban unos hombres y mujeres. De repente se presentó el diablo vestido de hombre y dijo que podía vencer a Santos Vega. Éste cantó primero y luego le tocó al diablo cantar. Nunca habían oído tal música. Desde entonces Santos Vega desapareció del mundo, pero su espíritu continuó viviendo para siempre. De noche corría a través de la pampa como una sombra y, a veces, si alguien colgaba una guitarra en un árbol o en cualquier otro lugar,* venía para tocarla. En esta leyenda Santos Vega es el símbolo del gaucho vencido por la civilización, representada ésta por el diablo.

Con el propósito de introducir reformas en las escuelas de Chile, Sarmiento hizo un viaje de estudio a Europa en 1845. Antes de regresar a Chile, pasó por los Estados Unidos donde conoció a muchos norteamericanos distinguidos, entre ellos a Horace Mann, gran educador de Boston. Inspirado por sus ideas pedagógicas, Sarmiento volvió a la América del Sur para introducirlas allí.

Mientras tanto *Facundo* contribuyó a derribar[6] la tiranía de Rosas, después de lo cual Sarmiento pudo volver a su patria. Llegó a ser diputado, senador, gobernador de provincia, embajador y, por fin, en el año 1862, presidente de la República. Su administración, que duró hasta 1874, fue una de las más beneficiosas para el país; en realidad, se puede decir que Sarmiento fue el fundador de la Argentina moderna. Predominó en él un gran interés por los problemas de la educación pública. Sabía que la educación sería uno de los remedios esenciales para el desarrollo de su país y un arma[7] contra la ignorancia y la injusticia. La escuela, según Sarmiento, era el alma de la nación.

En *Facundo* se encuentran varias anécdotas con respecto al gran caudillo. Una es la que sigue:

Un objeto es robado una noche. Facundo forma la tropa; hace cortar unas varitas de igual tamaño; hace* que se distribuyan en seguida a cada soldado; y luego, con voz segura, dice: «Aquél cuya* varita amanezca mañana más larga que las demás es el ladrón.»

Al día siguiente se forma de nuevo la tropa, y Facundo procede a la comparación de las varitas. Hay un soldado cuya* varita aparece más corta que las otras.

—¡Miserable, tú eres![8]—le grita Facundo con voz feroz.

---

[1] **llanura,** *plain.* [2] **destreza,** *skill.* [3] **boleadoras,** lariat with balls at one end, thrown to twist around an animal's legs. [4] **gaucho cantor,** *gaucho singer, minstrel.* [5] **payador,** *minstrel* (who accompanied himself with a guitar). [6] **derribar,** *(to) overthrow.* [7] **un arma,** *a weapon.* [8] **¡Miserable, tú eres!** *Wretch, it is you!*

Y, en efecto, era él; su turbación lo dejaba conocer demasiado.[1]   La solución era sencilla; el crédulo gaucho, temiendo que en realidad creciese su varita, le había cortado un pedazo.

Sigue otra anécdota:

Algunas prendas de la montura[2] de un soldado se habían robado y no habían podido descubrir al ladrón.   Facundo Quiroga hace formar la tropa y la manda desfilar delante de él.   Empiezan a desfilar los soldados; desfilan muchos, y Facundo permanece inmóvil, con la mirada fija, terrible.   De repente se abalanza[3] sobre uno, le agarra del brazo[4] y le dice con voz seca:

—¿Dónde está la montura?

—Allí, señor —contesta, señalando un bosquecillo.

—Cuatro tiradores[5] —grita entonces Quiroga.

¿Qué revelación era ésta?   La del terror y la del crimen hecha ante un hombre sagaz.[6]

Otra anécdota es la siguiente:

Estaba una vez un gaucho respondiendo a las preguntas que se le hacían por[7] un robo.   Facundo le interrumpió, diciendo:

—Este pícaro está mintiendo; ¡a ver . . . cien azotes![8]

Cuando el ladrón salió, Facundo le dijo a un hombre que estaba presente:

—Vea, señor; cuando un gaucho al hablar hace marcas con el pie,[9] es señal que está mintiendo.

Con los azotes el gaucho lo* confesó todo, es decir, que se había robado una yunta de bueyes.[10]

Preguntas

1. ¿Qué sistema de gobierno querían establecer las nuevas repúblicas? 2. ¿Qué obstáculos lo impedían? 3. ¿Quién fue el hombre representativo del intelecto sudamericano? 4. ¿Qué fue Sarmiento? 5. ¿Para qué tomó las armas cuando todavía era muy joven? 6. ¿Adónde tuvo que huir? 7. ¿A qué se dedicó en Chile? 8. ¿Cuál es la obra maestra de Sarmiento?

9. ¿Qué describe primero en *Facundo?* 10. ¿De qué trata la parte principal? 11. ¿Qué representa Facundo Quiroga? 12. ¿Qué representa la ciudad de Buenos Aires? 13. ¿Qué cosas explican al gaucho? 14. ¿Qué maneja el gaucho con gran destreza? 15. ¿Cómo es el gaucho?

16. ¿Quién fue buen ejemplo del gaucho cantor? 17. ¿Dónde cantaba una tarde? 18. ¿Quién se presentó allí? 19. ¿Quién cantó primero? 20. ¿Cuál tocó mejor? 21. ¿Vieron otra vez a Santos Vega? 22. ¿Qué pasaba de noche?

---

[1] **su turbación . . . demasiado,** *his confusion made it too obvious.* [2] **Algunas prendas de la montura,** *Some parts of the trappings (of a horse).* [3] **se abalanza,** *he springs.* [4] **le agarra del brazo,** *he grasps him by the arm.* [5] **tiradores,** *riflemen.* [6] **La del terror . . . sagaz,** *That of terror and that of (a) crime done in the presence of a wise (shrewd) man.* [7] **se le hacían por,** *which they were asking him about.* [8] **azotes,** *lashes.* [9] **hace marcas con el pie,** *shuffles his feet.* [10] **yunta de bueyes,** *yoke of oxen.*

23. ¿Adónde fue Sarmiento en 1845? 24. ¿Por dónde pasó antes de regresar a Chile? 25. ¿A quién conoció allí?

26. ¿A qué contribuyó la obra *Facundo?* 27. Después de volver a la Argentina, ¿qué llegó a ser Sarmiento? 28. ¿De qué fue el fundador? 29. ¿Qué interés predominó en él? 30. Según Sarmiento, ¿qué era la escuela?

Comprensión

Listen carefully to each sentence. Repeat the sentence, beginning your answer with **Sí** or **No.** If the answer is **No,** make slight changes so that the statement will be correct:

1. Las repúblicas hispanoamericanas estaban bien preparadas para gobernarse.
2. La clase militar había llegado a ser muy poderosa.
3. Muchos caudillos llegaron a ser dictadores.
4. El representativo del intelecto sudamericano fue Juan Manuel Rosas.
5. Cuando Sarmiento era joven, vivía en un ambiente de pobreza e ignorancia.
6. Dedicó su vida al mejoramiento cultural y político de la Argentina.
7. Tomó parte en la lucha contra el dictador Rosas.
8. Huyendo a Chile, Sarmiento llegó a ser presidente de ese país.
9. En Chile publicó una serie de artículos que hoy día se conocen como *Facundo, o civilización y barbarie.*
10. Facundo Quiroga fue uno de los caudillos más crueles del tirano Rosas.
11. En la obra *Facundo* Sarmiento analiza la vida y las costumbres de los chilenos.
12. En *Facundo* el gaucho representa la civilización.
13. La llanura, el caballo y la vaca explican al gaucho.
14. El gaucho maneja mal el cuchillo y las boleadoras.
15. Santos Vega fue un célebre payador.
16. Según la leyenda, el diablo anunció que con su música podía vencer al gaucho.
17. Santos Vega representa la civilización, vencida por el diablo.
18. Después de su viaje a Europa, Sarmiento volvió directamente a la Argentina.
19. En los Estados Unidos conoció al gran educador, Horace Mann.
20. Al volver a la Argentina, Sarmiento llegó a ser presidente del país.

CARTAS ESPAÑOLAS

In this section some of the essential principles for personal and business letters in Spanish will be given. In general, formulas used in Spanish letters, particularly for the salutation and conclusion, are less formal and flowery than formerly, and at times they may seem rather stilted. There is no attempt to give a complete treatment of Spanish correspondence, but careful study of the material included should serve for ordinary purposes.

The new words and expressions whose English equivalents are given throughout this section are not included in the Spanish-English vocabulary unless used elsewhere in the text. However, meanings are listed for all words used in Ejercicios A, B, C, F, and G (pages 326–327).

A. Address on the envelope

The title of the person to whom the letter is addressed begins with **señor (Sr.)**, **señora (Sra.)**, or **señorita (Srta.)**. **Sr. don (Sr. D.)** may be used for a man, **Sra. doña (Sra. Da.)** for a married woman, and **Srta.** for an unmarried woman:

> **Señor don Carlos Rojas**　　**Sr. D. Jorge Ortiz y Moreno**
> **Srta. Carmen Villegas**　　**Sra. doña María Ocampo de Pidal**

In the first example on the right, note that Spanish surnames often include the name of the father (**Ortiz**), followed by that of the mother (**Moreno**). Often the mother's name is dropped (examples on the left). A woman's married name is her maiden name followed by **de** and the surname of her husband (second example on the right).

The definite article is not used with the titles **don** and **doña**, which have no English equivalents.

Two complete addresses follow:

> **Sr. D. Luis Monterde**　　**Srta. María Muñoz**
> **Calle 5 de Mayo, 26**　　**Avenida Bolívar, 134**
> **México 5, D.F.**　　　　　**Caracas, Venezuela**

Business letters are addressed to a firm:

> **Ocampo Hermanos (Hnos.)**　　**Señores (Sres.) López Díaz y Cía, S.A.**
> **Apartado (Postal) 583**　　　　**Paseo de la Reforma, 12**
> **Buenos Aires, Argentina**　　　**México 2, D.F.**

In an address in Spanish one writes first **Calle** (**Avenida**, *avenue;* **Paseo**, *boulevard;* **Camino**, *road;* **Plaza**, *square*), then the house number. **Apartado (Postal)**, *post office box*, may be abbreviated to **Apdo. (Postal)**. The abbreviation **Cía.** = **Compañía; S.A.** = **Sociedad Anónima**, equivalent to the English *Inc.* (*Incorporated*)*;* and **D.F.** = **Distrito Federal**, *Federal District.*

Airmail letters are marked **Vía aérea, Correo aéreo**, or **Por avión**. Special delivery letters are marked **Urgente**, and registered letters, **Certificada**.

B. Heading of the letter

The usual form of the date line is:

Madrid, 4 de mayo de 1972

The month is usually not capitalized unless it is given first in the date. For the first day of the month 1° (**primero**) is commonly used; the other days are written 2, 3, 4, etc. Other less common forms of the date line are:

Lima, Junio 15, 1971
Quito, 1° abril 1973

The address which precedes the salutation of the business and formal social letter is the same as that on the envelope. In familiar letters only the salutation need be used.

C. Salutations and conclusions for familiar letters

Forms used in addressing relatives or close friends are:

Querido hermano (Juan):   **(Mi) querida hija:**
Querida amiga mía: **Queridísima[1] mamá:**

In conclusions of familiar letters a great variety of formulas may be used. Some commonly used endings for letters in the family are:

(Un abrazo[2] de) tu hijo,   *(one boy signs)*
Tu hijo (hija) que te quiere,[3]   *(one boy or girl signs)*
Con todo el cariño[4] de tu hermano (hermana),   *(one boy or girl signs)*

The following, with many possible variations, are suitable for friends and for the family:

Un abrazo de tu (su) amiga que te (le) quiere,
Tuyo (Suyo) afectísimo (afmo.),[5] *or* **Tuya (Suya) afectísima (afma.),**
Cariñosos saludos[6] de tu buen amigo (buena amiga),
Sinceramente, *or* **Afectuosamente,[7]**

In the first few letters to a Spanish friend one normally uses the polite forms of address; as the correspondence continues more familiar forms may be used.

---

[1] **Queridísima,** *Dearest.* [2] **abrazo,** *embrace.* [3] When **querer** has a personal object it means *to love.* [4] **cariño,** *affection.* [5] **Tuyo (Suyo) afectísimo,** *Affectionately yours.* [6] **Cariñosos saludos,** *Affectionate greetings.* [7] **Afectuosamente,** *Affectionately, Sincerely.*

D. Salutations for business letters or those addressed to strangers

Appropriate salutations, equivalent to "My dear Sir," "Dear Sir," "Dear Madam," "Gentlemen," etc., are:

Muy señor (Sr.) mío: (*from one person to one gentleman*)
Muy señor nuestro: (*from a firm to one gentleman*)
Muy señores (Sres.) míos: (*from one person to a firm*)
Muy señora (Sra.) mía: (*from one person to a woman*)
Muy señorita (Srta.) nuestra: (*from a firm to a young woman*)

Formulas which may be used in less formal letters are:

Muy estimado Sr. Salas: Dear Mr. Salas:
Estimada amiga (Isabel):   Dear friend (Betty):
Mi distinguido amigo (colega):   Dear friend (colleague):

E. Conclusions for informal social and business letters

Common forms equivalent to "Sincerely yours," "Cordially yours," "Affectionately yours," etc., are:

Suyo afectísimo (afmo.), *or* **Suyos afectísimos (afmos.),**
Queda[1] **(Quedo) suya afma. (suyo afmo.),**
Le saluda cariñosamente (muy atentamente),
Se despide afectuosamente tu amigo,

F. Body of business letters

The Spanish business letter usually begins with a brief sentence which indicates the purpose of the letter. A few examples, with English translations, follow. Note that the sentences cannot always be translated word for word:

Acabo (Acabamos) de recibir su carta del 15 de abril.
   I (We) have just received your letter of April 15.
Le doy a usted las gracias por el pedido que se sirvió hacerme . . .
   Thank you for the order which you kindly placed with me . . .
He recibido con mucho agrado su amable carta . . .
   I was very glad to receive your (good) letter . . .
Le acusamos recibo de su atenta[2] **del 2 del corriente . . .**
   We acknowledge receipt of your letter of the 2nd (of this month) . . .
Mucho agradeceré a usted[3] **el mandarme . . .**
   I shall thank you if you will send me . . .

---

[1] The third person **Queda** is used if the firm is the subject. Also note the next two examples. [2] **Carta** is often replaced with **favor, grata,** or **atenta.** [3] Since **usted** is technically a noun (coming from **vuestra merced**), the object pronoun **le** may be omitted before the verb. This practice is noted particularly in letter writing.

Le envío giro postal por \$5.00 . . .
I am sending you a postal money order for \$5.00 . . .
Con fecha 8 del actual me permití escribir a Ud., informándole . . .
On the 8th (of this month) I took the liberty of writing to you, informing you . . .

Some proper conclusions which might accompany these salutations are:

Muy agradecidos por la buena atención que se dignará Ud. prestar a la presente, saludamos a Ud. con nuestro mayor aprecio y consideración,
Thanking you for your kind attention to this letter, we remain,
                                                    Very truly yours,
En espera de su envío y con gracias anticipadas, quedo de Ud. atto. S.S.,[1]
Awaiting the shipment and thanking you in advance, I remain,
                                                    Sincerely yours,
Aprovechamos esta ocasión para ofrecernos sus attos. y ss. ss.,
We take advantage of this opportunity to remain,
                                                    Yours truly,
Quedamos de ustedes afmos. attos. y Ss. Ss.,
We remain,
        Very truly yours,
Me repito[2] su afmo. s.s., *or* **Nos repetimos sus afmos. ss. ss.,**
I (We) remain,
            Sincerely,

The Spanish conclusion usually requires more than a mere "Very truly yours," or "Sincerely yours." However, there is a tendency nowadays to shorten conclusions of business letters, particularly as correspondence continues with an individual or firm.

Great care must be taken to be consistent in the agreement of salutations and conclusions of letters, keeping in mind whether the letters are addressed to a man, woman, or firm, and whether the letters are signed by one person or by an individual for a firm.

G. Sample letters

The following letters translated freely from Spanish to English will show how natural, idiomatic phrases in one language convey the same idea in another. Read the letters aloud for practice and be able to write them from dictation. The teacher may want to test comprehension by asking questions in Spanish on the content of the letters. At the end of this section some useful words and phrases are listed, not all of which are used in the sample letters.

---

[1] **Seguro servidor** (*sing.*) may be abbreviated to **S.S.** or **s.s.**; **seguros servidores** (*pl.*) to **SS. SS., Ss. Ss.,** or **ss. ss. Atto. = atento; attos. = atentos.**   [2] After the first letter (in which the verb **aprovechar** may have been used) **Me repito** is a good follow-up.

―――――――――――――――――――― **1** ――――――――――――――――――――

12 de marzo de 1973

Librería de Porrúa Hnos. y Cía.
Apartado 7990
México, D.F., México

Muy señores míos:

Tengo el gusto de avisarles a ustedes que acabo de recibir su atenta del 8 del actual y el ejemplar de su catálogo con la lista de precios que se sirvieron remitirme por separado.

Tengan ustedes la bondad de enviarme a la mayor brevedad posible los libros que están incluidos en la lista que envío anexa. También hallarán adjunto un cheque por pesos 196,40[1] en pago de la factura del 20 del pasado.

Quedo de ustedes su atto. y S.S.,

March 12, 1973

Porrúa Brothers and Co., Bookstore
Post Office Box 7990
Mexico City, Mexico

Gentlemen:

I am glad to inform you that I have just received your letter of March 8 and the copy of your catalogue with the price list which you kindly sent me under separate cover.

Please send me as soon as possible the books (which are) included on the list enclosed (in this letter). You will also find enclosed a check for 196.40 pesos in payment of your bill of February 20 (of the 20th of last month).

Sincerely yours,

―――――――――――――――――――― **2** ――――――――――――――――――――

16 de marzo de 1973

Muy señor nuestro:

Acusamos recibo de su favor del 12 del presente, en que hallamos adjunto su cheque por pesos 196,40, que abonamos en su cuenta, y por el cual le damos a usted las gracias.

Hoy le enviamos a vuelta de correo el pedido de libros que se sirvió hacernos, cuyo importe cargamos en su cuenta.

En espera de sus nuevos gratos pedidos, nos place ofrecernos sus afmos. attos. y ss. ss.,

―――――――――――――――――――――――――――――――――――――――

[1] Read **ciento noventa y seis pesos, cuarenta centavos.** While the comma between the **pesos** and **centavos** has largely been replaced in Spanish by a period, it is still used. The English comma is often written as a period with numerals in Spanish: **pesos** 1.250,35.

March 16, 1973

Dear Sir:

We acknowledge receipt of your letter of March 12, in which we found enclosed your check for 196.40 pesos, which we are crediting to your account, and for which we thank you.

Today we are sending by return mail the books for which you kindly sent us an order, the amount of which we are charging to your account.

Awaiting other kind orders from you, we remain,

Sincerely yours,

Ejercicios

A. Address envelopes to the following:

1. Mr. John Medina
   137 University Avenue
   Santiago, Chile

2. Professor Charles Martín
   Box 562
   Bogotá, Colombia

3. Miss Barbara Moreno
   516 Reforma Boulevard
   Mexico City 2, Mexico

4. Mrs. Mary Ortiz
   8 Independence Square
   Madrid, Spain

B. Write the following date lines and salutations, then read aloud:

1. Buenos Aires, December 10, 1972; Dear Mr. Aguilar: 2. Bogotá, January 1, 1973; Dear Mrs. Rivas: 3. Montevideo, October 12, 1969; Dear Miss Ortega: 4. Mexico City, July 14, 1971; Dear Mother: 5. Sevilla, April 20, 1968; Dear Vincent: 6. Caracas, August 15, 1970; Dear daughter:

C. Give in Spanish:

1. Dear Sir: (*from one person*) 2. Dear Sir: (*from a firm*) 3. Dear Madam: (*from one person*) 4. My dear Madam: (*to a young woman*) 5. Gentlemen: (*from one person*) 6. Gentlemen: (*from a firm*)

D. Read, then give in correct business English:

1. Le acusamos recibo de su atenta del 3 de mayo.
2. Le doy a usted las gracias por su grato pedido.
3. Tengo el gusto de referirme a su atenta del 31 del pasado.
4. Adjunta le remitimos una muestra.
5. Su carta del 15 del presente fue referida a nuestro gerente.
6. Ruego a ustedes tengan la bondad de darme informes . . .
7. De acuerdo con su solicitud, le remitimos hoy . . .
8. Acusamos a usted recibo de su giro postal por la cantidad de . . .

E. Read, then give approximate translations for the following conclusions and indicate whether the signature would be that of an individual or a firm:

1. Aprovecho esta oportunidad para quedar de usted como su afectísimo y s.s.,
2. Aprovechamos esta ocasión para saludar a ustedes muy atentamente, suyos afmos. y ss. ss.,
3. Agradeciéndoles su atención, saluda a Uds. muy atentamente,
4. En espera de sus noticias, quedo a sus órdenes y le saludo muy cordialmente,
5. Sin otro asunto, quedo de Ud. como su atento amigo y seguro servidor,
6. Esperando poder servirles en otra ocasión, nos repetimos, atentamente,

F. Give in Spanish:

1. to acknowledge receipt of. 2. by return mail. 3. under separate cover. 4. by airmail. 5. (by) parcel post. 6. upon receiving the telegram. 7. I am pleased to inform you (*pl.*). 8. to place an order. 9. to address a letter. 10. upon mailing the package. 11. in payment of the invoice. 12. thanking you (*pl.*) for your attention.

G. Write in Spanish:

May 21, 1973

Dear Mr. Moreno:

We acknowledge receipt of your letter of May 17 and under separate cover we are sending you the price list you asked for. Upon receiving the order, we shall send the shipment by return mail.

Thanking you in advance, we remain,

Sincerely yours,

September 25, 1973

Dear Miss Ortega:

In reply to your letter of September 23, I am pleased to send you by airmail the information you need . . .

Please give my best regards to all your family.

Sincerely yours,

H. Suggestions for original letters in Spanish:

1. Write to a foreign student, describing some of your daily activities. Try to use words which you have had in this text.
2. Write to a member of your family, describing some shopping you have done recently.
3. Assume that you are the Spanish secretary for an American exporting firm. Write a reply to a Spanish-American firm which has asked for a recent catalogue and prices.

Vocabulario útil

abonar to credit
adjunto, -a enclosed, attached
anexo, -a enclosed, attached
el asunto matter
avisar to advise, inform
cargar (ue) to charge
el catálogo catalogue
certificar to register
comunicar to inform, tell
dirigir to address, direct
el ejemplar copy
el envío shipment, remittance
la factura bill, invoice
la firma signature
el folleto folder, pamphlet
el franqueo postage

el giro draft
grato, -a kind, pleased
el importe cost, amount
la muestra sample
ofrecer(se) to offer, be, offer one's services
el pago payment
el pasado last month
el pedido order
permitirse to take the liberty (to)
el recibo receipt
remitir to remit, send
rogar (ue) to beg, ask, request
servirse (i, i) to be so kind as to
la solicitud request

a la mayor brevedad posible as soon as possible
a vuelta de correo by return mail
acusar recibo de to acknowledge receipt of
anticipar las gracias to thank in advance
de acuerdo con in compliance with
de antemano in advance, beforehand
del corriente (actual, presente) of the present month
en contestación a in reply to
en espera de awaiting
en pago de in payment of
en su cuenta to one's account
giro postal money order
hacer un pedido to place (give) an order
lista de precios price list
(nos) place *or* **es grato** (we) are pleased to
paquete postal parcel post
por separado under separate cover
sírva(n)se Ud(s). + *inf.* please, be pleased
tener el agrado (gusto) de to be pleased to
tenga(n) Ud(s). la bondad de please, have the kindness to

LECTURAS

Stories included in the preceding Lecturas IV and VI and those stories in the following section have been chosen from the works of recognized Spanish and Spanish-American authors. As you read each one, ask yourself such questions as: What is the author attempting to do? To give a picture of Spanish or Spanish-American life? To show the character of an individual? To deal with a social, economic, or political problem? To establish moral values? Have you, in your experience, encountered anything similar to the situation in the story? Is the situation true to life in the period it represents? Do the characters seem natural? What qualities do they show?

Do not expect the Spanish short story always to be action-packed, with a strong climax. In the United States, with its many magazines, the short story has become a highly developed and publicized literary form. In Spanish literature, a small incident or a human emotion may provide the body of a story and the thoughts of one of the characters may make up most of its action. Read these stories for what they are and enjoy their humor, local color, variety, and punch lines.

1. *Quien no te conozca que te compre*[1]

Juan Valera (1827–1905), best known for his novels which dealt with his native Andalusia in southern Spain, was also a poet, critic, and writer of short stories. In the latter he preferred to use traditional folklore material, as you will find in the following selection.

Modismos y frases útiles

conocer de vista to know (recognize) by sight
de nombre by name
decir para sí to say to oneself
en lugar de instead of, in place of
hacer daño a to harm, do (cause) harm to

hacer ejercicio to exercise, take exercise
hacer una broma (a) to play a trick (on)
sin esperar más without waiting (any) longer
sin querer unintentionally

---

[1] **Quien . . . compre,** *Let someone who does not know you buy you.*

Notas

1. *Diminutives.* In Spanish, diminutive endings are often used to express not only small size, but pity, affection, scorn, ridicule, and the like. The most common endings are: **-ito, -a; -illo, -a; -(e)cito, -a; -(e)cillo, -a.** For the choice of ending you must rely upon observation.

Two diminutives already given are: Carlitos, *Charlie*, and Juanito, *Johnnie*. Two others which illustrate that a final vowel is often dropped before the ending are: hermanito, *little brother*, and mesita, *small (little) table.*

Sometimes a change in spelling is necessary to preserve the sound of a consonant when a final vowel is dropped: **poco,** *little* (quantity), **poquito,** *very little.*

In the selection which follows you will find: **la casita,** *small house, cottage;* **el pedacito,** *small (little) piece;* **el pobrecito,** *poor fellow (man, thing).*

2. *Neuter object pronoun* **lo.** The neuter pronoun **lo** is used with certain verbs, such as **ser, parecer,** etc., in answer to a question or to refer back to a noun, adjective, or whole idea, sometimes with the meaning of *so:*

. . . lo era en extremo. . . . he was extremely so (*i.e.,* innocent, simple-minded).
. . . volvería a serlo o la gente seguiría diciendo que lo era, ... he would become one (*i.e.,* a donkey) again or people would continue to say that he was (one), . . .

3. Remember that when anything is taken away, stolen, bought, hidden, etc., from anyone, the indirect object is used (see Lectura IV, page 154). Other examples in this story are:

Decidieron robarle el burro. They decided to steal the donkey from him.
. . . le quitaron la cuerda al burro . . . . . . they took the rope off (from) the donkey . . .

4. When the preposition **a** is used after a verb of motion, it is a true preposition and is followed by the prepositional form of the pronoun:

Un gitano se acercó a él, . . . A gypsy approached him (drew near to him), . . .

5. The **-ra** imperfect subjunctive forms of **deber, querer,** and occasionally **poder** are used to make a statement milder or more polite:

. . . debieras convertirte en burro. . . . you should (ought to) change (convert, turn) yourself into a donkey.

An example of **querer** used in a softened or more polite statement is:

Yo quisiera ir contigo. I should like to go with you.

Me gustaría can also be used instead of **(Yo) quisiera** for *I should like.* **Yo quiero ir** means *I want (wish) to go,* expressing a strong wish.

El tío Cándido[1] era natural[2] y vecino de la ciudad de Carmona. Tal vez no le dieron el nombre de Cándido cuando nació, pero todos los que le conocían le llamaban Cándido porque lo* era en extremo. En toda Andalucía no era posible hallar persona más inocente y sencilla.

Además, era muy bueno y generoso y todo el mundo le quería. Como había heredado de su padre un pedacito de tierra, un pequeño olivar y una casita en el pueblo, y como no tenía hijos, aunque estaba casado, vivía cómodamente.

Con su buena vida se había puesto muy gordo. Solía ir a ver su olivar, montado en un hermoso burro que poseía; pero el tío Cándido, que era muy bueno y pesaba mucho, no quería cansar demasiado al burro. Además, le gustaba hacer ejercicio para no ponerse más gordo. Así es que había tomado la costumbre de andar a pie parte del camino, llevando al burro detrás, por una cuerda.

Ciertos estudiantes pobres le vieron pasar un día a pie cuando volvía a su pueblo. Iba el tío Cándido tan distraído que no observó a los estudiantes.

Uno de éstos, que le conocía de vista y de nombre y sabía que era inocente y sencillo, les propuso a sus amigos que le hiciesen al tío Cándido una broma.[3] Decidieron robarle* el burro. Dos estudiantes se acercaron en gran silencio,[4] le* quitaron la cuerda al burro y desaparecieron con él, mientras que otro estudiante siguió al tío Cándido llevando la cuerda en la mano.

Al poco rato tiró suavemente de la cuerda. Volvió el tío Cándido la cara y se quedó asombrado al ver que, en lugar de llevar al burro, llevaba a un estudiante.

Éste suspiró y exclamó:

—¡Alabado sea Dios![5]

—¡Por siempre bendito y alabado![6]—dijo el tío Cándido.

Y el estudiante continuó:

—Perdóneme Ud., tío Cándido, el daño que sin querer le he hecho. Yo era un estudiante malo y jugaba mucho. Cada día estudiaba menos. Muy indignado, mi padre me maldijo,[7] diciéndome: «Eres un burro y debieras* convertirte en burro.» Dicho y hecho.[8] Apenas mi padre pronunció esas palabras, me puse en cuatro patas[9] sin poderlo remediar y me vi convertido en burro. Cuatro años he vivido en forma de burro, y en este mismo momento acabo de recobrar mi figura y condición de hombre.

Aunque le sorprendió mucho la historia del estudiante, el tío Cándido le perdonó el daño y le dijo que fuese en seguida a presentarse a su padre. Sin esperar más, el estudiante se despidió del pobre hombre con lágrimas en los ojos y tratando de besarle la mano por la merced que le había hecho.

Muy contento de su obra de caridad, el tío Cándido volvió a su casita sin burro, pero no quiso decir lo que le había pasado porque el estudiante le rogó que guardase el secreto. Dijo que si se supiera[10] que él había sido burro, volvería a

---

[1] The adjective **cándido, -a** means *candid, innocent, simple-minded.* (Keep this in mind as you read the story.)
[2] **natural,** *a native.* [3] **les propuso ... broma,** *proposed to his friends that they play a joke on Uncle Cándido.*
[4] **en gran silencio,** *very silently.* [5] **¡Alabado sea Dios!** *God be praised!* [6] **¡Por siempre bendito y alabado!**
Forever blessed and praised! (the customary reply to the preceding exclamation). [7] **me maldijo,** *put a curse on me.* [8] **Dicho y hecho,** *No sooner said than done.* [9] **en cuatro patas,** *on all fours.* [10] **si se supiera,** *if it were known.*

serlo* o la gente seguiría diciendo que lo era, y tal vez impediría que llegase a tomar su doctorado,[1] como era su propósito.

Pasó algún tiempo y el tío Cándido fue a una feria para comprar otro burro. Un gitano se acercó a él,* le dijo que tenía un burro que vender y le llevó para que lo viera.

¡Qué sorpresa cuando vio que el burro que el gitano quería venderle era su propio burro que se había convertido en estudiante! Entonces dijo para sí:

—Sin duda este pobrecito, en vez de aplicarse, ha vuelto a su mala vida, y su padre le ha convertido en burro de nuevo.

Luego, acercándose al burro y hablándole en voz baja, pronunció estas palabras, que han quedado como refrán:[2]

—Quien no te conozca que te compre.[3]

Preguntas

1. ¿Dónde vivía el tío Cándido? 2. ¿Cómo era? 3. ¿Cómo se había puesto? 4. ¿Quiénes le vieron pasar un día? 5. ¿Qué llevaba él? 6. ¿Qué hicieron los estudiantes? 7. ¿Qué le explicó el estudiante al tío Cándido? 8. ¿Qué hizo el tío Cándido? 9. ¿Por qué debía guardar el secreto? 10. ¿Por qué fue el tío Cándido a la feria? 11. ¿Quién se acercó a él? 12. ¿Qué tenía el gitano? 13. ¿Qué vio el tío Cándido? 14. ¿Qué creyó? 15. ¿Qué pronunció en voz baja?

Ejercicios

A. Lean Uds. cada frase en español, luego repitan, cambiando cada verbo al imperfecto de indicativo:

1. El tío Cándido es natural y vecino de la ciudad de Carmona.
2. Todos los que le conocen le llaman Cándido porque lo es en extremo.
3. Es muy bueno y generoso y todo el mundo le quiere.
4. Como no tiene hijos, aunque está casado, vive cómodamente.
5. Suele ir a ver su olivar, montado en un hermoso burro que posee.
6. El tío Cándido, que es muy bueno y pesa mucho, no quiere cansar demasiado al burro y le gusta hacer ejercicio para no ponerse más gordo.
7. Uno de los estudiantes le conoce de vista y sabe que es inocente y sencillo.
8. Yo soy un estudiante malo y juego mucho.

B. Lean en español, cambiando cada infinitivo en paréntesis al imperfecto de subjuntivo:

1. El estudiante les propuso a sus amigos que le (hacer) al tío Cándido una broma.
2. Eres un burro y (deber) convertirte en burro.

[1] **impediría . . . doctorado,** *it would prevent his getting his doctor's degree (doctorate).* [2] **refrán,** *proverb.* [3] **Quien . . . compre,** See footnote, page 329.

3. El tío Cándido le dijo al estudiante que (ir) en seguida a presentarse a su padre.
4. El estudiante le rogó que (guardar) el secreto.
5. Dijo que si se (saber) que él había sido burro, tal vez impediría que (llegar) a tomar su doctorado.
6. El gitano le dijo que tenía un burro que vender y le llevó para que lo (ver).

Expliquen en inglés por qué se usa el subjuntivo en cada frase.

2. El gemelo

Doña Emilia Pardo Bazán (1852–1921), one of Spain's best-known women novelists, presented life and people as she saw them, without affectation and pretense. The wealthy countess in the following story seems very real, but no more so than her trusted servants and weakling son.

Modismos y frases útiles

acostumbrarse a to be (become) accustomed to
en estos últimos años in recent years

estamos a diez it is the tenth
tener fuerza to be strong
tratarse de to be a question of

Notas

1. In Lección 16, page 242, the use of the imperfect tense of **hacer** in time clauses was explained. Two additional uses in the following story are:

¡Hacía tanto tiempo que no asistía a las fiestas! She hadn't attended festivals for so long (It had been so long that she hadn't attended festivals)!
. . . servía en la casa desde hacía ocho años. . . . (she) had been serving in the house for eight years.

2. Occasionally adjectives are used in Spanish as adverbs, with no change in form other than the usual agreement in gender and number:

—¿Qué estabas haciendo? —preguntó la condesa impaciente. "What were you doing?" the Countess asked impatiently.

Another example (not used in the story) is:

Todas las muchachas iban muy contentas. All the girls were going very contented(ly).

3. The title **señorito** is a diminutive form of **señor.** In Spain it is often used to denote an idle, frivolous young gentleman. Also, in the family and by servants it is used to correspond to English *Master* or *young gentleman:*

. . . una cosa que ha perdido el señorito Diego.   . . . something which Master Diego has lost.

¡El gemelo del señorito Diego!   Master Diego's cuff link!

The title **señora** is often used by servants and inferiors, and by children to their elders, to show respect. In this story the maid formally and politely uses **la señora condesa** as the equivalent of English *you.*

4. For the explanation of the future perfect tense for conjecture or probability, see Lección suplementaria II, page 300. Note the example used in this story:

¿Lo habré dejado así?   Can I have left it this way? (I wonder whether I left it this way.)

La condesa de Noroña, al recibir y leer la urgente carta de invitación, hizo un movimiento de contrariedad.[1] ¡Hacía* tanto tiempo que no asistía a las fiestas! Desde la muerte de su esposo: dos años y medio. En parte por tristeza verdadera, en parte por comodidad,[2] se había acostumbrado a no salir de noche, a acostarse temprano y a quedarse en casa, concentrándose en el amor eterno—en Diego, su adorado hijo único.

—Sin embargo, no hay regla sin excepción; se trata de la boda de Carlota, la sobrina predilecta . . . Y lo peor es que han adelantado el día —pensó la condesa. —Se casan el diez y seis . . . Estamos a diez . . . Veremos si madama Pastiche me saca de este apuro.[3] En una semana puede hacerme un vestido. Con los encajes[4] y mis joyas . . .

Tocó el timbre y dentro de poco vino la doncella.[5]

—¿Qué estabas haciendo? —preguntó la condesa impaciente.*

—Ayudaba a Gregorio a buscar una cosa que ha perdido el señorito* Diego.

—¿Y qué cosa es ésa?

—Un gemelo. Uno de los que la señora* condesa le regaló hace un mes.

—¡Dios mío! ¡Qué chico! ¡Perder ese gemelo, tan precioso y tan original! No los hay así[6] en Madrid. Sigue buscando y ahora tráeme del armario mis encajes.

La doncella obedeció, no sin hacer un movimiento de sorpresa ante la orden inesperada. Al retirarse ella, la dama pasó a la amplia alcoba y tomó de su secreter[7] unas llaves pequeñas; se dirigió a otro mueble, un escritorio grande, y lo abrió, diciendo:

—Afortunadamente las he retirado del banco este invierno.

---

[1] **contrariedad,** *annoyance.* [2] **En parte . . . comodidad,** *Partly because of real sadness, partly for convenience.* [3] **me saca de este apuro,** *gets me out of this difficulty.* [4] **encajes,** *lace, pieces of lace.* [5] **doncella,** *maid.* [6] **No los hay así,** *There aren't any like them.* [7] **secreter,** *writing desk, secretary.*

Al introducir la llave en uno de los cajones,[1] notó con gran sorpresa que estaba abierto.

—¿Lo habré dejado así?*—murmuró ella.

Era el primer cajón de la izquierda, en que creía haber colocado su gran rama de diamantes.[2] Sólo contenía cosas sin valor, un par de relojes y papeles de seda.[3] La señora, turbada, empezó a examinar los otros cajones. Todos estaban abiertos; dos de ellos rotos. Las manos de la dama temblaban. Ya no cabía duda;[4] faltaban de allí todas las joyas: rama de diamantes, sartas[5] de perlas, collares, broche de rubíes y diamantes . . . ¡Robada! ¡Robada!

Una impresión extraña dominó a la condesa. Ella recordaba que al envolver en papeles de seda el broche de rubíes, había notado que parecía sucio, y que era necesario llevarlo para hacerlo limpiar.

—Y el mueble estaba bien cerrado por fuera[6] —pensó la señora. —Ladrón de la casa. Alguien que entra aquí con libertad a cualquier hora; alguien que puede pasar aquí un rato probando las llaves . . . Alguien que sabe el sitio en que guardo mis joyas, su valor, y mi costumbre de no usarlas en estos últimos años.

De repente grita ella un nombre:

—¡Lucía!

¡Era ella! No podía ser nadie más.[7] Era cierto que Lucía, doncella leal e hija de honrados padres, servía en la casa desde hacía* ocho años. —Pero —pensaba la condesa —uno puede ser leal . . . y ceder a la tentación. Poco a poco la imagen de Lucía se transformaba en una mujer codiciosa, astuta, que no esperaba más que el momento de robar sus joyas . . . Por eso quedó sorprendida ella cuando la mandé traer los encajes. Ella creía que necesitaría las joyas también.

Furiosa, la dama escribió con lápiz algunas palabras en una tarjeta, la puso en un sobre, escribió la dirección, tocó el timbre dos veces, y cuando Gregorio apareció en la puerta, se la entregó.

—Esto, a la delegación,[8] ahora mismo.

Sola otra vez, la condesa volvió a mirar los cajones.

Tiene fuerza la ladrona; sin duda en la prisa no halló la llave propia de cada uno y los forzó —pensó ella.

En ese momento entró Lucía trayendo una caja de cartón.[9]

—Trabajo me ha costado[10] hallarlos, señora.

La señora no respondió. Quería cogerla por un brazo y arrojarla contra la pared. Las joyas eran de la familia . . . Se domina la voz, pero los ojos no. Su terrible mirada buscó la de Lucía, y la encontró fija en el escritorio, abierto aún, con los cajones fuera. En tono de asombro, de asombro alegre, la doncella exclamó, acercándose:

—¡Señora! ¡Señora! Ahí . . . en ese cajón . . . ¡El gemelo que faltaba! ¡El gemelo del señorito* Diego!

La condesa abrió la boca, extendió los brazos, comprendió . . . sin comprender. Y de repente cayó hacia atrás, perdido el conocimiento,[11] casi roto el corazón.

---

[1] **cajones,** *drawers.* [2] **en que . . . diamantes,** *in which she thought she had put her valuable diamond spray.* [3] **papeles de seda,** *tissue paper.* [4] **Ya no cabía duda,** *There was no longer any doubt.* [5] **sartas,** *strings.* [6] **por fuera,** *on the outside.* [7] **nadie más,** *anyone else.* [8] **delegación,** *police station.* [9] **caja de cartón,** *cardboard box.* [10] **Trabajo me ha costado,** *It has been hard for me.* [11] **perdido el conocimiento,** *unconscious.*

Preguntas

1. ¿Qué recibió la condesa? 2. ¿Salía ella todas las noches? 3. ¿Cómo se llamaba su hijo? 4. ¿Quién iba a casarse? 5. ¿En qué día del mes iban a celebrar la boda? 6. ¿Qué necesitaba la condesa? 7. ¿Qué estaba haciendo la doncella? 8. ¿Adónde pasó la condesa? 9. ¿Qué notó ella? 10. ¿Qué contenía el cajón? 11. ¿Qué faltaba de allí? 12. ¿Qué creyó ella? 13. ¿Qué escribió con lápiz? 14. ¿Quién apareció en la puerta? 15. ¿Qué le dijo la condesa? 16. ¿Qué trajo Lucía? 17. ¿Qué quería hacer la condesa? 18. ¿Qué exclamó la doncella? 19. ¿Qué hizo la condesa entonces? 20. ¿Cómo cayó ella?

Ejercicios

A. Lean en español, luego repitan, cambiando cada verbo al pretérito:

1. La condesa de Noroña hace un movimiento de contrariedad.
2. Toca el timbre y dentro de poco viene la doncella.
3. La dama pasa a la amplia alcoba y toma de su secreter unas llaves pequeñas.
4. Se dirige a otro mueble y lo abre.
5. La señora empieza a examinar los otros cajones.
6. Una impresión extraña domina a la condesa.
7. La dama escribe con lápiz algunas palabras en una tarjeta y la pone en un sobre.
8. Cuando Gregorio aparece en la puerta, ella se la entrega.
9. Sola otra vez, la condesa vuelve a mirar los cajones.
10. Su terrible mirada busca la de Lucía, y la encuentra fija en el escritorio.
11. La condesa abre la boca, extiende los brazos, comprende . . . sin comprender.
12. De repente cae hacia atrás, perdido el conocimiento.

B. Usen los modismos y las frases siguientes en oraciones (*sentences*) completas:

asistir a	dentro de poco	dirigirse a	de repente
lo peor	a cualquier hora	poco a poco	tratarse de
otra vez	en ese momento	sin duda	dos veces

3. *La lección de música*

Vicente Riva Palacio (Mexico, 1832–1896), soldier, politician, and diplomat, wrote a number of Mexican historical novels and realistic short stories. The confidence game, which he has chosen to depict in La lección de música, *has long existed in fact and in fiction, because there is always someone gullible enough and greedy enough to be taken in by what appears to be a chance to make a "fast dollar." The music lesson in this story, which is adapted from* Un stradivarius, *is indeed a costly one.*

Modismos y frases útiles

al fin finally, at last
en el acto at once
ocho días a week
pierda Ud. cuidado don't worry
por casualidad by chance

por todos lados on all sides, all around
puesto que since
ser (muy) aficionado a to be (very) fond of

Notas

1. The present tense is often used in Spanish for the future:

. . . en este momento se los doy y me lo llevo. . . . at this moment I'll give them to you and I'll take it with me.
. . . le doy a usted cincuenta . . . . . . I'll give you fifty . . .

2. The passive voice is more common in English than in Spanish. Frequently a sentence in the active voice is better translated by the English passive, especially if the sentence is long:

. . . le llamó la atención la caja del violín tan vieja y maltratada, ... his attention was attracted by the violin case which was so old and mistreated, . . .
    (Note the extra words needed for translation.)
. . . me lo dejaron a guardar, ... it was left for me to keep, . . .

3. The subjunctive may be translated by the English present (or present perfect) participle, particularly after **sin que** (second and third examples):

¿Tendría usted inconveniente en que dejara yo . . .? Would you have any objection to my leaving . . .?
. . . ahí lo encontrará sin que nadie lo haya tocado. . . . you will find it there without anyone having touched (played) it.
Pasaron ocho días sin que el caballero . . . se presentara . . . A week passed without the gentleman . . . presenting himself . . .

I

—¿Qué desea usted? Pase usted, caballero; aquí hay todo lo que pueda necesitar. Tome usted asiento si quiere . . .

—Mil gracias. Deseaba yo ver unos ornamentos de iglesia de mucho lujo.[1]

—Aquí encontrará usted cuanto necesite, todo muy bueno, muy barato y para todas las fiestas del año.

—Pues, veremos; porque tengo un encargo de un tío muy rico, de Guadalajara, que quiere hacer un regalo a la catedral.

El vendedor era el tío Samuel, un rico comerciante y dueño de una gran joyería situada en una de las principales calles de México; pero en ella podían encontrarse collares y pulseras, pendientes y alfileres de brillantes,[2] de rubíes, de perlas y esmeraldas, ornamentos de iglesia, lujosos muebles y objetos de arte.

El tío Samuel era bajo de estatura, gordo y rubio; también era muy codicioso. El caballero era un joven pálido, alto y delgado, con mirada triste, pelo lacio,[3] levita[4] negra y vieja, y pantalones negros y viejos. Además, llevaba en la mano izquierda un violín metido en una caja de tafilete[5] negro. Sin duda era un músico.

Dejó el músico la caja sobre el mostrador y comenzó don Samuel a presentar ornamentos. Se tomaron medidas, se hicieron comparaciones y, por fin, después de una hora de conferencia, el músico tenía ya todos los informes para escribir al tío y esperar la respuesta y el giro. Antes de retirarse, dijo:

—¿Tendría usted inconveniente en que dejara yo* aquí este violín para no tener que llevarlo a mi casa, porque vivo lejos?

—Ninguno —contestó el vendedor.

—Pero es que quisiera que no se maltratara, porque lo estimo en mucho.[6]

—Pierda usted cuidado. Vea usted dónde lo coloco, y ahí lo encontrará sin que nadie lo haya tocado.*

Y como trataba de atraer a un buen comprador, colocó cuidadosamente la caja en una vitrina donde todo el mundo la vería.

Al día siguiente, entre la multitud de compradores que entraron en la casa de don Samuel, llegó un caballero de unos cuarenta años de edad, de aspecto aristocrático, elegantemente vestido. Buscaba un alfiler para corbata y no pudo hallar ninguno que le gustase; pero al retirarse le llamó la atención la caja del violín tan vieja y maltratada,* en medio de tantos objetos brillantes y lujosos.

—¡Qué! ¿También vende usted instrumentos de música, o es ese violín tan bueno que lo guarda usted en esa caja tan horrible?

—No es mío; me lo dejaron a guardar,* y con tales recomendaciones que sólo ahí me pareció seguro.

—¡Hombre! Enséñemelo usted, que yo soy también aficionado a violines. Debe de ser[7] una cosa de poco valor.

El tío Samuel abrió la caja, el caballero tomó el violín, lo miró, lo volvió por todos lados, y al fin, mirando al vendedor, le dijo:

—Éstes es un violín de Stradivarius legítimo, y si usted quiere por él seiscientos duros, en este momento se los doy y me lo llevo.*

---

[1] **de mucho lujo,** *very elegant.* [2] **alfileres de brillantes,** *pins of diamonds.* [3] **lacio,** *straight.* [4] **levita,** *Prince Albert coat.* [5] **tafilete,** *morocco* (leather). [6] **lo estimo en mucho,** *I esteem it highly.* [7] **Debe de ser,** *It must be.*

El vendedor abrió los ojos, la boca y los oídos, y hasta las manos, no sólo por el descubrimiento, sino porque pensaba comprarle el violín al[1] pobre músico, que seguramente necesitaba dinero y que no sabía el gran valor del instrumento. Se le ocurrió[2] en seguida decirle al caballero:

—Mire usted, el violín no es mío; pero si usted quiere poseerlo, le hablaré al dueño, aunque me parece que ha de pedir mucho por él.

—¿Me pregunta si quiero poseerlo? En París cuando por casualidad hay un Stradivarius, vale unos diez o doce mil francos.

—¿Y hasta cuánto puedo ofrecer?

—Pues, oiga usted mi último precio. Si me lo consigue usted por mil duros, le doy a usted cincuenta* y pasado mañana vendré a averiguar lo que pide el dueño, porque tengo que salir para Veracruz y no puedo perder más tiempo.

II

Al día siguiente el pobre músico llegó a la joyería. No había noticia todavía del tío que quería los ornamentos, pero venía a recoger su violín.

El tío Samuel lo sacó de la vitrina afectando la mayor indiferencia y, antes de entregárselo, le dijo:

—Hombre, si usted quisiera vender este violín, yo tengo un amigo que es aficionado a los violines y quiero hacerle un regalo, puesto que usted dice que es bueno.

—¡Oh, no, señor! Yo no lo vendo.

—Pero yo le pago muy bien. Le daré a usted trescientos duros.

—¿Trescientos duros? Por doble no he querido venderlo.

—¡Bah! No vale tanto, pero para que vea usted que quiero favorecerle, le daré seiscientos.

—No, señor, de ninguna manera.

—Setecientos.

—Mire usted; estoy muy pobre, tengo que sostener a mi madre que está enferma y pagar otros gastos. Si usted me diera ochocientos duros, se lo dejaría,[3] pero en el acto.

Don Samuel pensó un momento: «Ochocientos me cuesta; en mil se lo doy al caballero que debe venir esta tarde, y que me ha ofrecido, además, cincuenta duros; gano doscientos cincuenta de una mano a otra.»[4] Y continuó diciendo en voz alta:

—Bien, joven; para que vea usted que quiero ayudarle, aquí están mis ochocientos duros.

Y abriendo una caja de hierro, sacó en oro el dinero que le entregó al músico. El joven lo recibió con lágrimas en los ojos, diciendo en voz baja: «¡Madre mía! ¡Madre mía!», y salió de la joyería rápidamente.

III

Pasaron ocho días sin que el caballero que deseaba comprar el violín se presentara* en la tienda a cumplir su promesa. En ese momento entró en ella, por

[1] **al,** *from the.* [2] **Se le ocurrió,** *It occurred to him.* [3] **se lo dejaría,** *I would let you have it.* [4] **de una mano a otra,** *in the deal.*

casualidad, uno de los famosos violinistas extranjeros que había llegado a México a dar algunos conciertos.

—A ver, ¿qué le parece a usted este violín? —le preguntó don Samuel, que ya le conocía, abriendo la caja y mostrándole el Stradivarius.

El extranjero tomó el violín, lo examinó cuidadosamente, lo tocó un poco, y se lo entregó al vendedor, diciendo:

—Pues, no vale más que cinco duros.

Casi se cayó al suelo el tío Samuel . . . cuando recordó cuanto había pagado por el instrumento.

Muchos años después enseñaba el violín, diciendo:

—Fui muy tonto. Esta lección de música me ha costado ochocientos duros.

Preguntas

1. ¿Qué deseaba ver el joven? 2. ¿Cómo se llamaba el dueño de la tienda? 3. ¿Qué cosas se vendían allí? 4. ¿Cómo era el dueño? 5. ¿Qué llevaba el joven? 6. ¿Dónde puso la caja? 7. ¿Para quién eran los ornamentos que deseaba ver? 8. ¿Por qué quería dejar allí el violín? 9. ¿Quién llegó a la tienda al día siguiente? 10. ¿Qué buscaba? 11. ¿Qué le llamó la atención? 12. ¿Cuánto le ofreció primero al vendedor por el instrumento? 13. ¿Cuál fue el último precio del caballero?

14. ¿Cuándo volvió el músico? 15. ¿Quería vender el violín? 16. ¿Cuánto le ofreció primero el tío Samuel? 17. Al fin, ¿cuánto pidió el músico? 18. ¿Por qué necesitaba dinero? 19. ¿Cuánto esperaba ganar don Samuel?

20. ¿Cuándo se presentó por fin el caballero? 21. ¿Quién entró en la tienda? 22. ¿Qué le preguntó al extranjero don Samuel? 23. Según el violinista, ¿cuánto valía el violín? 24. ¿Qué pasó entonces? 25. ¿Qué dijo el tío Samuel muchos años después?

Ejercicios

A. Busquen Uds. en la primera parte de este cuento lo contrario de estas palabras:

pobre	gordo	poco	contento
malo	cerca	comprador	nuevos
bajo	blanco	vender	derecha

B. Completen cada frase en español:

1. El dueño de la joyería se llamaba ____ y era un hombre ____.
2. Entró en la tienda un joven ____ que quería comprar ____.
3. Éste pidió permiso para ____.
4. Al día siguiente un caballero le ofreció al tío Samuel ____ por ____.
5. Cuando el joven volvió a la tienda, ____ le pagó ____.

6. Una semana más tarde entró en la tienda un ____ que había llegado a México a ____.
7. El tío Samuel le preguntó: —¿____?
8. El músico le dijo que ____.
9. Al saber esto, el hombre codicioso ____.
10. Por fin decidió que su lección de música ____.

4. Las noches largas de Córdoba

Narciso Campillo (1835–1900) wrote about the southern Spain in which he lived. In this story we have a practical joker whose pranks scarcely seem possible unless you know how very dark a persiana *can make a room. (A* persiana, *a heavy metal blind similar to our Venetian blinds, covers the window completely on the outside.) If you have experienced this darkness, you will realize that this is not a preposterous tale with a stupid principal character but rather the perfectly possible story of a simple and unsuspecting countryman who visits in the home of a city friend.*

Modismos y frases útiles

a todas partes   everywhere
al anochecer   at nightfall
al cabo   finally
al cabo de   after, at the end of
¡anda!   go ahead (on)!
aquí mismo   right here
¡cómo!   what!
cuanto antes   as soon as possible
dar (las tres)   to strike (three)
dispensa (tú), dispense Ud.   excuse me

hace poco tiempo   a short time ago
pensar (ie) en   to think of (about)
por lo menos   at least
¿qué manda Ud.?   what would you like? what can I do for you?
quince días   two weeks
tener apetito   to be hungry, have an appetite
tener hambre   to be hungry

Notas

1. The preterit perfect tense, formed with the preterit of **haber** plus the past participle, is used only after conjunctions such as **cuando, en cuanto, después (de) que,** and **apenas,** *scarcely, hardly.* Except after such conjunctions, the pluperfect is used to translate the English past perfect: **(él) había comido en el camino,** *he had eaten on the way (road).*

Apenas se hubo sentado, . . .   Scarcely had he sat down, . . .

2. You found in Lección suplementaria II, page 300, that the future tense is often used in Spanish to express something that is probably true in the present

and that the conditional and future perfect tenses are used to express what was probably true in the past. The words *probably, must, I wonder, it may (might) be,* and similar expressions are used in the translation of these tenses in this usage:

. . . aquí pasará . . . . . . it probably happens (must happen) here . . .

¿Sería todavía de noche o estaría soñando? Could it still be night or could he be dreaming?

. . . ya faltará poco. . . . it must be almost that time.

Bien podría ser . . . It might well be . . .

3. **Tener** is used with a past participle to describe the resultant state of an action that has been completed. Contrary to its use with **haber** to form the perfect tenses, the past participle agrees with the noun in gender and number:

. . . la habitación que le tenía preparada, ... the room that he had ready (prepared) for him, . . .

4. **Alguno, -a,** used after a noun is negative and is very emphatic, often equivalent to *any at all, any whatever:*

. . . no se oía ruido alguno fuera. . . . no noise whatever was heard outside.

. . . ni oía ruido alguno. . . . nor did he hear any noise at all (whatever).

5. In addition to its use as a pronoun object, meaning *it,* **lo** is used:

a. With an adjective to form an abstract noun:

. . . yo no diré lo contrario. . . . I shall not say the opposite (contrary).

. . . lo importante es que me muero de hambre . . . . . . the important thing is that I am dying of hunger . . .

. . . en lo mejor de su sueño. . . . in the best part (very middle) of his sleep.

b. with adverbs to form an adverbial phrase:

. . . respondió lo mejor que pudo, ... (he) answered the best that he could, . . .

c. With **que** to form a compound relative pronoun, meaning *what, that (which):*

Lo que aseguro es . . . What I affirm is . . .

Éste se reía mucho de lo que oía . . . The latter laughed much (heartily) at what he heard . . .

Lo que quiero es que amanezca. What I want is that dawn come.

La paciencia es lo que a mí me falta. Patience is what I lack (need).

. . . tendrá usted todo lo que quiera. . . . you will have all that you may wish.

I

El señor Frutos llegó una tarde a Córdoba. Dejó su mulo en un establo, y en seguida se presentó en casa de su amigo, el señor Lopera. Como era tan gordo y hacía mucho calor, llegó rojo como un tomate. Apenas se hubo sentado,* sacó un pañuelo, se limpió el cuello y la cara y empezó a preguntarle a su amigo muchas tonterías. El señor Lopera respondió lo* mejor que pudo, y al anochecer le llevó al comedor donde había una comida excelente. Pero el señor Frutos había comido en el camino y no tenía ganas de cenar; en cambio, bebía mucho.

—Amigo Frutos, déjese usted de beber[1] y tome esta carne o algo más.

—No tengo hambre, gracias, sino sed. Mañana verá usted si tengo apetito.

—Es que de aquí a mañana[2] no es tan breve como usted cree. ¿No ha oído hablar de las noches largas de Córdoba?

—No, señor, pero aquí pasará* como en mi pueblo: las noches son largas en diciembre y enero, y cortas en el verano; esto lo[3] saben hasta los niños y los tontos.

—Sin duda así es, y yo no diré lo* contrario. Lo* que aseguro es que, aún teniendo el mismo número de horas, aquí las noches parecen mucho más largas que en otros lugares, y de ahí viene su fama.

—Pues, señor Lopera, aunque sean más largas que la Letanía,[4] seguramente no lo advertiré porque vengo tan cansado que nada podrá despertarme. Y hablando de sueño, con su permiso quisiera acostarme.

El señor Lopera le acompañó a la habitación que le tenía* preparada, y le dijo:

—Aquí, amigo mío, estará usted fresco y descansará bien, sin que nada ni nadie le moleste. ¿Ve usted allí un cordón, cerca de la cama? Pues si necesita algo, tire de él y vendrá inmediatamente un criado que he puesto a sus órdenes. Conque, amigo Frutos, que duerma usted bien.

El señor Frutos le dio las gracias y quedó solo. Pronto se metió en la cama. Eran las once y se durmió en seguida.

II

Dejémosle descansar, mientras el señor Lopera da sus instrucciones al criado, que era listo y muy a propósito para[5] hacer una broma. Éste se reía mucho de lo* que oía y prometió seguir las órdenes de su amo.

El señor Frutos tenía razón al decir que tenía ganas de dormir . . . Desde las once de la noche hasta las doce del día siguiente durmió trece horas sin despertarse una sola vez. Pero como todo tiene su fin, a las doce se despertó y se sentó en la cama. Al abrir los ojos no vio nada. La habitación estaba negra y no se oía ruido alguno* fuera. Aquel cuarto obscuro y silencioso parecía una tumba. ¡Cómo! ¿Era posible que aún no hubiese amanecido? Quedó sentado en la cama más de una hora y media. Nada: ni entraba un rayo de luz, ni oía ruido alguno.* Al fin tiró del cordón, pero nadie vino. Tiró otra vez, con más fuerza. Entonces, al cabo de algunos minutos, sintió[6] los pasos de un hombre que andaba despacio. Era el criado. Venía en camisa de noche, sin zapatos, con una vela en la mano,

---

[1] **déjese usted de beber,** *stop drinking.* [2] **de aquí a mañana,** *from now until tomorrow.* [3] **lo.** (Do not translate —used to indicate that the object **esto** precedes the verb.) [4] **Letanía,** *Litany* (a prayer of supplication). [5] **listo y muy a propósito para,** *clever and very ready to.* [6] **sintió,** *he heard.*

y con esa cara del hombre a quien han despertado en lo* mejor de su sueño. Bostezó,[1] y le dijo al señor Frutos:

—Acabo de oír la campanilla. ¿Qué manda usted? ¿Se ha puesto enfermo?

—¡No lo permita Dios,[2] hombre! ¿Por qué había de ponerme[3] enfermo?

—¿Qué sé yo?[4] Como usted acaba de acostarse hace poco tiempo, y me llama a medianoche, creí . . .

—¡Hace poco tiempo! ¡A medianoche! ¡Dios mío! ¿Es medianoche todavía? Y la gente de la casa, ¿no se ha levantado?

—¿Para qué se ha de levantar,[5] señor? Yo me he levantado, pensando que usted me necesitaba, cuando llamó.

—Dispensa, hombre, y vuélvete a tu cama. Creí haber dormido[6] nueve o diez horas por lo menos.

El criado salió con la vela en la mano, cerró la puerta, y se retiró silenciosamente. Quedó otra vez en la obscuridad el señor Frutos, pues por la ventana y la puerta no entraba un rayo de luz. Procuró entonces dormirse, y logró hacerlo después de un largo rato. Pero como ya había descansado muchas horas, durmió solamente hasta las tres y media o las cuatro de la tarde. La misma obscuridad, el mismo silencio. ¿Cómo? ¿Sería* todavía de noche o estaría soñando?

El buen hombre se tocaba el rostro, el pecho, los brazos, para convencerse de que estaba verdaderamente despierto. Al cabo tiró del cordón. Poco después llegó el criado, como antes, y preguntó qué deseaba.

—¿Qué he de desear?[7] Levantarme. Ya me parece que hace una semana que duermo. Tengo sed, tengo hambre. ¡Qué país! ¡Las horas parecen siglos!

El criado le dio agua, y mientras bebía, le dijo:

—¡Levantarse! ¿Y para qué? ¿Para aburrirse, esperando la llegada del día? ¿Sabe usted qué hora es?

—Dame ese reloj, que está allí en la mesa, y lo sabremos.

El criado le llevó el reloj con mucho gusto.

—¡Las tres y media! —exclamó el señor Frutos, mirando su reloj. —¡Las tres y media, nada más! ¡Conque faltan dos horas y media hasta que amanezca,[8] si es que jamás amanece en esta ciudad!

—Pues me parece, señor, que ese reloj anda[9] muy de prisa. Desde mi cuarto se oye el de la iglesia y además, al venir miré el del comedor y todavía no han dado las tres, aunque ya faltará* poco.

—La paciencia es lo* que a mí me falta. Dame agua otra vez, hombre . . . Gracias. ¡Si lo hubiera sabido! Pero, ¿qué hacen aquí de noche? ¿En qué se divierten?

—¿En qué? Pues, en dormir. ¿Quiere usted pasarla jugando a la pelota?

—Lo* que quiero es que amanezca. Mira: puedes retirarte; pero en cuanto amanezca, no dejes de llamarme, aunque seguramente estaré despierto. ¡Y qué hambre tengo!

---

[1] **Bostezó,** *He yawned.* [2] **¡No lo permita Dios!** *God forbid!* [3] **¿Por qué había de ponerme . . .?** *Why should I become . . .?* [4] **¿Qué sé yo?** *How should I know?* [5] **¿Para qué se ha de levantar . . .?** *Why should they get up . . .?* [6] **Creí haber dormido,** *I thought that I had slept.* [7] **¿Qué he de desear?** *What do you think I want?* [8] **¡Conque . . . amanezca, . . .!** *And so it is two and a half hours until dawn (until it dawns), . . .!* [9] **ese reloj anda,** *that clock runs.*

—¿Quiere usted que le traiga vino y bizcochos, o alguna otra cosa?[1]

—No, retírate, retírate; pero quiero que me llames antes que salga el sol.[2]

—Pierda usted ciudado—contestó, saliendo con la vela.

III

El señor Frutos se quedó solo con sus pensamientos otra vez. ¿En qué pensaba? En mil cosas . . . Se acordaba de su pueblo, de su familia, de sus amigos y hasta de su mulo que había dejado en el establo. Pasó una hora, dos horas, y al fin se durmió otra vez. Cuando se despertó de nuevo, era verdaderamente de noche. Llamó por tercera vez y por tercera vez vino el criado. Pero en esta ocasión venía de mal humor.

—Parece que no voy a dormir esta noche. Si usted estuviera enfermo, yo le ayudaría, pero estando bueno, ¿por qué se divierte en llamarme a cada momento?

—¡A cada momento! ¿Dices que me divierto? Mira, tráeme el reloj otra vez. El criado tomó el reloj, lo miró y dijo:

—Se ha parado.

—Lo creo de veras, porque no anda para siempre. Pero, hombre, ¿es posible que no haya amanecido todavía? Dos veces he querido[3] abrir la ventana, y no pude hacerlo. Abre tú, y veremos.

El criado fue derecho a la ventana y la abrió. Era de noche esta vez y el pobre señor Frutos exclamó:

—¡Pues, es de noche y está lloviendo! ¡Si esto sigue me voy a morir de viejo[4] antes de que amanezca! Tengo hambre. Mientras me visto, porque no quiero quedarme más en la cama, tráeme varias libras de jamón, pan, y . . .

—Señor, eso no puede ser: la gente de esta casa se ha acostado y el cuarto donde todo se guarda está cerrado; pero en el comedor hay vino y bizcochos. Si usted quiere . . .

—¡Por supuesto, hombre! ¡Bizcochos y vino! Pero anda, y no tardes, o vas a encontrarme muerto. ¡Anda, hombre, anda!

Salió el criado y al poco rato volvió con un plato de bizcochos y una botella de vino y lo puso todo sobre la mesa.

—Puedes retirarte, hombre, y muchas gracias. No volveré a llamarte. Aquí mismo aguardaré hasta que amanezca.

IV

Como todo tiene su fin en el mundo, lo tuvo también aquella noche. Con la primera luz del día, que le parecía tan bella al señor Frutos, corrió del cuarto, llamando a todas las puertas y exclamando:

—¡Ya amaneció,[5] señores; ya va a salir el sol!

Despertó a todas las personas de la casa, algunas de las cuales creyeron que el señor Frutos se había vuelto loco. El primero que se presentó fue el señor Lopera, medio despierto, con un pañuelo de seda en la cabeza y vestido con su camisa de noche. Preguntó:

—¿Qué es esto? ¿Qué ruido es éste, hombre?

---

[1] **alguna otra cosa,** *something else.* [2] **antes que salga el sol,** *before sunrise (the sun rises).* [3] **he querido,** *I have tried.* [4] **me voy a morir de viejo,** *I'm going to die of old age.* [5] **¡Ya amaneció . . .!** *Dawn has arrived at last . . .!*

—¡Pues, amaneció y va a salir el sol! ¡Por fin se acabó la noche![1]

—¿Y para eso tanto ruido? Todas las noches se acaban; todos los días sale el sol, si no está nublado, y luego viene otra vez la noche con su luna y las estrellas.

—¡Usted dice que viene otra vez la noche! —exclamó con terror el señor Frutos. —¡La noche se parece a un siglo! En cuanto me desayune, monto en mi mulo, y vuelvo a mi pueblo. Ya no quiero ver las maravillas de Córdoba. Llegué el martes, y me voy el miércoles.

—Dispense usted, amigo Frutos. No es miércoles, sino jueves. Soy su amigo y me alegro de tenerle en mi casa; en ocho o quince días[2] tendré el gusto de acompañarle a todas partes, y . . .

—¡Ocho o quince días, es decir, ocho o quince noches como la que he pasado! ¡De ninguna manera! Y usted asegura que hoy es jueves y no miércoles. Bien podría ser* sábado y hasta domingo. He perdido la cuenta del tiempo, pero lo* importante es que me muero de hambre; sí, señor, de hambre, y de eso no tengo duda. Mande usted que me preparen algo: sopa, huevos, jamón, pan, vino . . .

—Basta, amigo Frutos; tendrá usted todo lo* que quiera. Aguárdeme en el comedor.

Mientras que el señor Frutos comía libras de carne y pan y bebía muchas copas de vino, el señor Lopera le describía todas las maravillas de la ciudad de Córdoba, pero todo esto fue escribir sobre la arena. El señor Frutos se quedó firme en su propósito. Todavía no eran las nueve de la mañana cuando, montado en su mulo, se daba prisa para verse cuanto antes en su pueblo.

Muy antigua es en Andalucía la costumbre de saludarse los viajeros,[3] aunque no se conozcan ni jamás se hayan visto. El señor Frutos se encontró con muchos en el camino que se dirigían a Córdoba, pero cuando alguien le saludaba, contestaba siempre:

—¡Qué noches tan largas!

Durante toda su vida cuando hablaba de una gran distancia, de una persona muy alta, o de algo que duró mucho tiempo, siempre decía:

—¡Es más largo que las noches de Córdoba!

Preguntas

1. ¿Adónde llegó el señor Frutos? 2. ¿Dónde se presentó? 3. ¿Qué tiempo hacía? 4. Al sentarse, ¿qué hizo? 5. ¿Qué hizo en vez de comer? 6. ¿De qué no había oído hablar? 7. ¿Qué dijo el señor Lopera en la habitación? 8. ¿Qué hora era?

9. ¿Cómo era el criado? 10. ¿Cuántas horas durmió el señor Frutos? 11. ¿Qué vio al abrir los ojos? 12. ¿Cómo parecía el cuarto? 13. ¿Cuánto tiempo quedó sentado en la cama? 14. Al fin, ¿qué hizo? 15. ¿Cómo estaba vestido el criado? 16. Según el criado, ¿qué hora era? 17. ¿Hasta qué hora durmió entonces el señor Frutos? 18. ¿Qué le trajo el criado?

---

[1] **se acabó la noche,** *the night has ended.* [2] **en ocho o quince días,** *in a week or two.* [3] **la costumbre de saludarse los viajeros,** *the custom of travelers' greeting each other.*

19. ¿En qué pensaba el señor Frutos? 20. ¿Cuándo se despertó por tercera vez?
21. ¿Qué quería el señor Frutos para comer? 22. ¿Qué le trajo el criado esta vez?
23. ¿Hasta cuándo aguardará el señor Frutos?

24. ¿Qué hizo el señor Frutos al ver la luz del día? 25. ¿Cómo se presentó
el señor Lopera? 26. ¿Qué preguntó éste? 27. ¿Qué le parecía la noche al señor
Frutos? 28. ¿Qué iba a hacer después de desayunarse? 29. ¿Qué comió? 30. ¿Qué
le describía el señor Lopera? 31. Cuando alguien le saludaba en el camino, ¿qué
contestaba? 32. ¿Qué decía el señor Frutos cuando hablaba de algo que duró
mucho tiempo?

Ejercicios

A. Cambien cada verbo de la primera persona del pretérito a la tercera persona,
comenzando la frase con **El señor Frutos.** Cambien también los adjetivos y
los pronombres cuando sea necesario.

MODELO: Llegué a casa de mi amigo.   El señor Frutos llegó a casa de su
                                                 amigo.

1. Dejé mi mulo en un establo.
2. Me presenté en casa de mi amigo.
3. Llegué rojo como un tomate.
4. Saqué un pañuelo.
5. Me limpié el cuello y la cara.
6. Empecé a preguntarle a mi amigo muchas tonterías.
7. Me acosté temprano.
8. Le di las gracias al señor Lopera.
9. Me metí en la cama.
10. Me dormí en seguida.

B. Lean en español, escogiendo la expresión apropiada (*appropriate*) para completar las frases.

acababa de
ha de
me falta
muy a propósito para

para convencerle de
perdiera cuidado
saliera el sol
serían

1. El criado era un hombre _____ hacer una broma.
2. El criado dijo que _____ oír la campanilla.
3. Luego le dijo al señor Frutos que _____, porque él mismo le llamaría antes que _____.
4. El señor Frutos no sabía qué hora era. Creía que _____ las siete de la mañana.
5. Una vez el señor Frutos dijo: —Lo que a mí _____ es la paciencia. _____ ser hora de levantarme.
6. El criado tuvo que hablar mucho _____ que no había amanecido.

C. Hagan frases originales, empleando las siguientes expresiones:

1. tener que
2. aquí tiene usted
3. tener . . . años (de edad)
4. tener tiempo para
5. tener ganas de
6. tener mucho gusto en
7. tener razón (suerte, miedo, sed, hambre)

D. ¿Verdad o no?

Repitan cada frase, indicando si es verdad o no.

1. El señor Frutos pensó en su pueblo y en su familia toda la noche.
2. No sabía dónde estaba su mulo.
3. Cuando el criado abrió la ventana era de noche y estaba lloviendo.
4. La luz del día le pareció muy bella al señor Frutos.
5. No pudo comer nada en el desayuno.
6. Había estado en Córdoba unas treinta o treinta y dos horas.
7. Al despertarse, tenía muchas ganas de ver las maravillas de Córdoba.
8. La expresión «escribir sobre la arena» quiere decir «gastar tiempo y palabras».

5. *Temprano y con sol*[1]

Doña Emilia Pardo Bazán, author of Temprano y con sol, *also wrote* El gemelo, *(pages 333–336). Just as she presented the countess, her trusted servants, and weakling son without affectation and pretense in* El gemelo, *in the following story she dealt with another situation so real that it might occur any day anywhere—that of two runaway teen-agers who are desperate in their search for romance but helpless when they face reality.*

Modismos y frases útiles

al parecer apparently
aprender de memoria to learn by heart
echar a + *inf.* to begin to
encaminarse a to walk (go, make one's way) to
encogerse de hombros to shrug one's shoulders

hoy no not today
ponerse rojo, -a to blush, become red
soñar (ue) con to dream of
pedir (i, i) prestado (a) to borrow (from)

Notas

1. A phrase made up of **con** plus a noun is often best translated as an adverb:

> **con elegancia** elegantly   **con misterio** mysteriously
> **con cuidado** carefully

2. Many Spanish and English words are similar in form but quite different in meaning:

> **el colegio** school   **suceder** to happen
> **disgustado, -a** displeased   **el suceso** event, happening
> **el portero** janitor, doorman

El empleado que vendía billetes en la Estación del Norte[2] quedó sorprendido al oír una voz infantil que decía:

—¡Dos billetes de primera[3] . . . a París!

Sacando la cabeza por la ventanilla, vio a una niña de doce a trece años, de ojos y pelo negros, vestida con elegancia.* De la mano traía a un niño que tenía la misma edad que ella más o menos, y que también parecía de muy buena familia.

---

[1] **Temprano y con sol,** *Early and with sunshine (fair weather).* [2] **Estación del Norte,** *North Station.* [3] **de primera = de primera clase.**

El niño parecía confuso; la niña alegre, con alegría nerviosa. El empleado sonrió y preguntó paternalmente:

—¿Directo o a la frontera? A la frontera son ciento cincuenta pesetas, y . . .

—Aquí está el dinero —contestó la niña, abriendo su bolsa.

El empleado volvió a sonreír y dijo:

—Aquí no hay bastante.

—¡Hay quince duros y tres pesetas! —exclamó la niña.

—Pues, no es suficiente . . . Y para convencerse, pregunten ustedes a sus papás.

Al decir esto el empleado, el niño se puso rojo, y la niña, impaciente y dando una patada[1] en el suelo, exclamó:

—¡Pues entonces . . . un billete más barato!

—¿Cómo[2] más barato? ¿De segunda? ¿De tercera? ¿A una estación más cerca? ¿Escorial, Ávila?

—¡Ávila, sí, Ávila! —respondió la niña.

El empleado pensó un momento; se encogió de hombros; luego le entregó dos billetes. Sonó la campana; salieron los dos chicos al andén; subieron al primer coche que vieron, y al entrar, comenzaron a bailar.

¿Cómo comenzó aquella gran pasión? Pues, de[3] la manera más sencilla, más inocente . . . Comenzó por una manía . . . Ambos eran coleccionistas de sellos de correo.

El papá de Serafina, llamada Finita, y la mamá de Francisco, llamado Currín, ni siquiera se visitaban, a pesar de vivir en el mismo edificio: en el principal[4] el papá de Finita, y en el segundo la mamá de Currín. Currín y Finita, en cambio, se encontraban muy a menudo en la escalera, cuando él iba a clase y ella salía para su colegio. Nunca habían reparado el uno en la otra,[5] pero una mañana, al bajar la escalera, Currín notó que Finita llevaba bajo el brazo un objeto, un hermoso libro encuadernado en cuero rojo . . . ¡magnífico álbum de sellos como el que deseaba tanto! En seguida le rogó a Finita que le enseñase el álbum y empezaron a hojearlo[6] allí en la escalera.

—Esta página es del Perú . . . Mira los sellos de las islas de Hawaii . . . Tengo la colección completa . . . Mira los de Terranova[7] . . .

Mientras hojeaba el álbum mirando sellos de muchos países, Currín gritaba de vez en cuando:

—¡Ay! ¡Ay! ¡Qué bonito! ¡Éste no lo tengo! . . .

Por fin, al llegar a uno muy raro, de la república de Liberia, exclamó:

—¿Me lo das?

—Toma —respondió ella alegremente.

—Gracias, hermosa —contestó Currín.

Finita se puso roja, y al notar Currín que ella era muy linda, murmuró:

—¿Sabes que te he de decir una cosa?[8]

—Anda, dímela.[9]

—Hoy no —contestó, confuso.

---

[1] **dando una patada,** *stamping her foot.* [2] **¿Cómo . . .?** *What do you mean by . . .?* [3] **de,** *in.* [4] **el principal** = **el piso principal.** (**El piso principal** is usually the second floor in Spain; **el (piso) segundo** would be the third.) [5] **Nunca . . . otra,** *They had never noticed one another.* [6] **hojearlo,** *turn the pages (leaves) of it.* [7] **Terranova,** *Newfoundland.* [8] **te he . . . cosa,** *there is something I must tell you.* [9] **dímela,** *tell me.*

La criada que acompañaba a Finita al colegio había mostrado hasta aquel instante mucha tolerancia, pero por fin dijo que debían ir al colegio.

Currín se quedó mirando su sello . . . y pensando en Finita. Currín era un chico de carácter dulce, aficionado a los dramas tristes, a las novelas de aventuras extraordinarias, y a leer versos y aprenderlos de memoria. Siempre estaba pensando que le había de suceder algo raro y maravilloso. De noche soñaba mucho, y con cosas del otro mundo y con viajes largos a países desconocidos. Aquella noche había soñado que Finita y él habían hecho una excursión breve . . . a Terranova, al país de los sellos hermosos.

Al día siguiente, nuevo encuentro en la escalera. Currín llevaba duplicados de sellos que iba a darle a Finita. En cuanto la niña vio a Currín, sonrió y se acercó con misterio.*

—Aquí te traigo esto —balbuceó él.[1]

Finita se puso un dedo sobre los labios, como para indicar que la criada podía oírlos. Pero cuando Currín le entregó los sellos, Finita se quedó, al parecer, algo disgustada. Sin duda esperaba otra cosa; y acercándose a Currín, le murmuró:

—¿Y . . . aquello?

—¿Aquello . . .?

—Lo que ibas a decirme ayer . . .

Currín suspiró, se miró a los zapatos, y por fin dijo:

—No era nada . . .

—¡Cómo nada! —exclamó Finita furiosa. —¡Qué tonto! ¿Nada, eh?

Y el muchacho se puso entonces muy cerquita del oído de la niña, y murmuró suavemente:

—Sí, era algo . . . Quería decirte que eres . . . ¡muy linda!

Y espantado al decir esto, echó a correr escalera abajo,[2] y salió a la calle.

Currín le escribía versos a Finita y no pensaba más que en ella. Se peinaba con cuidado,* se compró una corbata nueva, y suspiraba a solas.[3] Al fin de la semana eran novios. La criada cerraba los ojos . . . o no veía, creyendo que allí se hablaba de sellos, y aprovechaba la ocasión para hablar con el cocinero . . .

Cierta tarde creyó el portero que soñaba. ¿No era aquélla la señorita Serafina, que salía sola? ¿Y no era aquél que iba atrás el señorito Currín? ¿Y no subían los dos a un coche? ¡Jesús, María y José![4] ¡Pero cómo están los tiempos y las costumbres! ¿Adónde irán?[5] ¿Debo avisar a sus padres?

—Oye tú —decía Finita a Currín apenas el tren se puso en marcha.[6] —Ávila, ¿cómo es? ¿Muy grande? ¿Bonita lo mismo que París?

—No —respondió Currín con cierto escepticismo. —Debe de ser un pueblo de pesca.

—Hay que seguir a París. Yo quiero ver París; también quiero ver las Pirámides de Egipto.

—Sí . . . —murmuró Currín, —pero . . . ¿el dinero?

---

[1] **balbuceó él,** *he stammered.* [2] **escalera abajo,** *down (the) stairs.* [3] **a solas,** *to himself (alone).* [4] **¡Jesús, María y José!** *Heavens above!* (See footnote, page 137.) [5] **irán.** (See pages 300, 341–342.) [6] **apenas . . . marcha,** *the moment (as soon as) the train started.*

—¿Dinero? —contestó Finita. —¡No seas tonto! ¡Se pide prestado![1]

—¿Y a[2] quién?

—¡A cualquiera!

—¿Y si no nos lo quieren dar?

—Yo tengo reloj que empeñar.[3] Tú también. Empeño además mi abrigo nuevo. ¡Le escribiré a mi papá que nos envíe un cheque! Papá los está mandando cada día a París y a todas partes.

—Tu papá estará furioso . . . Como mi mamá . . . ¡No sé qué será de nosotros![4]

—Pues voy a empeñar el reloj. ¡Cuánto nos divertiremos en Ávila! Me llevarás al café . . . y al teatro . . . y al paseo.

Cuando oyeron gritar «Ávila» saltaron del tren, pero al estar en el andén no sabían qué hacer.

—¿Por dónde se va a Ávila? —le preguntó Currín a un mozo, que viendo a dos niños sin equipaje, se encogió de hombros y se alejó.

Por instinto se encaminaron hacia una puerta; entregaron sus billetes, y subieron a un coche que los llevó a un hotel.

Acababa de recibir el alcalde de Ávila un telegrama de Madrid, pidiendo la captura de los dos enamorados. Sin pérdida de tiempo los fugitivos fueron llevados a Madrid y allí Finita fue puesta en un colegio, y Currín en otro, de donde no le permitieron salir en todo el año.

Con motivo del triste suceso,[5] la madre de Currín y el padre de Finita, que eran viudos,[6] llegaron a conocerse. Se visitaron a menudo y hay quien dice[7] que algún día van a escaparse como Finita y Currín.

Preguntas

1. ¿Quién vendía billetes? 2. ¿Qué dijo la voz infantil? 3. ¿Cuántos años tenía la niña? 4. ¿Cómo estaba vestida? 5. ¿A quién traía ella de la mano? 6. ¿Qué preguntó el empleado? 7. ¿Cuánto dinero tenía la niña? 8. Por fin, ¿adónde iban? 9. Al sonar la campana, ¿adónde salieron los dos chicos? 10. Al subir al coche, ¿qué comenzaron a hacer?

11. ¿Qué eran ambos chicos? 12. ¿Cómo se llamaba la niña? 13. ¿El niño? 14. ¿En dónde se encontraban muy a menudo? 15. ¿Qué llevaba Finita un día? 16. ¿Qué le rogó Currín a Finita? 17. ¿Qué gritaba mientras hojeaba el álbum? 18. Por fin, ¿qué dijo la criada? 19. ¿Cómo era Currín? 20. ¿A qué era aficionado?

21. ¿Qué llevaba Currín al día siguiente? 22. ¿Qué quería saber Finita? 23. ¿Qué murmuró Currín? 24. ¿Qué hizo Currín entonces? 25. ¿Qué escribía el chico? 26. ¿Qué eran los dos al fin de la semana? 27. ¿Qué notó el portero cierta tarde?

28. Según Currín, ¿cómo es Ávila? 29. ¿Adónde quiere ir Finita? 30. ¿Qué necesita para ir allá? 31. ¿Qué pueden empeñar? 32. Al llegar a Ávila, ¿qué hicieron? 33. ¿Qué le preguntó Currín a un mozo? 34. ¿Adónde los llevó un

---

[1] **¡Se pide prestado!** *One (We) can borrow it!* [2] **a,** *from.* [3] **empeñar,** *to pawn.* [4] **qué será de nosotros!** *what will become of us!* [5] **Con motivo del triste suceso,** *Because of the sad event.* [6] **viudos,** *widow and widower.* [7] **hay quien dice,** *there are those who say.*

coche? 35. ¿Qué acababa de recibir el alcalde? 36. ¿Adónde fueron llevados los niños? 37. ¿Dónde fueron puestos allí? 38. ¿Quiénes llegaron a conocerse? 39. ¿Se visitaron ellos? 40. ¿Qué dicen sus vecinos?

Ejercicios

A. ¿Cuáles son las partes del cuerpo que se mencionan en este cuento? ¿Saben Uds. otras?

B. Busquen sinónimos (*synonyms*) de estas palabras y expresiones:

empezar	bastante	enviar
contestar	pedir	sonrió otra vez
lindo	enseñar	los dos

C. Substituyan los substantivos (*Substitute the nouns*) con los apropiados pronombres, haciendo los otros cambios que sean necesarios.

MODELO: El muchacho le dio el billete a la muchacha.   Él se lo dio a ella.

1. El muchacho quería comprar un billete para la muchacha.
2. El empleado le entregó dos billetes al muchacho.
3. Pasaron una hora mirando sellos.
4. Finita se puso un dedo sobre los labios.
5. Currín le escribía versos a Finita.

D. ¿Verdad o no?

Lean en español, corrigiendo (*correcting*) las frases que son falsas:

1. Los niños compraron billetes para Sevilla.
2. Cada uno de ellos vivía en una casa grande y elegante.
3. Sus padres los llamaban Serafina y Francisco.
4. Los dos tenían quince o diez y seis años de edad, más o menos.
5. No se interesaban por los sellos de correo.
6. Una noche Currín soñó con Finita.
7. Después de dos semanas eran novios.
8. Currín dice que Ávila debe de ser un pueblo de pesca.
9. Los dos enamorados pasaron varios días en Ávila.
10. Se dice que los padres de los muchachos piensan casarse algún día.

(Left) Oil wells on Lake Maracaibo, Venezuela. (Bottom) Mending nets at Paracas fish processing plant, Peru.

(Top) Volkwagen factory, Puebla, Mexico. (Left) Textile plant, Monterrey, Mexico.

Facing page

(Top) Trainees at the National Instructor and Foreman Centre study the basis of an automobile electric system, Chile. (Bottom) Wire and cable factory, Mexico City.

Facing page

(Top) Uruguayan gaucho.
(Middle) Gauchos herd cattle
into paddocks at the Balcarce
Station, Argentina. (Bottom)
Agricultural agent of Costa
Rican Government giving advise to local farmer.

Drilling operations done to
investigate Chile's water resources.

National Steelworks Plant on
the Paraná river at San
Nicolás, Argentina.

(Top) Loading sugar cane in Costa Rica cane fields. (Left) Studies of beans done at the National Agricultural Research Centre, Mexico. (Right) Sheep pen, Estancia La Selmira, Uruguay.

(Left) Spanish lace, Rastro fleamarket, Madrid, Spain.

(Right) Antonio R. Manfredi, tailor to bull-fighters, at work in his shop, Seville, Spain.

(Bottom) An instructor in a tailoring class at the National Instructor and Foreman Centre shows a student how to use a sewing machine.

6. *El buen ejemplo*

El buen ejemplo *is vastly different from* La lección de música, *which was also written by Vicente Riva Palacio. You will have to decide for yourself what you find in it. Is it merely fantasy—an imaginary tale about a man and his parrot? Is it primarily a picture of customs and manners? Is it satire, wherein only a parrot imitates the teacher? Or is it another example of the old saying, "Imitation is the sincerest form of flattery"?*

Modismos y frases útiles

a medida que   as, in proportion as
al principio   at first, at the beginning

fuera de   out(side) of
raras veces   seldom, rarely

Notas

1. The infinitive is regularly used after the verbs **oír,** *to hear,* **ver,** *to see,* and **mirar,** *to watch, look at:*

. . . **que los miraba alejarse, . . .**   . . . who watched them leave, . . .
. . . **han visto desaparecer las sombras de la ignorancia.**   . . . (they) have seen the shadows of ignorance disappear.

2. The passive voice in Spanish is often best rendered by an active construction in English:

. . . **en coro se estudiaban y en coro se cantaban no sólo las letras** . . .   . . . in a chorus they studied and in a chorus they sang (chanted) not only the letters . . .
. . . **se veía al ingrato** . . .   . . . they saw the ungrateful one (wretch) . . .

En la parte sur de la República Mexicana, y en las cuestas de la Sierra Madre, hay un pueblecito como son en general todos aquéllos: casitas blancas cubiertas de tejas rojas o de brillantes hojas de palma, que se refugian de los ardientes rayos del sol tropical a la fresca sombra de los árboles.

En este pueblo había una escuela que debe estar allí todavía; pero entonces la dirigía don Lucas Forcida, hombre muy bien querido de[1] todos los vecinos. Jamás faltaba al cumplimiento de su pesada obligación.[2]

En esa escuela, siguiendo las costumbres tradicionales de aquellos tiempos, el estudio para los muchachos era una especie de orfeón;[3] y en diferentes tonos, pero siempre con gran monotonía, en coro se estudiaban y en coro se cantaban no sólo las letras* y las sílabas, sino también la doctrina cristiana y la tabla de multiplicar. Había veces cuando los chicos gritaban a cual más y mejor.[4]

---

[1] **querido de,** *loved by.*   [2] **Jamás . . . obligación,** *He never faltered in the carrying out (fulfillment) of his difficult task.*   [3] **una especie de orfeón,** *a kind of singing society.*   [4] **a cual más y mejor,** *each trying to outdo the other (lit., each more and better).*

A las cinco de la tarde los chicos salían corriendo de la escuela, tirando piedras, coleando perros y dando gritos y silbidos,[1] pero ya fuera del poder de don Lucas, que los miraba alejarse,* trémulo de satisfacción.

Entonces don Lucas se pertenecía a sí mismo: sacaba a la calle una gran butaca de mimbre;[2] un criado le traía una taza de chocolate con pan, y don Lucas, gozando del fresco de la tarde, comenzaba a tomar su modesta merienda, partiéndola cariñosamente con su loro.

Don Lucas tenía un loro que era, como se dice hoy, su debilidad, y que se quedaba en una percha a la puerta de la escuela, a respetable altura para escapar de los muchachos, y al abrigo del[3] sol por un pequeño cobertizo de hojas de palma. Aquel loro y don Lucas se entendían perfectamente. Raras veces mezclaba sus palabras, más o menos bien aprendidas, con los cantos de los chicos.

Pero cuando la escuela quedaba desierta y don Lucas salía a tomar su chocolate, entonces aquellos dos amigos daban expansión libre a todos sus afectos. El loro recorría la percha de arriba abajo,[4] diciendo cuanto sabía y cuanto no sabía; se colgaba de las patas, cabeza abajo, para recibir el pan mojado con chocolate que con cariño le llevaba don Lucas.

Y esto pasaba todas las tardes.

Pasaron así varios años, y don Lucas llegó a tener tal confianza en su querido *Perico*,[5] como le llamaban los muchachos, que ni le cortaba las alas ni le ponía cadena.

Una mañana, a eso de las diez, uno de los chicos, que por casualidad estaba fuera de la escuela, gritó espantado:

—¡Señor maestro, que[6] se vuela *Perico!*

Oír esto y lanzarse a la puerta maestro y discípulos, fue todo uno;[7] y, en efecto, a lo lejos, como un grano de esmalte[8] verde herido por los rayos del sol, se veía al ingrato* volando hacia el cercano bosque.

Como toda persecución[9] era imposible, porque no sabía don Lucas adónde había ido ni habría podido distinguirlo entre la multitud de loros que vivían en el bosque, don Lucas volvió a ocupar su asiento y las clases continuaron como si no hubiera pasado aquel terrible acontecimiento.

Pasaron varios meses, y don Lucas, que había olvidado la ingratitud de *Perico*, tuvo que hacer una excursión a uno de los pueblos cercanos, aprovechando sus vacaciones.

Muy temprano por la mañana ensilló su caballo, tomó un ligero desayuno y salió del pueblecito, despidiéndose de los pocos vecinos que encontraba por las calles.

---

[1] **coleando . . . silbidos,** *pulling dogs' tails and shouting and whistling.* [2] **butaca de mimbre,** *wicker (easy) chair.* [3] **al abrigo del,** *protected from the.* [4] **recorría . . . abajo,** *ran up and down the perch.* [5] **Perico,** *Pete.* [6] Do not translate. [7] **Oír . . . uno,** *The moment the teacher and pupils heard this they rushed to the door.* [8] **esmalte,** *enamel.* [9] **persecución,** *pursuit.*

En aquel país, los pueblos cercanos son los que sólo están separados por una distancia de doce a catorce leguas, y don Lucas necesitaba andar la mayor parte del día.

Eran las dos de la tarde; el sol derramaba torrentes de fuego; ni el viento más ligero agitaba las hojas de las palmas, inmóviles como árboles de hierro bajo el cielo claro y azul. Los pájaros se quedaban callados entre las hojas de los árboles, y sólo las cigarras cantaban constantemente en medio de aquel terrible silencio.

El caballo de don Lucas avanzaba lentamente, pero de repente don Lucas creyó oír a lo lejos el canto de los chicos de la escuela cuando estudiaban las letras y las sílabas.

Al principio aquello le pareció una alucinación producida por el calor, pero, a medida que avanzaba los cantos seguían siendo más claros; aquello era una escuela en medio del bosque desierto.

Se detuvo asombrado y temoroso, cuando de los árboles cercanos salió, tomando vuelo, una bandada de loros que iban cantando acompasadamente:[1] *ba, be, bi, bo, bu; la, le, li, lo, lu;* y tras ellos, volando majestuosamente, un loro, que al pasar cerca del espantado maestro, volvió la cabeza, diciéndole alegremente:

—¡Don Lucas, ya tengo escuela!

Desde esa época los loros de aquella región, adelantándose a su siglo,[2] han visto desaparecer las sombras de la ignorancia.*

Preguntas

1. ¿Dónde está el pueblecito? 2. ¿De qué están cubiertas las casitas? 3. ¿Qué tiempo hace allí? 4. ¿Quién dirigía la escuela? 5. ¿Cómo estudiaban los muchachos? 6. ¿Qué aprendían? 7. ¿A qué hora salían de la escuela? 8. ¿Qué hacían al salir? 9. ¿Qué sacaba a la calle el maestro? 10. ¿Qué le traía un criado? 11. ¿Con quién partía don Lucas su merienda?

12. ¿Dónde se quedaba el loro? 13. ¿Qué hacía el loro mientras don Lucas estaba fuera de la escuela? 14. ¿Qué le daba don Lucas?

15. ¿Cómo llamaban al loro los muchachos? 16. ¿Qué hizo Perico una mañana? 17. ¿Por qué era imposible la persecución de Perico?

18. ¿Qué excursión tuvo que hacer don Lucas varios meses más tarde? 19. ¿Qué hizo muy temprano por la mañana? 20. ¿Qué tiempo hacía esa tarde? 21. De repente, ¿qué creyó oír don Lucas? 22. ¿De dónde salió una bandada de loros? 23. ¿Quién volaba tras los otros loros? 24. ¿Qué le dijo a don Lucas al pasar cerca de él?

---

[1] **iban cantando acompasadamente,** *were (going) singing rhythmically.* [2] **adelantándose a su siglo,** *getting ahead of their own century.*

Ejercicios

A. Lean en español, luego repitan, empleando la forma apropiada del pretérito o del imperfecto:

1. El pueblo se parece a muchos pueblos mexicanos.
2. En él hay una escuela donde todo se estudia en coro.
3. Los chicos vuelven a casa todos los días a las cinco.
4. El maestro se llama don Lucas y cuando toma su merienda, la parte con su loro Perico.
5. Los dos, don Lucas y el loro, se entienden perfectamente.
6. Con los años don Lucas llega a tener gran confianza en Perico.
7. Ni le corta las alas ni le pone cadena.
8. Un día el pájaro ingrato sale de la escuela y vuela hacia el bosque.
9. Don Lucas no sabe dónde está Perico.
10. Un día tiene que hacer una excursión a otro pueblo.
11. Monta en su caballo y sale de su pueblo.
12. Son las dos de la tarde; el sol derrama torrentes de fuego.
13. Cree oír a lo lejos el canto de los chicos de la escuela.
14. Se detiene cuando ve una bandada de loros que cantan.
15. Uno de los loros le dice que tiene su propia escuela.

B. Contesten en una frase completa:

1. Si sales corriendo, ¿te vas lentamente?
2. Si el pájaro tiene un cobertizo de hojas, ¿está bajo o encima de ellas?
3. ¿Es ingrato o no el amigo que usa tu coche sin darte las gracias?
4. ¿Por qué le ponemos una cadena a un animal o a un pájaro?
5. ¿Es fácil distinguir a un loro de otros?

C. Busquen en este cuento lo contrario de estas palabras:

arriba	posible	aparecer	al fin	tarde
pesado	rápidamente	acercarse	recordar	dentro de

D. Describan a don Lucas Forcida.

7. El alacrán[1] de fray Gómez

Ricardo Palma (Peru, 1833–1919) was a great teller of tales. For background, he needed only a little history. To give purpose to his story, he often chose some human quality, such as generosity, pity, sympathy, greed, or false pride. He could then turn his imagination loose, moving at full speed ahead, to turn out a delightful story. His many tales, called tradiciones, *present a series of pictures of Peru's development from the time when it was an Inca empire through its colonial period, its struggle for independence from Spain, and on into its existence as an independent republic. The* Tradiciones peruanas, *from which* De Soto y los incas ajedrecistas *and* El alacrán de fray Gómez *have been adapted, are a pleasant mixture of fact, fiction, and in some cases, as in the story which you are about to read, a bit of the supernatural.*

Notas

1. When a direct object other than a personal pronoun object precedes the verb in Spanish, the corresponding object pronoun is used (also see footnote 3, page 343).

. . . todas las he encontrado cerradas. . . . I have found all of them (them all) closed.

2. **Que** is often used as a conjunction meaning *for, because:*

. . . que así merecerá . . . . . . for (because) in this way you will merit (have) . . .
. . . que si él lo quiere, ... for if he wishes (to), . . .

Cuando yo era muchacho, oía con frecuencia a las viejas exclamar, hablando del precio de una cosa: «¡Esto vale tanto como el alacrán de fray Gómez!» Y explicar este dicho es lo que me propongo con esta tradición.

Fray Gómez nació en España en 1560 y vino a Lima en 1587. Por muchos años vivió en un convento[2] franciscano, haciendo tantos milagros que ganó mucha fama entre la gente devota y supersticiosa.

Estaba una mañana fray Gómez en su celda, entregado a la meditación,[3] cuando alguien dio a la puerta unos discretos golpecitos, y una voz débil dijo:

—¡Alabado sea el Señor!

—Por siempre jamás, amén.[4] Entre, hermano —contestó fray Gómez.

Y entró en la celda un individuo humildemente vestido, pero en cuyo rostro se veía la proverbial honradez del castellano viejo.[5] En la celda no había más

---

[1] **alacrán,** *scorpion.* [2] **convento,** *monastery.* [3] **entregado a la meditación,** *lost in meditation.* [4] **Por siempre jamás, amén,** *Forever and ever, amen.* (This salutation and the preceding are commonly used between members of religious orders.) [5] **castellano viejo.** (This term refers to one who represents the long, noble tradition of the old Spanish province of Castile.)

que cuatro sillones de cuero, una mesa sucia, una cama sin colchón ni sábanas,[1] y con una piedra por almohada.[2]

—Tome asiento, hermano, y dígame sin rodeos[3] lo que por acá le trae —le dijo fray Gómez.

—Soy un hombre de bien . . .

—Bien se ve,[4] y deseo que persevere, que* así merecerá en esta vida terrena la paz de la conciencia, y en la otra la bienaventuranza.[5]

—Es el caso que soy buhonero,[6] que tengo una familia numerosa, y que mi comercio no prospera por falta de dinero, que no por holgazanería.[7]

—Me alegro, hermano, porque a quien honradamente trabaja, Dios le ayuda.[8]

—Pero es el caso, padre, que hasta ahora Dios no me ha oído.

—No desespere, hijo, no desespere.

—Pues es el caso que he llamado a muchas puertas pidiendo un préstamo de quinientos duros, y todas las* he encontrado cerradas. Y es el caso que anoche me dije a mí mismo: «¡Ea![9] Jerónimo, buen ánimo[10] y anda a pedirle el dinero a fray Gómez; que* si él lo quiere, encontrará medio para sacarte del apuro.» Y es el caso que aquí estoy porque he venido, y a su paternidad le pido y ruego que me preste quinientos duros por seis meses.

—¿Cómo ha podido imaginarse, hijo, que en esta triste celda encontraría esa suma de dinero?

—No sé, padre, pero tengo fe en que no me dejará ir desconsolado.

—La fe le salvará, hermano. Espere un momento.

Y mirando las paredes blancas de la celda, vio un alacrán que caminaba tranquilamente sobre el marco de la ventana. Fray Gómez arrancó una página de un libro viejo, se dirigió a la ventana, cogió con cuidado al alacrán, lo envolvió en el papel y volviéndose hacia el castellano viejo le dijo:

—Tome, buen hombre, y empeñe esta alhaja, pero no olvide devolvérmela dentro de seis meses.

El buhonero no pudo hallar palabras con que expresar su gratitud. Se despidió de fray Gómez y más que de prisa se encaminó a la tienda de un usurero.

La alhaja era espléndida, verdadera alhaja de reina.[11] Era un prendedor en forma de alacrán. Formaba el cuerpo una magnífica esmeralda, y la cabeza un grueso diamante con dos rubíes por ojos.

El usurero, que era hombre conocedor,[12] miró la alhaja con codicia, y ofreció darle mil duros por ella. Sin embargo, nuestro español se empeñó en[13] no aceptar más de quinientos duros por seis meses. Se firmaron los documentos, pero el usurero estaba seguro de que el dueño de la alhaja volvería otra vez por más dinero y de que por fin sería dueño de la preciosa alhaja.

---

[1] **sin colchón ni sábanas,** *without mattress nor sheets.* [2] **almohada,** *pillow.* [3] **sin rodeos,** *without beating around the bush.* [4] **Bien se ve,** *It is evident.* [5] **merecerá . . . bienaventuranza,** *you will have peace of conscience in this earthly life (this world) and bliss in the other (life) (in heaven).* [6] **Es . . . buhonero,** *The fact is that I am a peddler.* [7] **que no por holgazanería,** *and not because of laziness.* [8] **a quien . . . ayuda,** *God helps those who work honestly (help themselves).* [9] **¡Ea!** *Hey!* or *Come now!* [10] **buen ánimo,** *cheer up.* [11] **verdadera alhaja de reina,** *a jewel truly fit for a queen.* [12] **hombre conocedor,** *an expert.* [13] **se empeñó en,** *insisted on.*

Con los quinientos duros prosperó tanto en su comercio que a la terminación del plazo Jerónimo pudo sacar la alhaja, y, envuelta en el mismo papel en que la había recibido, se la devolvió a fray Gómez.

Éste tomó el alacrán, lo puso en el marco de la ventana, le echó una bendición,[1] y dijo:

—Animalito de Dios, sigue tu camino.

Y el alacrán echó a andar libremente por las paredes de la celda.

Preguntas

1. ¿Qué dicho se explica en esta tradición? 2. ¿Dónde nació fray Gómez? 3. ¿A qué ciudad sudamericana vino? 4. ¿Dónde vivió allí? 5. ¿Cómo ganó mucha fama entre la gente devota? 6. ¿Dónde estaba él una mañana? 7. ¿Quién llegó a su celda? 8. ¿Qué había en la celda? 9. ¿Qué era el hombre? 10. ¿Por qué vino a hablar con fray Gómez? 11. ¿Qué vio fray Gómez en el marco de la ventana? 12. ¿Qué hizo fray Gómez después? 13. ¿Qué debe hacer el hombre? 14. ¿Cuándo debe devolver el alacrán? 15. ¿En qué se convirtió el alacrán? 16. ¿Cuánto ofreció el usurero por la alhaja? 17. ¿Cuánto aceptó el español? 18. ¿De qué estaba seguro el usurero? 19. ¿Qué hizo Jerónimo a la terminación del plazo? 20. ¿Qué pasó cuando le devolvió la alhaja a fray Gómez?

The catacombs of San Francisco church, Lima, Peru.

[1] **le echó una bendición,** *he blessed it.*

Ejercicios

A. Lean en español, escogiendo la palabra apropiada:

1. Fray Gómez nació en ____.
   a. Chile   b. Lima   c. Bolivia   d. España
2. Vivió en el siglo ____.
   a. diez y nueve   b. diez y seis   c. sesenta   d. quince
3. Pasaba mucho tiempo ____.
   a. hablando de los precios   b. meditando   c. escribiendo tradiciones
   d. pidiendo préstamos
4. Vivía en su celda en ____.
   a. una fortaleza   b. un colegio   c. una prisión   d. un convento
5. Entró en su celda un día un castellano ____.
   a. honrado   b. bien vestido   c. codicioso   d. rico
6. El hombre le pidió a fray Gómez un préstamo por ____.
   a. seis meses   b. un año   c. varios días   d. muchos años
7. Fray Gómez cogió ____ y lo envolvió.
   a. un libro viejo   b. el marco de la ventana   c. un sillón de cuero
   d. al alacrán
8. Después vio el castellano que era ____.
   a. un cuerpo grande   b. un alacrán vivo   c. una alhaja espléndida
   d. un buhonero
9. Jerónimo aceptó solamente ____.
   a. mil duros   b. el alacrán   c. su bendición   d. quinientos duros
10. A los seis meses Jerónimo le devolvió a fray Gómez ____.
    a. el dinero   b. la tienda   c. la alhaja   d. un documento

B. ¿Verdad o no?

1. Fray Gómez vivió en España por veinte y siete años.
2. Era dominico.
3. El castellano viejo era pobre, pero honrado.
4. La celda de fray Gómez tenía muebles elegantes.
5. Los buhoneros venden muchas cosas.
6. El alacrán se convirtió en una alhaja preciosa.
7. Formaba el cuerpo un grueso diamante.
8. El usurero ofreció dar solamente cien duros por la alhaja.
9. Jerónimo prosperó mucho en su comercio durante los seis meses.
10. Cuando fray Gómez le echó una bendición al alacrán, éste empezó a andar por las paredes.

APPENDICES

APPENDIX A

CAMINITO

Arranged by ELENA PAZ TRAVESÍ

1. Ca-mi-ni-to que el tiem-po ha bo-rra-do, que jun-tos, un dí-a nos vis-te pa-sar; he ve-ni-do por úl-ti-ma vez,____ he ve-ni-do a con-tar-te mi mal.____ Ca-mi-ni-to que en-ton-ces es-ta-bas bor-da-do de tré-bol y jun-cos en flor,____ u-na som-bra ya pron-to se-rás,____ u-na som-bra lo mis-mo que yo.

2. Ca-mi-ni-to que to-das las tar-des fe-liz re-co-rría, can-tan-do mi a-mor; no le di-gas si vuel-ve a pa-sar,____ que mi llan-to tu sue-lo re-gó.____ Ca-mi-ni-to cu-bier-to de car-dos, la ma-no del tiem-po tu hue-lla bo-rró,____ yo a tu la-do qui-sie-ra ca-er,____ y que el tiem-po nos ma-te a los dos.

LA BAMBA

Arranged by ELENA PAZ TRAVESÍ

1. Pa - ra bai - lar la bam - ba, pa - ra bai - lar la
2. La mu - jer que yo quie - ro, la mu - jer que yo

bam - ba se ne - ce - si - ta u - na po - ca de gra - cia,
quie - ro es u - na mo - re - na por - que bai - la la bam - ba,

u - na po - ca de gra - cia y o - tra co - si - ta ya - rri - ba ya -
por - que bai - la la bam - ba que es co - sa bue - na ya - rri - ba ya -

rri - ba, y a - rri - ba ya - rri - ba ya - rri - ba i -
rri - ba, y a - rri - ba y más a - rri - ba y a - rri - ba

ré, yo no soy ma - ri - ne - ro, yo no soy ma - ri -
voy, yo no soy ma - ri - ne - ro, yo no soy ma - ri -

ne - ro, por ti se - ré, por ti se - ré, por ti se - ré.
ne - ro, por ti lo soy, por ti lo soy, por ti lo soy.

3. La mujer que yo quiero,
   la mujer que yo quiero sí es mexicana
   porque baila la bamba,
   porque baila la bamba veracruzana,
   y arriba y arriba,
   y arriba y arriba, y arriba iré,
   yo no soy marinero, yo no soy marinero,
   por ti seré, por ti seré, por ti seré.

4. Para bailar la bamba,
   para bailar la bamba
   se necesita una poca de gracia,
   una poca de gracia y otra cosita,
   y arriba y arriba,
   y arriba y arriba, y arriba iré,
   yo no soy marinero, yo no soy marinero,
   por ti seré, por ti seré, por ti seré.
   (*same as the first verse*)

5. ¡Ay! te pido, te pido,
   ¡Ay! te pido, te pido de corazón
   que se acabe la bamba,
   que se acabe la bamba y venga otro son,
   y arriba y arriba,
   y arriba y arriba, y arriba iré,
   yo no soy marinero, yo no soy marinero,
   por ti seré, por ti seré, por ti seré.

DOS PALOMITAS

Arranged by ELENA PAZ TRAVESÍ

1. Dos pa-lo-mi-tas se la-men-ta-ban, llo-ran-do.....
2. ¿Quién te ha cor-ta-do tus be-llas a-las, pa-lo-ma? ¡ay!

y u-na a la o-tra se con-so-la-ban, di-cien-do:
¿O al-gún fal-sa-rio ha sor-pren-di-do tu vue-lo?

¡Ay! ¡Ay! ¡Ay! Pa-lo-ma, ¡ay!

Y u-na a la o-tra se con-so-la-ban, ¡Ay! ¡Ay! ¡Ay!
¿O al-gún fal-sa-rio ha sor-pren-di-do tu vue-lo?

3. Quiso el ingrato que yo mis alas
le diera . . .
para ir volando, los dos juntitos,
al cielo.
¡Ay! ¡Ay! ¡Ay! Paloma, ¡ay!
Para ir volando, los dos juntitos,
al cielo.

4. Por su cariño le di mis alas
y luego . . .
abandonada, de desengaño
me muero.
¡Ay! ¡Ay! ¡Ay! Paloma, ¡ay!
Abandonada, de desengaño
me muero. (*Bis*)

LOS CUATRO MULEROS

Arranged by ELENA PAZ TRAVESÍ

1. De los cua - tro mu - le - ros,_____ de los cua - tro mu -
2. El de la mu - la tor - da, _____ el de la mu - la

le - ros,_____ de los cua - tro mu - le - ros, ma - mi - ta
tor - da, _____ el de la mu - la tor - da, ma - mi - ta

mí - a, que van al rí - o, que van al rí - o.
mí - a, es mi ma - rí - o,* es mi ma - rí - o. _____

3. Hay que me he equivocao,*
   hay que me he equivocao,
   el de la mula torda, mamita mía,
   es mi cuñao,*
   es mi cuñao.

4. El de la gorra al lao,*
   el de la gorra al lao,
   el de la gorra al lao, mamita mía,
   ése es mi hermano,
   ése es mi hermano.

*marío = marido; equivocao = equivocado; cuñao = cuñado; lao = lado

LA SANMARQUEÑA

Arranged by ELENA PAZ TRAVESÍ

1. San Mar-cos tie-ne la fa - ma__
2. Un al - ba-ñil se ca - yó__

de las mu-je-res bo - ni - tas,__ San Mar-cos tie-ne la fa - ma__
de la to-rre de u-na i-gle - sia, __ de la to-rre de u-na i-gle - sia__

de las mu - je-res bo - ni - tas.__ Tam-bién A - ca-pul-co tie - ne__
un al - ba-ñil se ca - yó.__ Na-da le pa-só en los pies__

ESTRIBILLO

de di - fe - ren-tes ca - ri - tas. San - mar - que - ña de mi
por - que ca - yó de ca - be - za.

vi - da, San - mar - que - ña de mi a - mor.

3. ¡Cuántas naranjas, naranjas!
   ¡Cuántos limones, limones!
   ¡Cuántas naranjas, naranjas!
   ¡Cuántos limones, limones!
   Morena, cuando te bañas,
   ¡qué bonita te me pones!
   ESTRIBILLO

4. Quien te puso "Sanmarqueña"
   no te supo poner nombre.
   Quien te puso "Sanmarqueña"
   no te supo poner nombre.
   Valía más te hubieran puesto
   "La locura de los hombres."
   ESTRIBILLO

5. En la medianía del mar
   se quejaba una tortuga,
   se quejaba una tortuga
   en la medianía del mar.
   Y en el quejido decía:
   "La más bonita se arruga."
   ESTRIBILLO

6. Voy a dar la despedida
   como la dio un marinero,
   como la dio un marinero
   voy a dar la despedida.
   Con mi sombrero en la mano,
   hasta luego, compañeros.
   ESTRIBILLO

LIMONCITO

Arranged by Elena Paz Travesí

mi - ta; da-me un a - bra-zo a-pre-ta-do___ y un be - so de tu bo-
món;___ el li - món me dio en la ca-ra___ y el zu-mo en el co - ra-

qui - ta, da-me un a - bra-zo a-pre-ta-do___ y un be - so de tu bo-
zón,___ el li - món me dio en la ca-ra___ y el zu-mo en el co - ra-

qui - ta. Li - mon - ci - to,___ li - mon - ci - to...
zón.___ Al pa - sar por tu ven - ta - na...

3. El limón ha de ser verde
para que tiña morado,
el limón ha de ser verde
para que tiña morado;
y el amor para que dure
ha de ser disimulado,
y el amor para que dure
ha de ser disimulado.
El limón ha de ser verde . . .

4. Limoncito, limoncito,
pendiente de una ramita,
limoncito, limoncito,
pendiente de una ramita;
dame un abrazo apretado
y un beso de tu boquita,
dame un abrazo apretado
y un beso de tu boquita.
Limoncito, limoncito . . .
(same as the first verse)

(Top) Indian weaver plying her trade much in the same manner her Maya ancestors did in pre-Columbian times. (Left) Monument honoring Vasco Núñez de Balboa (1475–1517), discoverer of the Pacific Ocean in 1513. Núñez de Balboa was executed by order of the Spanish governor of Darién, Panama. (Right) Ruins of Panamá Vieja, Panama. This city was burned and pillaged by the pirate Henry Morgan in 1671.

(Top) Pre-Columbian ruins at Tula, Mexico. (Left) Fragment from a mural painting on the Presidential Palace, Mexico City. It was painted by Diego Rivera, the famous Mexican muralist. (Right) Jade mask, discovered at the Maya ruins of Palenque, Mexico. Masks of this type, about life size, were usually placed on the face of a corpse.

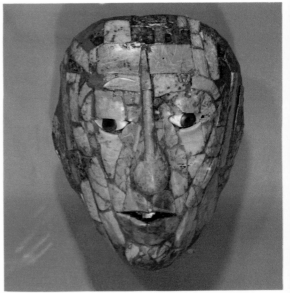

(Top) Pyramid of the Sun, Teotihuacán, Mexico. (Bottom) Woman practicing the traditional art of carving lacquer, using a technique similar to the one employed in Aztec times, Michoacán, Mexico.

Facing page, (Top left) Remains of the Spanish adventurer Francisco Pizarro (1475–1541), conqueror of Peru. Pizarro was killed in Lima, Peru, by the partisans of his rival Almagro. (Top right) Ruins of the Inca citadel of Pachácamac, Peru. (Bottom) Llamas and alpacas grazing in the Andes altiplano, Bolivia.

(Top) Balsa reed boats in Lake Titicaca, between Peru and Bolivia. (Left) There is a monument honoring the "Libertador" Simón Bolívar in almost every Latin-American capital. This one is in La Paz, Bolivia. (Right) Bogotá is a city of contrasts where very modern buildings can be seen side by side with fine examples of colonial architecture.

(Top) The Square of the Three Cultures sums up the three main periods in the history of Mexico: The Aztec ruins are a reminder of the pre-Columbian Indian cultures, the baroque church represents the colonial times. Progress and the Republic are symbolized by the modern apartment buildings, Mexico City. (Bottom) View of a downtown section, Mexico City.

(Top) Christmas lights, Mexico City. (Bottom) View of the Congress Building, Buenos Aires, Argentina.

(Top) In Latin America, as in Spain, soccer is one of the most popular sports. View of a game in Uruguay. (Bottom) Winter sports are also very popular, as we can see by this picture of a ski resort at Portillo on the Andes slopes, Chile.

TRANSLATION OF SONGS[1]

Caminito (*Little road*)
1. Little road which Time has erased,
   which saw us pass by here together one day;
   I've come for the last time,
   I've come to tell you my woes.
   Little road which then was
   covered with shamrock and flowering rush,
   you will soon be naught but a shadow,
   a shadow the same as I.
   (*Refrain*): Since she's gone I live in sadness,
              dear little road, I'm also going.
              Since she left she has never once returned,
              I shall follow in her footsteps,
              little road, good-bye.
2. Little road on which I merrily ran,
   every afternoon, singing of my love;
   don't tell her if she should pass by,
   that my grief dampened your soil.
   Little road covered with thistles,
   the hand of Time has erased your mark,
   how I wish to fall by your side,
   and that Time would do away with us both.
   (*Refrain*)

La bamba (*The bamba*, a dance)
1. To dance the bamba,
   to dance the bamba
   a little grace is needed,
   a little grace plus a little bit of "go,"
   (*Refrain*): and faster and faster,
              and faster and faster, and faster I'll go,
              I'm no sailor, I'm no sailor,
              but I will be for you, I will be for you, I will be for you!
2. The girl that I love,
   the girl that I love
   is a little brown girl
   because she dances the bamba,
   because she dances the bamba . . . a'way'out dance.
   (*Refrain*)

[1] No attempt has been made at a literal or poetic translation of these songs.

3. The girl that I love,
   the girl that I love is a Mexican girl
   because she dances the bamba,
   because she dances the bamba from Veracruz.
   (*Refrain*)
4. (*same as the first verse*)
5. I implore you, implore you,
   I implore you straight from the heart
   to end the bamba,
   to end the bamba and start another dance.
   (*Refrain*)

Dos palomitas (*Two little doves*)
1. Two little doves were wailing, crying,
   and one consoled the other, saying:
   Ay! Ay! Ay! Little dove, Ay!
   And one consoled the other, Ay! Ay! Ay!
2. Who has cut your beautiful wings, little dove?
   Has some cad attacked you in flight?
   Ay! Ay! Ay! Little dove, Ay!
   Has some cad attacked you in flight?
3. That ingrate wanted me to give him my wings . . .
   so that we might fly off together to far-off places.
   Ay! Ay! Ay! Little dove, Ay!
   So that we might fly off together to far-off places.
4. For his love I gave him my wings and now . . .
   abandoned, I shall die of deception.
   Ay! Ay! Ay! Little dove, Ay!
   Abandoned, I shall die of deception.

Los cuatro muleros (*The four mule drivers*)
1. About the four mule drivers,
   about the four mule drivers,
   about the four mule drivers, little Mother,
   who are heading towards the river,
   who are heading towards the river.
2. He who rides the speckled mule,
   he who rides the speckled mule,
   he who rides the speckled mule, little Mother,
   is my husband,
   is my husband.
3. Oh, but I'm mistaken,
   oh, but I'm mistaken,
   he who rides the speckled mule, little Mother,
   is my brother-in-law,
   is my brother-in-law.

4. He whose cap is on one side,
   he whose cap is on one side,
   he whose cap is on one side, little Mother,
   that is my brother,
   that is my brother.

La Sanmarqueña (*The Sanmarqueñan*)
   1. San Marcos is famous for its beautiful women,
      San Marcos is famous for its beautiful women.
      Acapulco also has some . . .
      though they may look a little different.
      (*Refrain*): Sanmarqueñan of my life,
                    Sanmarqueñan of my heart.
   2. A bricklayer tumbled from the tower of a church,
      from the tower of a church tumbled a bricklayer.
      Nothing happened to his feet . . .
      because he fell on his head.
      (*Refrain*)
   3. How many oranges will it be?
      How many lemons, lemons?
      How many oranges will it be?
      How many lemons, lemons?
      Sweetie, when you take a bath,
      How beautiful you become!
      (*Refrain*)
   4. Whoever named you "Sanmarqueñan"
      certainly didn't know how to name you.
      Whoever named you "Sanmarqueñan"
      certainly didn't know how to name you.
      You should have been called
      "The Folly of all men."
      (*Refrain*)
   5. Out in the middle of the ocean
      a turtle was always complaining,
      a turtle was always complaining
      out in the middle of the ocean.
      And among his complaints was heard:
      "Even the prettiest girl gets wrinkled."
      (*Refrain*)
   6. I'm going to bid farewell
      just as the sailor did,
      just as the sailor did
      I'm going to bid farewell.
      With my hat in hand,
      so long, my companions.
      (*Refrain*)

Limoncito (*Little lemon*)

1. Little lemon, little lemon,
   hanging from a little branch,
   little lemon, little lemon,
   hanging from a little branch;
   let me have a big bear hug
   and a kiss from your lips if you please,
   let me have a big bear hug
   and a kiss from your lips if you please.
   Little lemon, little lemon . . .

2. As I passed by your window,
   you tossed a lemon to me,
   as I passed by your window,
   you tossed a lemon to me;
   the lemon hit me right in the face
   but what hurt most was my heart,
   the lemon hit me right in the face
   but what hurt most was my heart.
   As I passed by your window . . .

3. The lemon has to be green
   in order to paint purple,
   the lemon has to be green
   in order to paint purple;
   and love, if it is to endure
   must also be disguised,
   and love, if it is to endure
   must also be disguised.
   The lemon has to be green . . .

4. (*same as the first verse*)

APPENDIX B

PRONUNCIATION

The Spanish Alphabet

LETTER	NAME	LETTER	NAME	LETTER	NAME
a	a	j	jota	r	ere
b	be	k	ka	rr	erre
c	ce	l	ele	s	ese
ch	che	ll	elle	t	te
d	de	m	eme	u	u
e	e	n	ene	v	ve, uve
f	efe	ñ	eñe	w	doble ve
g	ge	o	o	x	equis
h	hache	p	pe	y	i griega
i	i	q	cu	z	zeta

In addition to the letters used in the English alphabet, **ch, ll, ñ,** and **rr** represent single sounds in Spanish and are considered single letters. In dictionaries and vocabularies, words or syllables which begin with **ch, ll,** and **ñ** follow words or syllables which begin with **c, l,** and **n,** while **rr,** which never begins a word, is alphabetized as in English. **k** and **w** are used only in words of foreign origin. The names of the letters are feminine: **la be** (*the*) *b;* **la ere,** (*the*) *r.*

The Spanish alphabet is divided into vowels (**a, e, i, o, u**) and consonants. The letter **y** is a vowel when final in a word and when used as the conjunction **y,** *and.*

The Spanish vowels are divided into two groups: strong vowels (**a, e, o**) and weak vowels (**i, u**).

Spanish Sounds

Even though the Spanish alphabet is practically the same as the English, few sounds are identical in the two languages. It will be necessary, however, to make comparisons between the familiar English sounds and the unfamiliar Spanish sounds to show how Spanish is pronounced. Avoid using English sounds in Spanish words; try to follow the explanations in the text and imitate good Spanish pronunciation.

In general, Spanish pronunciation is much clearer and more uniform than the English. The vowel sounds are clipped short and none of the slurring occurs which is commonly heard in English, as in *so* (*so^u*), *came* (*ca^ime*), and *fly* (*fly^e*). Even unstressed vowels are pronounced clearly and distinctly; the slurred sound of English *a* in *fireman,* for example, never occurs in Spanish.

Spanish consonants also are usually pronounced more precisely and distinctly than English consonants, although a few (especially **b, d,** and **g** between vowels) are pronounced very weakly. Several consonants (**t, d, l,** and **n**) are pronounced farther forward in the mouth, with the tongue close to the upper teeth and gums. The consonants **p, t,** and **c** (before letters other than **e** and **i**) are never followed by the *h* sound which is often heard in English: *pen* (p^h*en*), *boat* (*boat*^{h}), *can* (c^h*an*).

Division of Words into Syllables

Spanish words are hyphenated at the end of a line and are divided into syllables according to the following principles:

a. A single consonant (including **ch, ll, rr**) goes with the vowel which follows: **a-pa-ra-to, ni-ño, ca-lle, no-che, bu-rro.**

b. Two consonants are usually divided: **tar-de, es-pa-ñol, pron-to.** However, consonants followed by **l** or **r** are generally pronounced together and go with the following vowel: **li-bro, po-si-ble, a-pren-do.** (Exceptions, which need not be learned at this point, are the groups **nl, rl, sl, tl, nr,** and **sr: Car-los, En-ri-que.**)

c. In combinations of three or more consonants, only the last consonant or the two consonants of the inseparable groups just mentioned (consonant plus **l** or **r,** with the exceptions listed) begin a syllable: **en-trar, tim-bre, in-glés, ins-pi-ra-ción.**

d. Two adjacent strong vowels (**a, e, o**) occur in separate syllables: **le-o, cre-e, tra-en, o-es-te.**

e. Combinations of a strong and a weak vowel (**i, u**) or of two weak vowels normally are part of the same syllable. Such combinations of two vowels are called *diphthongs:* **bue-nos, es-tu-dio, ciu-dad, Lui-sa, gra-cias.**

f. In combinations of a strong and a weak vowel, when a written accent mark occurs on the weak vowel, it divides the two vowels into separate syllables: **dí-a, pa-ís, tí-o.** An accent mark on the strong vowel of such combinations does not result in two syllables: **lec-ción, tam-bién.**

Word Stress

a. Most words ending in a vowel or in **n** or **s** (plural endings of verbs and nouns, respectively), are stressed on the next to the last syllable: *cla*-se, *to*-mo, *ca*-sas, *ha*-blan, *Car*-men.

b. Most words ending in a consonant other than **n** or **s** are stressed on the last syllable: **pro-fe-***sor,* **to-***mar,* **pa-***pel,* **ciu-***dad,* **es-pa-ñol.**

c. Words not pronounced according to the above rules have a written accent on the stressed syllable: **ca-***fé,* **in-***glés,* **lec-***ción,* **tam-***bién,* **lá-***piz.**

The written accent is also used to distinguish between two words spelled alike but different in meaning (**si**, *if,* **sí**, *yes;* **el**, *the,* **él**, *he,* etc.) and it occurs on the stressed syllable of all interrogative words (**¿qué?** *what?*).

Vowels

a is pronounced between the *a* of English *ask* and the *a* of *father:* **ca-sa, ha-bla, cá-ma-ra.**

e is pronounced like *e* in *café*, but without the glide sound which follows the *e* in English: **me-sa, cla-se, le-e.**

i (y) is pronounced like *i* in *machine:* **a-sí, Fe-li-pe, sí, dí-as, y.**

o is pronounced like *o* in *obey*, but without the glide sound which follows the *o* in English: **no, so-lo, to-mo, co-che.**

u is pronounced like *oo* in *cool:* **u-no, a-lum-no, us-ted.**

The vowels **e** and **o** also have sounds like *e* in *get* and *o* in *for*. These sounds, as in English, generally occur when the **e** and **o** are followed by a consonant in the same syllable: **el, ser, con, es-pa-ñol.** In pronouncing the **e** in **el** and **ser,** and the **o** in **con** and **español,** the mouth is opened wider and the distance between the tongue and palate is greater than when pronouncing the **e** in **mesa** and **clase,** and the **o** in **no** and **solo.** There is a greater difference in the two sounds of **e** than in the two sounds of **o.**

Consonants

b and **v** are pronounced exactly alike. At the beginning of a breath-group (see pages 397–398), or after **m** or **n** (also pronounced like **m** in this case), the sound is that of a weakly pronounced English *b:* **bien, bue-nos, ver-de, vi-da, en-viar, hom-bre.** In other positions, particularly between vowels, the sound is much weaker than the English *b*. The lips touch very lightly, leaving a narrow opening in the center, and the breath continues to pass between them. Avoid the English *v* sound: **li-bro, sa-ber, es-cri-bo, la-vo, Cu-ba.** Note the two different sounds in **vi-vir** and **bre-ve.**

c before **e** and **i,** and **z** in all positions, are pronounced like the English soft *s* in *sent* in Spanish America and in southern Spain. In northern and central Spain this sound is like *th* in *thin:* **ha-cer, ci-ne, gra-cias, lá-piz, luz.**

c before all other letters, **k,** and **qu** are pronounced like English *c* in *cat*, but without the *h* sound which frequently follows the *c* in English: **ca-sa, blan-co, ki-ló-me-tro, que, par-que.** Note both sounds of **c** in **lec-ción** and **cin-co.**

ch is pronounced like *ch* in *church:* **mu-cho, mu-cha-cho, Chi-le.**

d has two sounds. At the beginning of a breath-group or after **l** or **n,** it is pronounced like a weak English *d*, but with the tip of the tongue touching the inner surface of the upper front teeth rather than the ridge above the teeth as in English: **dos, don-de, sal-drán.** In all other cases, the tongue drops even lower and the sound is like a weak English *th* in *this:* **ca-da, to-do, ma-dre.** The sound is particularly weak in the ending **-ado** and when final in a word: **es-ta-do, us-ted, Ma-drid.**

f is pronounced like English *f:* **ca-fé, Fe-li-pe.**

g before **e** and **i,** and **j** in all positions, are pronounced alike and have no

English equivalent. They are pronounced approximately like a strongly exaggerated *h* in *halt:* **gen**-te, **hi**-jo, **Jor**-ge, di-ri-**gir.** (The letter **x** in the words **México** and **mexicano,** spelled **Méjico** and **mejicano** in Spain, is pronounced like Spanish **j.**)

g in other positions and **gu** before **e** and **i** are pronounced like a weak English *g* in *go* at the beginning of a breath-group or after **n:** **gra**-cias, gui-**ta**-rra, **ten**-go. In other cases, especially between vowels, the sound is much weaker: **di**-go, **lue**-go, **trai**-go. (In the combinations **gua** and **guo** the **u** is pronounced like English *w* in *wet:* **a**-gua, **len**-gua, an-**ti**-guo; when the diaeresis is used over the **u** in the combinations **güe** and **güi,** the **u** has the same sound: ni-ca-ra-**güen**-se, *Nicaraguan.*)

h is always silent: **hoy,** **ha**-blan, **has**-ta.

l is pronounced like *l* in *leap,* with the tip and front part of the tongue well forward in the mouth: pa-**pel,** Fe-**li**-pe.

ll is pronounced like *y* in *yes* in most of Spanish America and in some sections of Spain; in other parts of Spain it is somewhat like *lli* in *million:* **ca**-lle, e-**lla,** **lla**-ma.

m is pronounced like English *m:* **ma**-pa, **to**-man.

n is pronounced like English *n:* **no,** **Car**-men. Before **b, v, m,** and **p,** however, it is pronounced like English *m:* **un po**-co, con **Bár**-ba-ra, con-ver-**tir.** Before **c, gu, g,** and **j** it is pronounced like English *n* in *sing:* **blan**-co, **ten**-go, con **Juan.**

ñ is somewhat like the English *ny* in *canyon:* se-**ñor,** ma-**ña**-na, es-pa-**ñol.**

p is pronounced like English *p,* but without the *h* sound which often follows the *p* in English: pa-**pel,** **ma**-pa, pa-**pá.**

q (always written with **u**): see page 395, under **c, k,** and **qu.**

r and **rr** represent two different sounds. Single **r,** except at the beginning of a word, is pronounced with a single tap produced by the tip of the tongue against the gums of the upper teeth. The sound is much like *dd* in *eddy* pronounced rapidly: **ca**-ra, ha-**blar,** **o**-ro. **rr** and **r** when initial or after **l, n,** or **s** are strongly trilled: **ri**-co, Ro-**ber**-to, pi-**za**-rra, co-**rre**-o.

s is pronounced somewhat like English *s* in *sent:* **ca**-sa, **es**-to; before the voiced **b, d, g, l, ll, m, n, ñ, r, v,** and **y,** however, Spanish **s** is like English *s* in *rose:* **mis**-mo, **des**-de, los **dos,** los **li**-bros, es ver-**dad.**

t is pronounced with the tip of the tongue touching the back of the upper front teeth rather than the ridge above the teeth as in English; it is never followed by the *h* sound which is frequently heard in English: **to**-do, **tar**-des, tem-**pra**-no.

v: see page 395, under **b.**

x is pronounced as follows: (1) before a consonant, like English *s* in *sent:* **ex-plo-rar,** ex-tran-**je**-ro, ex-**tre**-mo; (2) between vowels it is usually a double sound consisting of a weak English *g* followed by a soft *s:* e-**xa**-men, e-xis-**tir.**

y is pronounced like a strong English *y* in *you:* **yo, ya,** **ma**-yo. The conjunction **y,** *and,* when combined with the initial vowel of a following word is similarly pronounced: **Car**-los y Ar-**tu**-ro.

z: see page 395, under **c** before **e** and **i.**

Diphthongs

The weak vowels **i** (**y**) and **u** may combine with the strong vowels **a, e,** and **o,** or with each other to form diphthongs. In such combinations the strong vowels retain their full syllabic value, while the weak vowels, or the first vowel of two weak vowels, lose part of their syllabic value.

As the first letter of a diphthong, unstressed **i** is pronounced like a weak English *y* in *yes* and unstressed **u** is pronounced like *w* in *wet*. The Spanish diphthongs beginning with unstressed **i** or **u** are: **ia, ie, io, iu; ua, ue, ui, uo,** as in *gra-*cias, *bien,* a-*diós,* ciu-*dad;* cuar-to, *bue-*no, *Luis,* an-*ti-*guo.

The diphthongs in which unstressed **i** or **u** occurs as the second letter of the diphthong are nine in spelling, but in sounds only six, since **i** and **y** have the same sound here. They are: **ai, ay; au; ei, ey; eu; oi, oy, ou.** These diphthongs are pronounced as follows:

ai, ay like a prolonged English *i* in *mine:* **hay,** *bai-*le.

au like a prolonged English *ou* in *out:* **au-to-*bús,*** *cau-*sa.

ei, ey like a prolonged English *a* in *late:* **seis, rey.**

eu has no close English equivalent. It is pronounced like the clipped English *e* in *eh,* followed closely by a glide sound which ends in *oo,* to sound like *ehoo:* **Eu-*ro-*pa.**

oi, oy like a prolonged English *oy* in *boy:* **sois, soy.**

ou like a prolonged English *o* in *note:* **lo usamos.**

Two strong vowels coming together occur in separate syllables: *cre-*o, **Do-ro-**te-a. Also, when a weak vowel adjacent to a strong vowel has a written accent, the letters occur in separate syllables: *dí-*as, pa-*ís,* Ma-*rí-*a, *tí-*o. An accent on the strong vowel merely indicates stress: tam-*bién,* a-*diós,* diá-lo-go, lec-*ción.*

Triphthongs

A triphthong is a combination in a single syllable of a stressed strong vowel between two weak vowels. There are four triphthongal combinations: **iai, iei, uai (uay), uei (uey):** es-tu-*diáis,* U-ru-*guay,* **buey.**

Linking

In reading or speaking Spanish, words are linked together, as they are in English, so that two or more may be sounded as one long word, called a breath-group. Position at the beginning of, or within, a breath-group determines the pronunciation of certain Spanish consonants. Similarly, pronunciation of many sounds depends on the sounds with which they are linked within the breath-group. Frequently, a short sentence will be pronounced as one breath-group, while a longer one may be divided into two or more groups. The meaning of what is being pronounced will help you to determine where the pauses ending the breath-groups should be made.

The following examples illustrate some of the general principles of linking. The syllabic division in parentheses shows the correct linking; the syllable or syllables italicized bear the main stress.

a. Within a breath-group the final consonant of a word forms a syllable with the initial vowel of the following word: **el alumno (e-la-*lum*-no).**

b. Within a breath-group when two identical vowels of different words come together they are pronounced as one: **el profesor de español (el-pro-fe-*sor*-de es-pa-*ñol*).**

c. Within a breath-group when two identical consonants of different words come together, they are pronounced as one: **el libro (e-*li*-bro), las sillas (la-*si*-llas).**

d. When different vowels between words come together within a breath-group, they are usually pronounced in a single syllable. Two cases occur: (1) a strong vowel may be followed or preceded by a weak vowel, phonetically creating a diphthong (see page 397): **su amigo (su a-*mi*-go), Juan y Elena (*Jua*-n y E-*le*-na), mi padre y mi madre (mi-*pa*-dre y-mi-*ma*-dre);** and (2) both vowels may be strong, with each losing part of its syllabic value: **vamos a la escuela (*va*-mo-sa-la es-*cue*-la); El hombre está aquí (E-*lom*-bre es-*tá* a-*quí*).**

PUNCTUATION

Spanish punctuation is much the same as the English. The most important differences are:

a. Inverted question marks and exclamation points precede questions and exclamations. They are placed at the actual beginning of the question or exclamation, not necessarily at the beginning of the sentence:

> **¿Vienen Carlos y Felipe?**   Are Charles and Philip coming?
> **¡Qué muchacha más bonita!**   What a pretty girl!
> **Ella es española, ¿verdad?**   She is Spanish, isn't she?

b. In Spanish a comma is not used between the last two words of a series, while in English it frequently is:

> **Tengo libros, cuadernos y lápices.**   I have books, notebooks, and pencils.

c. A dash is generally used instead of quotation marks to denote a change of speaker in a dialogue. It appears at the beginning of each speech, but is omitted at the end:

> —**¿Eres tú mexicano?**   Are you a Mexican?
> —**Sí, señor. Soy de la Ciudad de México.**   Yes, sir. I am from Mexico City.

If Spanish quotation marks are used, they are placed on the line, as in the example which follows. In current practice English quotation marks are widely used in Spanish:

Carlos dijo: «Buenos días».   Charles said, "Good morning."

CAPITALIZATION

Only proper names and the first word of a sentence begin with a capital letter in Spanish. The subject pronoun **yo** (*I* in English), names of months and days of the week, adjectives of nationality and nouns formed from them, and titles (unless abbreviated) are not capitalized. In titles of books or works of art, only the first word is ordinarily capitalized:

Marta y yo hablábamos.   Martha and I were talking.
Mañana será martes.   Tomorrow will be Tuesday.
Buenos días, señor (Sr.) Martín.   Good morning, Mr. Martín.
Conozco a muchos mexicanos.   I know many Mexicans.
Las hilanderas.   The Spinning Girls.

APPENDIX C

Frases para la clase (*Classroom expressions*)

Some expressions and grammatical terms which may be used in the classroom and laboratory are listed below. They are not included in the end vocabularies unless used in the preceding lessons. Other common expressions are used in the text.

Voy a pasar lista.	I am going to call the roll.
Presente.	Present.
¿Qué lección tenemos hoy?	What lesson do we have today?
Tenemos la Lección primera (dos).	We have Lesson One (Two).
¿En qué página empieza?	On what page does it begin?
¿Qué línea (renglón)?	What line?
(La lectura) empieza en la página . . .	(The reading) begins on page . . .
Al principio de la página.	At the beginning of the page.
En el medio (Al pie) de la página.	In the middle (At the bottom) of the page.
Abre (tú) tu libro.	Open (*sing.*) your book.
Abran Uds. sus libros.	Open (*pl.*) your books.
Cierra (tú) tu libro.	Close (*sing.*) your book.
Cierren Uds. sus libros.	Close (*pl.*) your books.
Lee (tú) en español.	Read (*sing.*) in Spanish.
Lean Uds. . . .	Read (*pl.*) . . .
Empieza (tú) a leer.	Begin (*sing.*) to read.
Empiecen Uds. . . .	Begin (*pl.*) . . .
Sigue (tú) leyendo.	Continue (Go on) (*sing.*) reading.
Sigan Uds. . . .	Continue (Go on) (*pl.*) . . .
Traduce (tú) al español (inglés).	Translate (*sing.*) into Spanish (English).
Traduzcan Uds. . . .	Translate (*pl.*) . . .
Repítelo (tú).	Repeat it (*sing.*).
Repítanlo Uds.	Repeat it (*pl.*).
Pronuncia (tú).	Pronounce (*sing.*).
Pronuncien Uds.	Pronounce (*pl.*).
Basta.	(That's) enough, That will do.
Ve (tú) *or* **Pasa (tú) a la pizarra.**	Go *or* Pass (*sing.*) to the (black)board.
Vayan Uds. *or* **Pasen Uds. . . .**	Go *or* Pass (*pl.*) . . .
Escribe (tú) (al dictado).	Write (*sing.*) (at dictation).
Escriban Uds. . . .	Write (*pl.*) . . .
Corrige (tú) las oraciones (frases).	Correct (*sing.*) the sentences.
Corrijan Uds. . . .	Correct (*pl.*) . . .

Vuelve (tú) a tu asiento.	Return (*sing.*) to your seat.
Vuelvan Uds. a sus asientos.	Return (*pl.*) to your seats.
Siéntate (tú).	Sit down (*sing.*).
Siéntense Uds.	Sit down (*pl.*).
Haz (tú) el favor de (+ *inf.*) . . .	Please (*sing.*) (+ *inf.*) . . .
Hagan Uds. el favor de . . .	Please (*pl.*) . . .
Está bien.	All right, That's fine.
¿Qué significa la palabra . . .?	What does the word . . . mean?
¿Cómo se dice . . .?	How does one say . . .?
¿Quién quiere hacer una pregunta?	Who wants to ask a question?
Escucha (tú) bien.	Listen (*sing.*) carefully.
Escuchen Uds. lo que voy a leer.	Listen (*pl.*) to what I am going to read.
Prepara (tú) la lección.	Prepare (*sing.*) the lesson.
Preparen Uds. para mañana . . .	Prepare (*pl.*) for tomorrow . . .
Ha sonado el timbre.	The bell has rung.
La clase ha terminado.	The class has ended.
(Tú) puedes marcharte.	You (*sing.*) may leave (You are excused).
Uds. pueden marcharse.	You (*pl.*) may leave (You are excused).

Palabras y expresiones para el laboratorio (*Words and expressions for the laboratory*)

el alto parlante loudspeaker	**externo, -a** external
los auriculares (audífonos) ear-(head)phones	**la grabadora (de cinta)** (tape) recorder
la cabina booth	**grabar** to record
la cinta (magnetofónica) (magnetic) tape	**el micrófono** microphone
el disco (fonográfico) disc, (phonograph) record	**la perilla** knob
el enchufe plug	**la salida** output
la entrada input	**el sonido** sound
	el volumen volume

Acércate (tú) *and* **Acérquense Uds. más al micrófono.**   Get closer to the microphone.

Aleja (tú) *and* **Alejen Uds. más el micrófono.**   Move the microphone away from you.

Aumenta (tú) *and* **Aumenten Uds. el volumen.**   Turn up (Increase) the volume.

Escucha (tú) *and* **Escuchen Uds. la grabación.**   Listen to the recording.

Habla (tú) *and* **Hablen Uds. en voz más alta (más baja, natural).**   Speak in a louder (lower, natural) voice.

Habla (tú) *and* **Hablen Uds. más rápido (despacio).**   Speak faster (slower).

Imita (tú) lo que oigas.   Imitate (*sing.*) what you hear.

Imiten Uds. lo que oigan.   Imitate (*pl.*) what you hear.

Para *or* **Apaga (tú) tu máquina.**   Stop (*sing.*) your machine.
Paren *or* **Apaguen Uds. sus máquinas.**   Stop (*pl.*) your machines.
Pon (tú) en marcha *or* **Enciende . . .**   Start, Turn on (*sing.*) . . .
Pongan Uds. en marcha *or* **Enciendan . . .**   Start, Turn on (*pl.*) . . .
Ponte (Quítate) (tú) los audífonos.   Put on (Take off) (*sing.*) your headphones.
Pónganse (Quítense) Uds. los audífonos.   Put on (Take off) (*pl.*) your headphones.
Repite (tú) *and* **Repitan Uds. la respuesta.**   Repeat the answer.
Se oirá (Tú oirás, Uds. oirán) cada frase una vez (dos veces), seguida de una pausa.   You will hear each sentence once (twice), followed by a pause.
Se oirá (Tú oirás, Uds. oirán) luego la respuesta (correcta).   You will hear the (correct) answer later.
¿Se oye claramente la señal?   Is the signal clear?

Términos gramaticales (*Grammatical terms*)

el adjetivo	adjective
demostrativo	demonstrative
posesivo	possessive
el adverbio	adverb
el artículo	article
definido	definite
indefinido	indefinite
el cambio ortográfico	change in spelling
la capitalización	capitalization
la cláusula	clause
la comparación	comparison
el comparativo	comparative
el complemento (objeto)	object
directo	direct
indirecto	indirect
la composición	composition
la concordancia	agreement
la conjugación	conjugation
la conjunción	conjunction
la consonante	consonant
el diptongo	diphthong
el género	gender
masculino	masculine
femenino	feminine
el gerundio	gerund, present participle
el indicativo	indicative
el infinitivo	infinitive
la interjección	interjection

la interrogación	interrogation, question
el modo indicativo	indicative mood
el modo subjuntivo	subjunctive mood
el nombre (substantivo)	noun, substantive
el nombre propio	proper noun
el número	number, numeral
cardinal	cardinal
ordinal	ordinal
la palabra (negativa)	(negative) word
las partes de la oración	parts of speech
el participio pasado (presente)	past (present) participle
la persona	person
primera	first
segunda	second
tercera	third
el plural	plural
la posición	position
el predicado	predicate
la preposición	preposition
el pronombre	pronoun
interrogativo	interrogative
personal	personal
relativo	relative
la puntuación	punctuation
la radical (raíz)	stem
el significado	meaning
la sílaba	syllable
última	last
penúltima	next to the last
el singular	singular
el subjuntivo	subjunctive
el sujeto	subject
el superlativo	superlative
la terminación	ending
el tiempo simple (compuesto)	simple (compound) tense
presente	present
imperfecto	imperfect
pretérito	preterit
futuro	future
condicional	conditional
perfecto	perfect (present perfect)
pluscuamperfecto	pluperfect
futuro perfecto	future perfect
condicional perfecto	conditional perfect
el triptongo	triphthong

el verbo	verb
auxiliar	auxiliary
impersonal	impersonal
irregular	irregular
reflexivo	reflexive
regular	regular
(in)transitivo	(in)transitive
la vocal	vowel
la voz	voice
activa	active
pasiva	passive

Signos de puntuación (*Punctuation marks*)

,	coma	( )	(el) paréntesis
;	punto y coma	« »	comillas
:	dos puntos	´	acento escrito
.	punto final	¨	(la) diéresis
...	puntos suspensivos	~	(la) tilde
¿ ?	signo(s) de interrogación	-	(el) guión
¡ !	signo(s) de admiración	—	raya

Abreviaturas y signos (*Abbreviations and signs*)

adj.	adjective	*lit.*	literally
adv.	adverb	*m.*	masculine
Am.	American	*Mex.*	Mexican
cond.	conditional	*obj.*	object
conj.	conjunction	*p.p.*	past participle
dir.	direct	*part.*	participle
e.g.	for example	*pl.*	plural
etc.	and so forth	*prep.*	preposition
f.	feminine	*pres.*	present
fam.	familiar	*pret.*	preterit
i.e.	that is	*pron.*	pronoun
imp.	imperfect	*reflex.*	reflexive
ind.	indicative	*sing.*	singular
indef.	indefinite	*subj.*	subjunctive
indir.	indirect	*U.S.A.*	United States of America
inf.	infinitive		

( )   Words in parentheses are explanatory or they are to be translated in the exercises.

—   In the general vocabularies a dash indicates a word repeated, while in the exercises it usually indicates a grammatical form to be supplied.

+   = followed by.

APPENDIX D

CARDINAL NUMERALS

0	**cero**	29	**veinte y nueve (veinti-nueve)**
1	**un(o), una**	30	**treinta**
2	**dos**	31	**treinta y un(o), -a**
3	**tres**	40	**cuarenta**
4	**cuatro**	50	**cincuenta**
5	**cinco**	60	**sesenta**
6	**seis**	70	**setenta**
7	**siete**	80	**ochenta**
8	**ocho**	90	**noventa**
9	**nueve**	100	**ciento (cien)**
10	**diez**	101	**ciento un(o), ciento una**
11	**once**	110	**ciento diez**
12	**doce**	200	**doscientos, -as**
13	**trece**	300	**trescientos, -as**
14	**catorce**	400	**cuatrocientos, -as**
15	**quince**	500	**quinientos, -as**
16	**diez y seis (dieciséis)**	600	**seiscientos, -as**
17	**diez y siete (diecisiete)**	700	**setecientos, -as**
18	**diez y ocho (dieciocho)**	800	**ochocientos, -as**
19	**diez y nueve (diecinueve)**	900	**novecientos, -as**
20	**veinte**	1.000	**mil**
21	**veinte y un(o), -a (veintiún, veintiuno, veintiuna)**	1.020	**mil veinte**
22	**veinte y dos (veintidós)**	2.000	**dos mil**
23	**veinte y tres (veintitrés)**	100.000	**cien mil**
24	**veinte y cuatro (veinticuatro)**	200.000	**doscientos, -as mil**
25	**veinte y cinco (veinticinco)**	1.000.000	**un millón de**
26	**veinte y seis (veintiséis)**	2.000.000	**dos millones (de)**
27	**veinte y siete (veintisiete)**	2.500.000	**dos millones quinientos, -as mil**
28	**veinte y ocho (veintiocho)**		

Uno and numerals ending in **uno** drop **-o** before a masculine noun; **una** is used before a feminine noun: **un soldado,** *one soldier;* **treinta y un muchachos,** *thirty-one boys;* **veinte y una repúblicas,** *twenty-one republics.*

Ciento becomes **cien** before nouns and before **mil** and **millones: cien dólares,** *one hundred dollars;* **cien mil habitantes,** *one hundred thousand inhabitants.*

Un is normally not used with **cien(to)** and **mil: mil estudiantes,** *1,000 students;* however, one must say **ciento un mil habitantes,** *101,000 inhabitants.* **Un** is used with the noun **millón,** which requires **de** when a noun follows: **un millón de dólares,** *$1,000,000.* For *$2,000,000* one says **dos millones de dólares.**

The hundreds agree with a feminine noun: **doscientas muchachas,** *200 girls;* **quinientas cincuenta palabras,** *550 words.* Beyond nine hundred, **mil** must be used in counting: **mil novecientos setenta y tres,** *1973.*

Regardless of the English use of *and* in numbers, **y** is normally used in Spanish only between multiples of ten and numbers less than ten: **diez y seis,** *16;* **noventa y nueve,** *99;* but **seiscientos seis,** *606.*

From 16 through 19 and 21 through 29, the numerals are often written as one word: **dieciséis,** *16.* Note that an accent mark must also be written on the forms **veintiún, veintidós, veintitrés,** and **veintiséis.** Above 29 the one-word forms are not used.

In writing numerals in Spanish a period is often used where a comma is used in English, and a comma is used for the decimal point: $2.400,75. In current commercial practice, however, the English method is being used more and more.

ORDINAL NUMERALS

1st	**primero (primer), -a**	4th	**cuarto, -a**	8th	**octavo, -a**
2nd	**segundo, -a**	5th	**quinto, -a**	9th	**noveno, -a**
3rd	**tercero (tercer), -a**	6th	**sexto, -a**	10th	**décimo, -a**
		7th	**séptimo, -a**		

Ordinal numerals agree in gender and number with the nouns they modify. **Primero** and **tercero** drop final **-o** before a masculine singular noun: **el primer (tercer) coche,** *the first (third) car,* but **los primeros días,** *the first days,* **la tercera parte,** *the third part (one-third).*

The ordinal numerals may precede or follow the noun. Contrast the following:

Lección primera	Lesson One (I)	**la primera lección**	the first lesson
el capítulo cuarto	Chapter Four	**el cuarto capítulo**	the fourth chapter
la Calle Quinta	Fifth Street	**la quinta calle**	the fifth street

A cardinal numeral precedes an ordinal when both are used together: **las tres primeras páginas,** *the first three pages.* (Note that Spanish says *the three first,* not *the first three* as in English.)

With titles, chapters of books, volumes, etc., ordinal numerals are normally used through *tenth.* Beyond *tenth,* the cardinal numerals are regularly used; in these cases all numerals follow the noun. Before numerals in the names of rulers and popes the definite article is omitted in Spanish:

Felipe Segundo	Philip II (the Second)	**el tomo segundo**	Volume Two
la página sesenta	page 60	**el siglo veinte**	the twentieth century

DAYS OF THE WEEK

domingo	Sunday	**jueves**	Thursday
lunes	Monday	**viernes**	Friday
martes	Tuesday	**sábado**	Saturday
miércoles	Wednesday		

MONTHS

enero	January	**julio**	July
febrero	February	**agosto**	August
marzo	March	**septiembre**	September
abril	April	**octubre**	October
mayo	May	**noviembre**	November
junio	June	**diciembre**	December

SEASONS

la primavera	spring	**el otoño**	fall, autumn
el verano	summer	**el invierno**	winter

DATES

In expressing dates the ordinal numeral **primero** is used for the *first* (day of the month), and the cardinal numerals are used in all other instances. The definite article translates *the, on the*, with the day of the month. (Remember that the definite article translates *on* with a day of the week: **Yo saldré el lunes,** *I shall leave Monday* or *on Monday.*)

Hoy es el primero de enero.   Today is the first of January (January 1).
Nació el dos de mayo.   He was born (on) the second of May (May 2).

A complete date is expressed:

el diez de marzo de mil novecientos setenta y tres   March 10, 1973

TIME OF DAY

¿Qué hora es (era)?   What time is (was) it?
Es (Era) la una.   It is (was) one o'clock.
Son (Eran) las cinco.   It is (was) five o'clock.

Son las ocho menos diez de la mañana.   It is ten minutes before eight A.M. (in the morning).

Son las dos de la tarde en punto.   It is two P.M. (in the afternoon) sharp.

Eran las nueve de la noche.   It was nine at night (in the evening).

Ella saldrá a la una (a las tres).   She will leave at one (at three) o'clock.

Acaba de dar la una.   It has just struck one.

Ya han dado las once.   It has already struck eleven.

Faltan diez minutos para las doce.   It is ten minutes to twelve.

Estarán aquí hasta las cuatro.   They will be here until four.

Yo trabajo desde las ocho hasta las doce.   I work from eight until twelve.

APPENDIX E

THE DEFINITE AND INDEFINITE ARTICLES

I. Uses of the definite article

The definite article **el** (*pl.* **los**) or **la** (*pl.* **las**) is used in Spanish as in English to denote a specific noun. In addition, the definite article in Spanish has a number of other important functions. A few of the special uses are:

a. With nouns in a general sense, indicating a whole class:

> **La nieve es fría.** Snow is cold.
> **Nos gusta la música española.** We like Spanish music.

b. With abstract nouns:

> **la juventud, el arte** youth, art
> **Lucharon por la libertad.** They struggled for liberty.

c. With titles (except before **don, doña, san, santo,** and **santa**) when speaking about, but not directly to, a person:

> **El doctor Martín volvió a casa.** Dr. Martín returned home.
> **La señora Blanco viene.** Mrs. Blanco is coming.

> But: **Buenos días, señor López.** Good morning, Mr. López.
> **Don Carlos Díaz me llamó.** Don Carlos Díaz called me.

d. With days of the week and seasons of the year, except after **ser,** and with dates, meals, hours of the day, and with expressions of time when modified:

> **Vienen el domingo.** They are coming (on) Sunday.
> **Salieron el doce.** They left the twelfth.
> **Ya han tomado el almuerzo.** They have already eaten lunch.
> **Eran las cuatro.** It was four o'clock.
> **Los vi la semana pasada.** I saw them last week.

> But: **Hoy es martes.** Today is Tuesday.
> **Es invierno.** It is winter.

e. With parts of the body, articles of clothing, and other things closely associated with a person, when the reference is clear, in place of the possessive adjective:

> **Elena se lavó las manos.** Helen washed her hands.
> **Él tiene el pelo negro.** He has black hair (His hair is black).
> **Se pusieron los zapatos.** They put on their shoes.
> **Enrique ha perdido el reloj.** Henry has lost his watch.

f. With the name of a language, except after **de** or **en** and immediately after **hablar** (and sometimes after such verbs as **aprender, comprender, escribir, estudiar, leer,** and **saber**):

> **El español no es fácil.** Spanish is not easy.

> But: **Ella no habla portugués.** She does not speak Portuguese.
> **Éste es un libro de español.** This is a Spanish book.
> **La carta está escrita en español.** The letter is written in Spanish.

SPECIAL NOTE: When any word other than the subject pronoun comes between forms of **hablar** and the name of a language, the article is used: **Marta habla bien el español,** *Martha speaks Spanish well.*

g. With nouns of rate, weight, and measure (English uses the indefinite article):

> **Cuestan diez dólares el par.** They cost ten dollars a pair.
> **Pagué a sesenta centavos la docena.** I paid sixty cents a dozen.

h. With adjectives to form nouns:

> **El joven no me conoce.** The young man doesn't know me.
> **Ella prefiere la roja.** She prefers the red one (*f.*).

i. Instead of a demonstrative before **de** and **que:**

> **Mi casa y la de Carlos . . .** My house and that of Charles . . .
> **Los que Ud. tiene son míos.** Those which you have are mine.

j. With names of rivers and mountains, with proper names and names of places when modified, and with the names of certain countries and cities:

El Amazonas está en el Brasil. The Amazon is in Brazil.
El tío Cándido vivía en Carmona. Uncle Cándido lived in Carmona.
Conocemos la España moderna. We know modern Spain.
Escriben acerca de la América española. They write about Spanish America.

Some commonly used names of countries and cities which are preceded by the definite article in conservative literary usage (but which are often used without the article in journalistic and colloquial use) are:

(el) Canadá	**(el) Brasil**	**(el) Perú**	**(el) Callao**
(los) Estados Unidos	**(el) Ecuador**	**(el) Paraguay**	**(el) Cuzco**
(la) Argentina	**(la) Florida**	**(el) Uruguay**	**(la) Habana**

The article is seldom omitted in the case of **El Salvador,** which means *The Savior.*

k. In certain set phrases:

> **en (a) la escuela**   in, at (to) school
> **a los dos años**   after (in) two years

l. The article **el** is used for **la** before feminine nouns beginning with stressed **a-** or **ha-** when the article immediately precedes: **el agua,** *the water,* **el hambre,** *hunger;* but **las aguas,** *the waters,* **la amiga,** *the (girl)friend.*

Recall the two contractions in Spanish of the masculine singular definite article: **a + el = al; de + el = del.** Examples: **Vamos al cine,** *We are going (Let's go) to the movies;* **Entro en el cuarto del muchacho,** *I enter the boy's room.*

II. The neuter article **lo** is used:

a. With adjectives, adverbs, and past participles used as adjectives, to form an expression almost equivalent to an abstract noun:

Lo malo es que él no viene.   What is bad (The bad thing) is that he isn't coming.
Lean Uds. lo escrito.   Read what is written.

b. With adverbs expressing possibility and with certain adjectives and adverbs to form set phrases:

> **Haré lo mejor posible.**   I'll do the best possible (the best I possibly can).
> **Los vi a lo lejos.**   I saw them in the distance.

III. The definite article is omitted:

a. Before titles in direct address and before the titles **don, doña, san, santo,** and **santa:**

> **Señor Salas, ¿dónde está San Luis?**   Mr. Salas, where is Saint Louis?

b. Before nouns in apposition, when the information is explanatory of the preceding noun:

Madrid, capital de España, es una ciudad grande.   Madrid, the capital of Spain, is a large city.

But: **Madrid, la ciudad que visité, es grande.**   Madrid, the city I visited, is large.

c. In many prepositional phrases, especially after **a, con, de,** or **en:**

> **en casa**   at home   **de noche**   at night

d. With days of the week and seasons of the year after **ser,** and before numerals in titles of rulers, etc.:

> **Hoy es viernes.**   Today is Friday.
> **Es invierno.**   It is winter.
> **Felipe Segundo (II)**   Philip the Second

IV. Uses of the indefinite article

The indefinite article **un, una,** *a, an,* is usually repeated before each noun:

> **María tiene una pulsera y un reloj.**   Mary has a bracelet and a watch.

The plural forms **unos, unas,** mean *some, any, a few, several, about* (in the sense of approximately).   Normally *some* and *any* are expressed in Spanish only when emphasized:

> **Ayer vi unas blusas bonitas.**   Yesterday I saw some (a few) pretty blouses.
> **El señor Díaz tiene unos sesenta años.**   Mr. Díaz is about sixty years old.

> But: **¿Tienes libros?**   Do you have any books?
> **Debo comprar flores para ella.**   I should buy some flowers for her.

In Spanish the indefinite article is omitted in certain cases in which it is generally used in English:

a. With an unmodified predicate noun which shows profession, occupation, religion, nationality, rank, political affiliation, and the like, or in answer to the English *What is (he)?*

> **El señor Salas es español.**   Mr. Salas is a Spaniard.
> **Mi hermano se hizo médico.**   My brother became a doctor.
> **¿Qué es él? —Es profesor.**   What is he? —He is a teacher.

The indefinite article is used, however, when the predicate noun is modified or a person's identity is stressed:

> **Ella es una buena profesora.**   She is a good teacher.
> **¿Quién es ella? —Es una profesora.**   Who is she? —She is a teacher.

b. Often before nouns, particularly in interrogative and negative sentences, after prepositions, and after certain verbs (such as **tener** and **buscar**), when the numerical concept of *a, an (one)* is not emphasized:

> **¿Buscas maleta ahora?**   Are you looking for a suitcase now?
> **Luis no tiene sombrero.**   Louis doesn't have a hat.
> **Salió sin abrigo.**   He went out without a topcoat.

c. With adjectives such as **otro, -a,** *another,* **tal,** *such a,* **cien(to),** *a (one) hundred,* **mil,** *a (one) thousand,* **cierto, -a,** *a certain,* **medio, -a,** *a half,* and with **¡qué!** *what a!* in exclamations:

> **Cierto estudiante le vio.**   A certain student saw him.
> **Compró otro disco.**   He bought another record.
> **¡Qué hombre!**   What a man!

d. After **como** or **de** meaning *as:*

Juan trabaja como agente de la casa.   John works as an agent of the firm.

e. With nouns in apposition, if the information is explanatory and not stressed:

Don Carlos Martín, profesor de español, . . .   Don Carlos Martín, a Spanish teacher, . . .

f. In many prepositional phrases:

> **al poco rato**   after a short while
> **en voz baja**   in a low voice
> **sin duda**   without a doubt

APPENDIX F

REGULAR VERBS

INFINITIVE

tomar, *to take*   **comer,** *to eat*   **vivir,** *to live*

PRESENT PARTICIPLE

tomando, *taking*   comiendo, *eating*   viviendo, *living*

PAST PARTICIPLE

tomado, *taken*   comido, *eaten*   vivido, *lived*

Simple Tenses

INDICATIVE MOOD

PRESENT

I take, do take, am taking, etc.	*I eat, do eat, am eating, etc.*	*I live, do live, am living, etc.*
tomo	como	vivo
tomas	comes	vives
toma	come	vive
tomamos	comemos	vivimos
tomáis	coméis	vivís
toman	comen	viven

IMPERFECT

I was taking, used to take, took, etc.	*I was eating, used to eat, ate, etc.*	*I was living, used to live, lived, etc.*
tomaba	comía	vivía
tomabas	comías	vivías
tomaba	comía	vivía
tomábamos	comíamos	vivíamos
tomabais	comíais	vivíais
tomaban	comían	vivían

PRETERIT

I took, did take, etc.	*I ate, did eat, etc.*	*I lived, did live, etc.*
tomé	comí	viví
tomaste	comiste	viviste
tomó	comió	vivió
tomamos	comimos	vivimos
tomasteis	comisteis	vivisteis
tomaron	comieron	vivieron

FUTURE

I shall (will) take, etc.	*I shall (will) eat, etc.*	*I shall (will) live, etc.*
tomaré	comeré	viviré
tomarás	comerás	vivirás
tomará	comerá	vivirá
tomaremos	comeremos	viviremos
tomaréis	comeréis	viviréis
tomarán	comerán	vivirán

CONDITIONAL

I should (would) take, etc.	*I should (would) eat, etc.*	*I should (would) live, etc.*
tomaría	comería	viviría
tomarías	comerías	vivirías
tomaría	comería	viviría
tomaríamos	comeríamos	viviríamos
tomaríais	comeríais	viviríais
tomarían	comerían	vivirían

SUBJUNCTIVE MOOD

PRESENT

(that) I may take, etc.	*(that) I may eat, etc.*	*(that) I may live, etc.*
tome	coma	viva
tomes	comas	vivas
tome	coma	viva
tomemos	comamos	vivamos
toméis	comáis	viváis
tomen	coman	vivan

-ra IMPERFECT

(that) I might take, etc.	*(that) I might eat, etc.*	*(that) I might live, etc.*
tomara	comiera	viviera
tomaras	comieras	vivieras
tomara	comiera	viviera
tomáramos	comiéramos	viviéramos
tomarais	comierais	vivierais
tomaran	comieran	vivieran

-se IMPERFECT[1]

tomase	comiese	viviese
tomases	comieses	vivieses
tomase	comiese	viviese
tomásemos	comiésemos	viviésemos
tomaseis	comieseis	vivieseis
tomasen	comiesen	viviesen

IMPERATIVE MOOD

take	*eat*	*live*
toma (tú)	come (tú)	vive (tú)
tomad (vosotros)	comed (vosotros)	vivid (vosotros)

Compound Tenses

PERFECT INFINITIVE

haber tomado (comido, vivido), *to have taken (eaten, lived)*

PERFECT PARTICIPLE

habiendo tomado (comido, vivido), *having taken (eaten, lived)*

---

[1] There is also a future subjunctive, used rarely today except in proverbs, legal documents, etc., which was common in Old Spanish. Forms are:
tomar: tomare tomares tomare tomáremos tomareis tomaren
comer: comiere comieres comiere comiéremos comiereis comieren
vivir: viviere vivieres viviere viviéremos viviereis vivieren
The future perfect subjunctive is: hubiere tomado (comido, vivido), etc.

INDICATIVE MOOD

PRESENT PERFECT	PLUPERFECT	PRETERIT PERFECT
I have taken, eaten, lived, etc.	*I had taken, eaten, lived, etc.*	*I had taken, eaten, lived, etc.*

he	había		hube
has	habías		hubiste
ha	tomado	había	tomado	hubo	tomado
	comido		comido		comido
hemos	vivido	habíamos	vivido	hubimos	vivido
habéis		habíais		hubisteis
han		habían		hubieron

FUTURE PERFECT	CONDITIONAL PERFECT
I shall (will) have taken, etc.	*I should (would) have taken, etc.*

habré
habrás
habrá   tomado
             comido
habremos   vivido
habréis
habrán

habría
habrías
habría   tomado
             comido
habríamos   vivido
habríais
habrían

SUBJUNCTIVE MOOD

PRESENT PERFECT	**-ra** and **-se** PLUPERFECT
(that) I may have taken, etc.	*(that) I might have taken, etc.*

haya
hayas
haya   tomado
              comido
hayamos   vivido
hayáis
hayan

hubiera *or* hubiese
hubieras *or* hubieses
hubiera *or* hubiese   tomado
                             comido
hubiéramos *or* hubiésemos   vivido
hubierais *or* hubieseis
hubieran *or* hubiesen

IRREGULAR PAST PARTICIPLES OF REGULAR VERBS

abrir:	**abierto**	describir:	**descrito**	escribir:	**escrito**
cubrir:	**cubierto**	descubrir:	**descubierto**	romper:	**roto**

COMMENTS CONCERNING FORMS OF VERBS

INFINITIVE	PRES. PART.	PAST PART.	PRES. IND.	PRETERIT
decir	**diciendo**	**dicho**	**digo**	**dijeron**
IMP. IND. decía	PROGRESSIVE TENSES **estoy**, *etc.*, **diciendo**	COMPOUND TENSES **he**, *etc.*, **dicho**	PRES. SUBJ. **diga**	IMP. SUBJ. **dijera** **dijese**
FUTURE **diré**			IMPERATIVE **di** decid	
CONDITIONAL **diría**				

a. From five forms (infinitive, present participle, past participle, first person singular present indicative, and third person plural preterit) all other forms may be derived.

b. The first and second persons plural of the present indicative of all verbs are regular, except in the case of **haber, ir,** and **ser.**

c. The third person plural is formed by adding **-n** to the third person singular in all tenses, except in the preterit and, in the present indicative of **ser.**

d. All familiar forms (second person singular and plural) end in **-s,** except the second person singular preterit and the imperative.

e. The imperfect indicative is regular in all verbs, except **ir (iba), ser (era),** and **ver (veía).**

f. If the first person singular preterit ends in unaccented **-e,** the third person singular ends in unaccented **-o;** the other endings are regular, except that after **j** the ending for the third person plural is **-eron.** Eight verbs of this group, in addition to those which end in **-ducir,** have a **u**-stem preterit (**andar, caber, estar, haber, poder, poner, saber, tener**); four have an **i**-stem (**decir, hacer, querer, venir**); and **traer** retains the vowel **a** in the preterit. (The third person plural preterit forms of **decir** and **traer** are **dijeron** and **trajeron,** respectively. The third person singular preterit form of **hacer** is **hizo.**) **Ir** and **ser** have the same preterit forms, while **dar** has second-conjugation endings in this tense.

g. The conditional always has the same stem as the future. Only twelve verbs have irregular stems in these tenses. Five drop **e** of the infinitive ending (**caber, haber, poder, querer, saber**); five drop **e** or **i** and insert **d** (**poner, salir, tener, valer, venir**); and two (**decir, hacer**) retain the Old Spanish stems **dir-** and **har- (far-).**

h. The stem of the present subjunctive of all verbs is the same as that of the first person singular present indicative, except for **dar, estar, haber, ir, saber,** and **ser.**

i. The imperfect subjunctive of all verbs is formed by dropping **-ron** of the third person plural preterit and adding the **-ra** or **-se** endings.

j. The singular imperative is the same in form as the third person singular present indicative, except in the case of ten verbs (**decir, di; haber, he; hacer, haz; ir, ve; poner, pon; salir, sal; ser, sé; tener, ten; valer, val** *or* **vale; venir, ven**). The plural imperative is always formed by dropping final **-r** of the infinitive and adding **-d.** (Remember that the imperative is used only for familiar affirmative commands.)

k. The compound tenses of all verbs are formed by using the various tenses of the auxiliary verb **haber** with the past participle.

IRREGULAR VERBS

(Participles are given with the infinitive; tenses not listed are regular.)

1. **andar,** andando, andado, *to go, walk*

PRETERIT	**anduve anduviste anduvo anduvimos anduvisteis anduvieron**
IMP. SUBJ.	**anduviera,** etc. **anduviese,** etc.

2. **caber,** cabiendo, cabido, *to be contained in, fit*

PRES. IND.	**quepo** cabes cabe cabemos cabéis caben
PRES. SUBJ.	**quepa quepas quepa quepamos quepáis quepan**
FUTURE	**cabré cabrás,** etc. COND. **cabría cabrías,** etc.
PRETERIT	**cupe cupiste cupo cupimos cupisteis cupieron**
IMP. SUBJ.	**cupiera,** etc. **cupiese,** etc.

3. **caer, cayendo, caído,** *to fall*

PRES. IND.	**caigo** caes cae caemos caéis caen
PRES. SUBJ.	**caiga caigas caiga caigamos caigáis caigan**
PRETERIT	caí **caíste cayó caímos caísteis cayeron**
IMP. SUBJ.	**cayera,** etc. **cayese,** etc.

4. **dar,** dando, dado, *to give*

PRES. IND.	**doy** das da damos dais dan
PRES. SUBJ.	**dé** des **dé** demos deis den
PRETERIT	**di diste dio dimos disteis dieron**
IMP. SUBJ.	**diera,** etc. **diese,** etc.

5. decir, diciendo, dicho, *to say, tell*

PRES. IND.	**digo**	**dices**	**dice**	decimos	decís	**dicen**
PRES. SUBJ.	**diga**	**digas**	**diga**	**digamos**	**digáis**	**digan**
IMPERATIVE	**di**			decid
FUTURE	**diré** **dirás,** etc.		COND. **diría** **dirías,** etc.
PRETERIT	**dije** **dijiste** **dijo** **dijimos** **dijisteis** **dijeron**
IMP. SUBJ.	**dijera,** etc.		**dijese,** etc.

Like **decir:** maldecir, *to put a curse on.*

6. estar, estando, estado, *to be*

PRES. IND.	**estoy**	**estás**	**está**	estamos	estáis	**están**
PRES. SUBJ.	**esté**	**estés**	**esté**	estemos	estéis	**estén**
PRETERIT	**estuve**	**estuviste**	**estuvo**	**estuvimos**	**estuvisteis**	**estuvieron**
IMP. SUBJ.	**estuviera,** etc.			**estuviese,** etc.

7. haber, habiendo, habido, *to have* (auxiliary)

PRES. IND.	**he**	**has**	**ha**	**hemos**	habéis	**han**
PRES. SUBJ.	**haya**	**hayas**	**haya**	**hayamos**	**hayáis**	**hayan**
IMPERATIVE	**he**			habed
FUTURE	**habré** **habrás,** etc.		COND. **habría** **habrías,** etc.
PRETERIT	**hube** **hubiste** **hubo** **hubimos** **hubisteis** **hubieron**
IMP. SUBJ.	**hubiera,** etc.		**hubiese,** etc.

8. hacer, haciendo, hecho, *to do, make*

PRES. IND.	**hago**	haces	hace	hacemos	hacéis	hacen
PRES. SUBJ.	**haga**	**hagas**	**haga**	**hagamos**	**hagáis**	**hagan**
IMPERATIVE	**haz**			haced
FUTURE	**haré** **harás,** etc.		COND. **haría** **harías,** etc.
PRETERIT	**hice** **hiciste** **hizo** **hicimos** **hicisteis** **hicieron**
IMP. SUBJ.	**hiciera,** etc.		**hiciese,** etc.

9. ir, yendo, ido, *to go*

PRES. IND.	**voy**	**vas**	**va**	**vamos**	**vais**	**van**
PRES. SUBJ.	**vaya**	**vayas**	**vaya**	**vayamos**	**vayáis**	**vayan**
IMPERATIVE	**ve**			id
IMP. IND.	**iba**	**ibas**	**iba**	**íbamos**	**ibais**	**iban**
PRETERIT	**fui**	**fuiste**	**fue**	**fuimos**	**fuisteis**	**fueron**
IMP. SUBJ.	**fuera,** etc.			**fuese,** etc.

10. **oír, oyendo,** oído, *to hear*

PRES. IND. **oigo oyes oye** oímos oís **oyen**
PRES. SUBJ. **oiga oigas oiga oigamos oigáis oigan**
IMPERATIVE **oye**   oíd
PRETERIT oí oíste **oyó** oímos oísteis **oyeron**
IMP. SUBJ. **oyera,** etc.   **oyese,** etc.

11. **poder, pudiendo,** podido, *to be able*

PRES. IND. **puedo puedes puede** podemos podéis **pueden**
PRES. SUBJ. **pueda puedas pueda** podamos podáis **puedan**
FUTURE **podré podrás,** etc. COND. **podría podrías,** etc.
PRETERIT **pude pudiste pudo pudimos pudisteis pudieron**
IMP. SUBJ. **pudiera,** etc.   **pudiese,** etc.

12. **poner,** poniendo, **puesto,** *to put, place*

PRES. IND. **pongo** pones pone ponemos ponéis ponen
PRES. SUBJ. **ponga pongas ponga pongamos pongáis pongan**
IMPERATIVE **pon**   poned
FUTURE **pondré pondrás,** etc. COND. **pondría pondrías,** etc.
PRETERIT **puse pusiste puso pusimos pusisteis pusieron**
IMP. SUBJ. **pusiera,** etc.   **pusiese,** etc.

Like **poner:** componer, *to compose;* imponerse a, *to be imposed upon;* proponer, *to propose;* suponer, *to suppose.*

13. **querer,** queriendo, querido, *to wish, want*

PRES. IND. **quiero quieres quiere** queremos queréis **quieren**
PRES. SUBJ. **quiera quieras quiera** queramos queráis **quieran**
FUTURE **querré querrás,** etc. COND. **querría querrías,** etc.
PRETERIT **quise quisiste quiso quisimos quisisteis quisieron**
IMP. SUBJ. **quisiera,** etc.   **quisiese,** etc.

14. **saber,** sabiendo, sabido, *to know*

PRES. IND. **sé** sabes sabe sabemos sabéis saben
PRES. SUBJ. **sepa sepas sepa sepamos sepáis sepan**
FUTURE **sabré sabrás,** etc. COND. **sabría sabrías,** etc.
PRETERIT **supe supiste supo supimos supisteis supieron**
IMP. SUBJ. **supiera,** etc.   **supiese,** etc.

15. **salir,** saliendo, salido, *to go out, leave*

PRES. IND.	**salgo**	sales	sale	salimos	salís	salen
PRES. SUBJ.	**salga**	**salgas**	**salga**	**salgamos**	**salgáis**	**salgan**
IMPERATIVE	**sal**			salid		

FUTURE **saldré saldrás,** etc. COND. **saldría saldrías,** etc.

16. **ser,** siendo, sido, *to be*

PRES. IND.	**soy**	**eres**	**es**	**somos**	**sois**	**son**
PRES. SUBJ.	**sea**	**seas**	**sea**	**seamos**	**seáis**	**sean**
IMPERATIVE	**sé**			sed		
IMP. IND.	**era**	**eras**	**era**	**éramos**	**erais**	**eran**
PRETERIT	**fui**	**fuiste**	**fue**	**fuimos**	**fuisteis**	**fueron**
IMP. SUBJ.	**fuera,** etc.			**fuese,** etc.		

17. **tener,** teniendo, tenido, *to have*

PRES. IND.	**tengo**	**tienes**	**tiene**	tenemos	tenéis	**tienen**
PRES. SUBJ.	**tenga**	**tengas**	**tenga**	**tengamos**	**tengáis**	**tengan**
IMPERATIVE	**ten**			tened		

FUTURE **tendré tendrás,** etc. COND. **tendría tendrías,** etc.

PRETERIT	**tuve**	**tuviste**	**tuvo**	**tuvimos**	**tuvisteis**	**tuvieron**
IMP. SUBJ.	**tuviera,** etc.			**tuviese,** etc.		

Like **tener:** contener, *to contain;* detener, *to detain;* obtener, *to obtain;* sostener, *to sustain.*

18. **traer, trayendo, traído,** *to bring*

PRES. IND.	**traigo**	**traes**	**trae**	**traemos**	**traéis**	**traen**
PRES. SUBJ.	**traiga**	**traigas**	**traiga**	**traigamos**	**traigáis**	**traigan**
PRETERIT	**traje**	**trajiste**	**trajo**	**trajimos**	**trajisteis**	**trajeron**
IMP. SUBJ.	**trajera,** etc.			**trajese,** etc.		

Like **traer:** atraer, *to attract.*

19. **valer,** valiendo, valido, *to be worth*

PRES. IND.	**valgo**	vales	vale	valemos	valéis	valen
PRES. SUBJ.	**valga**	**valgas**	**valga**	**valgamos**	**valgáis**	**valgan**
IMPERATIVE	**val** (vale)			valed		

FUTURE **valdré valdrás,** etc. COND. **valdría valdrías,** etc.

20. **venir, viniendo,** venido, *to come*

PRES. IND.	**vengo**	**vienes**	**viene**	venimos	venís	**vienen**
PRES. SUBJ.	**venga**	**vengas**	**venga**	**vengamos**	**vengáis**	**vengan**
IMPERATIVE	**ven**			venid		
FUTURE	**vendré**	**vendrás,** etc.		COND.	**vendría**	**vendrías,** etc.
PRETERIT	**vine**	**viniste**	**vino**	**vinimos**	**vinisteis**	**vinieron**
IMP. SUBJ.	**viniera,** etc.			**viniese,** etc.		

21. **ver,** viendo, **visto,** *to see*

PRES. IND.	**veo**	ves	ve	vemos	veis	ven
PRES. SUBJ.	**vea**	**veas**	**vea**	**veamos**	**veáis**	**vean**
PRETERIT	**vi**	viste	**vio**	vimos	visteis	vieron
IMP. IND.	**veía**	**veías**	**veía**	**veíamos**	**veíais**	**veían**

VERBS WITH CHANGES IN SPELLING

Changes in spelling are required in certain verbs to preserve the sound of the final consonant of the stem. The changes occur in only seven forms: in the first four types in this section the change is in the first person singular preterit, and in the remaining types in the first person singular present indicative, while all types change throughout the present subjunctive.

1. Verbs ending in **-car** change **c** to **qu** before **e: buscar,** *to look for.*

PRETERIT	**busqué**	buscaste	buscó, etc.			
PRES. SUBJ.	**busque**	**busques**	**busque**	**busquemos**	**busquéis**	**busquen**

Like **buscar:** acercarse, *to approach;* aplicar, *to apply;* arrancar, *to tear out;* atacar, *to attack;* colocar, *to place;* convocar, *to call together;* criticar, *to criticize;* dedicar, *to dedicate;* desembarcar, *to disembark;* destacarse, *to stand out;* educar, *to educate;* embarcarse, *to embark;* explicar, *to explain;* indicar, *to indicate;* marcar, *to dial;* practicar, *to practice;* publicar, *to publish;* sacar, *to take out;* secar, *to dry;* tocar, *to play* (music).

2. Verbs ending in **-gar** change **g** to **gu** before **e: llegar,** *to arrive.*

PRETERIT	**llegué**	llegaste	llegó, etc.			
PRES. SUBJ.	**llegue**	**llegues**	**llegue**	**lleguemos**	**lleguéis**	**lleguen**

Like **llegar:** apagar, *to turn off;* cargar, *to carry;* colgar (ue), *to hang;* entregar, *to hand (over);* navegar (ie), *to sail;* negar (ie), *to deny;* obligar, *to oblige;* rogar (ue), *to ask, beg.*

3. Verbs ending in **-zar** change **z** to **c** before **e:** **gozar,** *to enjoy.*

PRETERIT   **gocé**   gozaste   gozó, etc.
PRES. SUBJ.   **goce   goces   goce   gocemos   gocéis   gocen**

Like **gozar:** abalanzarse, *to rush;* abrazar, *to embrace;* almorzar (ue), *to eat lunch;* analizar, *to analyze;* avanzar, *to advance;* bautizar, *to baptize;* bostezar, *to yawn;* colonizar, *to colonize;* comenzar (ie), *to commence;* cruzar, *to cross;* empezar (ie), *to begin;* forzar (ue), *to force;* lanzar, *to hurl;* organizar, *to organize;* realizar, *to realize;* sintonizar, *to tune in.*

4. Verbs ending in **-guar** change **gu** to **gü** before **e:** **averiguar,** *to find out.*

PRETERIT   **averigüé**   averiguaste   averiguó, etc.
PRES. SUBJ.   **averigüe   averigües   averigüe   averigüemos   averigüéis   averigüen**

Like **averiguar:** apaciguar, *to pacify.*

5. Verbs ending in **-ger** or **-gir** change **g** to **j** before **a** and **o:** **coger,** *to catch.*

PRES. IND.   **cojo**   coges   coge, etc.
PRES. SUBJ.   **coja   cojas   coja   cojamos   cojáis   cojan**

Like **coger:** dirigir, *to direct;* encogerse, *to shrug;* escoger, *to choose;* recoger, *to pick up;* surgir, *to surge, arise.*

6. Verbs ending in **-guir** change **gu** to **g** before **a** and **o:** **distinguir,** *to distinguish.*

PRES. IND.   **distingo**   distingues   distingue, etc.
PRES. SUBJ.   **distinga   distingas   distinga   distingamos   distingáis   distingan**

Like **distinguir:** conseguir (i, i), *to get;* seguir (i, i), *to follow, continue.*

7. Verbs ending in **-cer** or **-cir** preceded by a consonant change **c** to **z** before **a** and **o:** **vencer,** *to overcome.*

PRES. IND.   **venzo**   vences   vence, etc.
PRES. SUBJ.   **venza   venzas   venza   venzamos   venzáis   venzan**

Like **vencer:** convencer, *to convince.*

8. Verbs ending in **-quir** change **qu** to **c** before **a** and **o:** **delinquir,** *to be guilty.*

PRES. IND.   **delinco**   delinques   delinque, etc.
PRES. SUBJ.   **delinca   delincas   delinca   delincamos   delincáis   delincan**

VERBS WITH SPECIAL ENDINGS

1. Verbs ending in **-cer** or **-cir** following a vowel insert **z** before **c** in the first person singular present indicative and throughout the present subjunctive: **conocer,** *to know, be acquainted with.*

PRES. IND. **conozco** conoces conoce, etc.
PRES. SUBJ. **conozca conozcas conozca conozcamos conozcáis conozcan**

Like **conocer:** agradecer, *to be thankful for;* amanecer, *to dawn;* aparecer, *to appear;* complacer, *to please;* crecer, *to grow;* desaparecer, *to disappear;* ejercer, *to exercise;* establecer, *to establish;* favorecer, *to favor;* florecer, *to flourish;* merecer, *to merit;* nacer, *to be born;* obedecer, *to obey;* ofrecer, *to offer;* parecer, *to seem;* permanecer, *to remain;* pertenecer, *to belong to;* prevalecer, *to prevail;* reconocer, *to recognize;* rejuvenecer, *to rejuvenate;* renacer, *to be revived.*

2. Verbs ending in **-ducir** have the same changes as **conocer,** with additional changes in the preterit and imperfect subjunctive: **conducir,** *to conduct.*

PRES. IND. **conduzco** conduces conduce, etc.
PRES. SUBJ. **conduzca conduzcas conduzca conduzcamos conduzcáis conduzcan**
PRETERIT **conduje condujiste condujo condujimos condujisteis condujeron**
IMP. SUBJ. **condujera,** etc.   **condujese,** etc.

Like **conducir:** introducir, *to introduce;* producir, *to produce;* reproducir, *to reproduce.*

3. Verbs ending in **-uir** (except **-guir**) insert **y** except before **i,** and change unaccented **i** between vowels to **y: huir,** *to flee.*

PARTICIPLES **huyendo**   huido
PRES. IND. **huyo huyes huye** huimos huis **huyen**
PRES. SUBJ. **huya huyas huya huyamos huyáis huyan**
IMPERATIVE **huye**   huid
PRETERIT huí huiste **huyó** huimos huisteis **huyeron**
IMP. SUBJ. **huyera,** etc.   **huyese,** etc.

Like **huir:** construir, *to construct;* contribuir, *to contribute;* destruir, *to destroy;* distribuir, *to distribute;* influir, *to influence;* substituir, *to substitute.*

4. Certain verbs ending in **-er** preceded by a vowel replace unaccented **i** of the ending by **y: creer,** *to believe.*

PARTICIPLES **creyendo**   **creído**
PRETERIT creí **creíste creyó creímos creísteis creyeron**
IMP. SUBJ. **creyera,** etc.   **creyese,** etc.

Like **creer:** leer, *to read;* poseer, *to possess.*

5. Some verbs ending in **-iar** require a written accent on the **i** in the singular and third person plural in the present indicative and present subjunctive and in the singular imperative: **enviar**, *to send*.

PRES. IND.	**envío**	**envías**	**envía**	enviamos	enviáis	**envían**
PRES. SUBJ.	**envíe**	**envíes**	**envíe**	enviemos	enviéis	**envíen**
IMPERATIVE	**envía**			enviad		

Like **enviar**: esquiar, *to ski;* guiar, *to guide*.

However, such common verbs as **anunciar**, *to announce;* apreciar, *to appreciate;* **asociarse con**, *to join;* **cambiar**, *to change;* **estudiar**, *to study;* **iniciar**, *to initiate;* **limpiar**, *to clean;* **pronunciar**, *to pronounce;* **refugiarse**, *to take refuge;* and **remediar**, *to remedy*, do not have the accented **i**.

6. Verbs ending in **-uar** have a written accent on the **u** in the same forms as verbs in section 5:[1] **continuar**, *to continue*.

PRES. IND.	**continúo**	**continúas**	**continúa**	continuamos	continuáis
	continúan				
PRES. SUBJ.	**continúe**	**continúes**	**continúe**	continuemos	continuéis
	continúen				
IMPERATIVE	**continúa**			continuad	

STEM-CHANGING VERBS

CLASS I (-ar, -er)

Many verbs of the first and second conjugations change the stem vowel **e** to **ie** and **o** to **ue** when the vowels **e** and **o** are stressed; *i.e.*, in the singular and third person plural of the present indicative and present subjunctive and in the singular imperative. Class I verbs are designated: **cerrar (ie)**, **volver (ue)**.

cerrar, *to close*

PRES. IND.	**cierro**	**cierras**	**cierra**	cerramos	cerráis	**cierran**
PRES. SUBJ.	**cierre**	**cierres**	**cierre**	cerremos	cerréis	**cierren**
IMPERATIVE	**cierra**			cerrad		

Like **cerrar**: apretar, *to press;* atravesar, *to cross;* comenzar, *to commence;* confesar, *to confess;* despertar, *to awaken;* empezar, *to begin;* encerrar, *to enclose;* gobernar, *to govern;* manifestar, *to manifest;* negar, *to deny;* pensar, *to think;* recomendar, *to recommend;* sentar, *to seat;* temblar, *to tremble*.

---

[1] **Reunir(se)**, *to gather*, has a written accent on the **u** in the same forms as **continuar**:

PRES. IND.	reúno	reúnes	reúne . . . reúnen
PRES. SUBJ.	reúna	reúnas	reúna . . . reúnan
IMPERATIVE	reúne		

perder, *to lose*

PRES. IND.	**pierdo**	**pierdes**	**pierde**	perdemos	perdéis	**pierden**
PRES. SUBJ.	**pierda**	**pierdas**	**pierda**	perdamos	perdáis	**pierdan**
IMPERATIVE	**pierde**			perded		

Like **perder:** defender, *to defend;* entender, *to understand;* extender, *to extend.*

contar, *to count*

PRES. IND.	**cuento**	**cuentas**	**cuenta**	contamos	contáis	**cuentan**
PRES. SUBJ.	**cuente**	**cuentes**	**cuente**	contemos	contéis	**cuenten**
IMPERATIVE	**cuenta**			contad		

Like **contar:** acordarse, *to remember;* acostarse, *to go to bed;* almorzar, *to eat lunch;* costar, *to cost;* demostrar, *to demonstrate;* encontrar, *to find;* esforzarse, *to make an effort;* forzar, *to force;* mostrar, *to show;* probar, *to test;* recordar, *to recall;* rogar, *to ask, beg;* sonar, *to sound;* soñar, *to dream;* volar, *to fly.*

volver,[1] *to return*

PRES. IND.	**vuelvo**	**vuelves**	**vuelve**	volvemos	volvéis	**vuelven**
PRES. SUBJ.	**vuelva**	**vuelvas**	**vuelva**	volvamos	volváis	**vuelvan**
IMPERATIVE	**vuelve**			volved		

Like **volver:** devolver, *to give back;* envolver, *to wrap;* llover, *to rain* (impersonal); mover, *to move;* resolver, *to resolve;* soler, *to be accustomed to.*

jugar, *to play* (a game)

PRES. IND.	**juego**	**juegas**	**juega**	jugamos	jugáis	**juegan**
PRES. SUBJ.	**juegue**	**juegues**	**juegue**	juguemos	juguéis	**jueguen**
IMPERATIVE	**juega**			jugad		

CLASS II (-ir)

Certain verbs of the third conjugation have the changes in the stem indicated below. Class II verbs are designated: **sentir (ie, i), dormir (ue, u).**

PRES. IND.	1, 2, 3, 6	} e > ie	PRES. PART.		} e > i
PRES. SUBJ.	1, 2, 3, 6	o > ue	PRETERIT	3, 6	o > u
IMPERATIVE SING.			PRES. SUBJ.	4, 5	
			IMP. SUBJ.	1, 2, 3, 4, 5, 6	

[1] The past participles of **volver, devolver, envolver,** and **resolver** are: **vuelto, devuelto, envuelto, resuelto.**

sentir, *to feel*

PRES. PART.	**sintiendo**					
PRES. IND.	**siento**	**sientes**	**siente**	sentimos	sentís	**sienten**
PRES. SUBJ.	**sienta**	**sientas**	**sienta**	**sintamos**	**sintáis**	**sientan**
IMPERATIVE	**siente**			sentid		
PRETERIT	sentí	sentiste	**sintió**	sentimos	sentisteis	**sintieron**
IMP. SUBJ.	**sintiera,** etc.			**sintiese,** etc.		

Like **sentir:** adquirir,[1] *to acquire;* advertir, *to warn;* convertir, *to convert;* divertirse, *to amuse oneself;* mentir, *to lie;* preferir, *to prefer;* referir, *to refer.*

dormir, *to sleep*

PRES. PART.	**durmiendo**					
PRES. IND.	**duermo**	**duermes**	**duerme**	dormimos	dormís	**duermen**
PRES. SUBJ.	**duerma**	**duermas**	**duerma**	**durmamos**	**durmáis**	**duerman**
IMPERATIVE	**duerme**			dormid		
PRETERIT	dormí	dormiste	**durmió**	dormimos	dormisteis	**durmieron**
IMP. SUBJ.	**durmiera,** etc.			**durmiese,** etc.		

Like **dormir:** morir(se),[2] *to die.*

CLASS III (-ir)

Certain verbs in the third conjugation change **e** to **i** in all forms in which changes occur in Class II verbs. These verbs are designated: **pedir (i, i)**.

pedir, *to ask*

PRES. PART.	**pidiendo**					
PRES. IND.	**pido**	**pides**	**pide**	pedimos	pedís	**piden**
PRES. SUBJ.	**pida**	**pidas**	**pida**	**pidamos**	**pidáis**	**pidan**
IMPERATIVE	**pide**			pedid		
PRETERIT	pedí	pediste	**pidió**	pedimos	pedisteis	**pidieron**
IMP. SUBJ.	**pidiera,** etc.			**pidiese,** etc.		

Like **pedir:** concebir, *to conceive;* conseguir, *to get;* corregir, *to correct;* despedirse, *to say good-bye;* impedir, *to impede;* repetir, *to repeat;* seguir, *to follow;* servir, *to serve;* vestir, *to dress.*

---

[1] Forms of **adquirir:**

PRES. IND.	adquiero	adquieres	adquiere	adquirimos	adquirís	adquieren
PRES. SUBJ.	adquiera	adquieras	adquiera	adquiramos	adquiráis	adquieran

[2] Past participle: **muerto.**

reír, *to laugh*

PARTICIPLES	**riendo**			reído	
PRES. IND.	**río, ríes ríe**	reímos	reís	**ríen**	
PRES. SUBJ.	**ría rías ría**	**riamos**	**riáis**	**rían**	
IMPERATIVE	**ríe**			reíd	
PRETERIT	reí reíste	**rió**	reímos	reísteis	**rieron**
IMP. SUBJ.	**riera,** etc.			**riese,** etc.	

Like **reír:** sonreír, *to smile*.

VOCABULARY

Spanish-English

A

a at, to, in, of, from, after; *not translated when used before a personal direct object*

abajo *adv.* below, downstairs
  de arriba abajo up and down
  escalera abajo down (the) stairs
abalanzarse to spring, rush
abandonar to abandon
abierto *p.p. of* **abrir** *and adj.* open(ed)
el abogado lawyer
  abrazar(se a) to embrace
el abrazo embrace
  dar un abrazo a to embrace
el abrigo (top)coat; protection, shelter
  al abrigo de protected from
abril April
abrir to open
abstracto, -a abstract
la abuela grandmother
el abuelo grandfather; *pl.* grandparents
la abundancia abundance
aburrirse to become bored
el abuso abuse
acá here (*with verbs of motion*)
  por acá (around) here
acabar to end, finish; *reflex.* to end, be over
  acabar de + *inf.* to have just + *p.p.*
  se acabó la noche the night has ended
el aceite oil
el acento accent
aceptar to accept
la acera sidewalk
  acerca de about, concerning
acercarse (**a** + *obj.*) to approach, draw near (to), get close (to), move toward
acompañar to accompany, go with
acompasadamente rhythmically
aconsejar to advise
el acontecimiento event, happening
acordarse (ue) de to remember
acostarse (ue) to go to bed, lie down
acostumbrado, -a accustomed
acostumbrarse a to be (become) accustomed to
activo, -a active

el acto act
  en el acto at once
actual *adj.* present, present-day
  el actual the present one (*m.*)
  las actuales the present ones (*f.*)
acuerdo: estar de —, to agree, be in agreement
la acusación (*pl.* **acusaciones**) accusation
adelantar to advance, set forward
  adelantarse a to get ahead of
el ademán gesture
además *adv.* besides, furthermore
  además de *prep.* besides, in addition to
adiós good-bye
el adjetivo adjective
la administración administration
admiración: signo(s) de —, exclamation mark(s)
admirar to admire
el adobe *brick made of clay and straw*
adonde to which, where
¿adónde? where? (*with verbs of motion*)
adorado, -a adored
adornado, -a adorned, decorated
adornar (de) to adorn (with), decorate (with)
adquieren *pres. ind. of* **adquirir**
adquirir (ie) to acquire
el adverbio adverb
advertir (ie, i) to advise, point out, warn; to notice
aéreo, -a air
  línea aérea airline
  (por) correo aéreo (by) airmail
el aeropuerto airport
afectar to affect
el afecto (*also pl.*) fondness, affection, love
afeitarse to shave (oneself)
la afición (a) fondness *or* liking (for)
aficionado, -a a fond of
  ser aficionado, -a a to be fond of
afortunadamente fortunately
las afueras outskirts
agarrar de to grasp by
el agente agent
agitar to agitate, stir, move, shake

agosto August

agradable agreeable, pleasant

agradecer to be grateful, thank for

agradecer mucho por (todo) to thank very much for *or* be very grateful for (everything)

agradecido, -a grateful

el agricultor agriculturist, farmer

la agricultura agriculture

el agua (*f.*) water

aguardar to await, wait (for)

el águila (*f.*) eagle

Agustín Augustine

    San Agustín St. Augustine

¡ah! ah! oh!

ahí there

ahora now

    ahora mismo right now, right away

ahorrar to save

el aire air

aislado, -a isolated

el aislamiento isolation

el ajedrecista chess player

el ajedrez chess

al = a + el to the

    al + inf. on (upon) + *pres. part.*

el ala (*f.*) brim; wing

alabar to praise

    ¡alabado (sea Dios)! (God be) praised!

el alacrán scorpion

el Álamo *Franciscan mission building, San Antonio, Texas, where massacre of 1836 took place*

    Albéniz, Isaac (1860–1909) *Spanish pianist and composer*

el álbum album

    álbum de sellos stamp album

el alcalde mayor

la alcoba bedroom

alegrarse de que + *subj.* to be glad that

    alegrarse (mucho) de + *inf.* to be (very) glad to

    ¡cuánto me alegro de ...! how glad I am to ...!

alegre happy, gay, joyful

alegremente happily, joyfully

la alegría joy, gaiety, happiness

alejarse to move (go, draw) away, withdraw, leave

el alfiler pin

algo *pron.* something, anything; *adv.* somewhat, rather

alguien someone, somebody, anyone, anybody

algún *used for* **alguno** *before m. sing. nouns*

alguno, -a *adj. and pron.* some, any, any at all (whatever), anyone; *pl.* some, any, several, a few

la alhaja jewel

el aliado ally

el alma (*f.*) soul, heart, spirit

el almacén (*pl.* **almacenes**) department store

la almohada pillow

almorzar (ue) to eat (have) lunch

    ir a almorzar to go to (eat) lunch

    para almorzar for lunch, to have lunch

el almuerzo lunch

    para el almuerzo for lunch

aló hello (*telephone*)

el altar altar

alto, -a tall, high; upper

    el Alto Perú Upper Peru

    la Alta California Upper California

    piso alto upper floor

la altura height

la alucinación hallucination

la alumna pupil, student (*f.*)

el alumno pupil, student (*m.*)

allá there (*often after verbs of motion*)

allí there

amable kind, friendly

amanecer to dawn; to be (appear) at daybreak; to wake up early

    al amanecer at dawn

    lo que quiero es que amanezca what I want is that dawn come

    ¡ya amaneció! dawn has arrived at last!

amanezca *pres. subj. of* **amanecer**

amarillo, -a yellow

el Amazonas Amazon (River)

la ambición ambition

el ambiente atmosphere, air

ambos, -as both, the two

amén amen

América America

    la América Central (española) Central (Spanish) America

    la América del Norte (del Sur) North (South) America

    la América latina Latin America

americano, -a American

la amiga friend (*f.*)

el amigo friend (*m.*)

el amo master

el amor love

    amor por love for

    El amor brujo *Wedded by Witchcraft*

amplio, -a large

Anáhuac *valley in which present Mexico City is located*
analizar to analyze
anciano, -a old, elderly
ancho, -a broad, wide, large
Andalucía Andalusia (*southern part of Spain*)
andaluz, -uza Andalusian
andar to go (on), walk; to run (*as a clock*)
  anda go ahead (on)
  andar a pie to go on foot, walk
el **andén** platform (*station*)
los **Andes** Andes (*mountains in South America*)
la **anécdota** anecdote
el **anillo** ring
el **animal** animal
el **animalito** little creature (animal)
  animar a to encourage to
el **ánimo** courage, spirit
  buen ánimo cheer up
Anita Ann(e), Anita, Nancy
el **aniversario** anniversary
anoche last night
anochecer: al —, at nightfall
ante before, in the presence of
los **anteojos** glasses, spectacles
antes *adv.* before, formerly
  antes de *prep.* before
  antes (de) que *conj.* before
antiguo, -a old, ancient, former
las **Antillas** Antilles
  Antillas Mayores (Menores) Greater (Lesser) Antilles
  Antón, Antonio Anthony
  San Antón St. Anthony
anunciar to announce
el **anuncio** ad(vertisement)
añadir to add
el **año** year
  a los dos años after two years
  ¿cuántos años tenía (él) . . .? how old was (he) . . .?
  en estos últimos años in recent years
  modelo(s) de este año this year's model(s)
  todo el año the whole (entire) year
apaciguar to pacify
apagar to turn off
el **aparato** set
  aparato de radio radio set
aparecer to appear, be
aparente apparent
el **apartamento** apartment
  edificio de apartamentos apartment house (building)

apenas scarcely, hardly
el **apetito** appetite, hunger
  tener apetito to have an appetite, be hungry
aplicarse to apply oneself
el **apóstol** apostle
apreciar to appreciate, esteem
aprender (a + *inf.*) to learn (to)
aprendido, -a learned
apretar (ie) to press
apropiado, -a appropriate
aprovechar to take advantage of, make use of
la **aptitud** aptitude
el **apuro** difficulty
  sacar a uno del apuro to get one out of the difficulty
aquel, aquella (-os, -as) *adj.* that, those (*distant*)
aquél, aquélla (-os, -as) *pron.* that (one), those
aquello *neuter pron.* that, that part (matter)
aquí here
  aquí mismo right here
  de aquí a mañana from now until tomorrow
  pasen por aquí pass (come) this way (through here)
  por aquí (around) here
Aragón Aragon (*region and former kingdom in northeastern Spain*)
el **árbol** tree
arcaico, -a archaic
ardiente ardent, burning, hot
la **arena** sand
el **arete** earring
la **Argentina** Argentina
  argentino, -a (*also m. noun*) Argentine
aristocrático, -a aristocratic
el **arma** (*f.*) arm, weapon; *pl.* arms
  armas de fuego firearms
armado, -a de armed with
el **armario** chest (*of drawers*), wardrobe
la **arquitectura** architecture
arrancar to tear out
arriba *adv.* above, upstairs
  de arriba abajo up and down
arrojar to throw, hurl
el **arroz** rice
el **arte** art; skill, artifice, craft; *pl.* arts, crafts
  las bellas artes (the) fine arts
  (objeto) de arte art (object)
el **artículo** article
el **(la) artista** artist

artístico, -a   artistic
Arturo   Arthur
el ascensor   elevator
asegurar   to assure, affirm, say
así   so, thus
  así, así   so-so
  así como   as well as
  así es que   so (that), thus, and so
  no los hay así   there aren't any like them
el asiento   seat
  tomar asiento   to take a seat
asimilar   to assimilate
asistir a   to attend
asociarse con   to join, form a partnership with
asombrado, -a   amazed, astonished
asombrar   to amaze, be amazing
el asombro   amazement, astonishment, surprise
el aspecto   aspect, appearance
aspirar a   to aspire to
astuto, -a   astute, clever
atacar   to attack
Atahualpa   *Inca leader at time of Spanish conquest*
la atención   attention
  llamar la atención (a)   to attract one's attention (to)
aterrado, -a   terrified
la atracción   attraction
atraer   to attract
atrás   back, backward, behind
  hacia atrás   backwards
atravesar (ie)   to traverse, cross, pass through
atreverse a   to dare to
aun, aún   even, still, yet
aunque   although, even though, even if
el auricular   receiver (*telephone*)
auténtico, -a   authentic
el autobús   bus
  el autobús de las ocho   the eight-o'clock bus
  en autobús   by (in a) bus
la autoridad   authority
avanzar   to advance, move forward
la aventura   adventure
el aventurero   adventurer
averiguar   to find out
Ávila   *walled city about 115 kilometers northwest of Madrid*
el avión (*pl.* **aviones**)   (air)plane
  el avión de las siete   the seven-o'clock plane
  en avión   by (in a) plane

avisar   to advise, inform; to warn
¡ay!   ah! oh! alas!
Ayacucho   *Andean city in Peru*
ayer   yesterday
  ayer por la mañana (tarde)   yesterday morning (afternoon)
la ayuda   aid, help
ayudar (a + inf.)   to help (to), aid (to)
el azote   lash
el azteca   Aztec; *also m. and f. adj.*
el azúcar   sugar
azul   blue

B

la bahía   bay
bailar   to dance
el baile   dance
bajar   to get down (out), go (come) down to, descend, go down(stairs)
bajo, -a   low, short; *prep.* under, beneath, below, lower
  en voz baja   in a low voice, softly
  la Baja California   Lower California
  Países Bajos   Low Countries (the Netherlands or Holland)
  piso bajo   lower (ground) floor
Balboa, (Vasco) Núñez de   (1475–1517) *discoverer of the Pacific Ocean in 1513*
el balboa   *monetary unit of Panama*
balbucear   to stammer
el balcón (*pl.* **balcones**)   balcony
el ballet   ballet
la banana   banana
el banco   bank
la bandada   flock
la bandera   banner, flag
bañarse   to bathe (oneself), take a bath
el baño   bath
  cuarto de baño   bathroom
barato, -a   inexpensive, cheap
la barba   chin
Bárbara   Barbara
la barbarie   barbarism
el barco   boat
el barril   barrel
el barro   clay; pottery
Bartolomé   Bartholomew
la base   base, basis
el básquetbol   basketball
bastante *adj.*   quite (a bit), rather; *adv.* enough, sufficient, quite
bastar   to be enough, be sufficient
  (esto) basta   (this is) enough (sufficient)

la **batalla**   battle
el **baúl**   trunk, chest
 bautizar   to baptize
 beber   to drink
el **béisbol**   baseball
 bello, -a   beautiful, pretty; fine
  las **bellas artes**   (the) fine arts
la **bendición**   blessing
  echar una bendición a   to bless
 bendito, -a   blessed
 beneficioso, -a   beneficial
 Bernardo   Bernard
 besar   to kiss
  besar a uno la mano   to kiss one's hand
el **beso**   kiss
  a besos   with kisses
  dar un beso a   to kiss, give a kiss to
la **Biblia**   Bible
la **biblioteca**   library
la **bicicleta**   bicycle
  en bicicleta   by bicycle, on their *or* your bicycle(s)
 bien   well, very well
  bien podría ser   it might well be
  escuchar bien   to listen carefully (well)
  está bien   that's fine, very well, all right
  hombre de bien   good (honest) man
  más bien que   rather than
  ¡qué bien!   how fine (nice, wonderful)!
la **bienaventuranza**   bliss, blessedness
el **billete**   bill, bank note; ticket
  billete (de veinte dólares)   (twenty-dollar) bill
 Bimini   *island north of Cuba, supposed site of Fountain of Youth*
el **bizcocho**   cookie
 blanco, -a   white
la **blusa**   blouse
 Bobadilla   *Spanish administrator, sent to Hispaniola to establish order, who enchained Columbus and his brothers and sent them to Spain in 1500*
la **boca**   mouth
la **boda**   wedding
 Bogotá   *capital of Colombia*
las **boleadoras**   *lariat with balls at one end, thrown to twist around an animal's legs*
el **boleo**   bowling
el **boleto**   ticket (*Am.*)
el **bolígrafo**   ballpoint pen
 Bolívar, Simón   (1783–1830)   *Venezuelan liberator of northwest South America*
la **bolsa**   purse, pocketbook
el **bolsillo**   pocket
 bondadoso, -a   kind

 bonito, -a   beautiful, pretty
El **borracho**   *The Drinker*
el **bosque**   forest, woods
el **bosquecillo**   thicket
 bostezar   to yawn
la **botella**   bottle
el **botón** (*pl.* **botones**)   button
el **botones**   bellboy (*Mex.*)
el **boxeo**   boxing
el **Brasil**   Brazil
el **brazo**   arm
 Breda   *town in Holland*
 breve   brief, short, curt
 brevemente   briefly
 brillante   brilliant, shining, bright
 brillar   to shine
el **broche**   brooch, pin, clasp
la **broma**   trick, joke
  hacer una broma a (uno)   to play a joke on (one)
el **brujo**   witch
 El **amor brujo**   *Wedded by Witchcraft*
la **brutalidad**   brutality
 buen   *used for* **bueno** *before m. sing. nouns*
 bueno *adv.*   well, well now, all right
  ¡bueno!   hello(!) (*telephone*)
  ¡qué bueno!   (how) fine *or* great!
 bueno, -a   good; nice
  lo bueno   the good thing (part), what is good
  muy buenas   good afternoon (evening) (*used in reply to* **buenas tardes** *or* **buenas noches**)
el **buey**   ox
el **buhonero**   peddler
 burlarse de   to make fun of
el **burro**   burro, donkey, ass
la **busca**   search
  en busca de   in search of
 buscar   to look (for), watch
  buscar a uno   to come (go) for one, pick one up
la **butaca**   (easy) chair

C

el **caballero**   gentleman; sir (*as a title*)
el **caballo**   horse; knight (*in chess*)
  a caballo   on horseback
  carrera de caballos   horse racing
 caber   to be contained in
  ya no cabía duda   there was no longer any doubt

Cabeza de Vaca: (Álvar Núñez) *Spanish explorer of southwestern U.S.A. in early 16th century*

la cabeza   head

el cabo   end

   al cabo   finally

   al cabo de   after, at the end of

Cabrillo: (Juan Rodríguez) *Portuguese-born navigator and explorer, discoverer of California, 1542*

el cacique   Indian chief

cada (*m. and f.*)   each, every

la cadena   chain, tie

caer(se)   to fall (off, down)

   cayó hacia atrás   (she) fell backwards

el café   café; coffee

   café solo   black coffee

   caído *p.p. of* **caer** *and adj.*   fallen (down), down

la caja   box, case

Cajamarca   *city in northern Peru*

el cajón (*pl.* **cajones**)   drawer

la calidad   quality

caliente   warm, hot

la calma   calm, calmness

el calor   heat, warmth

   hacer (mucho) calor   to be (very) warm (*weather*)

   callado, -a   silent, still

la calle   street

   (salir) a la calle   (to go *or* come out) into the street

la cama   bed

   en la cama   in (the) bed

   guardar cama   to stay in bed

la cámara   camera; chamber

   cámara de cine   movie camera

   cámara de comercio   chamber of commerce

   cámara de treinta y cinco milímetros   35-millimeter camera

el camarero   waiter

cambiar   to change

el cambio   change

   en cambio   on the other hand

caminar   to walk, go, travel

el camino   road, way, route

   Camino Real   King's (Royal) Highway

la camisa   shirt

   camisa de noche   nightshirt

el campamento   camp

la campana   bell

la campanilla   (small) bell

el campesino   countryman, farmer, peasant; *pl.* countryfolk

el campo   country

   casa de campo   country house

la canción (*pl.* **canciones**)   song

el candidato   candidate

   cándido, -a   candid, innocent, simple-minded; (*also proper name*)

   cansado, -a   tired

   cansar   to tire

   cantar   to sing, chant; to chirp

la cantidad   quantity

el canto   song, singing, chant

el cantor   minstrel

   gaucho cantor   gaucho singer, minstrel

el cañón (*pl.* **cañones**)   cannon

la capilla   chapel

la capital   capital

el capitán (*pl.* **capitanes**)   captain

la captura   capture

   capturar   to capture

la cara   face

el carácter (*pl.* **caracteres**)   character

la característica   characteristic

   característico, -a   characteristic

   ¡caramba!   gosh! confound it!

Caribe   Caribbean

la caridad   charity

el cariño   affection, liking

   con cariño   affectionately

   cariñosamente   affectionately

   carísimo, -a   very expensive

Carlitos   Charlie

Carlos   Charles

Carlota   Charlotte

Carmen   Carmen

Carmona   *town in southern Spain*

el carnaval   carnival

el Carnaval   Carnival (*a period of festivity and gaiety immediately preceding Lent*)

   fiesta de Carnaval   Carnival festival

la carne   meat

   caro, -a   expensive, dear

Carolina   Caroline; Carolina (*state*)

la carrera   career

   carrera de caballos   horse racing

la carretera   highway, road

el carro   car (*railroad*)

la carta   letter; card (*playing*)

   jugar (ue) a las cartas   to play cards

el cartón (*pl.* **cartones**)   cardboard; *painting or drawing on strong paper*

   caja de cartón   cardboard box

la casa   house, home; firm, shop

   casa de campo   country house

   casa de correos   post office

   (estar) en casa   (to be) at home

(estar) en casa de (Roberto)   (to be) at (Robert's) *or* in the house of (Robert)

¿hablo con la casa del señor Martín?   is this Mr. Martín's?

(ir) a casa   (to go) home

(ir) a casa de (María)   (to go) to (Mary's)

salir de casa   to leave home

casado, -a   married

casarse   to marry, get (be) married

Casas: (Bartolomé de las)   *Spanish missionary, bishop, and defender of the Indians*

casi   almost

la casita   small house, cottage

el caso   case

es el caso que   the fact is that

el castellano   Castilian

Castilla   Castile (*region in central Spain*)

el castillo   castle

casualidad: por —,   by chance

la catedral   cathedral

católico, -a   Catholic

catorce   fourteen

el caudillo   leader, chief

la causa   cause

a causa de   because of

causar   to cause

que le causó la muerte   which caused his death

el cautiverio   captivity

cavar   to dig

cayó   *pret. of* **caer**

la caza   hunting

ceder   to cede, yield

Celaya   *town northwest of Mexico City*

la celda   cell

celebrar   to celebrate, hold

célebre   celebrated, famous

la cena   supper

cenar   to eat supper

antes de cenar   before supper (eating supper)

Ceniza: Miércoles de —,   Ash Wednesday

el centavo   cent

central   central

el centro   center; downtown

(estar) en el centro   (to be) downtown

(ir) al centro   (to go) downtown

cepillarse   to brush (*something of one's own*)

el cepillo   brush

cepillo de pelo   hairbrush

cepillo de dientes   toothbrush

la cerámica   ceramics, pottery

cerca *adv.*   near, nearby

cerca de *prep.*   near

cercano, -a   nearby, neighboring

el cerdo   pig

la ceremonia   ceremony

cerquita de   (very) close to

cerrado, -a   closed, locked

bien cerrado, -a   well (tightly) locked

cerrar (ie)   to close

la cesta   wastebasket

Cíbola: Siete Ciudades de —,   *supposed cities in southwestern U.S.A. for which the Spaniards searched in vain in the 16th century*

el ciego   blind man

el cielo   sky

cien(to)   a (one) hundred

ciento (setenta)   one hundred (seventy)

cierto, -a   (a) certain

la cigarra   locust

el cigarro   cigar

cinco   five

cincuenta   fifty

el cine   movie(s)

cámara de cine   movie camera

la cinta   tape

grabadora de cinta   tape recorder

el cinturón (*pl.* cinturones)   belt

la cita   date, appointment

citado, -a   cited, above-mentioned

la ciudad   city

Ciudad de México   Mexico City

civil   civil

la civilización   civilization

claramente   clearly

la claridad   clarity, clearness

claro, -a   clear

¡claro que (lo haré)!   (I shall) certainly (do it)!

¡claro que no!   certainly not!

la clase   class; kind

dar clases   to teach

(ir) a clase   (to go) to class

¿qué clase de . . .?   what kind of . . .?

sala de clase   classroom

toda clase de   all kinds of

el clérigo   cleric, priest

el club   club

el cobertizo   covering, shelter

cobrar   to cash

la cocina   kitchen

el cocinero   cook (*m.*)

el coche   car, coach

en coche   by (in a) car

la codicia   greed, covetousness, envy

con codicia   greedily, enviously

codicioso, -a   covetous, greedy

el codo   elbow

coger to pick (up), gather; to catch, seize, take
el colchón mattress
colear to pull an animal's tail
   colear perros to pull dogs' tails
la colección (*pl.* **colecciones**) collection
el (la) coleccionista collector
el colegio school
colgar (ue) to hang, hang up
   colgarse de to hang by
colocar to place, put
Colombia: Gran —, Greater Colombia
colombiano, -a Colombian, from Colombia
colombino, -a Columbian, of (pertaining to) Columbus
Colón Columbus
la colonia colony
colonial colonial
la colonización colonization
el colonizador colonizer
colonizar to colonize
el colono colonist
el colorido coloring
el (la) colorista colorist, expert in handling colors
el collar necklace
la coma comma
   punto y coma semicolon
combinar to combine
el comedor dining room
comenzar (ie) (a + *inf.*) to commence (to), begin (to), start (to)
   comenzar por to start (begin) because of
comer to eat
   se come muy bien allí the food is very good there
comercial commercial, business
el comerciante merchant, businessman
el comercio commerce, trade, business
   cámara de comercio chamber of commerce
la comida meal, dinner, food
   con comida with food (meals)
   preparar la comida a to prepare meals for
como as, like; since
   como para as if to
   tan . . . como as (so) . . . as
¿cómo? how? in what way?
¡cómo! what (do you mean)!
   ¡cómo no! of course! certainly!
cómodamente comfortably

la comodidad convenience
cómodo, -a comfortable
el compañero companion (*m.*)
la compañía company
la comparación (*pl.* **comparaciones**) comparison
complacer to please
completamente completely
completar to complete
completo, -a complete, full
componer (*like* **poner**) to compose
la composición (*pl.* **composiciones**) composition
el compositor composer
la compra purchase
   ir de compras to go shopping
el comprador buyer, purchaser
comprar (a) to buy (from), purchase (from)
comprender to comprehend, understand; to comprise, include
la comprensión comprehension
compuesto, -a *p.p. of* **componer** *and adj.* composed
la comunicación communication
con with; and
concebir (i, i) to conceive
concentrarse to concentrate
la conciencia conscience
el concierto concert
el conde count
condenar to condemn
   condenar a muerte to condemn to death
la condesa countess
   la señora condesa you
la condición (*pl.* **condiciones**) condition, nature, state
el condominio condominium
conducir to conduct, drive (*car*), lead
la conducta conduct
la confederación confederation
la conferencia lecture; conference
confesar (ie) to confess
el confesor confessor
el confeti confetti
la confianza confidence
   con confianza confidently
confuso, -a confused
la conga conga (*dance*)
el congreso congress
conmemorar to commemorate
conmigo with me
conocedor, -ora expert, skilled

hombre conocedor expert
conocer to know, be (become) acquainted with, meet
dar a conocer to make known
conocido, -a known, recognized
las más conocida the best known (*f.*)
uno bien conocido a well-known one (*m.*)
el conocimiento knowledge, consciousness
perdido el conocimiento unconscious
conque so, and so
la conquista conquest
el conquistador conqueror
conquistar to conquer
conseguir (i, i) to get, obtain, attain
el consejo advice; court
considerar to consider
consistir en to consist of
el conspirador conspirator
constantemente constantly
constar de to consist of
construido, -a constructed, built
construir to construct, build
contar (ue) to count; to relate, tell
contemporáneo, -a contemporary
contener to contain
contentísimo, -a very happy
contento, -a happy, contented, glad
contestar to answer, reply
contestar que sí to answer yes
contigo with you (*fam.*)
el continente continent
continúa *pres. ind. of* **continuar**
continuar to continue, go on
contra against
la contrariedad annoyance
contrario, -a contrary, opposite
lo contrario the opposite (contrary)
contrastar to contrast
contribuir to contribute
contribuyó *pret. of* **contribuir**
convencer (de que) to convince (that); *reflex.* to be convinced, convince oneself (that)
convencido, -a de que convinced that
convencional conventional
el convento monastery
la conversación (*pl.* **conversaciones**) conversation
convertido, -a en converted (changed) (in)to (a)
verse convertido en to see oneself (be) changed into (a)
convertir (ie, i) to convert

convertirse en to become (be) converted (into), change (turn) oneself into
convirtió *pret. of* **convertir (ie, i)**
convocar to convoke, call together
la copa (wine)glass
el corazón heart
casi roto el corazón her heart almost broken
la corbata (neck)tie
el alfiler para corbata tiepin
Córdoba *city in southern Spain*
el cordón cord
el coro chorus, choir
en coro in a chorus, as if in a choir
Coronado: (Francisco Vásquez de) *Spanish explorer of southwestern U.S.A., 1540–1542*
correcto, -a correct
el corredor corridor
corregir (i, i) to correct
el correo mail
casa de correos post office
echar (al correo) to mail
(por) correo aéreo (by) airmail
sello de correo postage stamp
sello de correo aéreo airmail stamp
correr to run, race, traverse
corresponder to correspond; to fall to one's share
la corrida de toros bullfight
la corriente current
cortar to cut (off)
la corte court
Cortés, Hernán (1485–1547) *conqueror of Mexico*
corto, -a short
la cosa thing
alguna otra cosa something (anything) else
otra cosa something else
una cosa something
la costa coast
costar (ue) to cost
costar trabajo a uno to be hard (difficult) for one
la costumbre custom
crecer to increase, grow
crédulo, -a credulous
creer to believe
creer que sí (no) to believe so (not)
¡ya lo creo! of course! certainly! I should say so!
creído *p.p. of* **creer**
Creta Crete (*island near Greece*)

la criada maid

el criado servant

el crimen (*pl.* **crímenes**) crime

el criollo creole (*son of Spaniards born in the New World*)

el cristianismo Christianity

cristiano, -a Christian

Cristo Christ

Cristóbal Christopher

criticar to criticize

    se le critica a Cortés Cortés is criticized

crítico, -a critical

cruel cruel

la crueldad cruelty

la cruz (*pl.* **cruces**) cross

    cruz de madera wooden cross

    cruzar to cross

el cuaderno notebook

la cuadra block (*city*) (*Am.*)

la cuadrilla gang, band

el cuadro picture

    cual: el —, la —, (los, las cuales) that, which, who, whom

      a cual más y mejor each trying to outdo the other

      lo cual which (fact)

      por lo cual as a result of which

¿cuál(es)? which (one, ones)? what?

cualquier(a) (*pl.* **cualesquier**) any *or* anyone at all

cuando when

    de vez en cuando from time to time, occasionally

¿cuándo? when?

cuanto all that (which)

    cuanto antes as soon as possible

    en cuanto as soon as

    en cuanto a as for, concerning

¿cuánto, -a (-os, -as)? how much (many)?

    ¿cuánto tiempo? how long? how much time?

    ¿cuántos años tenía (él) . . .? how old was (he) . . .?

¡cuánto + *verb*! how!

¡cuánto, -a (-os, -as)! how much (many)!

cuarenta forty

la Cuaresma Lent

cuarto, -a fourth

el cuarto quarter (*of an hour*); room

    (a las ocho) y cuarto (at eight)-fifteen, (at) a quarter after (eight)

    (a las siete) menos cuarto at a quarter to (seven)

cuarto de baño bathroom

cuarto para dos personas double room

cuarto para una persona single room

cuatro four

cubano, -a Cuban

cubierto, -a (de) *p.p.* of **cubrir** *and adj.* covered (with, by)

el cubierto table service, place setting

el cubismo cubism (*cult of the cubist*)

cubista (*m. and f. adj.*) of the cubist school, cubist (*one whose compositions are characterized by squared effects*)

cubrir to cover

el cuchillo knife

el cuello neck

la cuenta account, bill

    darse cuenta de to realize

    perder (ie) la cuenta (de) to lose count (of)

    por cuenta propia by himself, on his own (account)

el cuento (short) story

la cuerda cord, rope

el cuero leather

    (petaca) de cuero leather (suitcase)

el cuerpo body

la cuesta slope

la cuestión (*pl.* **cuestiones**) question, problem

el cuidado care

    con cuidado carefully

    pierda Ud. cuidado don't worry

cuidadosamente carefully

el cultivo cultivation

culto, -a cultured, learned

    la culta the cultured one (*f.*)

la cultura culture

cultural cultural

la cumbre summit

el cumpleaños birthday

el cumplimiento fulfillment

cumplir to fulfill, carry out, keep (*promise*), reach (*one's birthday*), be (*years old*)

    ¿cuántos años (cumple ella)? how old (is she)?

    cumplir (diez y seis) años to reach one's (sixteenth) birthday, be (sixteen) years old

el cura priest

el curandero medicine man

Currín Frank

cuyo, -a whose, of whom, of which

el Cuzco Cuzco (*Andean city in Peru, former capital of the Inca empire*)

Ch

Chacabuco   *town on Andean slopes near Santiago, Chile*
los chanclos   galoshes
la chaqueta   jacket
charlar   to chat, talk
el cheque   check
   libreta de cheques   checkbook
   chico, -a   small, little
el chico   boy; *pl.* boys, children
el chile   chili
   salsa de chile   chili sauce
   chileno, -a (*also m. noun*)   Chilean
el chocolate   chocolate

D

D. = don (*title not translated*)
Dª. = doña (*title not translated*)
la dama   woman, lady
la danza   dance
el daño   harm
   hacer daño a   to harm, do (cause) harm to
dar   to give; to produce
   dar a   to face, open on(to)
   dar a conocer   to make known
   dar (a uno) la oportunidad de   to give (one) the opportunity to
   dar clases   to teach
   dar gritos   to shout, cry out
   dar (las) gracias a uno (por)   to thank, give thanks to one (for)
   dar (las tres)   to strike (three o'clock)
   dar muerte a   to kill, put to death
   dar paseos (un paseo)   to take walks (a walk)
   dar título a uno   to call one, give one a title
   dar un abrazo a   to embrace, give an embrace to
   dar una película   to show (present) a film
   darse cuenta de   to realize
   darse (mucha) prisa   to hurry (a great deal)
   me dio mucho gusto + *inf.*   it gave me much pleasure to (I was very pleased to) + *verb*
Darién   Darien (*region, and gulf off Panama coast*)

date = **da** (**tú**) + **te**   *fam.   command* of **darse**
Dávila, Pedrarias   *16th-century governor of colony in present-day Panama*
de   of, of a, from, about, in, to, with, as, than (*before a numeral*)
deber   to owe; must, should, ought to
   debe de ser   (it) must be
   debían ir   they should (were to) go
   debieras   you should (ought to)
débil   weak
la debilidad   weakness
decidir   to decide
decir   to say, tell
   decir para sí   to say to oneself
   diga, dígame   hello (*telephone*)
   es decir   that is (to say)
   oír decir que   to hear that
   se lo diré (a ella)   I shall tell (her)
declarar   to declare
decorar   to decorate
dedicar   to dedicate
   dedicarse a   to dedicate (devote) oneself to
el dedo   finger
   dedo del pie   toe
defender (ie)   to defend
el defensor   defender
dejar   to let, allow, permit; to leave (*behind*)
   déjame tú, déjenme Uds.   let (allow, permit) me
   dejar(se) de + *inf.*   to stop, cease + *pres. part.*, cease to + *inf.*
   (no) dejar de + *inf.*   (not) to fail to
   (yo) se lo dejaría   (I) would let you have it
del = **de** + **el**   of (in) the
delante *adv.*   ahead, in front
la delegación   police station
delgado, -a   thin, slender
delinquir   to be guilty
los demás   the rest (others)
demasiado *adv.*   too, too much
la democracia   democracy
democrático, -a   democratic
demostrar (ue)   to demonstrate, show
el dentista   dentist
dentro de *prep.*   within, in
   dentro de poco   in a little while
el departamento   apartment, department
   edificio de departamentos   apartment house

el dependiente   clerk
el deporte   sport
    sección de deportes   sports section
  derecho, -a   right; *adv.* straight
    a la derecha   to the right
    siga(n) Ud(s). derecho   go (continue) straight ahead
el derecho   right
  derramar   to pour (down)
  derribar   to overthrow
  derrotar   to defeat, rout
  desalentado, -a   discouraged, disappointed
el desaliento   discouragement
  desaparecer   to disappear
  desarrollar   to develop
el desarrollo   development
el desayuno   breakfast
    con desayuno   with breakfast
    en el desayuno   at (for) breakfast
    tomar el desayuno   to have (eat) breakfast
  descansar   to rest
  desconocido, -a   unknown
  desconsolado, -a   disconsolate, downhearted
  describir   to describe
  descubierto   *p.p. of* **descubrir**
el descubridor   discoverer
el descubrimiento   discovery
  descubrir   to discover, uncover, find out about
  desde   from, since; for (*time*)
    desde hace (hacía) (una hora)   for (an hour)
    desde . . . hasta   from . . . to (up to, until)
  desear   to desire, wish, want
  desembarcar   to disembark, land
el deseo   desire
    tener muchos deseos de   to be very eager (wish very much) to
  desesperar   to despair, give up hope
  desfilar   to file by
la desgracia   misfortune
    por desgracia   unfortunately
  desierto, -a   deserted
el desierto   desert
  desilusionado, -a   disillusioned, disappointed
  desinflado, -a   flat (*tire*)
  despacio   slowly
el despacho   study, den
  despedirse (i, i) (de + *obj.*)   to take leave (of), say good-bye (to)

la despensa   pantry
el despertador   alarm clock
  despertar (ie)   to awaken, wake up (*someone*); *reflex.* to wake up (oneself)
  despierto, -a   awake
  después *adv.*   afterward(s), later
    después de *prep.*   after
    después (de) que *conj.*   after
    poco después   shortly afterward(s), a little later
  destacarse   to stand out
la destreza   skill
  destruir   to destroy
  destruyó   *pret. of* **destruir**
el detalle   detail
  detener   to detain, stop; *reflex.* to stop (oneself)
  determinar   to determine
  detrás *adv.*   behind
    detrás de *prep.*   behind
  devolver (ue)   to return, give back
  devorar   to devour, eat up
  devoto, -a   devout
  devuelto   *p.p. of* **devolver**
el día   day
    al día siguiente   (on) the following (next) day
    buenos días   good morning (day)
    cada día más   more and more
    de día   by day, in the daytime
    de hoy en ocho días   a week from today
    en estos días   these days
    en nuestros días   in our time, today
    en ocho o quince días   in a week or two
    hasta nuestros días   (up) to today, to our time (the present)
    hoy día   nowadays, today
    ocho días   a week
    quince días   two weeks
    todo el día   all day, the whole (entire) day
    todos los días   every day
el diablo   devil
el diálogo   dialogue
el diamante   diamond
    (rama) de diamantes   diamond (spray)
la diapositiva   transparency, slide
  diario, -a   daily
el dibujante   master in the art of drawing; draftsman
el dibujo   drawing
  diciembre   December
el dictador   dictator
  dicho   *p.p. of* **decir**

dicho y hecho   no sooner said than done
el dicho   saying
Diego   James
el diente   tooth
    cepillo de dientes   toothbrush
diez   ten
    diez (y seis)   (six)teen
diferente   different
diferir (ie, i)   to differ
difícil   difficult, hard
    lo difícil   the difficult thing (part), what is difficult
la dificultad   difficulty
diga, dígame   *see* **decir**
digno, -a   worthy
la diligencia   stagecoach
díme(la) = di + me(la)   tell me (it)
el dinero   money
    dinos = di + nos   tell us
Dios   God
    ¡Dios mío!   heavens! my goodness (gracious)!
el dios   god
el diputado   deputy (*in congress*)
la dirección   direction; address
directamente   directly
directo, -a   direct, straight (through)
dirigir   to direct, conduct
    dirigirse (a + *obj.*)   to direct oneself (to), go (to), turn (to)
el discípulo   disciple, pupil
el disco   record (*phonograph*)
la discordia (*also pl.*)   discord, disagreement
discreto, -a   discreet, prudent
disculparse   to apologize, excuse oneself
el discurso   speech, talk
discutir   to discuss
el diseño   design
disgustado, -a   displeased
disgustarse   to become displeased
disparar   to fire, shoot
dispensar   to excuse
    dispensa (tú), dispense Ud.   excuse me
la disposición   disposition, service
    (ponerse) a su disposición   (to put oneself) at one's service
la distancia   distance
    a poca distancia (de)   (at) a short distance (from)
distinguido, -a   distinguished, famous
distinguir   to distinguish, make (pick) out; *reflex.* to distinguish oneself, become distinguished
distinto, -a   distinct, different

distraído, -a   distracted
distribuir   to distribute
distribuyan   *pres. subj. of* **distribuir**
diverso, -a   diverse, different
divertir (ie, i)   to amuse, divert
    ¡cuánto nos divertiremos!   what a good time we shall have!
    divertirse (mucho)   to amuse oneself (very much), have a (very) good time
dividir   to divide
doblar   to turn (*a corner*)
doble   double
    por doble   for twice that amount
doce   twelve
la docena   dozen
el doctor   doctor (*title*)
el doctorado   doctorate, doctor's degree
la doctrina   doctrine
el documento   document
el dólar   dollar (*U.S.A.*)
doler (ue)   to ache, pain, hurt
    me (le) duelen los ojos   my (his) eyes hurt
el dolor   pain, ache, sorrow
    tener dolor de cabeza   to have a headache
la dominación   domination
dominar   to dominate, rule, subdue, control, overcome
el domingo   Sunday
    Domingo de Ramos   Palm Sunday
    Domingo de Resurrección   Easter Sunday
dominicano, -a   Dominican
    la República Dominicana   Dominican Republic
dominico, -a (*also m. noun*)   Dominican, of the Dominican Order
don   *untranslated title used before first names of men*
la doncella   maid
donde   where, in which
¿dónde?   where?
    ¿por dónde se va?   how does one go?
doña   *untranslated title used before first names of women*
dormir (ue, u)   to sleep; *reflex.* to fall asleep, go to sleep
    dormir la siesta   to take a nap
Dorotea   Dorothy
dos   two
    a eso de las dos   at about two o'clock
    los (las) dos   both, the two
doscientos, -as   two hundred

el drama drama
dramático, -a dramatic
la ducha shower
la duda doubt
  sin duda doubtless, without a doubt
  ya no cabía duda there was no longer any doubt
  dudar to doubt
  dudoso, -a doubtful
el dueño owner
  dulce sweet, pleasant
el duplicado duplicate
el duque duke
  durante during
  durar to last
el duro *the five-peseta coin in Spain*

E

  e and (*used for* **y** *before* **i-, hi-,** *but not* **hie-**)
  ¡ea! hey! come now!
la economía política economics
  económico, -a economic
el Ecuador Ecuador
  echar to put (in)
    echar a + *inf.* to begin (start) to
    echar (al correo) to mail
    echar una bendición a to bless
la edad age
    tener ... años (de edad) to be ... years old (of age)
el edificio building
    edificio de apartamentos (departamentos) apartment house
    editorial editorial
    Eduardo Edward
la educación education
el educador educator
    educar to educate
el efecto effect
    en efecto actually, in fact
    Egipto Egypt
    ¿eh? right? eh? won't I? etc.
el ejemplo example
    por ejemplo for example
    ejercer to exercise, exert
el ejercicio exercise
    hacer ejercicio to (take) exercise
el ejército army
  el (*pl.* **los**) the (*m.*)
    el (los) de that (those) of, the one(s) of (with, in)

  el (los) que that, who, which, he (those) who (whom), the one(s) who (that, whom, which)
  él he; him, it (*m.*) (*after prep.*)
la elección (*pl.* **elecciones**) election
la elegancia elegance
    con elegancia elegantly
    elegante elegant
    elegantemente elegantly
el elemento element
    Elena Ellen, Helen
el elevador elevator (*Am.*)
    elevar to elevate, raise, lift
    ella she; her, it (*f.*) (*after prep.*)
    ello *neuter pron.* it
      todo ello all of it, it all
    ellos, -as they; them (*after prep.*)
      todos, -as ellos, -as all of them, them all
el embajador ambassador
    embarcar(se) to embark
    embargo: sin —, nevertheless, however
el emblema emblem
la emisora broadcasting station
    empeñar to pawn
      empeñarse en to insist on
el emperador emperor
    empezar (ie) (a + *inf.*) to begin (to)
la empleada employee, clerk, attendant (*f.*)
el empleado employee, clerk, attendant (*m.*)
    emplear to employ, use
    emprender to undertake
    en in, on, at, by, to, for
el enamorado lover
    enamorarse (de) to fall in love (with)
    encadenar to (en)chain, put in chains
el encaje (*also pl.*) lace, pieces of lace
    encaminarse a to walk (go, make one's way) to
    encantado, -a enchanted, delighted
      ¡encantado, -a! (I'll be) delighted (to)!
    encantador, -ora enchanting, delightful
el encargo commission, order
    encerrar (ie) to enclose, include
    encima de on top of
    Enciso, Martín Fernández de *Spanish geographer and colonizer in America*
    encogerse de hombros to shrug one's shoulders
    encontrar (ue) to encounter, find, meet; *reflex.* to find oneself, be found, be, meet
      encontrarse con to meet, run across (into)
el encuadernado, -a bound
    encuentro encounter, meeting

el enemigo   enemy
enérgico, -a   energetic
enero   January
enfermarse   to become *or* fall ill (sick)
enfermo, -a   ill, sick
engañar   to deceive
el enojo   anger
enorme   enormous, huge
Enrique   Henry
la enseñanza   teaching
enseñar (a + *inf.*)   to show, teach (to)
ensillar   to saddle
entender (ie)   to understand
   se entendían   (they) understood each other
enterar   to inform
enternecido, -a   moved with pity
enterrado, -a   buried
el entierro   burial
entonces   then, at that time
entrar (en + *obj.*)   to enter, go in
entre   among, between
   entre risas y lágrimas   half-laughing, half-crying
entregado, -a a   lost in, given over to
entregar   to hand (over)
la entrevista   interview
el entusiasmo   enthusiasm
enviar   to send
   enviar por   to send for
envolver (ue)   to wrap (up)
envuelto *p.p.* of envolver *and adj.*   wrapped, enveloped
la Epifanía   Epiphany (*January 6*)
la época   epoch, era, period, time
el equipaje   baggage
el equipo   team
la equitación   horseback riding
la erre   *the letter* "r"
la escalera   stairway
   escalera abajo   down (the) stairs
escapar(se)   to escape, run away, be free
el escaparate   show window
la escena   scene
el escepticismo   scepticism
la esclavitud   slavery
el esclavo   slave
escoger   to choose, select
esconder   to hide, conceal; *reflex.* to hide (oneself)
escondido, -a   hidden, concealed
el Escorial   *town about 50 kilometers northwest of Madrid*
escribir   to write

el papel de escribir   writing paper
la máquina de escribir   typewriter
escrito *p.p.* of escribir *and adj.*   written
   lo escrito   what is written, the written part
la escritora   writer (*f.*)
el escritorio   writing desk
escuchar   to listen (to)
   escuchar bien   to listen carefully (well)
   escuchen (Uds.)   listen
la escuela   school
   a la escuela   to (at) school
   en la escuela   at (in) school
   escuela primaria   primary (elementary) school
   escuela superior   high school
   periódico de la escuela   school newspaper
la escultura   sculpture
ese, esa (-os, -as) *adj.*   that, those (*nearby*)
ése, ésa (-os, -as) *pron.*   that (one), those
la esencia   essence
esencial   essential
esforzarse (ue) por   to strive for, make an effort to
el esfuerzo   effort
el esmalte   enamel
la esmeralda   emerald
   (alfiler) de esmeraldas   emerald (pin)
eso *neuter pron.*   that
   a eso de   at about (*time*)
   en eso de   in that matter of
   por eso   therefore, because of that, for that reason
el espacio   space, room
la espalda   back (*body*)
espantado, -a   frightened, scared
España   Spain
   la Nueva España   New Spain (= Mexico)
español, -ola   Spanish
   de habla española   Spanish-speaking
   la América española   Spanish America
el español   Spaniard; *pl.* Spanish, Spaniards
el español   Spanish (*language*)
   (libro) de español   Spanish (book)
la Española   Hispaniola (*island on which Haiti and the Dominican Republic are situated*)
especial   special
especialmente   especially
la especie   kind, species
la esperanza   hope
esperar   to wait, wait for, await; to hope, expect

esperar mucho to wait long (a long time)
esperar que sí (no) to hope so (not)
sin esperar más without waiting (any) longer
el **espíritu** spirit
Espíritu Santo Holy Spirit
espiritual spiritual
espléndido, -a splendid, gorgeous
la **espontaneidad** spontaneity
espontáneo, -a spontaneous
la **esposa** wife
el **esposo** husband
el **esquí** (*pl.* **esquíes**) ski
esquiar to ski
la **esquina** corner (*street*)
en la esquina at (on) the corner
establecer to establish, settle; *reflex.* to establish oneself, settle, be established (set up)
el **establecimiento** establishment, settlement
el **establo** stable
la **estación** (*pl.* **estaciones**) season; station
Estación del Norte North Station
estacionar to park (*car*)
el **estado** state
los **Estados Unidos** United States
estallar to break out, explode
la **estampilla** (postage) stamp (*Am.*)
la **estancia** stay
estar to be
está bien that's fine, excellent, very well, all right
¿está (ella)? = ¿está (ella) en casa? is (she) at home?
estamos a diez it is the tenth
estar de acuerdo to agree, be in agreement
estar para to be about to
la **estática** static
la **estatura** stature
bajo de estatura short (in stature)
este, esta (-os, -as) *adj.* this, these
éste, ésta (-os, -as) *pron.* this (one), these; the latter
Esteban Stephen, Steve
el **estilo** style
estimar to esteem
estimar en mucho to esteem highly
esto *neuter pron.* this
esto es this (that) is
el **estómago** stomach
estrechar to strengthen, improve
estrechar las relaciones to improve (strengthen) relations

estrecho, -a narrow, tight
la **estrella** star
el **estudiante** student
estudiar to study
el **estudio** study
estudio de palabras word study
viaje de estudio study trip
la **etapa** stage, period
eterno, -a eternal
Europa Europe
europeo, -a (*also noun*) European
evidente evident, clear
el **examen** (*pl.* **exámenes**) examination
examinar to examine
excelente excellent
la **excepción** exception
exclamar to exclaim
la **excursión** (*pl.* **excursiones**) excursion, trip
hacer una excursión to make (take) an excursion (a trip)
existir to exist, be in existence
la **expansión** expansion, reign
la **expedición** (*pl.* **expediciones**) expedition
la **experiencia** experience
experimentar to experiment
explicar to explain
la **exploración** (*pl.* **exploraciones**) exploration
el **explorador** explorer
explorar to explore
la **explotación** exploitation
la **exposición** (*pl.* **exposiciones**) exhibition
expresar to express
la **expresión** (*pl.* **expresiones**) expression
expulsar to expel, drive out
extender(se) (ie) to extend, stretch out
extendido, -a extended, stretched
la **extensión** extent, expanse, area
extenso, -a extensive, vast
extranjero, -a strange, foreign
el **extranjero** stranger
extraño, -a strange, unusual
extraordinario, -a extraordinary, unusual
extremo: en —, extremely, to an extreme

F

fabuloso, -a fabulous
fácil easy
facilísimo, -a very easy
fácilmente easily
Facundo *see* **Quiroga**
la **falda** skirt
falso, -a false

la falta lack
 por falta de for lack of
faltar to be lacking (missing, needed), lack, need, falter
 faltan dos horas antes que it is two hours before
 ya faltará poco it must be almost that time
Falla, Manuel de (1876–1946) *Spanish composer*
la fama fame, reputation, name
la familia family
famoso, -a famous
la farmacia pharmacy, drugstore
el favor favor, compliment
 es un gran favor que me hace you are paying me a great compliment
 haga(n) or **hága(n)me Ud(s). el favor de** + *inf.* please
 por favor please (*used at end of request*)
favorecer to favor, help
la fe faith
febrero February
la fecha date
felicitar to congratulate
Felipe Philip
feliz (*pl.* **felices**) happy
 ¡feliz viaje! (have) a happy trip!
femenino, -a feminine
la feria fair, market
Fernando Ferdinand
feroz ferocious, fierce
el ferrocarril railroad
festivo, -a festive
la fiebre fever
la fiesta fiesta, festival, holiday
la figura figure, shape
figurar (entre) to figure or be (among)
fijamente fixedly
 mirar fijamente (a) to stare (at)
fijarse en to notice, observe
 fijarse bien en to notice (observe) carefully
fijo, -a fixed
la fila row
el fin end
 a fines de at (toward) the end of
 al fin finally, at last
 desde (hacia) fines de from (towards) the end of
 fin de semana weekend
 para fines de towards (by) the end of
 poner fin a to put an end to
 por fin finally, at last
final final

Finita Josie
firmar to sign
firme firm
 Tierra Firme Mainland
físico, -a physical
el flamenco Flemish
la flor flower
florecer to flourish
la Florida Florida
florido, -a flowery
 Pascua Florida Easter
el fondo background
la forma form, shape, way
 en forma de in the form (shape) of
 en forma (impresionante) in an (impressive) form (way)
la formación formation
formar to form, make (up)
la fortaleza fort, fortress
la fortuna fortune (*money*)
forzar (ue) to force, break open
la foto (*for* **fotografía**) photo
la fotografía photograph
 sacar fotografías to take photographs
fracasar to fail
el fraile friar
francés, -esa French
el francés French (*language*)
 (profesora) de francés French (teacher)
Francia France
franciscano, -a (*also m. noun*) Franciscan
Francisco Francis
el franco franc (*French coin*)
la franqueza frankness
la frase phrase, sentence
 fray friar (*title*)
la frecuencia frequency
 con frecuencia frequently
 frecuencia modulada FM
el freno brake
la frente forehead
fresco, -a cool
el fresco cool, coolness
 hacer fresco to be cool (*weather*)
frío, -a cold
el frío cold
 hacer (mucho) frío to be (very) cold (*weather*)
la frontera frontier, border
frutal *adj.* fruit
el fuego fire
 armas de fuego firearms
 Danza del fuego *Fire Dance*
la fuente fountain; source
 fuera *adv.* out, outside

fuera de *prep.*   out(side) of
   por fuera   on the outside
fuerte   strong
fuertemente   strongly
la fuerza   force, strength; *pl.* forces, (military) forces
   con más fuerza   more violently, harder
   tener fuerza   to be strong
el fugitivo   fugitive
funcionar   to function, work, run (*said of something mechanical*)
la fundación   founding, foundation
fundado, -a   founded
el fundador   founder
fundar   to found, establish
furioso, -a   furious(ly)
fusilar   to shoot
   le hará fusilar   he will have you shot
la fusión   fusion
el fútbol   football
   jugar (ue) al fútbol   to play football
   partido de fútbol   football game
el futuro   future

G

la galería   gallery, corridor
la gana   desire, inclination
   tener (muchas) ganas de   to be (very) eager to (desirous of)
ganar   to gain, earn, win
   ganarse la vida   to earn one's living
la ganga   bargain
el garaje   garage
la garganta   throat
gastar   to spend (*money*), waste, use (up)
el gasto   expense
el gaucho   gaucho cowboy, skilled horseman
   gaucho cantor   gaucho singer, minstrel
el gemelo   cuff link
general *adj.*   general
   en general   in general, generally
el general   general
generalmente   generally
la generosidad   generosity
generoso, -a   generous
el genio   genius
Génova   Genoa
la gente   people
la geografía   geography
el gerente   manager
el giro   draft
el gitano   gypsy

la gloria   glory
   Sábado de Gloria   Holy Saturday
el gobernador   governor
gobernarse (ie)   to govern oneself
el gobierno   government
el golf   golf
   palo de golf   golf club
el golfo   gulf
el golpe   blow
   golpe de muerte   death blow
el golpecito   (light) knock, rap, tap
   dar golpecitos   to tap
la goma   rubber
   tacón de goma   rubber heel
gordo, -a   fat, stout
Goyesco, -a   of (pertaining to) Goya, Goyesque
gozar (de + *obj.*)   to enjoy
la grabadora   (tape) recorder
   grabadora de cinta   tape recorder
grabar   to tape, record; to engrave, impress, fix
   grabar en su memoria   to impress (fix) on (in) one's mind
gracias   thanks, thank you
   dar (las) gracias a uno (por)   to thank, give thanks to one (for)
   gracias a   thanks to
el grado   degree
gran   (*used for* **grande** *before sing. nouns*) great, large
   Gran Colombia   Greater Colombia
   Granada: Nueva   New Granada (*viceroyalty in northwestern South America, created in 1718*)
   Granados, Enrique   (1867–1916)   *Spanish composer*
grande   large, big
el grano   grain
la gratitud   gratitude
grave   grave, serious
Grecia   Greece
Gregorio   Gregory
gritar   to shout, cry (out)
el grito   shout, cry
   dar gritos   to shout, cry out
grotesco, -a   grotesque
grueso, -a   heavy, large
el grupo   group
Guadalajara   *city in Mexico*
Guadalupe: Virgen de —,   Virgin of Guadalupe (*patron saint of the Mexican Indians*)
Guanahaní   *old Indian name of the island of San Salvador, in the Bahama Islands*

el guante   glove

guapo, -a   handsome, good-looking

guardar   to guard, save, keep

guardar cama   to stay in bed

guatemalteco, -a (*also m. noun*)   Guatemalan

Guayaquil   *port and commercial city of Ecuador*

la guerra   war

guiar   to guide, lead

Guillermo   William, Bill

la guitarra   guitar

el (la) guitarrista   guitarist, guitar player

gustar   to be pleasing, like

gustar más   to like better (best), prefer

me gustaría (mucho)   I should like (very much) to

el gusto   pleasure

con mucho gusto   gladly, with much (great) pleasure

me dio mucho gusto + *inf.*   it gave me much pleasure to *or* I was very pleased to + *verb*

tener el gusto de   to have the pleasure to + *inf.* (of + *pres. part.*)

tener (mucho) gusto en   to be (very) glad to

H

haber   to have (*auxiliary*)

ha habido   there has (have) been

haber de + *inf.*   to be (be supposed) to, must, probably; *used for future*

había   there was (were)

habrá   there will be

habría   there would be

hay   there is (are)

hay (había) que + *inf.*   one must, it is (was) necessary to

hay sol   it is sunny, the sun is shining

hubo   there was (were)

no hay de qué   you're welcome, don't mention it

no los hay así   there aren't any like them

¿para qué se ha de levantar?   why should (they) get up?

¿por qué había de . . .?   why should (was) I to . . .?

¿qué hay de nuevo?   what's new? what do you know?

¿qué he de desear?   what do you think I want?

te he de decir una cosa   there is something I must tell you

la habitación (*pl.* **habitaciones**)   room

el habitante   inhabitant

habla: de — española   Spanish-speaking

hablar   to speak, talk

habla (Marta)   this is (Martha), (Martha) is talking

oír hablar de   to hear of (about)

hacer   to do, make, cause, have

¿cuánto tiempo hace . . .?   how long is it . . .?

es un gran favor que me hace   you are paying me a great compliment

hace (dos días)   (two days) ago

hacer (bastante) fresco   to be (quite) cool (*weather*)

hacer buen (mal) tiempo   to be good (bad) weather

hacer daño a   to harm, do (cause) harm to

hacer la maleta   to pack the suitcase

hacer un viaje   to take (make) a trip

hacer una broma a (uno)   to play a joke on (one)

hacer una excursión   to make (take) an excursion

hacer una pregunta a   to ask a question of

hacerse + *noun*   to become

hacía muchos años que (él) trabajaba   for many years (he) had been working

haga(n) *or* **hága(n)me Ud(s). el favor de** + *inf.*   please

le hará fusilar   he will have you shot

¿qué hacemos?   what shall we do?

¿qué tiempo hace?   what kind of weather is it?

hacia *prep.*   toward(s); about (*time*)

hallar   to find

el hambre (*f.*)   hunger

¡qué hambre tengo!   how hungry I am!

tener hambre   to be hungry

hasta *prep.*   until, to, up to, as far as; *adv.* even

desde . . . hasta   from . . . to (up to, until)

hasta la vista   I'll see you later, until I see you

hasta luego   see you later, until later, so long

hasta que *conj.*   until

Hawaii   Hawaii

hay   there is (are)

hay que + *inf.*   it is necessary to, one must

hay sol   it is sunny, the sun is shining

no hay de qué   you're welcome, don't mention it

no los hay así   there aren't any like them

¿qué hay de nuevo?   what's new? what do you know?

la hazaña   deed

hecho *p.p.* of **hacer**   done, made

dicho y hecho   no sooner said than done

el hecho   fact

el helado   ice cream, sherbet, ice

heredar   to inherit

herido, -a   struck, wounded

la hermana   sister

el hermanito   little brother

el hermano   brother; *pl.* brothers, brother(s) and sister(s)

hermosísimo, -a   very pretty (beautiful)

hermoso, -a   beautiful, pretty

Hernán, Hernando   Ferdinand

Hernando de Soto   (1497–1542)   *Spanish explorer and discoverer of the Mississippi River, 1541*

el héroe   hero

Hidalgo, Miguel (1753–1811)   *village priest and Mexican revolutionary leader*

el hidalgo   nobleman

el hielo   ice

el hierro   iron

caja de hierro   iron box

la hija   daughter

el hijo   son; *pl.* children

Las hilanderas   *The Spinning Girls*

hispánico, -a   Hispanic

la Hispanidad   Hispanic Solidarity (Union)

Hispanoamérica   Spanish America

hispanoamericano, -a (*also m. noun*)   Spanish-American

la historia   history

Hnos. = Hermanos

la hoja   leaf

hojear   to turn the pages (leaves)

hola   hello

la holgazanería   laziness, loafing

el hombre   man

¡hombre!   man (alive)!

hombre conocedor   expert

hombre de bien   good (honest) man

el hombro   shoulder

encogerse de hombros   to shrug one's shoulders

el honor   honor

en honor de   in honor of

honradamente   honestly

la honradez   honesty, uprightness

honrado, -a   honest, honorable, respected

honrar   to honor

la hora   hour, time (*of day*)

a esta hora   at this time

¿a qué hora?   at what time?

a toda hora   at every hour (all hours)

ser hora de + *inf.*   to be time to

horrible   horrible

la hospitalidad   hospitality

la hostilidad   hostility

el hotel   hotel

hoy   today

de hoy en ocho días   a week from today

hoy día   nowadays, today

hoy no   not today

Huáscar   *Inca ruler defeated by his brother Atahualpa*

hubo *pret.* of **haber**   there was (were)

el huevo   egg

huir   to flee

humano, -a   human

humilde   humble

humildemente   humbly

el humor   humor, mood

de mal humor   in a bad mood

huyendo   *pres. part.* of **huir**

I

la idea   idea

ideal *adj.* (*also m. noun*)   ideal

la identificación   identification

ido *p.p.* of **ir**

la iglesia   church

de iglesia   church

en la iglesia   at church

(ir) a la iglesia   (to go) to church

la ignorancia   ignorance

igual *adj.* (*also m. noun*)   equal

es igual   it's all the same, it doesn't matter

igual que   the same as

ilustre   illustrious, famous

la imagen   image

imaginado, -a   imagined

imaginarse   to imagine

impaciente   impatient(ly)

impedir (i, i)   to impede, hinder, prevent

el imperfecto   imperfect

el imperio   empire

el impermeable   raincoat
imponerse a (*like* **poner**)   to be imposed upon
importado, -a   imported
la importancia   importance
importante   important
  lo importante   the important thing, what is important
importar   to matter, be important; to import
imposible   impossible
la impresión   impression
impresionante   impressive
impuso   *pret. of* **imponer**
inaugurar   to inaugurate, open
el inca (*also m. and f. adj.*)   Inca
incalculable   incalculable
el incidente   incident
incluido, -a   included
incomparable   incomparable
el inconveniente   objection
  tener inconveniente (en)   to object (to)
la incorporación (a)   incorporation (in, into)
  incorporarse a   to be (become) incorporated into
la independencia   independence
independiente   independent
la India   India
las Indias   Indies
indicar   to indicate
el indicativo   indicative
  (imperfecto) de indicativo   (imperfect) indicative
la indiferencia   indifference
indígena (*m. and f.*)   indigenous, native, Indian
indignado, -a   indignant(ly)
indio, -a (*also m. noun*)   Indian
el individualismo   individualism
individualista (*m. and f.*)   individualistic
el individuo   individual
  Inés   Inez, Agnes
inesperado, -a   unexpected
inevitable   inevitable
infantil   infantile, child's
el infinitivo   infinitive
infinito, -a   infinite
la influencia   influence
influir en   to influence, have an influence on
el informe   report; *pl.* information, data
el ingeniero   engineer
inglés, -esa   English
el inglés   English (*language*)

la ingratitud   ingratitude
el ingrato   ungrateful one (man)
ingresar (en + *obj.*)   to enter, become a member of
iniciar   to initiate, start, begin
la injusticia   injustice
inmediatamente   immediately
inmenso, -a   immense, very large
inmóvil   immobile, motionless
innumerable   innumerable, numberless
inocente   innocent, gullible
el inocente   person easily duped
  Día de los Inocentes   *December 28, equivalent to April Fool's Day*
el insecto   insect
insistir (en)   to insist (on)
  insistir en que   to insist that
la inspiración   inspiration
inspirado, -a   inspired
el instante   instant
el instinto   instinct
la institución (*pl.* **instituciones**)   institution
la instrucción (*pl.* **instrucciones**)   instruction
el instrumento   instrument
integrar   to integrate
el intelecto   intellect
la inteligencia   intelligence
intentar   to try, attempt
el interés   interest
  (tener) interés por (en)   (to have) interest for (in)
interesante   interesting
  lo interesante   the interesting thing, what is interesting
interesar   to interest
  interesarse en (por)   to be (become) interested in, be concerned with
el interior   interior
internacional   international
la interpretación   interpretation
interpretar   to interpret
el (la) intérprete   interpreter
interrogación: signo(s) de —,   question mark(s)
interrumpir   to interrupt
introducir   to introduce, put
introdujeron   *pret. of* **introducir**
invadir   to invade
la invasión   invasion
el invasor   invader
inventivo, -a   inventive
el invierno   winter
  (deporte) de invierno   winter (sport)
la invitación (*pl.* **invitaciones**)   invitation

el invitado guest
    invitar (a + inf.) to invite (to)
    ir (a) to go (to); *reflex.* to go away, leave
        ir a almorzar (ue) to go to (have) lunch
        ir a casa to go home
        ir al centro to go downtown
        ir de compras to go shopping
        ir por to go for
        vámonos let's go (be going, be on our way)
        vamos (a) we go (are going) (to), let's (let us) go (to)
        ¿vamos (a las siete)? shall we go (at seven)?
        vete (tú) go away, leave
    Isabel Isabel, Betty, Elizabeth
la isla island
el istmo isthmus
    Italia Italy
    italiano, -a (*also m. noun*) Italian
    izquierdo, -a left
        a (de) la izquierda to (on) the left

J

el jabón soap
    Jaime James, Jim
    jamás never, (not) . . . ever, ever (*in questions*)
el jamón ham
el jarabe *popular dance in Mexico*
el jardín (*pl.* **jardines**) garden
el jefe chief, leader, head
    Jerónimo Jerome
    jesuita (*m. and f.; also m. noun*) Jesuit
    ¡Jesús, María y José! heavens above!
    Joaquín Joachim
    Jorge George
    José Joseph, Joe
    joven (*pl.* **jóvenes**) young
        el joven the young man
        la joven the young lady (girl)
        las jóvenes the young ladies (women)
        los (dos) jóvenes the (two) young men
        los jóvenes (the) young people
la joya jewel
la joyería jewelry store (shop)
    Juan John
    Juanita Juanita, Jane
    Juanito Johnnie
el juego game
el jueves (on) Thursday
el juez (*pl.* **jueces**) judge
la jugada play, move

jugar (ue) (a + obj.) to play (*a game*)
    jugar al (fútbol) to play (football)
el jugo juice
    jugo de naranja orange juice
    julio July
    junio June
    junto a near, next to
        junto con along with
    justo, -a just
la juventud youth

K

el kilómetro kilometer (*about 5/8 mile*)

L

la (*pl.* **las**) the (*f.*)
    la(s) de that (those) of, the one(s) of (with, in)
    la(s) que who, that, which, she who, the one(s) who (that, whom, which), those who (which, whom)
la *obj. pron.* her, it (*f.*), you (*formal f.*)
el labio lip
    lápiz de labios lipstick
el labrador farmer, peasant, working man
    lacio, -a straight
el lado side
    al lado de at the side of, beside
    al otro lado de on the other side of
    por todos lados on all sides, all around
el ladrón (*pl.* **ladrones**) thief, robber, bandit
la ladrona thief (*f.*)
el lago lake
la lágrima tear
    entre risas y lágrimas half-laughing, half-crying
    lamentar to lament, regret
la lanza lance
    lanzar to launch, hurl, throw, make (*accusation, etc.*)
    lanzarse a to rush to, run to
el lápiz (*pl.* **lápices**) pencil
    con lápiz with a pencil
    lápiz de labios lipstick
    largo, -a long
    a lo largo de along
las *obj. pron.* them (*f.*), you (*formal f.*) (*also see* **la**)
la lástima pity
    es lástima it's a pity (too bad)

latino, -a   Latin
   la América latina   Latin America
latinoamericano, -a   Latin-American
lavar   to wash; *reflex.* to wash (oneself)
   lavar la ropa a   to wash clothes for
le *obj. pron.*   him, you (*formal m.*); to him,
   her, it, you
leal   loyal
la lección (*pl.* **lecciones**)   lesson
   lección (de español)   (Spanish) lesson
leer   to read
legítimo, -a   legitimate
la legua   league (*about 3½ miles*)
la legumbre   vegetable
   ensalada de legumbres   vegetable salad
leído   *p.p. of* **leer**
lejano, -a   distant
lejos *adv.*   far (away), distant
   a lo lejos   in the distance
   lejos de *prep.*   far from
la lengua   language, tongue
lentamente   slowly
les *obj. pron.*   to them, you (*formal pl.*)
la Letanía   Litany
la letra   letter (*of alphabet*)
levantar   to raise, lift (up); *reflex.* to get up,
   rise
la levita   Prince Albert coat, (frock) coat
la ley   law
la leyenda   legend
leyendo   *pres. part. of* **leer**
liberal   liberal
Liberia   *republic on west coast of Africa*
la libertad   liberty, freedom
   con libertad   freely
el libertador   liberator
la libra   pound, lb.
   libre   free
libremente   freely
la librería   bookstore
la libreta de cheques   checkbook
el libro   book
   libro de español   Spanish book
la licencia   license
   licencia para manejar (conducir)   driver's license
el lienzo   canvas
ligeramente   lightly
ligero, -a   light, slight
Lima   *capital of Peru*
limitar   to limit
   limitarse a   to be limited (limit oneself) to
limpiar   to clean; *reflex.* to clean (*something
   of one's own*)
lindo, -a   beautiful, pretty

la línea   line
   línea aérea   airline
la lista   list
   listo, -a   ready; clever
la litera   litter
la literatura   literature
el litro   liter (*1.06 quarts*)
lo *neuter article*   the
   lo que   what, that which
   todo lo necesario   everything necessary
lo *obj. pron.*   him, it (*m. and neuter*)
loco, -a   crazy
lograr   to attain, obtain, succeed in
el loro   parrot
los   the (*m. pl.*)
   los (las) dos   the two, both
   los que   who, that, which, the ones *or*
   those who (that, whom, which)
   todos los que   all (those) who
los *obj. pron.*   them, you (*formal pl.*)
Lucas   Luke
Lucía   Lucy, Lucille
la lucha   struggle; wrestling
   en lucha contra   in a struggle against
luchar   to struggle, fight
luego   then, next, later
   hasta luego   see you later, until later, so
   long
el lugar   place, site, spot
   en lugar de   instead of, in place of
   tener lugar   to take place
Luis   Louis
Luisa   Louise
el lujo   luxury
   de mucho lujo   very elegant
lujoso, -a   elegant, luxurious, showy
la luna   moon
el lunes   (on) Monday
la luz (*pl.* **luces**)   light

Ll

llamado, -a   called, named
llamar   to call, knock
   llamar a   to knock on (at)
   llamar la atención (a)   to attract one's
   attention (to)
   llamar por teléfono   to telephone, call
   by telephone
   mandar llamar (a)   to send for
   se le llama   (it) is called
llano, -a   flat, level, smooth
la llanta   tire
la llanura   plain

la **llave**   key
la **llegada**   arrival
llegar (a)   to arrive (at), come (to), reach
  llegar a + *inf.*   to come to (go so far as to) + *inf.*, succeed in + *pres. part.*
  llegar a ser   to come to be, become
  llegar tarde   to be (arrive) late
llenar (de)   to fill (with)
lleno, -a (de)   full (of), filled (with)
llevar   to take, carry; to bear; to lead; to wear; *reflex.* to take with one(self)
llorar   to cry, weep
llover (ue)   to rain
la **lluvia**   rain

M

el **machete**   machete (*long knife*)
la **madama**   madame
la **madera**   wood
  (cruz) de madera   wooden (cross), (cross) of wood
la **madre**   mother
  ¡madre mía!   my dear mother!
  madre patria   mother country
  maduro, -a   ripe, mature
  maestra: obra —,   masterpiece
la **maestría**   mastery, skill
el **maestro**   master, teacher
  magnífico, -a   magnificent, fine, great
  Magos: Reyes —,   Wise Men (Kings), Magi
el **maíz**   maize, corn
  majestuosamente   majestically
  majestuoso, -a   majestic
  mal *adv.*   badly
  mal   *used for* **malo** *before m. sing. nouns*
  maldecir (*like* **decir**)   to put a curse on
la **maleta**   suitcase, bag
  hacer la maleta   to pack the suitcase
  malo, -a   bad
  lo malo   the bad thing (part), what is bad
  maltratar   to mistreat
  Mallorca   Majorca (*largest of the Balearic Islands in the Mediterranean Sea*)
la **mamá**   mother, mama, mom
  mandado, -a   sent
  mandar   to send, order, command, have
    mandar llamar (a)   to send for
    ¿qué manda Ud.?   what would you like? what can I do for you?
  manejar   to drive (*car*) (*Am.*), handle
    licencia para manejar   driver's license

el **manejo**   handling, management
la **manera**   manner, way
  de esta (esa) manera   in this (that) way
  de la manera   in the way (manner)
  de manera que *conj.*   so, so that
  de ninguna manera   by no means, not at all
  de otra manera   otherwise
  de una manera (solemne)   in a (solemn) manner (way)
la **manía**   mania, whim
  manifestar (ie)   to manifest, show; *reflex.* to be (become) manifest *or* evident, be observed
la **mano**   hand
  a manos de   at the hand(s) of, into the hands of
  de una mano a otra   in the deal
la **manta**   blanket
la **mantequilla**   butter
  manual   manual
  Manuel   Manuel, Emmanuel
la **manzana**   block (*city*)
  mañana   tomorrow
    mañana (por la mañana)   tomorrow (morning)
    pasado mañana   day after tomorrow
la **mañana**   morning
    (ayer) por la mañana   (yesterday) morning
    por (de) la mañana   in the morning
el **mapa**   map, chart
la **máquina**   machine
  máquina de escribir   typewriter
el **mar**   sea
  Mar Caribe   Caribbean Sea
  Mar del Sur   Southern Sea
  Mar Pacífico   Pacific Ocean (Sea)
la **maravilla**   marvel, wonder
  maravilloso, -a   marvelous, wonderful
la **marca**   brand, kind, make, mark
  hacer marcas con el pie   to shuffle one's feet
  marcar   to mark, indicate; to dial (*telephone*)
el **marco**   frame
la **marcha**   march, journey
  poner (la máquina) en marcha   to start (the machine)
  ponerse en marcha   to start, set out
  marchar   to march; *reflex.* to go away, leave
    marcharse a   to leave for, go to
  Margarita   Margaret, Marguerite
  María   Mary

Marta   Martha
el martes   (on) Tuesday
Martín   Martin
Martinica   Martinique (*island at eastern end of the Caribbean*)
marzo   March
más   more, most; longer
   más o menos   more or less, approximately
   no . . . más que   only, no(t) . . . more than
   sin esperar más   without waiting any longer
las masas   masses
la máscara   mask
matar   to kill
el mate   checkmate (*in chess*)
el material (*also pl.*)   material(s), matter
materno, -a   maternal
el matrimonio   matrimony, marriage
el maya   Maya(n)
mayo   May
mayor   greater, greatest; older, oldest
   Antillas Mayores   Greater Antilles
   la mayor parte de   most (of), the greater part of
la mayoría   majority
   en su mayoría   for the most part
   la mayoría de   most (of), the majority of
me *obj. pron.*   me, to me, (to) myself
la medianoche   midnight
   a la medianoche   at midnight
la medicina   medicine
el médico   doctor, physician
la medida   measurement
   a medida que   as, in proportion as
medio, -a   half, a half
   (a las tres) y media   (at) half past (three)
   dos años y medio   two years and a half
   media hora   a half hour, half an hour
el medio   medium, means, way
   en medio de   in the middle (midst) of
   por medio de   by means of, through
el mediodía   noon
   al mediodía   at noon
la meditación   meditation
meditar   to meditate, think
el Mediterráneo   Mediterranean (Sea)
la mejilla   cheek
mejor   better, best
   el mejor   the better (best) one (*m.*)
   lo mejor   the best thing, the best part, what is best
   lo mejor que   the best that
   otros mejores   other better ones (*m.*)

el mejoramiento   improvement, betterment
mejorarse   to improve, get better
la melodía   melody
la memoria   memory, mind
   aprender de memoria   to learn by heart
   grabar en su memoria   to impress (fix) on (in) one's mind
mencionar   to mention
Menéndez de Avilés, Pedro   (1519–1574) *Spanish governor of Cuba who reconquered Florida and established city of St. Augustine*
Las meninas   *Little Ladies in Waiting*
menor   smaller, smallest; younger, youngest
   Antillas Menores   Lesser Antilles
menos   less, least; except
   a las siete menos cuarto   at a quarter to seven
   a menos que *conj.*   unless
   más o menos   more or less, approximately
   por lo menos   at least
mental   mental
mentir (ie, i)   to lie
la mentira   lie, falsehood
   es mentira   it's a lie
menudo: a —,   often, frequently
el mercado   market
la merced   mercy, favor, kindness
   vuesa (vuestra) merced   your grace, you
merecer   to merit, deserve, have
la merienda   light lunch, snack
el mes   month
la mesa   table, desk
la meseta   tableland, plateau
la mesita   small (little) table
meter   to put (in), place (in); *reflex.* to get (go) into
el método   method
metropolitano, -a   metropolitan
mexicano, -a (*also m. noun*)   Mexican
México   Mexico
Mexitli   *Aztec god of war*
la mezcla   mixture
mezclar   to mix, mingle
mi, mis   my
mí *obj. pron.*   me (*after prep.*)
el micrófono   microphone
el miedo   fear
   tener miedo (de)   to be afraid (to)
   tener miedo de que   to be afraid that
mientras (que) *conj.*   while, as long as
   mientras tanto   in the meantime, meanwhile
el (los) miércoles   (on) Wednesday(s)

Miércoles de Ceniza   Ash Wednesday
Miguel   Michael, Mike
mil   a (one) thousand; *pl.* thousands, many
   en mil se lo doy al caballero   I'll give it to the gentleman for a thousand
   mil cosas   a (one) thousand *or* many things
   miles de (ellas)   thousands *or* many of (them) (*f.*)
el milagro   miracle
el milímetro   millimeter
militar *adj.*   military
el militar   military man, soldier
el millón (*pl.* **millones**)   million
el millonario   millionaire
el mimbre   wicker
mintiendo   *pres. part. of* **mentir (ie, i)**
el minuto   minute
mío, -a *adj.*   my, (of) mine
   ¡Dios mío!   heavens! my goodness (gracious)!
   (el) mío, (la) mía, (los) míos, (las) mías *pron.*   mine
la mirada   look, glance, gaze
mirar   to look (at), watch
   mirar fijamente (a)   to stare (at)
   se miró a los zapatos   he looked (stared) at his shoes (feet)
la misa   Mass
   llamar a misa   to call to Mass
el miserable   wretch
la misión (*pl.* **misiones**)   mission
el misionero   missionary
Misisipí   Mississippi
mismo, -a   same, very, very same
   a sí mismo   to oneself
   ahora mismo   right now, right away
   aquí mismo   right here
   el mismo (la misma, *etc.*) **... que**   the same ... as
   él mismo   he himself
   lo mismo   the same thing
   lo mismo que   the same as
el misterio   mystery
   con misterio   mysteriously
misterioso, -a   mysterious
místico, -a   mystic, mystical
Misurí   Missouri
la mitad   half
Moctezuma   *leader of the Aztecs at time of Spanish conquest*
el modelo   model
   los modelos de este año   this year's models
moderado, -a   moderate, restrained

moderno, -a   modern
modesto, -a   modest
el modismo   idiom
el modo   manner, means, way
   de modo que *conj.*   so, so that
modulada: frecuencia —,   FM
mojado, -a   soaked
mojarse (mucho)   to get (very) wet
molestar   to molest, bother
el momento   moment
   en este (ese) momento   at this (that) moment
la monarquía   monarchy
el monasterio   monastery
la moneda   money, coin, currency
la monotonía   monotony
montado, -a en   mounted on, riding
la montaña   mountain
montar   to mount, ride
la montura   trappings (*of a horse*), saddle
el monumento   monument
morir(se) (ue, u)   to die
   morir de viejo   to die of old age
el moro   Moor
el mosquete   musket, gun
el mostrador   showcase, counter
mostrar (ue)   to show, demonstrate
el motel   motel
el motivo   motive, reason
   con motivo de   because of
mover (ue)   to move
el movimiento   movement
el mozo   porter, bellboy
la muchacha   girl
el muchacho   boy; *pl.* boys, boy(s) and girl(s)
muchísimo *adv.*   very much
muchísimo, -a (-os, -as)   very much (many)
mucho *adv.*   much, a great deal, a lot, hard
mucho, -a (-os, -as)   much (many); very, great
   mucho tiempo   long, a long time
mudarse   to change
   mudarse de ropa   to change clothes (clothing)
el mueble   piece of furniture; *pl.* furniture
la muela   molar (*tooth*)
la muerte   death
   condenar a muerte   to condemn to death
   dar muerte a   to kill, put to death
   golpe de muerte   death blow
   pena de muerte   death penalty
   que le causó la muerte   which caused his death
muerto *p.p. of* **morir** *and adj.*   dead

la **mujer**   woman, wife
la **mula**   mule
el **mulo**   mule
multiplicar: la tabla de —,   multiplication table
la **multitud**   multitude, crowd, large number
el **mundo**   world
   Nuevo Mundo   New World
   todo el mundo   everybody, the whole (entire) world
mural *adj. and m. noun*   mural
el **muralismo**   muralism (*painting of murals*)
muralista (*m. and f.*)   muralist, of murals
murió   *pret. of* **morir**
murmurar   to murmur, mutter
el **museo**   museum
la **música**   music
   de música   musical, (of) music
   musical   musical
el **músico**   musician
   muy *adv.*   very

N

nacer   to be born
nacido, -a   born
el **nacimiento**   birth
la **nación** (*pl.* **naciones**)   nation
nacional   national
nada   nothing, (not) . . . anything
   de nada   you're welcome, don't mention it
   nada en particular   nothing special (in particular)
   nada más   only
   no es nada grave   it isn't serious at all
nadar   to swim
nadie   no one, nobody, (not) . . . anyone (anybody)
   nadie más   no one (anyone) else
Napoleón (1769–1821)   Napoleon (Bonaparte) (*French emperor*)
la **naranja**   orange
   jugo de naranja   orange juice
la **nariz**   nose
Narváez: (Pánfilo de)   *Spanish captain, explorer of Florida, 1528*
la **natación**   swimming
natural   natural
el **natural**   native
la **naturaleza**   nature
naturalista (*m. and f.*)   naturalist(ic)
naturalmente   naturally
la **navaja**   knife; razor

   navaja eléctrica   electric razor
la **nave**   boat
el **navegante**   sailor
navegar   to sail, navigate
la **Navidad**   Christmas, Nativity
necesario, -a   necessary
   todo lo necesario   everything necessary
necesitar   to necessitate, need
negar (ie)   to deny
   negarse a   to refuse to
los **negocios**   business
   (viaje) de negocios   business (trip)
negro, -a   black, Negro, dark
nervioso, -a   nervous
ni   neither, nor, (not) . . . or
   ni . . . ni   neither . . . nor, (not) . . . either . . . or
la **nieve**   snow
ningún   *used for* **ninguno** *before m. sing. nouns*
ninguno, -a   no, no one, none, (not) . . . any (anybody)
la **niña**   little girl
el **niño**   little boy, child; *pl.* children
no   no, not
   (creer) que no   (to believe) not
   todavía no   not yet
   yo no   not I
noble   noble
la **noche**   night, evening
   buenas noches   good night (evening)
   de noche   at (by) night, in the evening
   el martes por la noche   (on) Tuesday evening (night)
   esta noche   tonight
   pasar una noche   to spend a night (an evening)
nombrar   to name, appoint
   nombrar por   to name as
el **nombre**   name
   de nombre   by name
   en nombre de   in the name of
el **nopal**   prickly pear tree, cactus
el **norte**   north
   la América del Norte   North America
   la Estación del Norte   North Station
norteamericano, -a   (North) American (*of the U.S.A.*)
nos *obj. pron.*   us, to us, (to) ourselves
nosotros, -as   we, us (*after prep.*)
la **nota**   note
notable   notable, noteworthy
notar   to note, observe
la **noticia**   notice, news, news item
   sección de noticias   news section

la novela   novel
  noveno, -a   ninth
  noventa   ninety
    noventa y dos   ninety-two
la novia   girlfriend, sweetheart, fiancée
  noviembre   November
el novio   boyfriend, sweetheart, fiancé; *pl.*
  "boy and girl friends"
  nublado, -a   cloudy
  nuestro, -a *adj.*   our, (of) ours
    **(el) nuestro, (la) nuestra, (los) nuestros,
    (las) nuestras** *pron.*   ours
  nueve   nine
    diez y nueve   nineteen
  nuevo, -a   new, another
    algunas nuevas   some new ones (*f.*)
    de nuevo   again, anew
    Nueva España   New Spain (= Mexico)
    Nueva Granada   New Granada
    Nueva Orleáns   New Orleans
    Nueva York   New York
    Nuevo México   New Mexico
    Nuevo Mundo   New World
    ¿qué hay de nuevo?   what's new? what
    do you know?
    uno nuevo   a new one (*m.*)
el número   number, size (*of shoes*)
  numeroso, -a   numerous, many, large, big
  nunca   never, (not) . . . ever

O

o   or
Oaxaca   *capital of state of Oaxaca, Mexico*
obedecer   to obey
el objeto   object
la obligación   obligation, task, duty
  obligar (a + *obj.*)   to oblige *or* force (to)
la obra   work (*art, music, etc.*)
  obra maestra   masterpiece
el obrero   workman
la obscuridad   darkness
  obscuro, -a   dark
la observación (*pl.* **observaciones**)   observation
  observar   to observe, see
el obstáculo   obstacle
obtener (*like* **tener**)   to obtain, get
la ocasión (*pl.* **ocasiones**)   occasion, opportunity
el océano   ocean
  Océano Pacífico   Pacific Ocean
  octubre   October
  ocultar   to hide, conceal

ocultar a (uno)   to hide from (one)
ocupado, -a   occupied, busy
ocupar   to occupy
ocurrir   to occur, happen
  ocurrirse a uno   to occur to one
  ¿qué ocurre?   what's happening (going
  on)?
ocho   eight
  a las ocho   at eight o'clock
ochocientos, -as   eight hundred
el oeste   west
oficial *adj.*   official
el oficial   official
la oficina   office
el oficio   craft, trade
ofrecer   to offer
¡oh!   oh! ah!
O'Higgins, Bernardo (1778–1842)   *Chilean
  general, later dictator (1817–1823)*
oído   *p.p. of* **oír**
el oído   ear (*inner*)
oír   to hear
  no se oye bien   we do not hear it well
  oiga(n) Ud(s)., oye (tú)   listen (to)
  oír decir que   to hear that
  oír hablar de   to hear of (about)
  oye (tú)   listen
¡ojalá (que)!   would that! I wish that!
el ojo   eye
el olivar   olive grove
  olvidado, -a   forgotten
  olvidar   to forget
  olvidarse de + *obj.*   to forget (to, about)
once   eleven
la onda   wave
  de onda corta   short-wave
la onza   ounce
  onza de oro   doubloon (*gold coin worth
  some twenty dollars or more*)
Oñate: (Juan de)   *Spanish explorer and
  founder of present New Mexico*
la oportunidad   opportunity, occasion
  tener (dar) la oportunidad de   to have
  (give) the opportunity to
la oposición   opposition
  sin oposición de   without the opposition
  of
la oración (*pl.* **oraciones**)   sentence
oral   oral
la orden (*pl.* **órdenes**)   order, command; religious order
  a sus órdenes   at your service
  por orden (órdenes) de   at (by) the
  order (orders) of

ordenarse de to become ordained as
la oreja ear (*outer*)
la orfebrería gold or silver work
el orfeón singing society
la organización organization
organizar to organize
el origen (*pl.* **orígenes**) origin
original original
el Orinoco Orinoco (River) (*in northern South America*)
el ornamento ornament
el oro gold
   (es) de oro (it is) gold
   Siglo de Oro Golden Age
la orquesta orchestra
os *obj. pron.* you (*fam. pl.*), to you, (to) yourselves
el otoño fall, autumn
otro, -a other, another; *pl.* other(s)
   el otro the other one (*m.*)
   otra vez again, another time
   otros muchos many other
oye *see* **oír**

P

Pablo Paul
la paciencia patience
pacífico, -a peaceful
   el (Océano) Pacífico Pacific (Ocean)
el padre father, priest; *pl.* parents, father and mother
pagar to pay, pay for
la página page
el país country (*nation*)
el paisaje landscape, countryside
el pájaro bird
la palabra word
   con la pluma y con la palabra writing and speaking
   estudio de palabras word study
el palacio palace
pálido, -a pale
la palma palm, palm tree
   hoja de palma palm leaf
el palo club, stick
la pampa pampa, grassy plain
el pan bread
la panadería bakery
Panamá Panama
panamericano, -a Pan-American
el panecillo roll (*pastry*)
los pantalones trousers

la pantalla screen (*movie*)
el pañuelo handkerchief
el Papa Pope
el papá papa, dad, father; *pl.* fathers, parents, father and mother
el papel paper; role
   papel de escribir writing paper
   papeles de seda tissue paper
   representar el mismo papel que to play the same role as
el paquete package
el par pair, couple
   (treinta dólares) el par (thirty dollars) a (per) pair
para *prep.* for, to, in order to, by (*time*)
para que *conj.* so that, in order that
¿para qué? why? for what purpose?
el (los) paraguas umbrella
parar to stop
parecer to appear, seem
   al parecer apparently
   me parece bien (it) is all right (OK) with me
   me parece que it seems to me (I think) that
   parecerse a to resemble, seem like
   ¿qué le parecía eso? what did he think of that?
   ¿qué le(s) *or* **te parece?** what do you think of it? how does it seem to you?
la pared wall
el (los) paréntesis parenthesis (*pl.* parentheses)
París Paris
el parque park
la parte part
   en gran parte largely, in large measure
   en parte por partly for, because of
   formar parte to form (a) part of
   la mayor parte de most (of), the greater part of
   (no) . . . en ninguna parte (not) . . . anywhere
   por (a, en) todas partes everywhere, through all parts
particular particular, special; private
   casa particular private house (home)
   nada en particular nothing special (in particular)
la partida departure
el partido game, match
partir (de + obj.) to depart, leave; to share, divide
   partir para to depart (leave) for

pasado, -a past, last
  (el mes) pasado last (month)
  pasado mañana day after tomorrow
pasar to pass, pass by, go; to spend *(time)*; to happen
  pasa (tú), pase(n) Ud(s). come in, go (in), enter
  pasar por to pass (come) by, pass (go) along
  pasar por aquí to pass (come) this way (through here)
  ¿qué le pasa a Ud.? what's the matter with you?
  ¡que lo pases bien! good-bye!
  ¿qué pasó? what happened? what was the matter?
la Pascua Florida Easter
pasearse to walk, stroll, wander
el paseo walk, stroll, ride, drive, promenade
  al paseo for a walk
  dar paseos (un paseo) to take walks (a walk)
la pasión passion, love
la Pasión Passion, sufferings (of Christ)
pasivo, -a passive
el paso step; pass; float
  de paso in passing
la pata foot *(of an animal)*
la patada stamp *(of a foot)*
  dar una patada to stamp one's foot; to kick
paternalmente fatherly, in a fatherly way
paternidad: su —, your reverence (grace), you
el patín *(pl.* **patines)** skate
patinar to skate
el patio patio, courtyard
el pato duck
  Paso de los Patos *Andean pass in Argentina crossed by San Martín and his army in 1817*
la patria native land, country *(where one is a citizen)*
  madre patria mother country
el patriota patriot
el patrón patron, patron saint, protector
  santo patrón patron saint
el payador minstrel *(who accompanied himself with a guitar)*
la paz peace
el pecho chest, breast
el pedacito small (little) piece
  pedagógico, -a pedagogical
el pedazo piece
pedir (i, i) to ask, ask for, request, beg

pedir permiso para to ask permission to
pedir prestado a to borrow from
¡se pide prestado! one (we) can borrow it!
peinarse to comb one's hair
el peine comb
la película film
el peligro danger
el pelo hair
  cepillo de pelo hairbrush
  tiene el pelo rubio (he) has blond hair, (his) hair is blond
la pelota ball, handball
la pena penalty
  pena de muerte death penalty
el pendiente earring
la península peninsula
el pensamiento thought
pensar (ie) to think; + *inf.* to intend, plan
pensar en to think of (about)
la pensión pension, meals
  con pensión completa with complete pension, with all meals
la peña rock
peor worse, worst
  lo peor the worst part (thing)
pequeño, -a small, little *(size)*
  el más pequeño the smaller (smallest) one *(m.)*
  otro más pequeño another smaller one *(m.)*
la percha perch
perder (ie) to lose, miss
  pierda Ud. cuidado don't worry
la pérdida loss
perdonar to pardon, forgive (for)
perfeccionar to perfect
perfectamente perfectly
  perfectamente bien fine, very well
Perico Pete
el periódico newspaper
el periodismo journalism
el periodista journalist
el período period
la perla pearl
  (alfiler) de perlas pearl (pin)
permanecer to remain
permanente permanent
el permiso permission
  con permiso excuse me, with your permission
  pedir (i, i) (dar) permiso para to ask (give) permission to

permitir to permit, let, allow

   ¿me permite Ud. . . .? may I . . .?

   ¡no lo permita Dios! God forbid!

   permítanme Uds. + inf. permit (let, allow) me + verb

   ¿te permiten ir? are they letting (will they let) you go?

pero but

el perro dog

la persecución pursuit

perseverar to persevere, keep on

la persiana heavy blind

la persona person

   cuarto para dos personas double room

   cuarto para una persona single room

   por persona per (for each) person

personal personal

pertenecer to belong to

   pertenecer a sí mismo to belong to oneself

el Perú Peru

   el Alto Perú Upper Peru

peruano, -a Peruvian

pesado, -a heavy, difficult

pesar to weigh

pesar: a — de in spite of

la pesca fishing

   pueblo de pesca fishing village

la peseta peseta (*Spanish monetary unit*)

el peso peso (*about 8 cents in Mexico*)

la petaca suitcase (*Mex.*)

el (la) pianista pianist

el piano piano

el pícaro rogue, rascal

el pico beak

el pie foot

   a pie on foot, walking

   al pie de at the bottom (foot) of

   dedo del pie toe

   ir (caminar, andar) a pie to walk, go on foot

la piedra stone

   (casa) de piedra stone (house)

la pierna leg

la pieza piece, selection; chessman

la píldora pill

   pintado, -a painted

   pintar to paint

el pintor painter

la pintura painting

la pirámide pyramid

el piso floor, story, flat, apartment

   piso alto upper floor

   piso bajo lower (ground) floor

la pista track (*sport*)

la pizarra (black)board

Pizarro, Francisco *conqueror of Peru*

el placer pleasure

el plan plan

el plano plan, drawing

la planta plant

la plata silver

   de plata (of) silver

la platería silver shop (store)

el plato plate, dish, course (*at meals*)

la plaza plaza, square

el plazo period of time

la pluma plume, feather, pen

   con la pluma y con la palabra writing and speaking

la población population

el poblador populator, settler

pobre poor

el pobrecito poor fellow (man, thing)

la pobreza poverty

poco, -a *adj., pron., and adv.* little (*quantity*); *pl.* few

   a poca distancia (de) at a short distance (from)

   al poco rato after (in) a short while

   al poco tiempo in (after) a short time

   dentro de poco in a little while

   hace poco tiempo a short time ago

   poco a poco little by little

   poco antes de shortly before

   poco después a little later, shortly afterward(s)

   un poco a little

   unos, -as pocos, -as a few, some

   ya faltará poco it must be almost that time

poder to be able, can

   puede (ser) que it may be (that)

el poder power; hands

   en poder de in the hands (power) of

el poderío power, dominion

poderoso, -a powerful

podría *cond. of* **poder** (I) could

la política politics, policy

político, -a political

   economía política economics

el político politician

el polo polo

Ponce de León: (Juan) *Spanish explorer in early 16th century*

poner to put, put in, place, put on (*record*); *reflex.* to put on (oneself), place (put) oneself

poner (el radio) to turn on (the radio)
poner (la máquina) en marcha to start (the machine)
poner fin a to put an end to
poner la mesa to set the table
poner un telegrama to send a telegram
ponerse + *adj.* to become
ponerse a to begin to
ponerse en marcha to start, set out
ponerse rojo, -a to blush, become red
ponte (tú) put on
ponte = pon (tú) + te *see* **ponerse**
popular popular
　la popular the popular one (*f.*)
poquito *adv.* very little (*quantity*)
por for, in, during, through, along, by, because of, on account of, for the sake of, in exchange for, on behalf of, as (a), to
　por aquí this way, through here
　¡por Dios! heavens!
　por eso therefore, because of that, for that reason
　por favor please
　por fin finally, at last
　por (la tarde) in (the afternoon)
　¿por qué? why? for what reason?
　¡por supuesto! of course! certainly!
porque because, for
el portal vestibule, entrance hall
portátil portable
el portero janitor, doorman
Portolá: (Gaspar de) *Spanish explorer and governor who participated in the early history of present California*
el portugués Portuguese (*language*); Portuguese (*person*)
la posada inn
poseer to possess, own
la posesión possession
posible possible
postal postal
practicar to practice
Prado: Museo del —, Prado Museum (*in Madrid*)
el precio price
　¿qué precio tienen (éstos)? what is the price of (these)?
precioso, -a precious
precisamente precisely, exactly; just
la precisión precision
preciso, -a necessary
predicar to preach
predilecto, -a favorite
predominar to predominate

preferir (ie, i) to prefer
la pregunta question
　hacer una pregunta a to ask a question of
preguntar to ask (*a question*)
　preguntar por to ask for (about), inquire about
　se lo preguntaré (a ellos) I shall ask (them)
prehispánico, -a pre-Hispanic (*before the Spanish discoveries in America*)
preliminar preliminary
la prenda part, article
el prendedor pin, brooch
prender to seize
la preocupación (por) preoccupation, concern, worry (with, about)
preocupado, -a preoccupied, worried
preocuparse to worry, be concerned
la preparación preparation
preparado, -a prepared, ready
preparar to prepare
　prepararse para to prepare oneself for, get ready to
preparatorio, -a preparatory
la presentación presentation
　carta de presentación letter of introduction
presentar to present, introduce, display, offer, give; *reflex.* to present oneself
presente present
el presidente president
prestado: pedir — (a) to borrow (from)
　¡se pide prestado! one (we) can borrow it!
el préstamo loan
prestar to lend, give
el pretérito preterit
prevalecer to prevail
la prima cousin (*f.*)
primario, -a primary
la primavera spring
primer *used for* **primero** *before m. sing. nouns*
primero *adv.* first
primero, -a first
　dos de primera two first-class (tickets)
　el primero the first one (*m.*)
　por primera vez for the first time
el primo cousin (*m.*)
principal principal, main
　el principal = el piso principal main (first) floor
el principio beginning
　a principios de at the beginning of

al principio   at first, at the beginning
la prisa   haste, hurry
    darse (mucha) prisa   to hurry (a great deal, fast)
    de prisa   quickly, in a hurry, fast, hastily
la prisión   prison
el prisionero   prisoner
probable   probable
probablemente   probably
probar (ue)   to try, test, prove; *reflex.* to try on
el problema   problem
la procedencia   origin, source
proceder   to proceed
la procesión (*pl.* **procesiones**)   procession
proclamar   to proclaim
procurar   to try, attempt
la producción   production
producido, -a   produced, caused
producir   to produce
el producto   product
el profesor   teacher, professor (*m.*)
la profesora   teacher, professor (*f.*)
profundamente   deeply, soundly
el programa   program
el progreso   progress
la promesa   promise
prometer   to promise
    lo prometido   what is promised
el pronombre   pronoun
pronto   soon, quickly
    de pronto   quickly, suddenly
la pronunciación   pronunciation
pronunciar   to pronounce, utter
la propaganda   propaganda
propio, -a   proper, suitable, own, (of) one's own
    por cuenta propia   by himself, on his own (account)
proponer(se) (*like* **poner**)   to propose, plan, intend
proporcionar   to provide, furnish
el propósito   purpose, plan
    a propósito   by the way
    muy a propósito para   very ready to
propuso   *pret. of* **proponer**
prosperar   to prosper
el protector   protector
protestar   to protest
proverbial   proverbial
la provincia   province
    de provincia   provincial
la provisión (*pl.* **provisiones**)   provision
próximo, -a   next

el proyecto   project, plan
el proyector   projector
la prudencia   prudence, wisdom, sound judgment
publicar   to publish
público, -a   public
Puebla   *Mexican city east of the capital, famous for its pottery*
el pueblecito   little town, (small) village
el pueblo   town, village; people, populace
    de pueblo en pueblo   from town to town
la puerta   door
el puerto   port
pues   well, well then (now)
puesto   *p.p. of* **poner** *and adj.*
    puesto que *conj.*   since
    tener puesto, -a   to wear, have on
el puesto   position, place, job
la pulsera   bracelet
el pulso   pulse
el punto   point; period (*punctuation*)
    a punto de   at (on) the point of, about to
    dos puntos   colon
    punto y coma   semicolon
    puntos suspensivos   suspension points

Q

que   that, which, who, whom; than; for, because; as; *indirect command* have, let, may, I wish (hope)
    creer que sí (no)   to believe so (not)
    del (de la, de los, de las) que   than
    el (la, los, las) que   that, which, who, whom; he (she, those) who (*etc.*), the one(s) who (*etc.*)
    el mismo (la misma, *etc.***) . . . que**   the same . . . as
    igual que   the same as
    lo que   what, that which, which (fact)
    no más . . . que   only, not . . . more than
    todo lo que   all that (which)
    todos los que   all (those) who
    (un día) que   (one day) when
¿qué?   what? which?
    ¿para qué?   why? for what purpose?
    ¿por qué?   why? for what reason?
¡qué!   how! what (a)!
    no hay de qué   don't mention it, you're welcome
    ¡qué (bien)!   how (fine, nice, wonderful)!
    ¡qué buen tiempo!   what fine weather!

¡qué (gran) sorpresa!   what a (great) surprise!

quedar   to remain, be, have (be) left; *reflex.* to stay, remain, be

(nos) queda (poco tiempo)   (we) have (little time) left

quedó sorprendida ella   she was surprised

se quedó asombrado   (he) was astonished

la **queja**   complaint

quemar   to burn

querer   to wish, want; to try (*in pret. and pres. perfect*)

(ella) no quiso (esperar)   (she) refused to *or* would not (wait)

no quieren (esperar)   they won't (are unwilling to) wait

no quisieron (recibirle)   they refused to *or* would not (receive him)

querer a (uno)   to love *or* like (one)

¿quieres (ir)?   will you (go)? do you want *or* wish (to go)?

quisiera   (I) should like

quiso (hacer eso)   he tried (to do that)

sin querer   unintentionally

querido, -a   dear

querida (amiga) mía   my dear (friend)

querido de   loved by

quien (*pl.* **quienes**)   who, whom, he (those) who, the one(s) who

hay quien dice   there are those who say

¿quién(es)?   who? whom?

¿a quién(es)?   whom?

¿de quién(es)?   whose?

quince   fifteen

quince días   two weeks

quinientos, -as   five hundred

quinto, -a   fifth

Quiroga, Facundo (1790–1835)   *gaucho soldier, leader greatly feared in Argentina*

quisiera   *see* **querer**

quitar (a)   to take away (off, from), remove

quizá(s)   perhaps

R

rabiar   to rage, be furious

me haces rabiar   you make me furious

el **rabo**   tail

el **racimo**   cluster, bunch

el **radio**   radio (*set*)

aparato de radio   radio set

programa de radio   radio program

la **rama de diamantes**   diamond spray

Ramón   Raymond

Ramos: Domingo de —,   Palm Sunday

rápidamente   rapidly, fast

rápido, -a   rapid, fast

raro, -a   rare, strange, unusual

uno muy raro   a very rare one (*m.*)

el **rato**   while, short time

al poco rato   after (in) a short while

un largo rato   a long time (while)

la **raya**   dash

el **rayo**   ray, beam

la **raza**   race

la **razón** (*pl.* **razones**)   reason

tener razón   to be right

real   royal

Real: Camino —,   King's (Royal) Highway

la **realidad**   reality

en realidad   in reality, in fact

el **realismo**   realism

realista (*m. and f.*)   realist(ic)

realizado, -a   realized, carried out, made

realizar   to realize, carry out

rebelarse (contra)   to rebel (against)

la **rebelión**   rebellion

el **recado**   message

la **recámara**   bedroom (*Mex.*)

la **receta**   prescription

recibir   to receive

recobrar   to recover, regain

recoger   to pick up

la **recomendación** (*pl.* **recomendaciones**)   recommendation

recomendar (ie)   to recommend

reconocer   to recognize; to acknowledge

recordar (ue)   to recall, remember

recorrer   to run over, traverse, retrace

recorrer de arriba abajo   to run up and down

recreo: sala de —,   recreation room

la **rectoría**   rector's (president's) office

los **recuerdos**   regards, wishes

redondo, -a   round

referir (ie, i)   to refer

referirse a   to refer to

la **reforma**   reform

el **refrán**   proverb

el **refresco**   refreshment, cold (soft) drink

refugiarse (de)   to take refuge (from)

la **regadera**   shower (*bath*) (*Am.*)

regalar   to give (*as a gift*)

el **regalo**   gift

el **regimiento**   regiment

la región (*pl.* regiones)   region
la regla   rule
  regresar   to return
  regular   fair, not bad
la reina   queen
  reinar   to reign, rule
  reír(se) (i, i)   to laugh
    reírse de   to laugh at
la reja   iron grating
  rejuvenecer   to rejuvenate, make young
la relación (*pl.* relaciones)   relation
  relatar   to relate, tell
el relato   tale, story
la religión   religion
  religioso, -a   religious
el reloj   watch, clock
  remediar   to remedy, help
el remedio   remedy
  remoto, -a   remote, distant
  renacer   to be born again, be revived
la rendición   surrender
  reparar en   to notice
  repasar   to review
    para repasar   for review
el repaso   review
  repente: de —,   suddenly, all of a sudden
  repetir (i, i)   to repeat
el representante   representative
  representar   to represent
    representar el mismo papel que   to play the same role as
  representativo, -a   representative
  reproducir   to reproduce
la república   republic
    la República Dominicana   Dominican Republic
el rescate   ransom
la reservación (*pl.* reservaciones)   reservation
  reservar   to reserve
el resfriado   cold (*disease*)
  resolver (ue)   to resolve
  respectivo, -a   respective
  respecto: con — a   with respect to, concerning
  respetable   respectable, considerable, adequate
  responder   to respond, reply
la respuesta   answer, reply
el restaurante   restaurant
el resto   rest; *pl.* remains
el resultado   result
  Resurrección: Domingo de —,   Easter Sunday

retirarse   to retire, withdraw (oneself), go (away), leave
  al retirarse ella   when she retired (left), upon her leaving
el retrato   portrait, picture
  reunirse   to meet, gather
la revelación   revelation
  revelar   to reveal, make known; to develop (*film*)
la revista   magazine, journal
la revolución   revolution
  revolucionario, -a   revolutionary
el rey   king
  los reyes   the king and queen
  los Reyes (Magos)   the Wise Men (Kings), Magi
  Reyes Católicos   Catholic King and Queen
  ricamente   richly
  Ricardo   Richard
  rico, -a   rich
el Rimac   *a river in Peru on which Lima was founded*
el rincón (*pl.* rincones)   corner
el río   river
la(s) riqueza(s)   riches; wealth
la risa   laughter
  entre risas y lágrimas   half-laughing, half-crying
el ritmo   rhythm
  robado, -a   stolen, robbed
  robar   to rob, steal
    robar (a uno)   to rob *or* steal (from one)
  Roberto   Robert
el robo   robbery, theft
  rodeos: sin —,   without beating around the bush
la rodilla   knee
  rogar (ue)   to beg, ask, request
  rojo, -a   red
    ponerse rojo, -a   to blush, become red
el rollo   roll
  romántico, -a   romantic
la romería   pilgrimage, excursion
  romper   to break
la ropa   clothes, clothing
    lavar la ropa a   to wash clothes for
    mudarse de ropa   to change clothes (clothing)
  rosa (*m. and f.*)   pink, rose (*color*)
la rosa   rose
  Rosas, Juan Manuel (1793–1877)   *Argentine dictator (1835–1852)*
el rostro   face

roto *p.p. of* **romper** broken
el rubí (*pl.* **rubíes**) ruby
   (**broche**) **de rubíes** ruby (pin)
rubio, -a blond(e)
el ruido noise
la rumba rumba (*dance*)
rural rural

S

el sábado (on) Saturday
   el sábado por la tarde (on) Saturday
    afternoon
   Sábado de Gloria Holy Saturday
la sábana sheet
saber to know, know how, can (*mental
   ability*); *in pret.* to learn, find out
   ¿qué sé yo? how should I know?
sacar to take, take out, get out, put (stick)
   out
   sacar a uno del apuro to get one out of
    the difficulty
   sacar fotos (fotografías) to take photos
    (photographs)
el sacerdote priest
el saco coat
sagaz wise, shrewd
la sala living room
   sala de clase classroom
   sala de recreo recreation room
la salida departure
salir (**de** + *obj.*) to go (come) out, leave
   antes que salga el sol before sunrise
    (the sun rises)
   sale el sol the sun rises (comes up)
   salir a to come *or* go out on(to)
   salir a la calle to go (come) out into the
    street
   salir de casa to leave home
   va a salir el sol the sun is going to rise
    (come up)
saltar to jump
saludar to greet, speak *or* say hello (to)
salvaje *adv.* savage, wild
salvar to save, make an exception of
san *used for* **santo** *before m. name of saint not
   beginning with* **Do-** *or* **To-**
San Agustín St. Augustine
San Antón St. Anthony (*patron saint of
   animals*)
San Martín, José de (1778–1850) *Argentine
   general and liberator of Chile and Peru*
San Roque (1295?–1327) *a French saint venerated for his work in a plague in Italy*

San Salvador *island in the Bahamas, first land
   discovered by Columbus*
sangriento, -a bloody
santo, -a saint, holy
el santo saint
   día de santo saint's day
   Santo Domingo *capital of the Dominican Re-
    public island on which Haiti and the Domin-
    ican Republic are situated*
   santo patrón patron saint
   Santo Tomé *church in Toledo, Spain*
   Santos Vega *legendary gaucho singer*
el saqueo sacking, plundering
Sarmiento, Domingo Faustino (1811–1888)
   *Argentine soldier, journalist, teacher, and
   president*
la sarta string (*of pearls, etc.*)
la satisfacción satisfaction
se *pron. used for* **le** *or* **les** to him, her, it,
   them, you (*formal*); *reflex. pron.* (to) himself, herself, *etc.*; *reciprocal pron.* (to) each
   other, one another; *indefinite subject* one
   people, they, you, *etc.*
secar to dry
la sección (*pl.* **secciones**) section
   sección de deportes (noticias) sports
    (news) section
seco, -a dry
la secretaria secretary (*f.*)
el secreter writing desk, secretary
el secreto secret
la sed thirst
   tener sed to be thirsty
la seda silk
   (**pañuelo**) **de seda** silk (handkerchief)
   papeles de seda tissue paper
seguida: en —, at once, immediately
seguir (**i, i**) to continue, follow, go (keep)
   on
   seguido, -a de followed by
   siga(n) Ud(s). derecho go (continue)
    straight ahead
según according to
segundo, -a second
   de segunda second-class (ticket)
   el segundo = segundo piso third floor
   la segunda the second one (*f.*)
   por segunda vez for the second time
el segundo second in command, assistant
seguramente surely, certainly
la seguridad security, safety
   (**número de**) **Seguridad Social** Social
    Security (number)
seguro, -a sure, safe, certain, steady

estar seguro, -a (de que)   to be sure (that)

seis   six

seiscientos, -as   six hundred

el sello   (postage) stamp

    álbum de sellos   stamp album

    sello de correo   postage stamp

la semana   week

    el fin de semana   weekend

    la semana que viene   next week

    Semana Santa   Holy Week

semejante a   similar to

la semilla   seed

el senador   senator

sencillo, -a   simple, innocent

sentado, -a   seated

sentar (ie)   to seat; to set; to fit, be becoming to; *reflex.* to sit down

    sentar bien a uno   to fit one well, be becoming to one

    sentar mal a uno   to fit badly, be unbecoming (not becoming) to one

    sentar un ejemplo   to set an example

    siéntate (tú), siéntese (Ud.)   sit down (*sing.*)

    siéntense (Uds.)   sit down (*pl.*)

el sentido   sense, feeling, meaning

sentir (ie, i)   to regret, be sorry; to feel; to hear; to sense; *reflex.* to feel

    lo siento (mucho)   I'm (very) sorry

la señal   sign, indication

señalar   to point to (out)

señor   Mr., sir

el señor   gentleman

el Señor   Lord

    ¡alabado sea el Señor!   Lord be praised!

señora   madam, ma'am, Mrs.

la señora   lady, woman

    señorita   Miss

la señorita   Miss, young lady (woman)

el señorito   master, young man

separado, -a   separated

separarse   to separate (oneself)

septiembre   September

séptimo, -a   seventh

ser   to be

    así es que   so (that), thus, and so

    era él (ella)   it was he (she)

    es que   the fact is that

    llegar a ser   to come to be, become

    ser de   to become of, happen to, belong to

    tú eres   it is you

Serafina   *proper name for women*

la serie   series

la serpentina   serpentine, stream

la serpiente   serpent, snake

el servicio   service

    estar al servicio de   to be in the service of

servir (i, i)   to serve

    ¿en qué puedo servirle(s)?   what can I do for you?

    servir de   to serve as (a)

sesenta   sixty

setecientos, -as   seven hundred

setenta   seventy

Sevilla   Seville

sexto, -a   sixth

si   if, whether

sí   yes; *reflex. pron.* himself, herself, *etc.*

    (contestar) que sí   (to answer) yes

    (creer) que sí   (to believe) so

    para sí   to himself

    sí que + *verb*   certainly, indeed

siempre   always, ever

    como siempre   as usual, as always

    para (por) siempre   forever

    por siempre jamás   forever and ever

la sierra   mountain range, mountains

    Sierra Madre   *mountain range in Mexico*

la siesta   siesta, nap

    dormir (ue, u) la siesta   to take a nap

siete   seven

el siglo   century

    Siglo de Oro   Golden Age

el signo   sign, mark

    signo(s) de admiración   exclamation mark(s)

    signo(s) de interrogación   question mark(s)

siguiente   following, next

    al día siguiente   (on) the following (next) day

    la siguiente   the following one (*f.*)

la sílaba   syllable

el silbido   whistle

    dar silbidos   to whistle

el silencio   silence

    en gran silencio   very silently

silenciosamente   silently

silencioso, -a   silent

la silla   chair

el sillón (*pl.* sillones)   armchair

simbolizado, -a   symbolized

el símbolo   symbol

simpático, -a   nice, congenial, pleasant

sin *prep.*   without

sin duda   doubtless, without a doubt
sin embargo   nevertheless, however
sin que *conj.*   without
la **sinceridad**   sincerity
sinfónico, -a   symphonic, symphony
sino   but
 no (sólo) . . . sino (también)   not (only) . . . but (also)
el **sinónimo**   synonym
sintonizar   to tune in
siquiera   even
 ni siquiera   not even
el **sistema**   system
el **sitio**   site, place
la **situación**   situation
situado, -a   situated, located
soberbio, -a   proud
sobre   on, upon, above, on top of, about, concerning
 sobre todo   above all, especially
el **sobre**   envelope
la **sobrina**   niece
social   social
la **sociedad**   society
el **socio**   member
el **sol**   sun
 antes que salga el sol   before sunrise (the sun rises)
 con sol   with sunshine (fair weather)
 hay sol   it is sunny, the sun is shining
 hijo del Sol   son of the Sun = the Inca
 sale el sol   the sun rises (comes up)
 va a salir el sol   the sun is going to rise (come up)
solamente   only
solas: a —,   alone, to oneself
el **soldado**   soldier
solemne   solemn
soler (ue)   to be accustomed to, be in the habit of
solo, -a   alone, single
sólo   only
 no (sólo) . . . sino (también)   not (only) . . . but (also)
la **solución**   solution
la **sombra**   shade, shadow
 a la sombra   in the shade
el **sombrero**   hat
someterse   to submit, be subjected
sonar (ue)   to sound, ring
sonreír (i, i)   to smile
sonrió   *pret. of* **sonreír**
soñar (ue)   to dream
 soñar con   to dream of

la **sopa**   soup
sórdido, -a   sordid
sorprender   to surprise, catch; *reflex.* to be (become) surprised
 me (le) sorprende   I am (he is) surprised
sorprendido, -a   surprised
la **sorpresa**   surprise
sospechar   to suspect
sostener (*like* **tener**)   to sustain, keep, support
el **sótano**   basement
Sr. = **señor**
Sra. = **señora**
Sres. = **señores**   gentlemen
Srta. = **señorita**
Stradivarius   *valuable old make of violin*
su, sus   his, her, your, their, its
suavemente   softly, lightly
subir (a + *obj.*)   to get on (into), climb up (into), go up
el **subjuntivo**   subjunctive
 (imperfecto) de subjuntivo   (imperfect) subjunctive
la **sublevación**   revolt, uprising
sublevarse   to revolt, rebel, rise up
el **substantivo**   noun
substituir   to substitute
substituyan   *pres. subj. of* **substituir**
suceder   to happen
el **suceso**   event, happening
sucio, -a   dirty
la **sucursal**   branch, branch office
sudamericano, -a   South American
el **suelo**   ground, floor
el **sueño**   dream, sleep
la **suerte**   luck
 ¡qué suerte ha tenido Ud.!   how fortunate (lucky) you have been!
 tener (mucha) suerte   to be (very) lucky *or* fortunate
el **suéter**   sweater
suficiente   sufficient, enough
sufrir   to suffer, meet with
la **suma**   sum, amount
superar   to surpass, exceed
superior: escuela —,   high school
el **supermercado**   supermarket
supersticioso, -a   superstitious
suplementario, -a   supplementary
suponer (*like* **poner**)   to suppose
¡supuesto: por —!   of course! certainly!
el **sur**   south; *adj.* southern
 la América del Sur   South America
 Mar del Sur   Southern Sea

surgir to surge, arise, appear

el suroeste southwest

surrealista (*m. and f.*) surrealist(ic) (*refers to one who sought "something" beyond reality in his literary or artistic works*)

suspensivos: puntos —, suspension points

suspirar to sigh

suyo, -a *adj.* his, her, its, your (*formal*), their, of his (hers, yours, theirs)

  (el) suyo, (la) suya, (los) suyos, (las) suyas *pron.* his, hers, its, yours (*formal*), theirs

T

la tabla de multiplicar multiplication table

el tablero chessboard

el tacón (*pl.* **tacones**) heel

  tacón de cuero (goma) leather (rubber) heel

la táctica tactics (*military*)

el tafilete morocco (*leather*)

  tal such (a)

  con tal que *conj.* provided that

  ¿qué tal? how are you? how goes it? how's everything?

  tal vez perhaps

el tamaño size, length

  también also, too

  tampoco neither, (nor *or* not) . . . either

  ni (a mí) tampoco neither (do I)

  tan *adv.* as, so

  tan . . . como as (so) . . . as

  un (animal) tan (pequeño) such a (small animal)

el tango tango (*dance*)

  tanto, -a (-os, -as) *adj. and pron.* as (so) much (many); *adv.* as (so) much

  mientras tanto meanwhile, in the meantime

  tanto como as (so) much as

  tanto tiempo so long

el tapiz (*pl.* **tapices**) tapestry

  tardar to delay

  tardar (mucho) en + *inf.* to delay (much) in, be (very) long in, take (very) long to

  tardar tanto to delay so much (long), be so long

  tarde late

  llegar tarde to arrive (be) late

  más tarde later

la tarde afternoon

  (ayer) por la tarde (yesterday) afternoon

  buenas tardes good afternoon

  de la tarde in the afternoon, P.M.

  por la tarde in the afternoon

  toda la tarde all afternoon, the whole (entire) afternoon

la tarjeta card

  tarjeta postal postal card

  Taxco *city south of Mexico City*

el taxi taxi

  en taxi by (in a) taxi

la taza cup

  te *pron.* you (*fam.*), to you, (to) yourself

el té tea

el teatro theatre

la técnica technique

la teja tile

el tejido textile, weaving

  telefonear to telephone

el teléfono telephone

  llamar por teléfono to telephone, call by telephone

  número de teléfono telephone number

el telegrama telegram

  poner un telegrama to send a telegram

la televisión television

el televisor television set

el tema subject, theme, topic

  temblar (ie) to tremble

  temer to fear

  temeroso, -a fearful, afraid

la temperatura temperature

la tempestad tempest, storm

  temprano early

la tendencia tendency

  tener to have, possess; *in pret.* to get, receive

  aquí tienes (tiene Ud.) here is

  ¿cuántos años tenía (él) . . .? how old was (he) . . . ?

  ¿qué precio tienen (éstos)? what is the price of (these)?

  ¡qué suerte ha tenido Ud.! how fortunate (lucky) you have been!

  ¿qué tienes? what's the matter with you?

  tener . . . años (de edad) to be . . . years old (of age)

  tener . . . que to have . . . to

  tener apetito to have an appetite, be hungry

  tener hambre to be hungry

  tener interés por to have an interest in (for), be interested in

tener lugar   to take place
tener miedo (de + *obj*.)   to be afraid (of)
tener miedo de que   to be afraid that
tener (mucha) suerte   to be (very) fortunate *or* lucky
tener (muchas) ganas de   to be (very) eager to (desirous of)
tener (mucho) gusto en   to be (very) glad to
tener (muchos) deseos de   to be very eager (wish very much) to
tener que + *inf*.   to have to, must
tener razón   to be right
tener tiempo para   to have time for
tiene el pelo (rubio)   (he) has (blond) hair, (his) hair is (blond)
el tenis   tennis
Tenochtitlán   *Aztec capital on site of present Mexico City*
la tentación   temptation
la teoría   theory
tercer   *used for* **tercero** *before m. sing. nouns*
tercero, -a   third
   de tercera   third-class (ticket)
   por tercera vez   for the third time
Teresa   Teresa, Theresa
la terminación   end, termination
terminar   to end, finish
el término   term
Terranova   Newfoundland
la terraza   terrace
terreno, -a   earthly
terrible   terrible
territorial   territorial, of land
el territorio   territory
el terror   terror
la tertulia   party, social gathering, get-together
el tesorero   treasurer
el tesoro   treasure
ti   you (*after prep*.)
el tiempo   time (*in general sense*); weather
   a tiempo   on time
   al mismo tiempo   at the same time
   al poco tiempo   in (after) a short time
   al tiempo que   at the (same) time that, while, when
   con el tiempo   in (in the course of) time
   ¿cuánto tiempo?   how long? how much time?
   en aquel tiempo   at that time
   hace poco tiempo   a short time ago

hacer buen (mal) tiempo   to be good (bad) weather
mucho tiempo   long, a long time
nos queda tiempo   we have time (left)
¿qué tiempo hace?   what kind of weather is it?
tanto tiempo   so long
tener tiempo para   to have time to
la tienda   store, shop
la tierra   earth, land, soil
   Tierra Firme   Mainland
el timbre   (postage) stamp (*Am.*); (door)bell
la tintorería   cleaning shop, cleaners
el tío   uncle; *pl*. uncle(s) and aunt(s)
típico, -a   typical
el tipo   type
el tirador   rifleman, marksman
la tiranía   tyranny
el tirano   tyrant
   tirar   to throw, pull
   tirar de   to pull on
el título   title
   dar título a uno   to call one
la toalla   towel
el (los) tocadiscos   record player
   tocar   to touch; to play (*music*), ring
   tocar a uno   to fall to one's lot, be one's turn
   todavía   still, yet
   todavía no   not yet
todo, -a   all, every; *pl*. all, everybody; *pron*. everything
   a toda hora   at every hour (all hours)
   ser todo uno   to be one and the same
   sobre todo   above all, especially
   toda clase de   all kinds of
   todo el mundo   everybody, the whole (entire) world
   todo (el verano)   all (summer)
   todo ello   all of it, it all
   todos, -as ellos, -as   all of them, them all
   todos los días   every day
la tolerancia   tolerance
   tomar   to take, take up, eat, drink
   los tomo   I'll take them
   toma (tú), tome Ud.   take it, here
Tomás   Thomas, Tom
el tomate   tomato
el tono   tone
   en tono de   in a tone of
la tontería   foolish thing
   tonto, -a   stupid, foolish
el tonto   fool, stupid person

¡qué tonto! what a fool! how stupid!

Tormes *river near Salamanca, famous because of the novel* Lazarillo de Tormes

el **toro** bull

    corrida de toros bullfight

la **torre** castle (*in chess*)

la **torrente** torrent

trabajador, -ora industrious

trabajar to work

    trabajar mucho to work hard

el **trabajo** work

    costar (ue) trabajo a uno to be hard (difficult) for one

la **tradición** (*pl.* **tradiciones**) tradition, legend

tradicional traditional

traer to bring

trágico, -a tragic

la **traición** treachery, treason

traído *p.p. of* **traer**

el **traidor** traitor

el **traje** suit, costume

tranquilamente quietly, tranquilly

transformarse to be changed (transformed)

la **transmisión** (*pl.* **transmisiones**) transmission

la **transparencia** transparency, slide

tras after, behind

tratar (de + *obj.*) to treat (of), deal (with)

    tratar de + *inf.* to try to

    tratarse de to be a question of

el **trato** dealing

través: a — de across, over, through

trece thirteen

treinta thirty

    treinta (y cuatro) thirty(-four)

trémulo, -a (de) trembling (with)

el **tren** train

tres three

trescientos, -as three hundred

la **tribu** tribe

Trinidad *island north of Venezuela*

triste sad

la **tristeza** sadness

triunfante triumphant

el **triunfo** triumph

el **tronco** trunk

el **trono** throne

la **tropa** troop

tropical tropical

tu, tus your (*fam.*)

tú you (*fam.*)

la **tumba** tomb

la **turbación** confusion

turbado, -a disturbed, upset

el **turista** tourist

tuyo, -a *adj.* your (*fam.*), (of) yours

    (el) tuyo, (la) tuya, (los) tuyos, (las) tuyas *pron.* yours

U

Ud(s). = **usted(es)** you (*formal*)

último, -a last (*in a series*)

    en estos últimos años in recent years

    este último this last one (*m.*)

    por última vez for the last time

    por último ultimately, finally

un, una, uno a, an, one

    hasta la una until one o'clock

único, -a only

la **unidad** unity

unido, -a united

    los Estados Unidos United States

la **unificación** unification

la **unión** union

unirse a to join, unite with

universal universal

la **universidad** university

universitario, -a university

unos, -as some, a few, several; about (*quantity*)

    unos (guantes) some *or* a pair of (gloves)

    unos, -as pocos, -as some, a few

Upsallata: Paso de —, Upsallata Pass (*in Argentina*)

urgente urgent, special

el **Uruguay** Uruguay

uruguayo, -a (*also noun*) Uruguayan

usar to use, wear

el **uso** use

usted(es) you (*formal*)

el **usurero** usurer, miser, money lender

útil useful

la **uva** grape

V

la **vaca** cow

las **vacaciones** vacation(s)

valdrá *future of* **valer**

valenciano, -a (*also noun*) Valencian, native of Valencia

valer to be worth

    más vale (vale más) (it) is better

valdrá más   it will be better
valiente   valiant, brave
valioso, -a   valuable
el valor   valor, courage; value
el valle   valley
vámonos   let's be going, let's be on our way
vamos   we go (are going), let's go
   ¿vamos (a las siete)?   shall we go (at seven)?
   vamos (a tomar)   we are going (to take), let's (take)
vano, -a   vain
   en vano   in vain
variado, -a   varied
la variedad   variety
varios, -as   several, various
la varita   little (small) stick
el vaso   glass
Vd(s). = usted(es)   you (*formal*)
el vecino   neighbor
la vegetación   vegetation
veinte   twenty
   veinte (y ocho)   twenty(-eight)
   veinte y una   twenty-one (*f.*)
veinticuatro   twenty-four
la vela   candle
vencer   to conquer, overcome
vendar   to bandage
el vendedor   vendor, seller
vender   to sell
Venecia   Venice
venerado, -a   venerated
venezolano, -a (*also noun*)   Venezuelan
venir (a)   to come (to)
   la (semana) que viene   next (week)
   venir por   to come for
la venta   sale
la ventana   window
la ventanilla   ticket (small) window
ver   to see; *reflex.* to see oneself, be
   bien se ve   it is evident (apparent)
   nos vemos   we'll see (be seeing) one another
   te veo (a las tres)   I'll be seeing you (at three)
   (vamos) a ver   let's see
Veracruz   *city on Gulf of Mexico*
el verano   summer
   todo el verano   all summer, the whole (entire) summer
veras: de —,   really, truly
la verbena   *night festival on the eve of a saint's day*
el verbo   verb

la verdad   truth
   es verdad   it is true
   ¿(no es) verdad?   isn't it (true)?   don't you? *etc.*
verdaderamente   truly, really
verdadero, -a   real, true
verde   green
el verso   verse; *pl.* poetry
vestido, -a (de)   dressed (as a)
el vestido   dress
vestir (i, i)   to dress (*someone*); *reflex.* to dress (oneself), get dressed
vete   *see* **irse**
la vez (*pl.* **veces**)   time (*in a series*)
   a la vez   at a (the same) time
   a veces   at times
   alguna vez   ever, sometime, (at) any time
   algunas veces   sometimes
   de vez en cuando   from time to time, occasionally
   dos veces   twice, two times
   en vez de   instead of, in place of
   muchas veces   often, many times
   otra vez   again, another time
   por primera (segunda, tercera, última) vez   for the first (second, third, last) time
   raras veces   seldom, rarely
   tal vez   perhaps
   una vez (que)   once *or* one time (when)
la vía   way, means
viajar   to travel
el viaje   trip
   ¡buen viaje!   (have) a good trip!
   ¡feliz viaje!   (have) a happy trip!
   hacer un viaje   to take (make) a trip
   viaje de estudio   study trip
   viaje de negocios   business trip
el viajero   traveler
Vicente   Vincent
el vicepresidente   vice-president
la victoria   victory
la vida   life
   ganarse la vida   to earn one's living
   vida mía   my dear, darling
viejo, -a   old
   el viejo   old man
   las viejas   old women (ladies)
   morir (ue, u) de viejo   to die of old age
el viento   wind
el (los) viernes   (on) Friday(s)
   Viernes Santo   Good Friday
el vigor   vigor, strength

vigoroso, -a vigorous
el vino wine
la viña vineyard
el violín (*pl.* **violines**) violin
el violinista violinist
el (la) violoncelista violoncellist, cellist
la virgen (*pl.* **vírgenes**) virgin
    las Islas Vírgenes Virgin Islands
la virtud virtue, power, strength
la visión vision
visitar to visit, call on
la víspera eve
la vista sight, view
    de vista by sight
    hasta la vista I'll see you later, until I
      see you
    visto *p.p. of* **ver**
    visual visual
la vitalidad vitality
la vitrina showcase
el viudo widower; *pl.* widow and widower
    vivir to live
    vivo, -a alive, living
    volar (ue) to fly; *reflex.* to fly away
el voluntario volunteer
    volver (ue) to turn, return, come back;
      reflex. to become, turn (around), return,
      go back
    volver a (explicar) (to explain) again
    volverse (loco) to become (go) (crazy)
    vosotros, -as you (*fam. pl.*)
el voto vote
la voz (*pl.* **voces**) voice
    en voz alta in a loud voice, loudly
    en voz baja in a low voice, softly
el vuelo flight

    tomar vuelo to take flight, take off in the
      air
    vuelo de las dos two o'clock flight
la vuelta return; change (*money*)
    estar de vuelta to be back
vuelto *p.p. of* **volver**
vuesa merced your grace, you
vuestro, -a *adj.* your (*fam. pl.*), (of) yours
    **(el) vuestro, (la) vuestra, (los) vuestros,
    (las) vuestras** *pron.* yours

Y

y and
ya already, now
    ¡ya lo creo! of course! certainly! I
      should say so!
    ya no no longer
yo I
    yo no not I
Yucatán Yucatan (*peninsula in eastern
    Mexico*)
la yunta yoke

Z

el zaguán vestibule, entrance hall
el zapateado clog (tap) dance
la zapatería shoe store (shop)
el zapato shoe
    se miró a los zapatos he looked (stared)
      at his shoes (feet)
Zuñi *tribe of Pueblo Indians in northern New
    Mexico*

VOCABULARY

English-Spanish

A

a, an   un, una; *often not translated*
able: be —,   poder
about   de, acerca de, sobre, por, (*quantity*) unos, -as
  about twenty years ago   hace unos veinte años
  at about   a eso de
  inquire about   preguntar por
ache   doler (ue)
  his head aches   le duele la cabeza, tiene dolor de cabeza
acknowledge receipt of   acusar recibo de
acquainted: be (better) — with   conocer (mejor)
across: run —,   encontrarse (ue) con
addition: in — to   además de
address   dirigir
advance: thanking you in —,   anticipándole las gracias
advertisement   el anuncio
advise   aconsejar
afraid: be — to   tener miedo de + *inf*.
  be afraid that   tener miedo de que
after *prep.*   después de; (*in giving the time*) y
afternoon   la tarde
  all afternoon   toda la tarde
  good afternoon   buenas tardes, muy buenas
  yesterday afternoon   ayer por la tarde
afterwards *adv.*   después
again   otra vez
ago: (three days) —,   hace (tres días)
agree   estar de acuerdo
ahead: continue (*pl.*) **straight —,**   sigan (continúen) Uds. derecho
air *adj.*   aéreo, -a
airline   la línea aérea
airmail *adj.*   de correo aéreo
  airmail stamp   sello de correo aéreo
  by airmail   por correo aéreo
airport   el aeropuerto
alarm clock   el despertador
all   todo, -a
  all (afternoon)   toda (la tarde)
  all that   todo lo que, cuanto

alone   solo, -a
already   ya
also   también
always   siempre
America   América
  South America   la América del Sur
  Spanish America   la América española
American: Latin —,   latinoamericano, -a
and   y
Anne   Anita
announce   anunciar
another   otro, -a
answer   contestar
anyone   alguien, (*after negative*) nadie
anything   algo, (*after negative*) nada
anywhere   (*after negative*) en ninguna parte
approach   acercarse (a + *obj.*)
April   abril
Argentina   la Argentina
arm   el brazo
arrive   llegar (a + *obj.*)
  arrive downtown   llegar al centro
  arrive home   llegar a casa
as   tan, como
  as if   como si
  as much as   tanto como
  as soon as *conj.*   en cuanto
ask   (*question*) preguntar, (*request*) pedir (i, i)
  ask for   pedir (i, i)
asleep: fall —,   dormirse (ue, u)
at   a, en
  at about   a eso de
  at (his office)   en (su oficina)
  at (Robert's)   en casa de (Roberto)
attend   asistir a
attention   la atención
  thanking you for your attention   agradeciéndoles (dándoles las gracias por *or* muy agradecidos por) su atención
August   agosto
aunt   la tía
  uncle and aunt   los tíos
avenue   la avenida
awaken   (*someone*) despertar (ie)
away: right —,   ahora mismo

B

back: be —, estar de vuelta
bad   malo, -a, (before m. sing. nouns) mal
Barbara   Bárbara
bargain   la ganga
bath: take a —, bañarse
be   estar, ser
  be able   poder
  be afraid that   tener miedo de que + subj.
  be afraid to   tener miedo de + inf.
  be back   estar de vuelta
  be (be supposed) to   haber de + inf.
  be good (bad) weather   hacer buen (mal) tiempo
  be late   estar (llegar) tarde
  be married   casarse
  be right   tener razón
  be (very) cold   (weather) hacer (mucho) frío
  be (very) eager to   tener (muchos) deseos de + inf.
  be (very) fortunate   tener (mucha) suerte
  be (very) glad to   alegrarse (mucho) de + inf., tener (mucho) gusto en + inf.
  here are (the letters)   aquí tienes (tiene Ud.) (las cartas)
  how are you?   ¿cómo estás (está Ud., están Uds.)? ¿qué tal?
  isn't (he)?   ¿(no es) verdad?
  it will be necessary to   será necesario or habrá que + inf.
  there is (are)   hay
  there will be   habrá
  they are (we are) very sorry   lo sienten (sentimos) mucho
  we have been here an hour   hace una hora que estamos aquí (estamos aquí desde hace una hora)
  what fine weather it is!   ¡qué buen tiempo hace!
  what kind of weather is it?   ¿qué tiempo hace?
because   porque
become ill   enfermarse, ponerse enfermo, -a
before prep.   antes de; conj. antes (de) que
begin (to)   empezar (ie) (a + inf.), comenzar (ie) (a + inf.)
believe   creer
  believe so   creer que sí
besides adv.   además
best, better   mejor
  it would be better   sería mejor, valdría más
Betty   Isabel
between   entre

bill   el billete
  (twenty)-dollar bill   el billete de (veinte) dólares
billfold   la cartera
birthday   el cumpleaños
black   negro, -a
book   el libro
bookstore   la librería
bottle   la botella
boulevard   el paseo
box   (post office) el apartado (postal)
boy   el muchacho
branch   la sucursal
breakfast   el desayuno
  take (have, eat) breakfast   desayunarse, tomar el desayuno
bring   traer
broadcasting station   la emisora
brother   el hermano
brush   (something of one's own) cepillarse
bus   el autobús
  by bus   en autobús
business   los negocios; adj. comercial
  business trip   el viaje de negocios
busy   ocupado, -a
but   pero
buy   comprar
by   por, en
  by (bus)   en (autobús)

C

café   el café
call   llamar, llamar por teléfono
camera   la cámara
  movie camera   la cámara de cine
can, be able   poder
car   el coche
Caroline   Carolina
carry   llevar
catch   coger
certainly: I shall — go!   ¡claro que iré!
chair   la silla
chamber   la cámara
  chamber of commerce   la cámara de comercio
change   (money) el cambio, la vuelta
  change clothes   mudarse de ropa
Charles   Carlos
Charlie   Carlitos
chat   charlar
checkbook   la libreta de cheques
children   los niños
choose   escoger

city la ciudad
   Mexico City la Ciudad de México
class la clase
   to class a clase
clean (*something of one's own*) limpiarse
cleaning shop la tintorería
clerk el dependiente, el empleado
clock: alarm —, el despertador
close cerrar (ie)
clothes, clothing la ropa
   change clothes mudarse de ropa
cloudy nublado, -a
club el palo
   golf club palo de golf
coat el saco
coffee el café
cold el frío
   be (very) cold (*weather*) hacer (mucho) frío
   cold drink el refresco
come venir
   come by pasar por
   come in (*fam. sing.*) pasa (tú); *pl.* pasen Uds.
   come this way pasar por aquí
commerce el comercio
   chamber of commerce la cámara de comercio
companion el compañero
company la compañía
compliment el favor
   you are paying me a great compliment es un gran favor que me hace
composer el compositor
composition la composición (*pl.* composiciones)
concert el concierto
congratulate felicitar
continue continuar, seguir (i, i)
   continue (*pl.*) **straight ahead** sigan (continúen) Uds. derecho
corner (*street*) la esquina
   at (on) the corner en la esquina
   at this corner en esta esquina
cost costar (ue)
could *pret., imp., or cond. of* **poder**
count contar (ue)
country el campo, (*nation*) el país
   country house casa de campo
course: of —! ¡cómo no! ¡ya lo creo! ¡por supuesto!
cousin el primo, la prima
cover: under separate —, por separado
cry llorar
custom la costumbre
cut cortar

D

dance el baile; bailar
daughter la hija
day el día
   all day todo el día
   by day de día
   day after tomorrow pasado mañana
   saint's day día de santo
   these days en estos días
daytime: in the —, de día
deal: a great —, mucho
dear querido, -a; *for letters see section on letter writing, pages 321–328*
December diciembre
decide decidir
delighted (to)! ¡encantado, -a!
develop (*film*) revelar
dial (*telephone*) marcar
dialogue el diálogo
did *not translated as auxiliary*
difficulty la dificultad
distinguished distinguido, -a
do hacer; *not translated as auxiliary*
   what can I do for you (*pl.*)? ¿en qué puedo servirles?
doctor el médico
dollar (*U.S.A.*) el dólar
   (twenty)-dollar bill el billete de (veinte) dólares
door la puerta
doorbell el timbre
doubt dudar
down: sit —, sentarse (ie)
downtown el centro
   (be) downtown (estar) en el centro
   (go) downtown (ir) al centro
dress el vestido
dress (oneself) vestirse (i, i)
drink: cold —, el refresco
drive conducir, manejar (*Am.*)
driver's license la licencia para manejar (conducir)

E

each cada
eager: be (very) — to tener (muchos) deseos de + *inf.*, tener (muchas) ganas de + *inf.*
early temprano
easy fácil
eat comer, tomar
   eat supper cenar

economics la economía política
eight ocho
  at eight (o'clock) a las ocho
  eight hundred ochocientos, -as
eighty ochenta
eleven once
embrace abrazar
employee el empleado
enough bastante
  be enough bastar
  that is enough eso basta
enter entrar (en + *obj.*)
envelope el sobre
even though aunque
evening la noche
  Tuesday evening el martes por la noche
ever (*after negative*) nunca
every todo, -a
  every (Saturday) todos (los sábados)
everybody todo el mundo
everything todo
example: for —, por ejemplo
excursion la excursión
expensive caro, -a
  very expensive muy caro, carísimo, -a
explain explicar
eye el ojo

F

face la cara
fail: not to — to no dejar de + *inf.*
fall el otoño
fall asleep dormirse (ue, u)
fall in love (with) enamorarse (de)
family la familia
far from *prep.* lejos de
father el padre, el papá
fear temer
February febrero
feel sentir (ie, i)
  feel well (better) sentirse bien (mejor)
few: (a) —, unos, -as, algunos, -as
fifteen quince
fifteenth: the — of March el quince de marzo
fifty cincuenta
film la película
finally por fin, por último, al fin
find encontrar (ue), hallar
fine: what — weather it is! ¡qué buen tiempo hace!
finger el dedo
finish terminar

firm la casa
first *adj.* primero, -a, (*before m. sing. nouns*) primer; *adv.* primero
fit sentar (ie)
  fit one (well) sentar (bien) a uno
five cinco
flat (*tire*) desinflado, -a
flight el vuelo
  two o'clock flight el vuelo de las dos
flower la flor
food la comida
  where the food is very good donde se come muy bien
football el fútbol
  play football jugar (ue) al fútbol
for para, por
forget olvidar, olvidarse de
  forget to olvidarse de + *obj.*
fortunate: be (very) —, tener (mucha) suerte
forty cuarenta
four cuatro
friend el amigo, la amiga
from de, desde, a

G

garden el jardín
gentlemen muy señores míos (nuestros)
George Jorge
get obtener, conseguir (i, i)
  get into subir a
  get ready for prepararse para
  get up levantarse
gift el regalo
girl la muchacha
give dar, (*as a gift*) regalar
glad: be (very) — to alegrarse (mucho) de, tener (mucho) gusto en
  be glad that alegrarse de que
  how glad I am . . .! ¡cuánto me alegro . . .!
gladly con mucho gusto
go ir
  go away irse
  go by pasar por
  go downtown ir al centro
  go shopping ir de compras
  go to sleep dormirse (ue, u)
  I shall certainly go! ¡claro que iré!
  shall we go (at eight)? ¿vamos (a las ocho)?
golf el golf
  golf club palo de golf
good bueno, -a, (*before m. sing. nouns*) buen
  have a good time divertirse (ie, i)

good-bye   adiós, ¡que lo pase(s) bien!
  say good-bye to   despedirse (i, i) de
grateful: be very — for   agradecer mucho por
great   gran (*used before sing. nouns*); *pl.* grandes
  a great deal   mucho
green   verde
  a green one (*f.*)   una verde

H

half   medio, -a
  a half hour   media hora
  half past (eight)   (las ocho) y media
hand   la mano
hand (over)   entregar
hard *adv.*   mucho
hat   el sombrero
have   tener, (*auxiliary*) haber, (*something to eat or drink*) tomar
  have a good trip!   ¡buen viaje!
  have (a thousand things) to (do)   tener (mil cosas) que (hacer)
  have a (very) good time   divertirse (ie, i) (mucho)
  have just + *p.p.*   acabar de + *inf.*
  have lunch   almorzar (ue), tomar el almuerzo
  have the car parked   hacer (mandar) estacionar el coche
  have time to   tener tiempo para
  have to, must   tener que + *inf.*
  they have five minutes left   les quedan cinco minutos
he   él
  he who   quien, el que
head   la cabeza
  his head aches   le duele la cabeza, tiene dolor de cabeza
  headache: he has a —,   le duele la cabeza, tiene dolor de cabeza
hear   oír
  hear that   oír decir que
heavens!   ¡Dios mío!
heavy   grueso, -a
Helen   Elena
help   ayudar (a + *inf.*)
Henry   Enrique
her *adj.*   su(s); su(s) *or* el (la, los, las) . . . de ella
her *dir. obj.*   la; *indir. obj.* le; *after prep.* ella
here   aquí
hers *pron.*   (el) suyo, (la) suya, (los) suyos, (las) suyas *or* el (la, los, las) de ella

of hers   suyo, -a, de ella
him *dir. and indir. obj.*   le; *after prep.* él
his *adj.*   su(s); su(s) *or* el (la, los, las) . . . de él; *pron.* (el) suyo, (la) suya, (los) suyos, (las) suyas *or* el (la, los, las) de él
  of his   suyo, -a, de él
home   la casa
  (be) at home   (estar) en casa
  leave home   salir de casa
  (return) home   (volver) a casa
hope   esperar
  hope so   esperar que sí
hour   la hora
  a half hour   media hora
house   la casa
  at his house   en su casa
  country house   casa de campo
  leave the house   salir de la casa
how?   ¿cómo?
  how long?   (*time*) ¿cuánto tiempo?
  how many?   ¿cuántos, -as?
how + *adj. or adv.*!   ¡qué . . .!
hundred: a (one) —,   ciento, (*before nouns*) cien
  five hundred   quinientos
  (nine) hundred   (nove)cientos, -as
  one hundred (sixteen)   ciento (diez y seis)
hurry   darse prisa
hurt   doler (ue)
  his arm was hurting   le dolía el brazo

I

I   yo
ice   el hielo
if   si
ill   enfermo, -a
  become ill   enfermarse, ponerse enfermo, -a
important   importante
  be important   importar, ser importante
in   en, por, de, a; (*after a superlative*) de
independence   la independencia
  Independence Square   Plaza de la Independencia
industrious   trabajador, -ora
inform   avisar, comunicar
information   los informes
inquire about   preguntar por
intend   pensar (ie) + *inf.*
interest   el interés; interesar
  interest in   interés por (en)
interesting   interesante
  the interesting thing   lo interesante
interview   la entrevista

into: climb —,   subir a
  run into   encontrarse (ue) con
introduction   la presentación
  letter of introduction   carta de presentación
invitation   la invitación
invite   invitar (a + *inf.*)
invoice   la factura
it   *dir. obj.*   lo (*m. and neuter*), la (*f.*); (*usually omitted as subject*) él (*m.*), ella (*f.*); *after prep.* él (*m.*), ella (*f.*)

J

jacket   la chaqueta
Jane   Juanita
January   enero
Jim, James   Jaime
job   el puesto
Joe, Joseph   José
John   Juan
July   julio
June   junio
just: have —,   acabar de + *inf.*

K

kind   la clase
  what kind of weather is it?   ¿Qué tiempo hace?
kiss   dar un beso a
know   (*facts*) saber, (*person*) conocer
  know how to   saber + *inf.*

L

lake   el lago
large   grande
  as large as   tan grande como
  this large one (*m.*)   este grande
last   pasado, -a
  last night   anoche
  last (week)   la (semana) pasada
  the last one (*m.*)   el último (*in a series*)
late   tarde
  be late   estar (llegar) tarde
Latin-American   latinoamericano, -a
latter: the —,   éste, ésta, -os, -as
lawyer   el abogado
learn (to)   aprender (a + *inf.*)
leave   salir (de + *obj.*), partir (de + *obj.*), irse, marcharse
  leave (behind)   dejar
  leave for   salir (partir, marcharse) para

leave home   salir de (la) casa
  take leave (of)   despedirse (i, i) (de + *obj.*)
lecture   la conferencia
left   izquierdo, -a
  to the left   a la izquierda
left: have —,   quedar a
  they have five minutes left   les quedan cinco minutos
  we had little time left   nos quedaba poco tiempo
less   menos
  more or less   más o menos
lesson   la lección (*pl.* lecciones)
let   dejar, permitir
  let me (*fam. sing.*)   déjame *or* permíteme + *inf.*
letter   la carta
library   la biblioteca
license   la licencia
  driver's license   licencia para manejar
lift   levantar
light   ligero, -a
like   como; gustar
  I should like   me gustaría, quisiera
line   la línea
list   la lista
listen (to)   escuchar
  listen (*pl.*)   escuchen Uds., oigan Uds.
little   (*quantity*) poco, -a
  little time   poco tiempo
live   vivir
long   largo, -a
  a long time   mucho tiempo
  be long in + *pres. part.*   tardar mucho en + *inf.*
  how long? (*time*)   ¿cuánto tiempo?
look at   mirar
look for   buscar
Los Angeles   Los Ángeles
lose   perder (ie)
Louise   Luisa
love: fall in — (with)   enamorarse (de)
luggage   el equipaje
lunch   el almuerzo
  have (take) lunch   almorzar (ue), tomar el almuerzo

M

madam   señora, señorita
  my dear Madam   muy señora (señorita) mía
mail   el correo; echar (al correo)
  by airmail   por correo aéreo
  by return mail   a vuelta de correo

make hacer
  make a (business) trip hacer un viaje (de negocics)
manager el gerente
many mucho, -a, -os, -as
  many, thousands of miles de
  so many people tanta gente
map el mapa
March marzo
married: be —, casarse
Martha Marta
Mary María
may (*wish, indir. command*) que + *subj.; sign of pres. subj.*
  may I . . .? ¿me permites (permite Ud.) + *inf. . . .?*
May mayo
me *dir. and indir. obj.* me; *after prep.* mí
  with me conmigo
means: by no —, de ninguna manera
meantime: in the —, mientras tanto
meet (*a person for the first time*) conocer
  be very glad to meet one tener mucho gusto en conocer a uno
Mexican mexicano, -a
  young Mexican joven mexicano
Mexico México
  Mexico City la Ciudad de México, México, D.F.
midnight la medianoche
  at midnight a la medianoche
Mike Miguel
millimeter el milímetro
  35-millimeter camera la cámera de 35 milímetros
million: a (one) —, un millón de
  (five) million (cinco) millones de
mine (*pron.*) (el) mío, (la) mía, *etc.*
  of mine *adj.* mío, -a
minute el minuto
miss perder (ie)
Miss señorita, Srta.
model el modelo
  this year's model el modelo de este año
moment el momento
  at this (that) moment en este (ese) momento
Monday: (on) —, el lunes
money el dinero
month el mes
  a month ago hace un mes
  last month el mes pasado
more más
  more or less más o menos

morning la mañana
  yesterday morning ayer por la mañana
most más
  most of la mayor parte de
mother la madre, la mamá
mountains las montañas, la sierra
movie(s) el cine
  movie camera la cámara de cine
Mr. (el) señor, Sr.
Mrs. señora, Sra.
much *adv.* mucho
  as much as tanto como
music la música
must deber, tener que + *inf.*
  one must hay que + *inf.*, uno (se) debe, uno tiene que + *inf.*
my mi(s), (*after noun*) mío, -a

N

name el nombre
  what his name is cómo se llama (él)
nap la siesta
  take a nap dormir (ue, u) la siesta
near *prep.* cerca de
necessary necesario, -a, preciso, -a
  be necessary to ser necesario (preciso) + *inf.*, haber que + *inf.*
need necesitar, faltar
neighbor el vecino
never nunca, jamás
nevertheless sin embargo
new nuevo, -a
  what's new? ¿qué hay de nuevo?
New York Nueva York
newspaper el periódico
next siguiente
night la noche
  at (by) night de noche
  last night anoche
nine nueve
  nine hundred novecientos, -as
ninety noventa
  ninety-nine noventa y nueve
no no
noon el mediodía
not no
notebook el cuaderno
nothing nada
now ahora
number el número

O

obtain   obtener, conseguir (i, i)
occasionally   de vez en cuando
o'clock: at (three) —,   a las (tres)
  it is (eleven) o'clock   son las (once)
October   octubre
of   de
  of course!   ¡cómo no! ¡ya lo creo! ¡por
    supuesto!
offer   ofrecer
office   la oficina
older   mayor
on   en, sobre
once: at —,   en seguida
one   un, una, uno; *indef. subject* se, uno
  at (a quarter to) one   a la una (menos
    cuarto)
  the one that   el (la) que
  (twenty)-one   (veinte) y un(o)
  which one(s)?   ¿cuál(es)?
only   solamente, no . . . más que
open *adj.*   abierto, -a; abrir
opportunity   la oportunidad, la ocasión (*pl.*
  ocasiones)
  give the opportunity to   dar la oportunidad
    de
or   o
orchestra   la orquesta
order   el pedido
  place an order   hacer un pedido
order: in — to   para
other   otro, -a
  the other (*f.*)   la otra
  the other one (*m.*)   el otro
our   nuestro, -a
ours *pron.*   (el) nuestro, (la) nuestra, *etc.*
  of ours *adj.*   nuestro, -a

P

pack   (*suitcase*) hacer
package   el paquete
pair   el par
  (twenty dollars) a pair   (veinte dólares) el
    par
paper   el papel
  writing paper   el papel de escribir
parcel: (by) — post   paquete postal
parents   los padres, los papás
park   el parque
park   (*car*) estacionar

have the car parked   hacer (mandar) estacionar el coche
past: half — (eight)   (las ocho) y media
patio   el patio
Paul   Pablo
  at Paul's   en casa de Pablo
pay (for)   pagar
  you are paying me a great compliment   es
    un gran favor que me hace
payment   el pago
  in payment of   en pago de
pencil   el lápiz (*pl.* lápices)
people   la gente (*requires sing. verb*); *indef. subject* se, uno
perhaps   tal vez, quizá(s)
permission   el permiso
  ask (give) permission to   pedir (i, i) (dar)
    permiso para
permit   permitir, dejar
  permit (*pl.*) **me to call**   permítanme (dé-
    jenme) Uds. llamar
personal   personal
Peru   el Perú
Philip   Felipe
photo   la foto
  take photos   sacar fotos
pick up (one)   buscar a (uno)
picture   el cuadro
pity   la lástima
  it is a pity   es lástima
place   el lugar; poner
  he will place himself at your service   se
    pondrá a su disposición
  place an order   hacer un pedido
plan   pensar (ie) + *inf.*
plane   el avión (*pl.* aviones)
  by plane   en avión
play   (*game*) jugar (ue) (a + *obj.*); (*music*)
  tocar
  play (golf)   jugar al (golf)
player: record —,   el tocadiscos
pleasant   agradable
please   hága(n)me Ud(s). el favor de + *inf.*,
  sírva(n)se Ud(s). + *inf.*, (*after request*) por
  favor
pleased: I am — to   me place, me es grato
pleasure   el gusto, el placer
P.M.   de la tarde (noche)
popular   popular
position   el puesto
possible   posible
post: (by) parcel —,   paquete postal
practice   practicar

prefer   preferir (ie, i)
president   el presidente
pretty   hermoso, -a, bonito, -a
price   el precio
  price list   la lista de precios
  what is the price (of them)?   ¿qué precio tienen?   ¿cuál es el precio (de ellos)?
professor   el profesor
program   el programa
projector   el proyector
put on (oneself)   ponerse
  put in   meter
  put on   (*record*) poner

Q

quarter   el cuarto
  at a quarter to (one)   a (la una) menos cuarto
quickly   de prisa, de pronto

R

radio   (*set*) el radio
  radio set   el aparato de radio
  short-wave radio   el radio de onda corta
rain   llover (ue)
raincoat   el impermeable
rapidly   rápidamente
reach   llegar (a)
read   leer
ready   listo, -a
  get ready for   prepararse para
really   de veras
receipt   el recibo
receive   recibir
receiver   (*telephone*) el auricular
recommend   recomendar (ie)
record   (*phonograph*) el disco; grabar
  record player   el tocadiscos
recorder: tape —,   la grabadora (de cinta)
red   rojo, -a
refreshment   el refresco
regards   los recuerdos
regret   sentir (ie, i)
relation   la relación (*pl.* relaciones)
remain   quedarse
  we remain, sincerely yours   *see section on letter writing, page 323*
remember   recordar (ue)
reply: in — to   en contestación a
report   el informe

reserve   reservar
rest   descansar
restaurant   el restaurante
return   volver (ue), regresar, (*give back*) devolver (ue)
  by return mail   a vuelta de correo
  return home   volver a casa
rich   rico, -a
  become rich   hacerse rico, -a, llegar a ser rico, -a
Richard   Ricardo
right   derecho, -a
  be right   tener razón
  right away   ahora mismo
  to the right   a la derecha
ring   tocar
road   el camino, la carretera
Robert   Roberto
roll   (*film*) el rollo
room   el cuarto
run across (into)   encontrarse (ue) con

S

saint   el santo
  saint's day   el día de santo
same   mismo, -a
Saturday   el sábado
save   ahorrar
say   decir
  say good-bye to   despedirse (i, i) de
school   la escuela
  (go) to school   (ir) a la escuela
seat   el asiento
see   ver
  I'll be seeing you   te veo
seem   parecer
select   escoger
sell   vender
send   enviar, mandar
  send a telegram   poner un telegrama
  send for   enviar por
sentence   la frase
separate: under — cover   por separado
September   septiembre
serve   servir (i, i)
service: place oneself at one's —,   ponerse a su disposición
set: radio —,   el radio, el aparato de radio
seven   siete
  seven hundred   setecientos, -as
seventy   setenta
several   varios, -as

shave afeitarse
she ella
shipment el envío
shoe el zapato
shop: cleaning —, la tintorería
shopping: go —, ir de compras
short: after a — while al poco rato
short-wave de onda corta
should *sign of cond. tense and imp. subj.*
shout gritar
show enseñar
sick enfermo, -a
since como
sincerely yours *see section on letter writing, page 323*
sir señor
  dear sir muy señor (Sr.) mío (nuestro)
sister la hermana
sit down sentarse (ie)
  sit down *(fam. sing. command)* siéntate (tú)
six seis
sixteen diez y seis
sixteenth: the — (of September) el diez y seis (de septiembre)
size *(of shoe)* el número
skate el patín *(pl.* patines*)*; patinar
ski el esquí *(pl.* esquíes*)*
sleep dormir (ue, u)
  go to sleep dormirse (ue, u)
slide la transparencia, la diapositiva
slowly despacio
small pequeño, -a
  several small ones *(m.)* varios pequeños
snow la nieve
so: believe (hope) —, creer (esperar) que sí
some unos, -as, algunos, -as, *(before m. sing. nouns)* algún; *often not translated*
someone alguien
something algo, alguna cosa
song la canción *(pl.* canciones*)*
soon pronto
  as soon as *conj.* en cuanto
sorry: be —, sentir (ie, i)
  they are (we are) very sorry lo sienten (sentimos) mucho
south el sur
  South America la América del Sur
  South American sudamericano, -a
Spain España
Spanish *adj.* español, -ola; *(language)* el español
  Spanish America la América española
speak hablar
special especial
spend *(time)* pasar

sport el deporte
  winter sports los deportes de invierno
spring la primavera
  spring day día de primavera
square la plaza
stamp el sello, el timbre, la estampilla
state el estado
  United States los Estados Unidos
station: broadcasting —, la emisora
stay quedarse
Steve Esteban
still todavía
store la tienda
straight: continue *(pl.)* **— ahead** sigan (continúen) Uds. derecho
strange extraño, -a
street la calle
strengthen estrechar
student el alumno, la alumna
study estudiar
sudden: all of a —, de repente
suddenly de pronto
suit el traje
suitcase la maleta
  pack the suitcase hacer la maleta
supermarket el supermercado
supper: eat —, cenar
suppose suponer *(like* **poner***)*
sure seguro, -a
  be sure (of) estar seguro, -a (de)
  be sure that estar seguro, -a de que
surprise la sorpresa
surprised: he is — that le sorprende que + *subj.*
  I am surprised (to see) me sorprende (ver)

T

table la mesa
take tomar, *(carry)* llevar, *(photos)* sacar
  I'll take them los tomo
  take a bath bañarse
  take a nap dormir (ue) la siesta
  take a walk dar un paseo
  take breakfast desayunarse, tomar el desayuno
  take from sacar de
  take leave (of) despedirse (i, i) (de)
  take lunch almorzar (ue), tomar el almuerzo
  take photos sacar fotos
  take (two hours) to tardar (dos horas) en + *inf.*

talk hablar, charlar
tall alto, -a
tango el tango
tape la cinta; grabar
  tape recorder la grabadora (de cinta)
taxi el taxi
  by taxi en taxi
teach enseñar (a + *inf.*)
teacher el profesor, la profesora
telegram el telegrama
  send a telegram poner un telegrama
telephone el teléfono
  by telephone por teléfono
tell decir
  I shall tell her (it) se lo diré
temperature la temperatura
ten diez
  ten-dollar bill el billete de diez dólares
than que
thank you (for) dar las gracias a uno (por),
  agradecer a uno
  thanking you for your attention agradeciéndoles (dándole las gracias por *or* muy
  agradecidos por) su atención
  thanking you in advance anticipándole las
  gracias
that *adj.* (*near person addressed*) ese, esa (-os, -as),
  (*distant*) aquel, aquella (-os, -as); **that
  (one)** *pron.* ése, ésa (-os, -as), aquél, aquélla
  (-os, -as), (*neuter*) eso, aquello; *relative pron.*
  que
  all that todo lo que, cuanto
  the one(s) that el (lo, los, las) que
the el, la, los, las
their *adj.* su(s), de ellos (-as)
theirs *pron.* (el) suyo, (la) suya, *etc.*, *or* el (la,
  los, las) de ellos (-as)
  of theirs suyo, -a, de ellos (-as)
them *dir. obj.* los, las; *indir. obj.* les, se; *after
  prep.* ellos, -as
then entonces
there allí, (*after verbs of motion*) allá
  there is (are) hay
  there will be habrá
therefore por eso
these *adj.* estos, -as; *pron.* éstos, -as
  these days en estos días
they ellos, ellas; *indef. subject* se
thing la cosa
  the interesting thing lo interesante
think pensar (ie)
  I think that me parece que
  what do you think of . . .? ¿qué te (le)
    parece . . .?

thirty treinta
  thirty-five treinta y cinco
this *adj.* este, esta; **this (one)** *pron.* éste, ésta
those *adj.* (*near person addressed*) esos, -as, (*distant*) aquellos, -as; *pron.* ésos, -as, aquéllos,
  -as
  those who los (las) que
though: even —, aunque
thousand: a (one) —, mil
  one hundred fifty thousand ciento cincuenta mil
three tres
through por
ticket el billete, el boleto (*Am.*)
tight estrecho, -a
time (*in general sense*) el tiempo, (*in a series*) la
  vez (*pl.* veces), (*of day*) la hora
  at the same time al mismo tiempo
  from time to time de vez en cuando
  have a (very) good time divertirse (ie, i)
    (mucho)
  have time to tener tiempo para
  on time a tiempo
tire la llanta
tired cansado, -a
to a, de, para, que, (*in time*) menos
today hoy
  a week from today de hoy en ocho días
Tom Tomás
tomorrow mañana
  day after tomorrow pasado mañana
tonight esta noche
too *adv.* demasiado
tooth el diente
topcoat el abrigo
travel viajar
tree el árbol
trip el viaje
  (have) a good trip! ¡buen viaje!
  make *or* **take a (business) trip** hacer un
    viaje (de negocios)
trousers los pantalones
true verdadero, -a
try (*test*) probar (ue)
  try on (oneself) probarse
  try to tratar de + *inf.*
Tuesday el martes
  Tuesday evening el martes por la noche
tune in sintonizar
turn (*corner*) doblar
  turn off apagar
  turn on poner
twelve doce
twenty veinte

twenty-dollar bill   el billete de veinte dólares

twenty-one   veinte y un(o)

two   dos

typewriter   la máquina de escribir

U

umbrella   el paraguas

uncle   el tío

    uncle and aunt   los tíos

under separate cover   por separado

understand   entender (ie)

unfortunately   por desgracia

United States   los Estados Unidos

university   la universidad

until *prep.*   hasta; *conj.* hasta que

up: get —,   levantarse

    pick up (one)   buscar a (uno)

upon + *pres. part.*   al + *inf.*

us *dir. and indir. obj.*   nos; *after prep.* nosotros, -as

use   usar

V

very *adv.*   muy, mucho; *adj.* mucho, -a

vice-president   el vicepresidente

Vincent   Vicente

visit   visitar

W

wait (for)   esperar

walk   el paseo

    take a walk   dar un paseo

want   querer, desear

wash   lavar; *(oneself)* lavarse

wastebasket   la cesta

way   la manera

    by the way   a propósito

    come this way   pasar por aquí

    in this way   de esta manera

we   nosotros, -as

weather   el tiempo

    be good (bad) weather   hacer buen (mal) tiempo

    what fine weather it is!   ¡qué buen tiempo hace!

    what kind of weather is it?   ¿qué tiempo hace?

week   la semana

    a week from today   de hoy en ocho días

weekend   el fin de semana

welcome: you're —,   de nada, no hay de qué

well *adv.*   bien; bueno, pues

what   lo que

what?   ¿qué? ¿cuál?

    what his name is   cómo se llama él

    what's new?   ¿qué hay de nuevo?

what a . . .!   ¡qué . . .!

when   cuando

when?   ¿cuándo?

where?   ¿dónde? (*with verbs of motion*) ¿adónde?

whether   si

which   que, el (la, los, las) que, el (la) cual, los (las) cuales

which?   ¿qué?

    which (one *or* **ones)?**   ¿cuál(es)?

while   el rato; *conj.* mientras (que)

    after a short while   al poco rato

white   blanco, -a

who   que, quien(es), el (la) cual, los (las) cuales, el (la, los, las) que

who?   ¿quién(es)?

whose?   ¿de quién(es)?

    whose (tape) is (this)?   ¿de quién es (esta cinta)?

why?   ¿por qué? ¿para qué?

will   *sign of future tense*

    will you + *verb* . . .?   ¿quieres (quiere Ud.) + *inf.* . . .?

window   la ventana

winter   el invierno

    winter sports   los deportes de invierno

wish   desear, querer

with   con, de

work   el trabajo, (*literary, music*) la obra; trabajar

    work hard   trabajar mucho

worry   preocuparse

    don't worry (*pl.*)   no se preocupen Uds.

worse, worst   peor

would   *sign of cond. tense*

    would that!   ¡ojalá (que)!

wrap up   envolver (ue)

write   escribir

writing paper   el papel de escribir

Y

year   el año

    this year's model   el modelo de este año

yellow   amarillo, -a

    the yellow ones (*m.*)   los amarillos

yes   sí

yesterday   ayer
  yesterday afternoon (morning)   ayer por la tarde (mañana)
yet   todavía
you (*fam. sing.*)   tú; *dir. and indir. obj.* te; *after prep.* ti
  with you   contigo
you (*formal*) *subject pron. and after prep.*   usted (Ud.), ustedes (Uds.); *dir. obj.* le, la, los, las; *indir. obj.* le, les, se; *indef. subject* se

young   joven (*pl.* jóvenes)
  a young Mexican   un joven mexicano
younger   menor
your (*fam.*) *adj.*   tu(s); (*formal*) su(s), de Ud. (Uds.)
yours (*fam.*) *pron.*   (el) tuyo, (la) tuya, *etc.*; (*formal*) (el) suyo, (la) suya, *etc.*, *or* el (la, los, las) de Ud. (Uds.)
  of yours *adj.*   tuyo(s), -a(s); suyo(s), -a(s) *or* el (la, los, las) de Ud. (Uds.)

INDEX

INDEX

(References are to page numbers)

PHOTOGRAPH CREDITS

7 Courtesy of the United Fruit Company

15 Courtesy of Pan American Airlines

21 Jane Latta

41 Monkmeyer Press Photo Service

49 Courtesy of American Airlines

55 Robert Rapelye

62 Martin R. Adler

64 *Bottom right*, Burton Holmes from Ewing Galloway, N. Y.; *bottom left*, Courtesy of the Dominican Republic Tourist Office

65 *Top*, Carl Frank; *bottom*, Magnum Photo Library, N. Y.

66 *Top*, Carl Frank; *bottom*, Courtesy of the Spanish Embassy, Washington, D. C.

67 *Top*, José Morenilla; *bottom*, H. Armstrong Roberts

68 *Top left and bottom*, Carl Frank; *top right*, Tiers of Monkmeyer Press Photo Service

69 *Top left*, Henri Cartier Bresson; *top right*, Courtesy of the Ministerio de Información y Turismo; *bottom*, Courtesy of the Mexican Government Tourism Department

70 *Top*, Courtesy of the Mexican National Tourist Council; *bottom*, Courtesy of the Spanish Embassy, Washington, D. C.

71 H. M. Null

84 Ferrocarriles Nacionales de Mexico

89 Foto du Monde

92 Courtesy of the Hispanic Society of America

93 Foto du Monde

99 United Nations

110 *Top*, Foto du Monde; *bottom*, Courtesy of Braniff International

111 *Top*, Courtesy of the Puerto Rico Economic Development Administration; *bottom*, Courtesy of the Puerto Rico News Service

114 Wendy Hilty from Monkmeyer Press Photo Service

120 Fritz Henle from Monkmeyer Press Photo Service

131 Bibliothèque Nationale

134 Courtesy of the Mexican Government Tourism Department

146 Mort Rabineau

147 Courtesy of the Chicago Natural History Museum

150 Courtesy of the Spanish National Tourist Department

166 John Lewis Stage

168 W. VanKirk Buchanan

170 J. Allen Cash

177 Cyril Morris

180 Foto du Monde

185 Courtesy of the United Fruit Company

190 *Top*, George Holton; *center*, Tim Kantor; *bottom*, Cornell Capa

191 *Top*, Foto du Monde; *center*, Courtesy of Pan American Airways; *bottom*, Foto du Monde

192 *Top*, Courtesy of American Airlines; *bottom*, Courtesy of the Mexican National Tourist Council

193 *Top*, Ted Spiegel; *bottom*, Fritz Henle of Monkmeyer Press Photo Service

194 Both photographs courtesy of Valentia B. Dermer

195 *Top*, Fritz Henle from Monkmeyer Press Photo Service; *bottom*, Robert Rapelye

196 *Left*, Mimi Forsythe of Monkmeyer Press Photo Service; *right*, Landwehr of Monkmeyer Press Photo Service

197 *Top*, Courtesy of Valentia B. Dermer; *bottom*, Irene Bayer of Monkmeyer Press Photo Service

210 Hamilton Wright

216 Courtesy of Pan American Airways

225 Collection Musee de l'Homme

227 Courtesy of the Mexican National Tourist Council

228 Courtesy of Iberia Air Lines of Spain

235 Creative Photographers

243 Courtesy of the Mexican National Tourist Council

246 Carl Frank

254 FPG

258 George Pickow from Three Lions, Inc.

264 *Top*, Paul Conklin; *bottom*, Courtesy of Pan American Airways

266 *Top*, Courtesy of the National Gallery of Art, Washington, D. C.; *bottom*, Courtesy of the Museum of Fine Arts, Boston
267 *Top*, Courtesy Museo del Prado; *bottom*, Robert Rapelye
268 *Top right*, Courtesy of the Metropolitan Museum of Art, Joseph Pulitzer Bequest Fund, 1924; *top left and bottom*, Bill Doll and Company
269 Courtesy of the Ministerio de Información y Turismo
270 *Bottom*, Courtesy of Pan American Union
271 Inge Morath
272 *Top*, Eric Sutherland, Courtesy of the Walker Art Center; *bottom*, Inge Morath
273 *Top*, Inge Morath; *bottom*, Courtesy of the Mexican National Tourist Council
274 Robert Polk
284 *Top*, Courtesy of the University of Chile; *bottom*, Bill Doll and Company
291 Martin Litton
294 Foto du Monde

301 Courtesy of the Standard Oil Company
303 *Top and bottom*, Foto du Monde
320 Peter Anderson from Black Star
337 Courtesy of the Museum of Fine Arts, Boston
347 Courtesy of the Pan American Union
354 John Bryson from Rapho Guillumette
355 Foto du Monde
356 *Top*, United Nations; *bottom*, Rene Burri
357 *Top*, Foto du Monde; *bottom*, Carl Frank
358 *Top*, Paul Conklin; *center*, United Nations; *bottom*, Courtesy of the United Fruit Company
359 Both photographs from the United Nations
360 *Top*, Foto du Monde; *bottom left*, Courtesy of the Mexican National Tourist Council; *bottom right*, Erich Hartman
361 *Top left*, Weston Kemp; *top right*, Fritz Henle of Monkmeyer Press Photo Service; *bottom*, United Nations
368 George Holton